정보화 컨설팅

Information Technology Consulting Services

조지운 지음

UUP.

정보화 컨설팅(Information Technology Consulting Services)

2012년 3월 02일 초판 2쇄 인쇄
2012년 3월 07일 초판 2쇄 발행
2010년 1월 30일 초판 발행

지은이 | 조지운
발행인 | 이 철
발행처 | UUP(울산대학교출판부)

출판등록 | 제 370-1996-000001호(1996.3.13)
홈페이지 | http://uup.ulsan.ac.kr
주소 | 680-749 울산광역시 남구 대학로 93(무거동)
울산대학교 출판부
전화 | (052) 259-2488
팩스 | (052) 277-3011

978-89-7868-202-2 93500

값 16,500원

* 잘못된 책은 교환해드립니다.
* 이 도서의 국립중앙도서관 출판시도서목록(CIP)은 e-CIP 홈페이지 (http://www.nl.go.kr/ecip)에서 이용하실 수 있습니다.(CIP제어번호: CIP2010000256)

머리글

최근 컨설팅과 컨설턴트에 대한 세간(世間)의 관심이 더욱 많아진 것 같다. '부동산 전문 컨설팅', '건설 전문 컨설팅', '창업 전문 컨설팅', '웨딩 전문 컨설팅', 그리고 '애견 전문 컨설팅' 등 의도적으로 컨설팅이라는 용어를 인용하여 다양한 영역의 컨설팅 서비스를 제공한다고 광고하고 있고 소비자 역시 전문 컨설팅이라는 용어에 다소간 신뢰를 갖는 것 같다. 사회 환경이 급변하고 하루가 멀다 하고 쏟아지는 각종 정보의 홍수 속에서 소비자들은 의사결정 및 문제 해결에 대한 자신감이 떨어지고 주저하게 되는 것이 어쩌면 당연한 현상이다. 따라서 자신들이 고민하는 특정 분야에 전문적인 지식과 다양한 경험들을 갖고 있는 전문 컨설턴트로부터 컨설팅 서비스를 받고 의사결정을 하는 것이 보다 안전하다고 생각한다.

IT(Information Technology, 기업 정보화) 역시 컨설팅의 필요성이 강조되는 분야이다. 불과 10여 년 전만 해도 기업들이 경쟁력 향상을 위해 투자를 한다면 가장 우선순위에 놓는 것이 설비에 대한 투자였다. 그리고 설비에 대한 투자가 어느 정도 진행된 후 연구개발(R&D)에 대한 투자가 진행되었고 마지막 단계로 정보화에 대한 투자가 이루어졌다. 그러나 IMF의 탄식을 경험한 후 기업과 정부의 의식에 많은 변화가 일어났다. 즉, 정보화 투자는 더 이상 사치가 아니라 경쟁력을 높이기 위한 최선의 방법이며 어려울 때 더욱 정보화에 대한 관심을 가져야 한다는 교훈을 얻었다. 특히 세계화의 바람과 글로벌 경쟁 하에서 우위를 확보하기 위해서는 경쟁 기업보다 앞선 정보화에 대한 투자가 필요하다는 것이다.

하지만 정보화 투자에는 큰 규모의 비용과 인력이 수반됨으로 무엇보다 분석적이고 체계적인 접근이 필요하다. 기업의 외부 환경, 내부 환경(업무 프로세스, 조직, IT 수준), 그리고 IT 환경 등을 면밀히 분석한 뒤 향후 정보화 투자의 구체적인 계획을 수립해야 함을 많은 시행착오를 통해 우리는 절감하였다. 이러한 이유 때문에, 정부나 기업들이 직접적인 정보화 추진에 앞서 ISP(Information Strategic Planning, 정보화 전략 수립) 컨설팅을 외부 전문 컨설팅 기관과 함께 수행한다. 즉, 기업에 있어서 정보시스템의 도입이 반드시 필요한 것처럼 정보시스템의 도입에는 체계적인 컨설팅의 과정이 반드시 선행돼야 하기 때문이다.

약 10년 동안 컨설턴트로서 많은 기업들의 다양한 정보화 관련 프로젝트를 수행하면서 특히 아쉬웠던 점은 고객들이 컨설팅에 대한 기본적인 이해를 가지고 있다면 보다 효율적으로 양질의 결과를 도출할 수 있었다는 것이다. 고객은 단순히 비용을 지불하고 컨설팅을 요청하기에 앞서 컨설팅의 목적, 컨설팅 단계, 단계별 결과, 그리고 컨설턴트의 역할 등에 대한 기본적인 이해가 필요하다. 향후 IT 분야 외에도 다양한 영역에서 컨설팅에 대한 수요가 급증할 것임으로 컨설팅과 컨설턴트에 대한 바른 이해를 통해 고객으로서 혹은 컨설턴트로서 자신의 역할을 효율적으로 수행할 수 있을 것이다. 이러한 필요성에 일조하고자 '기업 정보화 컨설팅'이라 이름으로 본서를 출간하게 되었다. 컨설팅 특히, IT 컨설팅에 관심이 있는 독자들에게 보다 폭넓은 내용을 전달하고자 하였다.

본서는 IT 컨설팅의 이해에 필요한 핵심적인 내용을 중심으로 크게 6개의 장으로 구성하였다. 1장 '컨설팅 이해'에서는 컨설팅의 기본 내용으로서 컨설팅의 역사, 적용 분야, IT 컨설팅 & 컨설턴트, 주요 IT 컨설팅 기업들을 소개하였다. 2장 'IT의 이해'에서는 주요 IT 기술을 중심으로 IT 환경, 표준 IT 모델, RTE, 그리고 기타 IT 기술들을 정리하였다. 제3장 'IT 컨설팅 방법론'에서는 IT 컨설팅 추진 단계 및 관련 컨설팅 기법들을 상세히 설명하고 있다. IT 컨설팅 추진 단계는 환경 분석을 포함하여 크게 8 단계로 구성되어 있으며 각 단계에 대한 설명과 예시를 소개하였다. 제4장 '주요 컨설팅 분석도구 및 기법'에서는 27개의 주요 컨설팅 기법들을 예시와 함께 설명하였다. 제5장 'IT 컨설팅 사례'에서는 제 3장의 IT 컨설팅 추진 단계를 기반으로 추진되었던 2개의 IT 컨설팅 사례(제조 및 건설 부문)를 상세히 소개하였다. 본 사례 연구가 전반적인 IT 컨설팅 추진 단계에 대한 이해에 다소간 도움이 되리라 본다. 제6장 '컨설턴트 기본 역량'은 컨설턴트로서 갖추어야 할 주요 역량에 대한 내용으로

PI Branding, 협상 스킬, 문제 분석 및 해결 능력, 논리적 글쓰기, 그리고 프리젠테이션 스킬들에 대해 소개하였다. 마지막으로 부록에 IT Health Check, 정보화 수준 진단, 그리고 벤치마킹 등을 위한 기본 프레임과 예시를 소개하였다. 더불어 IT 분야에서 자주 쓰이는 용어들도 정리하였다.

이 책이 출간될 수 있도록 자료 수집 및 정리에 많은 도움을 준 Process & System 연구실의 정 동규(박사 과정)와 교정에 도움을 준 정 아름(석사 과정)에게 특별히 감사를 전한다. 아무쪼록 이 책이 기업 정보화 컨설팅에 관심이 있는 독자들에게 의미 있고 도움이 되기를 바란다.

2009년 12월

울산대학교 조지운

목 차

4부. 주요 컨설팅 분석도구 및 기법 /179

1장

컨설팅의 이해

1. 컨설팅의 개요

1) 컨설팅의 정의

컨설팅(Consulting)을 국제노동기구에서는 "조직의 목적을 달성하기 위해 경영 및 업무상의 문제점을 해결하고, 새로운 기회를 발견, 포착하며, 학습을 촉진하여 변화를 실현토록 관리자와 조직을 지원하는 독립적인 전문 서비스"로 정의하고 있다. 미국의 공인회계사회에서는 "특별한 전문성을 가진 전문가들이 자신들의 지식과 경험을 활용하여 경영 문제를 해결하기 위해 객관적이고 전반적인 시각에서 조직의 기획 과정을 지원하는 것"으로 정의하고 있다. 영국의 경영 컨설턴트협회에서는 "독립적이고 능력을 갖춘 사람들이 정책, 조직, 절차, 방법상의 문제점들을 연구 분석하고 적절한 해결책을 제시하며 나아가 이러한 해결책을 수행할 수 있도록 돕는 것"으로 정의하고 있다. 한국경영기술컨설턴트 협회는 "고도의 전문성을 갖추고 기업의 경영과 기술상의 제반문제를 찾아 해결하고, 변화를 실행함으로써, 경영자와 기업이 추구하는 목표의 달성을 도와주는, 독립적인 프로페셔널 어드바이스"로 정의하고 있다.

예를 들어 사람이 몸이 아프거나, 몸에 이상이 없는지 건강진단을 하고자 할 때 병원을 찾듯이, 기업(조직)도 경영 또는 업무상에 문제가 있거나 혹은 당면한 문제에 대한 보다 나은 해결책을 모색하고자 할 때 컨설팅 회사를 찾는다. 즉 의사가 인체를 진단하고 처방을 내리듯이 컨설턴트(Consultant)도 기업을 진단하고 필요에 따라 예방 치료를 강구하게 되는데 이러한 일련의 활동을 '컨설팅'이라고 할 수 있다.

이와 같은 다양한 컨설팅의 개념에 대한 정의를 종합해보면, 컨설팅은 특정분야에 대한 전문성을 가진 지적 노동자인 컨설턴트(전문가)들이 제반지식과 직간접 경험을 활용하여 주어진 문제를 해결하고, 또한 향후 예측되는 전반적인 문제에 대하여 객관적이고 현실적인 솔루션을 제시하여 고객의 의사결정을 지원하는 것이라고 정의할 수 있다.

더불어 컨설팅은 일반적으로 다음과 같은 특징을 갖는다.

첫째, 전문적 지식과 풍부한 경험을 요구하는 전문 서비스이다. 즉, 꾸준한 연구와 풍부한 경험을 바탕으로 문제의 원인을 진단하고, 그에 대한 적절한 해결책을 찾는다. 따라서 여기에는 의뢰인의 이익을 보호하고 증진하고자 하는 전문가로서의 윤리성이 필요하다.

둘째, 조언의 수준이며, 실행 및 결과 창출에 대해서는 다소 무관하다. 즉, 컨설팅은 어디까지나 조언을 하는 자문의 역할을 하기 때문에 이를 통해 나타나는 결과에 대해서 직접적인 책임이 없다. 그러므로, 최종적인 의사결정자는 의뢰인으로서 실행 및 결과에 대해 책임이 있으며, 컨설턴트의 책임은 조언의 품질과 완전성으로 한정된다.

셋째, 의뢰인 또는 관련 조직에 객관적인 의견을 제시한다. 즉, 컨설팅을 통해 얻어진 결과는 의뢰인과의 친분관계나 조직에 상관없이 독립적으로 제시할 수 있어야 한다. 또한 의도적으로 특정 회사나 특정 제품을 이롭게 하거나 같은 의뢰인으로부터 또 다른 프로젝트를 수주하기 위해 편협적인 제안을 해서도 안 된다.

넷째, 대가를 전제로 서비스를 제공하는 상업적인 서비스이다. 즉, 컨설팅은 판매자와 구매자의 관계로 만나는 하나의 사업인 만큼, 컨설팅 서비스를 제공하면 그에 상응하는 대가를 받게 된다. 따라서 컨설팅 계약은 재무적으로 적정한 이익을 남길 수 있도록 해야 한다.

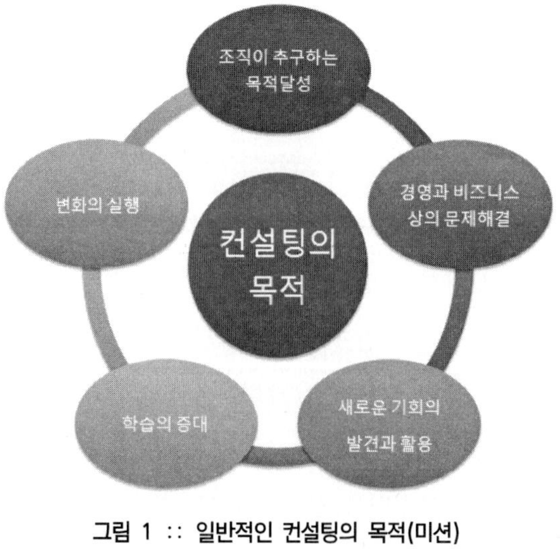

그림 1 :: 일반적인 컨설팅의 목적(미션)

일반적인 컨설팅의 목적(미션)은 그림 1과 같이 크게 조직이 추구하는 목적의 달성, 경영과 비즈니스 상의 문제 해결, 새로운 기회의 발견과 활용, 학습의 증대, 그리고 변화의 실행 등이다[4].

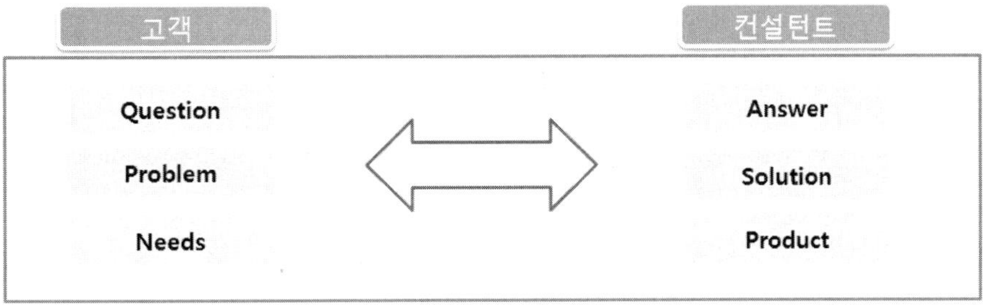

그림 2 :: 고객과 컨설턴트와의 관계

컨설팅을 고객(의뢰인)과 컨설턴트와의 관계 측면에서 살펴보면, 그림 2와 같이 정의 할 수 있다. 즉, 고객의 질문, 문제, 니즈에 답변, 해결책, 대안 등을 제공하는 것이 컨설팅이며 이를 위해 컨설턴트는 고객에게 해결사, 안내자, 자문, 선생의 역할을 담당한다.

일반적인 컨설팅의 수행 단계는 그림 3과 같다. 컨설팅은 크게 착수, 진단, 활동계획수립, 실행, 종료, 사후관리의 6단계로 이루어진다. 고객의 요청으로부터 컨설팅은 시작되며 반드시 고객과의 계약이 체결되어야 한다. 그리고 독립적이고 객관적인 태도로 여러 상황에서의 문제를 분석하여 최적의 해결책을 제시하고, 그것을 실행할 때 필요한 사항에 대해서도 직·간접적인 도움을 주어야 한다[4].

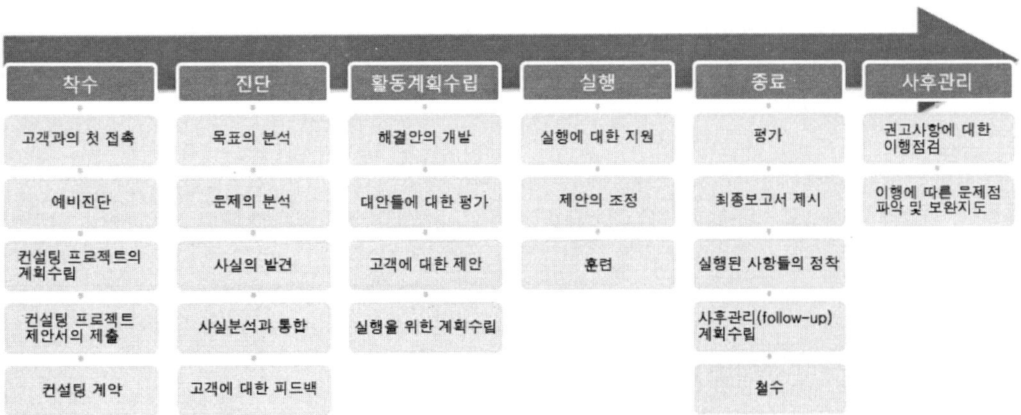

그림 3 :: 컨설팅의 수행 단계

2. 컨설팅의 역사

컨설팅은 오래전부터 무지불식간에 우리의 생활에 영향을 미쳐왔으며 인류 역사와 함께 발전하면서 현재의 컨설팅 개념을 형성하였다. 고대 씨족국가 시대에 이미 컨설팅의 개념이 형성되어 중세와 산업사회를 거치면서 발전되었고, 정보화 사회와 지식사회가 도래하면서 다양한 분야의 정형화된 서비스로 자리잡게 되었다. 이러한 컨설팅의 역사를 정리하면 표1과 같다[14].

체계적인 형태를 갖춘 컨설팅의 시작은 대략 100년 전으로 거슬러 올라간다. 에이디엘(ADL Inc.)의 설립자인 아서 디 리틀(Arthur D. Little)이 1886년 최초로 컨설팅을 시작했다. 그 이후 1913년 시카고에서 전문 컨설팅 기업인 아더앤더슨(Arthur Andersen)이 생겨났으며, 이듬해 부즈 앨런 앤 해밀턴(Booz-Allen & Hamilton)이 역시 시카고에서 탄생했다. 그 이후 1926년 역시 시카고에서 맥킨지(McKinsey)가, 63년 보스턴(Boston)컨설팅이, 그리고 73년에는 배인 앤 컴퍼니(Bain & Company)가 생겼다.

표 1 :: 컨설팅의 역사

시대구분	주요 특징	역할 수행자의 예
씨족국가	·집단의 운영방향 설정 및 미래 예측이 목적	무당, 점술가
중세이후	·국가 간 힘의 경쟁에서 우위를 선점하여 통치하는 것이 목적	플라톤, 공자 등
산업사회	·제조업 분야의 생산성 향상이 목적 ·과학적 관리와 공정재배치 등에 대한 연구가 진행	테일러, 길브레스, 칸트 등
후기 산업사회	·전쟁에서 승리하기 위한 군대의 효율적 운영과 국가 경영에 초점 ·비즈니스와 공공의 목적으로 사용되면서 학문으로 발전	맥아더, 히틀러 등
현대사회	·경영컨설팅 영역을 넘어 정보기술을 도입하여 활용하기 위한 서비스를 제공 ·체계적인 컨설팅 방법론으로 점차 발전	경영 컨설턴트
정보화 사회	·국제화, 정보화 기술의 발달로 컨설팅이 독립된 고유의 업종으로 분류	IT 컨설턴트, 업종별 전문 컨설턴트
지식사회	·정보를 기초로 한 지식경영을 위해 기업이나 조직의 지적 자산을 축적하고 활용하는 것이 목적	IT 컨설턴트, 업종별 전문 경영 컨설턴트

3. 컨설팅 분야 및 산업

전통적인 컨설팅의 개념은 최근까지 전략 컨설팅, HR 컨설팅, 마케팅 컨설팅 등 다양한 분야로 발전해 왔으며 특히 정보기술의 발전에 따라 IT 컨설팅으로 분화되기에 이르렀다.

IT 컨설팅 서비스 영역은 정보시스템 및 IT 인프라 구축을 위한 IT 전략 및 시스템 구축 컨설팅을 포함하며, 최근에는 기업의 전사 전략에서 프로세스, IT 기술을 활용한 구현에 이르기까지 일관성 있게 어울러 추진되고 있다(삼성SDS). 초창기 IT 컨설팅 수행범위는 ISP(Information Strategic Planning) 및 SIS(Strategic Information System) 구축에 따른 체계적인 설계 및 자문, 이에 따른 감리와 교육, 그리고 훈련 등이었으나 정보시스템의 발전에 따라 점차 그 영역을 넓혀가고 있는 중이다.

또한, 각 기업에서 정보화에 대한 투자가 높아지고 이에 따라 경영 및 IT 컨설팅의 수행범위가 겹치게 되면서 SI(System Integration) 등 소프트웨어 관련업체와 경영컨설팅 업체도 IT 컨설팅 업무를 수행하게 되었다. 즉, 과거에는 전략 컨설팅, 운영 컨설팅 그리고 IT 컨설팅은 별도의 영역으로 간주되었으나, 최근에는 모든 영역을 종합적으로 제공하는 컨설팅이 일반화되고 있다. 다시 말해 전략 컨설팅을 제공하던 컨설팅 전문회사도 IT 컨설팅을 제공하며, IT 컨설팅을 중점적으로 제공하던 SI 업체도 컨설팅 사업부문을 강화하여 경영 컨설팅 서비스를 제공하고 있다.

IT 컨설팅 서비스의 영역은 그림 4와 같이 확대되어왔다.

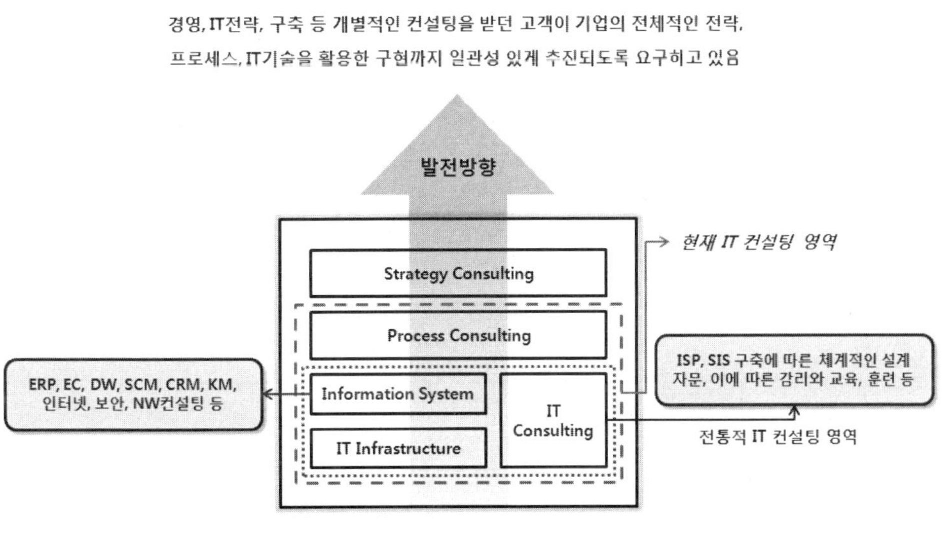

그림 4 :: 컨설팅 서비스 영역의 확대(source: 삼성SDS, 2003)

그리고 일반적으로 수행되는 컨설팅 분야는 그림 5와 같다.

컨설팅의 분야는 크게 전략 컨설팅, IT 컨설팅, BPR 컨설팅, 그리고 운영 컨설팅으로 나눌 수 있다.

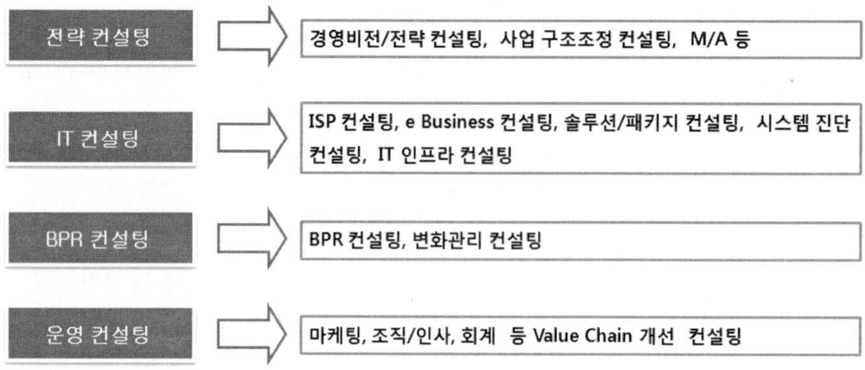

그림 5 :: 컨설팅 분야

또한 기업 내에서 컨설팅이 적용되는 업무 영역은 그림 6과 같다.

적용 대상 업무 영역은 크게 경영환경, 재무, 마케팅, 생산, 연구개발, 인적자원, 경영시스템, 성과, 정보화, 그리고 자동화 분야로 나눌 수 있다[17].

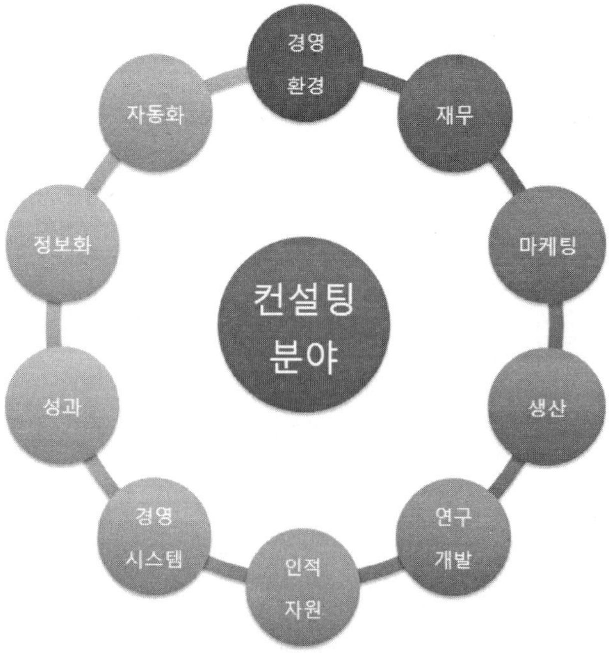

그림 6 :: 컨설팅 적용 업무 영역

업무 영역별 주요 세부 컨설팅 항목은 다음 표들과 같다.

(1) 경영환경 분야

표 2 :: 경영환경 분야의 컨설팅 항목

주제	구체적 항목
경제	거시경제환경 발전의 수준과 추세 국가의 경제적인 부의 정도 시장의 구조와 현황 소속된 산업의 국내 현황 재무시스템, 자금의 활용정도
자연자원	원재료/ 연료와 에너지/ 물/ 토지/ 기후
인적자원	노동시장/ 교육
사회문화	기술적·사회적 스킬, 훈련시설 사회구조(계층, 인종집단, 소수인종, 수익의 분배, 구매력) 소비자의 취향 사회적·문화적·종교적 전통
정치	정치 시스템 / 안전성/ 경영에 대한 정치의 영향
물리적 환경	교통과 커뮤니케이션 정보통신 공공사업과 기술서비스 수택시설, 공해(환경보호)
기술적 능력	국가적·산업적 연구기반 / 연구개발에 관한 정책 / 기술개발을 위한 대학

(2) 재무분야

표 3 :: 재무분야의 컨설팅 항목

주제	구체적 항목
경제	전략과 정책 회사의 구조상에서 재무관리가 차지하고 있는 위치 기록과 보고-시간적 적절성, 신뢰성, 품질 은행과 같은 금융기관들과의 관계
대차대조표와 손익계산서	비교분석 주요, 비율들 재무적 성과, 건전성, 안정성
자금원의 활용	자금원과 자금조달비용 자금의 흐름과 활용 현금흐름 재정적인 적립금
재무계획 수립과 예측	사용되고 있는 예측시스템과 테크닉 예측방법에 대한 평가

(3) 마케팅분야

표 4 :: 마케팅분야의 컨설팅 항목

주제	구체적 항목
마케팅관리	개념, 적용되는 전략 스태프의 구성(인원, 능력) 회사의 구조상에서 마케팅관리가 차지하고 있는 위치
시장(국내외)	크기, 추세 시장점유율 경쟁자(업체수, 중요성, 전략) 시장조사연구
소비자(고객)	크기와 고객기반의 구조 / 주요 고객
가격	전략과 정책, 경쟁자와의 비교
판매	유통채널 조직과 테크닉 판매력(크기, 능력, 동기부여) 배송의 신뢰성 재고(크기, 위치, 회전율) 판매비용(크기, 추세)
고객서비스	애프터서비스 기술서비스(정보, 훈련, 시스템 설계 등) 고객으로부터의 학습
광고	중요성, 광고비 테크닉, 프로모션의 필요성 및 전략 효과

(4) 생산분야

표 5 :: 생산분야의 컨설팅 항목

주제	구체적 항목
생산관리	적용되고 있는 생산전략 스태프의 구성(인원수, 능력) 회사의 구조상에서 생산관리가 차지하고 있는 위치
생산능력	양, 활용정도, 병목(bottleneck) / 활용되지 않고 있는 여분의 능력
생산조직	재료와 제품의 흐름(공정도) 프로세스 상에서의 작업(양, 위치, 통제) 로지스틱스와 재료의 운용 새로운 형태의 조직들
통제와 지원기능	계획수립, 스케줄링, 협력, 기록 공정상의 통제(시스템, 수준) Industrial Engineering(작업연구, 가치분석 등) 스태프의 능력(엔지니어, 기술자)
품질관리	적용되고 있는 시스템 / 유지하고 있는 수준, 새로운 추세들
구매	조직, 절차, 관행 주요 공급자, 신뢰성, 하청계약자 관리

생산시스템의 효율성	주요 제품들의 원가 노동생산성, 유연성 낭비(재료와 에너지의 손실 등)

(5) 연구개발(R&D)분야

표 6 :: 연구개발(R&D)분야의 컨설팅 항목

주제	구체적 항목
연구개발관리	전략과 정책에 대한 정의 계획, 실행 구조 회사의 구조상에서 연구개발관리가 차지하고 있는 위치
연구개발부서	인원수 / 자질, 경험 / 성과들 / 동기부여
다른 조직들과의 협력	협력의 형태 파트너들 체결해 놓았거나 추진하고 있는 라이센스 및 기타 협정들
연구개발의 활용	결과, 적용 혁신의 속도 사업에 미치는 영향 특별한 경쟁 우위 역량

(6) 인적자원 분야

표 7 :: 인적자원 분야의 컨설팅 항목

주제	구체적 항목
인적자원관리	개념과 정책, 인적자원 계획수립 회사의 구조상에서 인적자원관리가 차지하고 있는 위치
채용과 선발	채용관행, 선발관행
훈련과 개발	인력개발을 위한 비용 훈련개발을 위한 조직 접근방법 직무순환 체계
임금과 동기부여	급여시스템 급여의 수준과 차등, 결과에 따른 보상 이익배분 사회적인 혜택, 금전적이 아닌 인센티브 사항
노사관계	성격, 관행 / 경영과 성과에 미치는 영향

(7) 경영시스템 분야

표 8 :: 경영시스템 분야의 컨설팅 항목

주제	구체적 항목
조직구조	조직구조의 형성, 역사 부서, 부문(전문화, 역할, 상대적인 중요성) 라인과 스태프간의 관계 집중화와 분권화 차트와 매뉴얼의 존재, 품질, 활용 정도
의사결정	주요한 의사결정에 사용되는 관행
커뮤니케이션	네트워크와 채널(공식적 · 비공식적) 방법
내부정보, 정보계획과 통제시스템	사용되고 있는 시스템, 효과 경영정보시스템 활동과 성과계획 예산과 비용통제 보고와 기록의 분석
정보기술의 활용	정책, 효과 컴퓨터 · 정보기술의 활용 관리자와 스태프의 PC활용 능력 커뮤니케이션 기술
조직문화	가치와 전통 습관과 관례 관리 스타일 종업원 참여도

(8) 성과(조직전반)분야

표 9 :: 성과(조직전반)분야의 컨설팅 항목

주제	구체적 항목
성과지표	성장, 생산성, 이익률, 현금흐름, ROI, 주식의 시장가치, 고용창출과 안정, 기타 주요 지표들
경쟁우위	특별한 자원, 성과, 역량 주요 경쟁자들과의 비교
업계에서의 지위	고객과 일반대중으로부터 받고 있는 지위와 이미지
변화의 실행	정책 능력, 접근방법 달성된 결과
성과평가	평가관행과 효과
성과개선	리엔지니어링, 벤치마킹 등 접근방법 달성된 결과

(9) 정보화분야

표 10 :: 정보화분야의 컨설팅 항목

주제	구체적 항목
정보시스템 계획 수립 및 구축	IT 도입을 위한 타당성 검토, IT 구축 표준화 방법론 제시, 투자대비 효과/효율성 분석, IT 투자 계획 수립 등
정보시스템 감리	정보화 프로젝트 전반(계획/개발/운용)에 대한 감리, IT의 안정성 · 효율성 확보를 위한 품질보증 지도
정보기술 및 견학	IT 분야 신기술 수집/분석/활용에 대한 교육, ERP/CRM/SCM/POS/전자상거래 등의 성공적인 구축사례 견학 지도, 선진업체 방문 및 세계적인 전시회 견학 지도

(10) 자동화분야

표 11 :: 자동화분야의 컨설팅 항목

주제	구체적 항목
검사계측	정밀도, 신뢰성 향상, 불량율 Zero PPM 구축 측정,검사,선별 등의 결과치 분석 비전 검사시스템 등
제어시스템 설계	PLC, PC, DCS, 마이크로프로세서 등을 이용한 제어시스템 설계/구현 프로그램
로봇 등의 장치 간 인터페이스	로봇, 주변기기, 생산시설, 검사/계측장치, 컴퓨터 등의 인터페이싱 설계/구현 프로그램
공장 레이아웃 및 물류 합리화	레이아웃 설계 및 물류 합리화 지도
제품설계 및 개발	제품의 기능, 생산의 용이성 등을 고려한 설계
생산설비의 TPM	TPM(Total Productive Maintenance) 관리체계

4. IT 컨설팅

체계적인 기업 정보화의 추진을 위해서는 BPR(Business Process Reengineering)을 통해 조직 및 업무 프로세스 등을 우선적으로 개선한 후, 전사적인 ISP(Information Strategic Planning)를 통해서 회사의 경영전략과 그 궤를 같이하는 중장기 정보화 전략을 수립하고 이를 기반으로 한 투자효과 분석 및 상세 추진계획 수립(MP, Master Planning), 프로세스 혁신 활동(PI, Process Innovation), 그리고 시스템 개발(SI, System Implementation) 등이 단계적으로 이루어져야 한다.

전체적인 정보화 관련 컨설팅 추진단계는 그림 7과 같다.

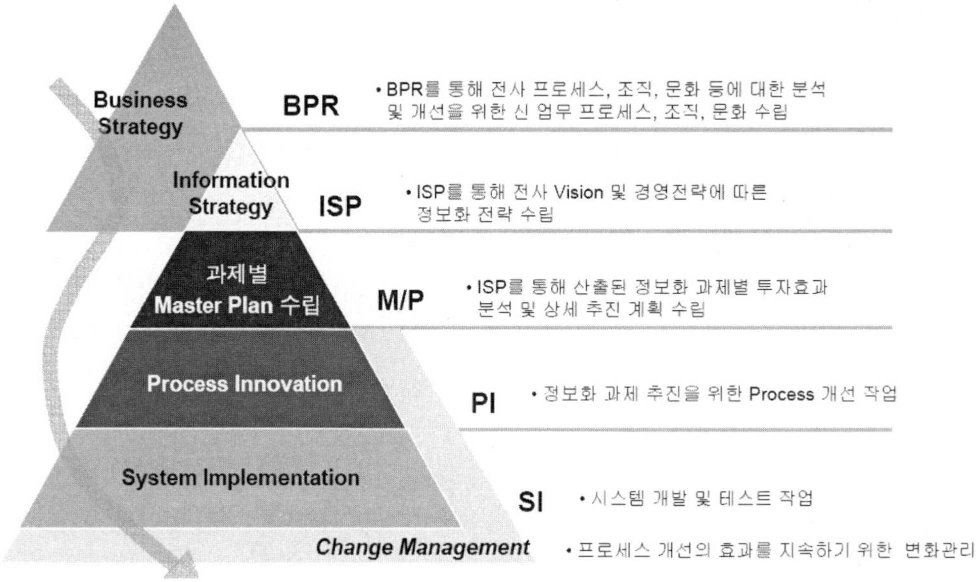

그림 7 :: 정보화 컨설팅의 추진단계

ISP/BPR 등의 IT 컨설팅을 활용한 체계적인 정보화 추진은 근시안적인 정보화 추진에 비하여 그림 8과 같은 장점이 있다.

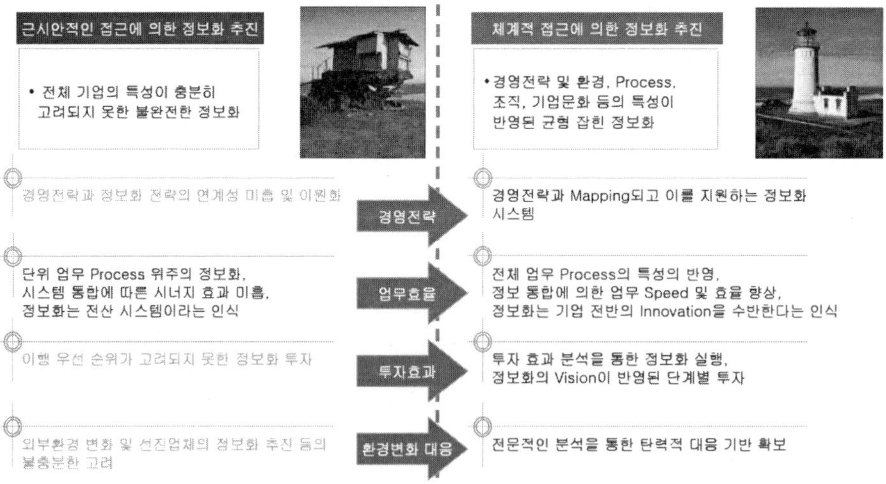

그림 8 :: IT 컨설팅의 필요성

기존의 접근 방식에서 벗어나 체계적인 접근을 통해, 경영전략 및 환경, Process, 조직, 그리고 기업문화 등의 특성이 효율적으로 정보 시스템에 반영되도록 정보화를 추진하여야 한다.

5. IT 컨설턴트

1) 컨설턴트의 정의

일반적으로 컨설턴트는 기업 혹은 조직의 경영 및 업무상 해결해야 할 문제나 과제에 대해 전문적인 식견을 가지고 조언과 지도를 제공하는 전문 직업인이다[10].

컨설턴트의 유형은 크게 업무별, 분야별, 특성별, 범위별, 그리고 형태별로 나눌 수 있다. 이러한 컨설턴트의 유형은 그림 9와 같다.

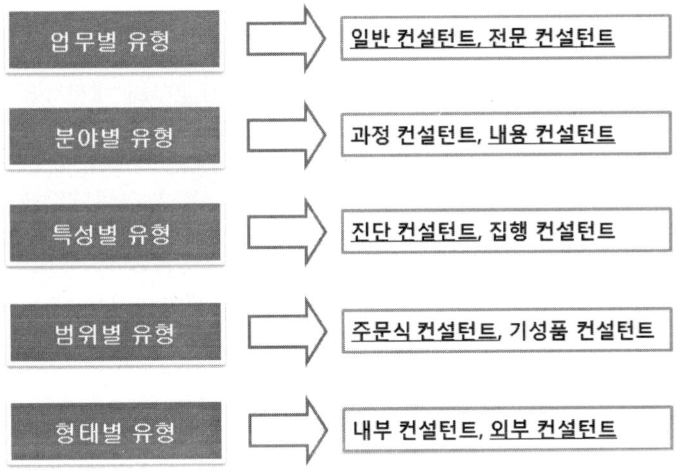

그림 9 :: 컨설턴트의 유형

2) 컨설턴트의 요건

컨설턴트에게 있어야 할 요건은 기본 소양, 전문 교육, 현장 실습, 경험 축적, 지속적 학습, 풍부한 네트워크 등이다. 일례로, 상담, 조사, 교육, 설명회 등에 요구되는 의사소통 능력과 인터뷰, 프리젠테이션 기술 등도 포함된다. 기업 관련 컨설턴트의 경우, 경영관리와 주요 업무활동 기능(재무, 회계, 자재구매, 인적자원 관리, 연구개발, 외부환경, 정보시스템, 생산, 물류, 마케팅, 사후관리)에 대한 지식 / 정보수집, 인터뷰, 설문작성, 데이터분석, 문제 정의, 진단 능력 / 문제해결, 창의력, 벤치마킹, 설계 및 실행에 대한 능력 / 프로젝트의 기획 및 제안서 작성 능력 / 그리고 컨설팅 절차와 기법의 숙지 등을 포함한 프로젝트의 추진능력 등이 요구된다.

전문지식도 필요한데, 즉 해당분야 업무의 수행절차와 연관업무와의 전반적인 관계 이해, 객관적인 평가와 판단을 위한 높은 수준의 전문지식, 그리고 새로운 컨설팅 영역의 개발과 신기법

연구를 위한 정보수집 채널 등이 필요하다. 마지막으로, 경험에 관한 사항으로 기업체의 실무 현장 경험과 관련 프로젝트의 수행을 통해서 얻은 프로젝트 관리 역량 등이 있다[10].

이상과 같은 컨설턴트가 구비해야 할 여러 가지 요건을 정리하면 다음과 같다.

첫째, 전문지식과 경험이 요구된다. 즉, 특정 분야에 대한 전문지식은 컨설턴트가 갖추어야할 필수조건이며, 경험은 실무적으로 습득한 지식을 현장에 바로 활용할 수 있을 만큼 충분하여야 한며 컨설턴트에게는 가장 중요한 능력 요소이다.

둘째, 문제 발견 능력이다. 즉 이는 관찰력과 분석력이 수반되어야 하는 능력이다. 현상으로부터 문제점과 그 요인을 발굴해내기 위해서는 현상에 대한 개별요인을 찾아내고 여기에서 파생되는 문제점 상호간의 관련성과 영향을 통합적 접근을 통해 분석할 필요가 있다. 컨설턴트가 예리한 감식력을 가지고 현상으로부터 개선점을 발견할 수 있는 것도 시스템적 관점에서 사안을 관찰하고 분석하여 문제점을 도출해내는 능력 때문이다.

셋째, 대안 제시 능력을 갖는 것이다. 이는, 기업진단을 통하여 발견된 문제점에 대하여 적절한 해결대안을 모색하고 고객기업이 가지고 있는 조직적, 문화적 특성에 맞는 해법모델을 제시하는 것은 컨설턴트의 능력을 판가름하는 중요한 열쇠이다. 한 중소기업 사장은 '문제점만 가져오지 말고 해결책도 가져오시오'라는 안내문을 정문에 써 붙였다고 하는데, 이는 컨설턴트의 문제발견 및 대안제시 능력이 고객에게 얼마나 중요한가를 의미하는 것이다.

넷째, 협상 및 커뮤니케이션 능력이 필요하다. 컨설팅은 비즈니스이다. 고객에게 컨설팅의 유익함을 이해시키지 못하며 계약을 이끌어내기란 쉽지 않다. 이를 위해서는 평소 원만한 대인관계를 유지하는 것이 중요하다. 또 고객과의 관계에서 의사소통이 원활하려면 충분히 대화하고, 부드러우면서도 분명하게 의사를 전달하는 것이 요구되는데, 이는 발생 가능한 오해를 방지하고 예기치 못한 상황을 사전에 대비하는 능력이라 할 수 있다.

다섯째, 정보수집 능력이 중요하다. 정보수집 능력은 인적, 물적 정보원을 확보하고 주기적으로 모니터링하여 변화요인을 사전탐색하고 대응하는데 필요한 능력이다. 새로운 제도나 기술에 대해 끊임없이 관심을 기울이거나 주변의 관련자들로부터 정보를 입수하는 것은 수시로 바뀌는 경영환경을 탐색하는데 있어 중요한 의미를 갖는다.

컨설턴트는 적어도 하루 근무시간의 20% 이상을 정보의 수집, 교환에 투자해야 한다. 경제신문을 읽는 것을 비롯해 관련 정부부처의 정책과 선진국의 동향을 수집하고 이를 분석, 활용해야 한다. 인터넷 활용과 더불어 영어를 비롯한 외국어의 구사 능력은 선진국의 동향이나 사업의 국제화를 위해 반드시 필요하다.

여섯째, 창의력과 미래예측 능력을 키워야 한다. 창의력은 인간이 지닌 가장 부가가치가 높은 능력 중의 하나이며, 미래예측 능력은 앞서 기술한 여러 능력들이 바탕이 되지 않고서는 갖추기 힘든 능력이다. 미래예측은 현실을 직시하고 전체를 두루 살펴본 후 통합적 접근을 시도하는 경우에만 가능하며, 국제적 감각과 환경변화에 대한 적응능력이 배양된다면 조직이나 개인이 앞으로 어떻게 시대변화에 준비해야 하는가를 알게 될 것이다.

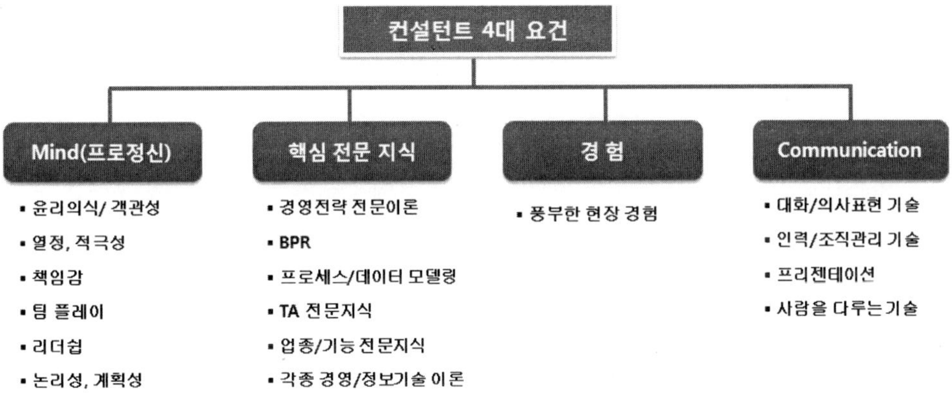

그림 10 :: 컨설턴트 4대 요건

이러한 컨설턴트의 요건들을 크게 프로정신, 핵심 전문지식, 경험, 그리고 커뮤니케이션 능력 등으로 구분할 수 있다. 그림 10은 컨설턴트의 4대 요건과 세부 요건을 보여준다.

더불어 컨설턴트에게 그림 11과 같이 컨설팅 프로젝트의 여러 가지 특성들을 고려한 추진 전략 수립 능력 또한 요구된다.

또한 컨설턴트의 직업윤리에 대해 살펴보면, 어떠한 직업에 종사하든 개개인의 직업인에게 요구되는 윤리규범이 존재하기 마련이다. 컨설턴트의 업무는 고객기업의 경영 전반에 걸쳐 커다란 영향력을 미칠 수 있으므로 윤리적인 측면에서 고려되어야 할 사항들이 비교적 많은 편이다. 컨설턴트의 윤리강령은 컨설턴트가 업무 수행 시 지켜야 할 최소한의 사항으로서, 다음의 9가지 항목이 국제적으로 널리 통용되고 있다.

그림 11 :: 컨설팅 추진 전략

첫째, 고객정보는 무덤까지 비밀로 한다. 이는 컨설턴트가 지켜야 할 가장 중요한 사항이다. 기밀유지에 실패한다면 고객뿐만 아니라 컨설턴트에게도 치명적인 결과를 초래할 수 있다.

둘째, 허위, 과장은 곧 드러난다. 컨설턴트는 모든 것을 다 할 수 있는 것처럼 자신을 나타내서는 안 된다. 즉, 자신이 해결할 수 있는 능력범위 내에서 프로젝트에 참여하여야 한다. 계약을 성사시키기 위해 마치 자신의 서비스가 만병통치약인 것처럼 과장하여 설명하는 등 고객에 비현실적 기대를 갖게 하거나 효과에 대한 과도한 약속은 금물이다. 이는 컨설턴트 자신에게 치명적인 독이 되어 다시 돌아올 것이다.

셋째, 정해진 비용만 받는다. 컨설턴트는 프로젝트의 소개나 계약 성사를 이유로 소개비나 보상금을 받아서는 안 된다. 자신이 아닌 제 3자를 추천하는데 따른 대가를 받거나, 상품이나 서비스의 수수에 대한 관심을 보여서도 안 된다. 계약서에 명시된 금액 이외에 일체의 부가적인 사항을 요구하는 것은 공정한 거래행위가 아니므로 바람직하지 못하며 다음 기회의 거래를 이끌어내기 어렵다.

넷째, 업무범위를 지킨다. 컨설턴트는 자신이 가지고 있는 기술과 지식의 범위 내에서 고객에게 업무를 제공해야 한다. 자신이 서비스 분야를 벗어나는 과제는 고객이 스스로 판단하여 다른 서비스를 채택하거나 해결하도록 해야 한다. 일단 고객과 컨설턴트가 합의한 분야 이외의 것은 고객의 요구나 고객과의 합의가 없는 한 일방적으로 다른 컨설턴트를 주선하거나 권유하지 않아야 한다.

다섯째, 모호한 업무는 피한다. 즉, 컨설턴트는 문제 발생의 소지가 있는 부분을 발견하게 되면 즉각 관계자에게 통보하고 공유하여야 한다. 혼자만 알고 이를 해결하려고 하는 것은 발생 가능한 위험을 키우는 것이 된다. 컨설팅의 결과는 온전히 고객에게 돌아간다. 따라서 모든 돌발적인 상황이나 문제에 직면하게 되면 고객에게 신속하게 알림으로써 그들이 대처하고 해결할 수 있는 기회를 제공하는 것이 좋다. 발생 가능한 사안은 컨설팅 계약단계에서 고객과 미리 협의하거나 계약서에 명문화하는 것도 고려해야 한다.

여섯째, 성실하게 상담한다. 컨설턴트는 프로젝트의 수행목적, 범위, 작업계획, 수수료 등에 대해 고객과 상호이해가 이루어져야 한다. 여기에는 사업추진에 영향을 미치는 개인적, 금전적 요소들을 포함한다. 프로젝트를 수행하다 보면 고객의 요구에 부응하지 못하거나 이해관계 상반 등의 소지가 발생할 수 있는데, 이러한 경우 대화를 통해 고객을 이해시켜야 한다.

일곱째, 인사개입은 금물이다. 컨설턴트는 고객과의 사전협의 없이 고객에게 신규직원의 채용이나 현재의 직원을 교체하도록 권유해서는 안 된다. 컨설턴트가 고객기업에게 행사할 수 있는 영향력 중의 하나가 바로 기존 직원이나 프로젝트 추진인원에 대한 인사상의 문제를 제기하는 것인데, 만약 이러한 문제의 발생이 예견되는 프로젝트를 수행하게 된다면 사전에 인사권을 가진 자와 이러한 사안을 제시할 수 있는지 협의하는 것이 좋다.

여덟째, 책임 있는 업무자세를 보인다. 컨설턴트는 고객, 동료들과의 관계에 있어 전문가로서의 책무를 다해야 한다. 자신의 부실한 업무수행이 고객에게 불신감을 주는 것은 물론 소속된 컨설팅 기관이나 사무소의 이미지에도 치명적인 영향을 미치게 된다. 특히 고객기업이나 그 소속직원의 약점이나 과오를 발견하더라도 고압적인 자세나 위협적인 발언을 하는 등의 태도는 금해야 한다.

아홉째, 동료 컨설턴트간의 협력이다. 컨설턴트는 다른 컨설턴트가 직업윤리강령을 준수하고 업무에 만전을 기하도록 협조해야 한다. 동료 컨설턴트는 정보와 경험의 교류를 위한 가장 좋은 친구이다.

6. 주요 컨설팅 회사

본 절에서는 국내외의 주요 컨설팅 회사들의 현황을 정리하였다.

1) 국외

그림 12는 주요 국외 컨설팅사들의 마켓 포지셔닝을 나타낸다.

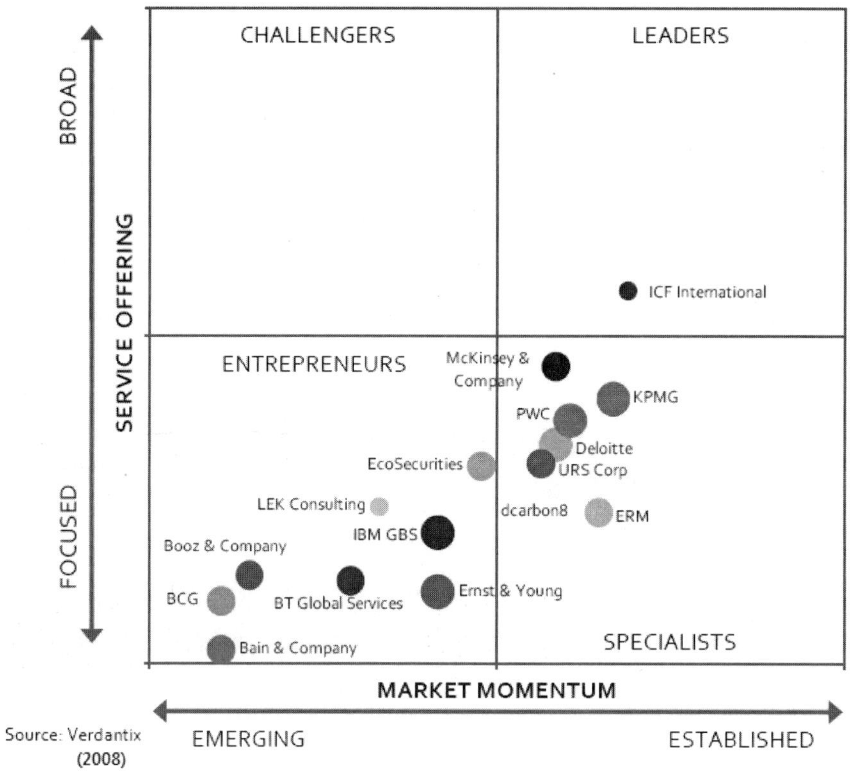

그림 12 :: 국외 컨설팅사의 포지셔닝 맵

이들 컨설팅사는 크게 전략컨설팅 부문과 종합(IT)컨설팅 부문으로 나눌 수 있다.

▣ 전략컨설팅 부문

주요 전략컨설팅 업체로는 맥킨지(McKinsey), 보스턴(Boston), 아서 더 리틀(Arthur D. Little), 베인 앤 컴퍼니(Bain&Company), 그리고 AT커니(ATKearney) 등이 손꼽힌다. 전략컨설팅이란 최고경영자의 입장에서 기업의 비전이나 사업내용을 점검하고 경쟁력을 갖출 수 있도록 전략, 사업 구조 등을 재조정하는 작업을 주로 수행한다. 따라서, 대부분의 국내 대기업 구조조정들은 이들 전략컨설팅 업체에 의해 진행되어왔다. 예로 L그룹의 경우 이와 같은 업무에 항상 맥킨지가 관여하고 있으며, H그룹의 경우 아서 더 리틀이 관여를 하고 있다.

(1) McKinsey & Company(www.mckinsey.com)

1923년 미국의 경영학 교수 제임스 맥킨지가 설립한 맥킨지 컨설팅회사는 국제 비즈니스 세계에서 가장 높은 권위를 인정받고 있으며, '포춘' 선정 100대 기업 대부분의 자문을 맡고 있고, 미국을 포함하여 세계 각국의 정부 기관에도 컨설팅 서비스를 제공할 만큼 공신력을 가지고 있다. 맥킨지는 세계적인 경영학의 석학들과 비즈니스 지도자들의 요람이기도 하다. 맥킨지의 내부 네트워크에는 산업 또는 분야별 40개 서비그룹(Practice)이 포함되어 있다. 각 그룹은 수백 명의 컨설턴트 뿐만 아니라 광범위한 정보를 수집하고 산업별 동향, 선진 사례 및 경영 도전 과제에 대한 분석 및 시각을 수립하는 조사 분석 전문가들로 구성되어 있다.

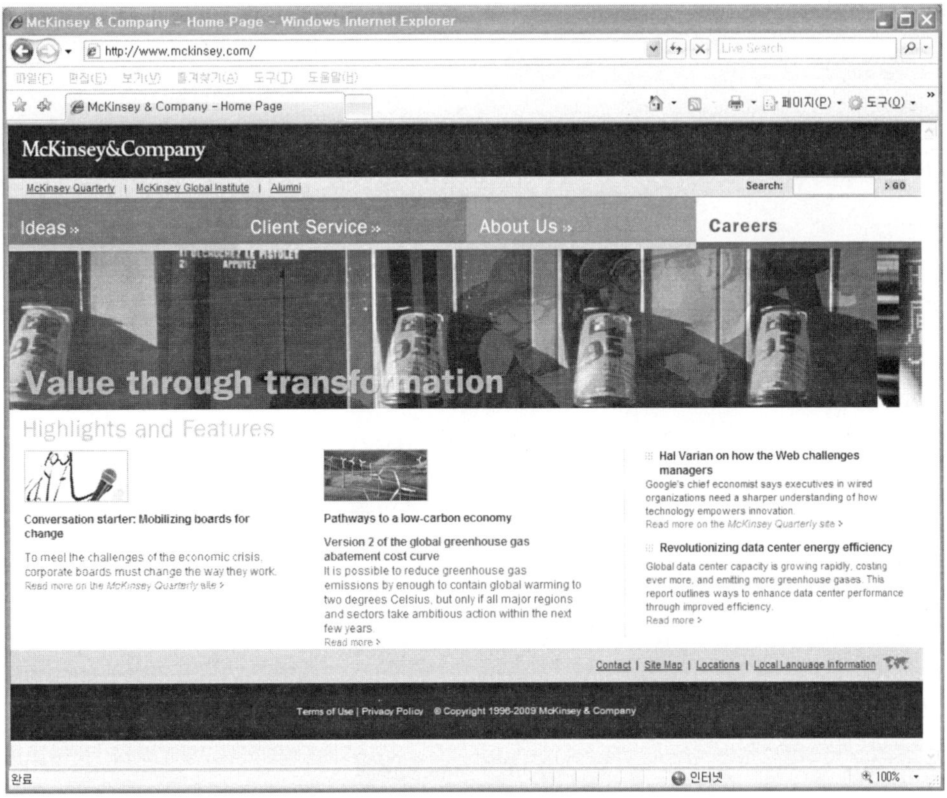

그림 13 :: www.mckinsey.com

(2) Boston Consulting Group(www.bcg.com)

1963년 부르스 핸더슨이 설립한 보스턴컨설팅그룹은 세계 30개 지사와 1,500여 명의 컨설턴트를 보유하고 있으며, 자체 인력개발에 중점을 두고 있는데 포트폴리오 전략, 경험곡선 이론, 타임베이스 경쟁전략, 전사적 브랜드 관리 등으로 알려져 있다. 1994년 서울지사를 설립하여 100여 명의 컨설턴트를 두고 있다.

그림 14 :: www.bcg.com

(3) Arthur D. Little(www.adl.com)

1886년 설립된 세계 최초의 컨설팅 기관인 아서 더 리틀은 세계 52개 지사에 3,000여 명의 컨설턴트를 보유하고 있으며, 1994년 한국에 진출하여 120여 명의 컨설팅 인력이 활동하고 있다.

그림 15 :: www.adl.com

(4) Bain & Company(www.bain.com)

베인 & 컴퍼니는 세계 컨설팅업계를 선도하는 글로벌 경영 컨설팅 회사이다. 베인은 지난 1973년, 빌베인(Bill Bain)에 의해 설립되었다. 설립 이후 거의 모든 업계를 망라한 4,150여 개의 기업들과 일하면서 전략, 운영, 인수, 합병, 기술, 조직 등 경영진의 중요한 의 기결정을 지원해 왔다. 베인은 세계 전역 26개국, 39개 오피스, 4,800여 직원을 보유하고 있다.

베인은 한국에서 1991년 사업을 시작하였으며, 금융 서비스, 통신, 소비재, 소매업, 제조업, 투자펀드 등과 같은 다양한 분야에서 국내 기업 및 다국적 기업에 서비스를 제공하고 있다.

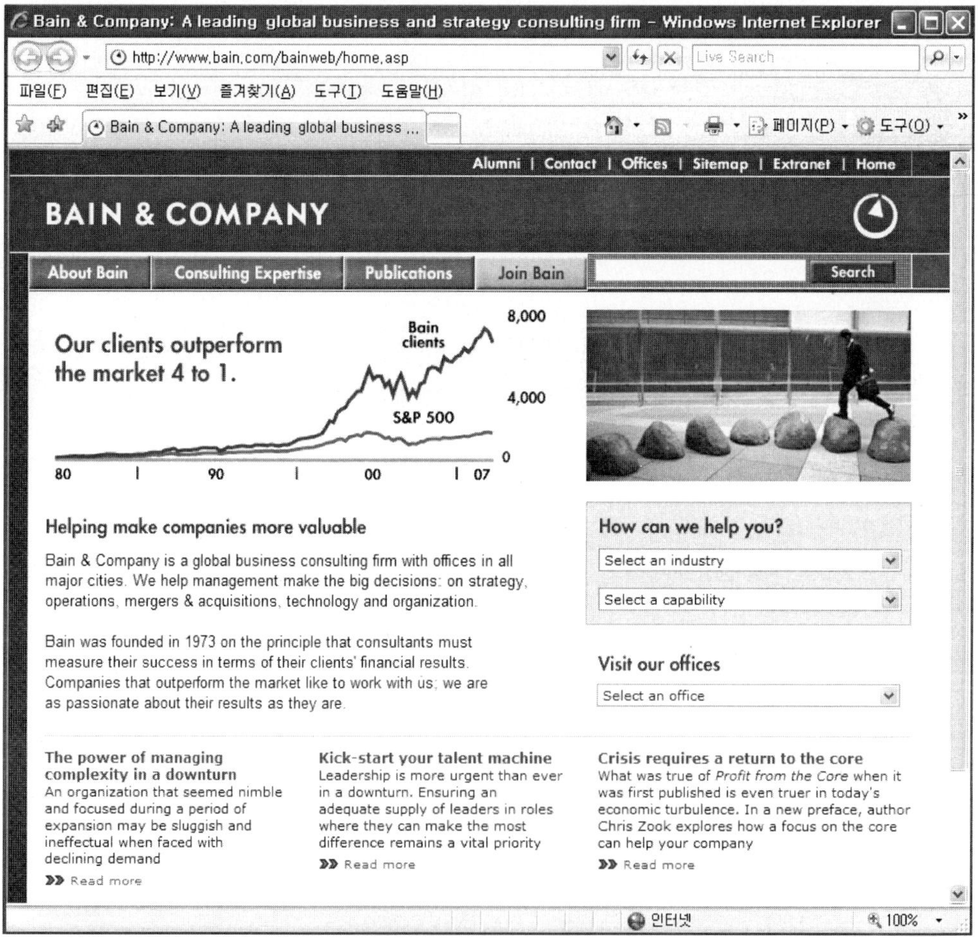

그림 16 :: www.bain.com

(5) A.T. Kearney(www.atkearney.com)

A.T. Kearney는 전략 수립에서 기업 운영 개선 및 정보기술 등 비즈니스의 전 분야에 걸쳐 고객에게 부가가치를 제공하고 있는 경영 컨설팅 기업으로, 1926년 미국 시카고에서 설립된 이래 유럽 및 아시아 지역을 포함한 전 세계 35개국 60여개 오피스에서 3,000여 명의 컨설턴트들이 다양한 고객들에게 전문화된 경영 컨설팅 서비스를 제공하고 있다.

A.T. Kearney Korea는 1995년 설립된 이후 매년 지속적인 성장을 이어가고 있다.

그림 17 :: www.atkearney.com

▣ 종합(IT)컨설팅 부문

국외의 주요 종합컨설팅 업체로는 액센츄어(Accenture), IBM BCS, 베어링포인터(BearingPoint), 그리고 언니스트 앤 영(Ernst & Young) 등이 꼽힌다. 이들은 대부분 회계에서 비즈니스를 시작하여 현재 IT 및 경영컨설팅까지 업무영역을 확대하고 있다. 또한 최근 ERP, CRM, SCM 등 정보시스템 전반에 대한 컨설팅을 주로 수행함으로 IT 컨설팅업체라고 불리기도 한다.

(1) Accenture(구 Arthur Andersen, www.accenture.com)

아서앤더슨(Arthur Andersen)은 1913년에 설립된 글로벌 컨설팅 전문회사로 미국의 5대 다국적 컨설팅기업 중에서 최초로 'Five Star(세계적 수준의 등급)'를 획득했다. 2001년까지 전 세계 84개국 385개 지사에서 보험, 세무, 법인 파이낸스에 관한 세계 수준의 기술을 가진 7만여 명의 직원이 근무할 정도로 큰 성장을 거두었다. 그러나 2001년 회계감사를 담당하였던 미국 최대의 에너지 회사인 엔론(Enron)의 분식회계 사실이 적발되면서 아서앤더슨은 해체되었다.

아서앤더슨의 컨설팅 사업부문이었다가 1989년 독립한 앤더슨컨설팅은 세계 최대의 정보기술 전문업체로 세계 47개국 152개 사무소에 36,000여 명의 컨설턴트가 활동했으며, 1986년 한국에 진출하여 150여 명의 컨설턴트와 함께 시스템컨설팅(컴퓨터+경영혁신)과 전략컨설팅을 실시하였다.

2001년 사명을 엑센츄어으로 바꾸었다. 현재 전 세계 120개국에 186,000여 명이 넘는 직원이 근무하고 있으며, 포춘지 선정 글로벌 100대 기업 중 96개 기업과 글로벌 500대 기업 중 2/3이 이상이 액센츄어의 고객이다.

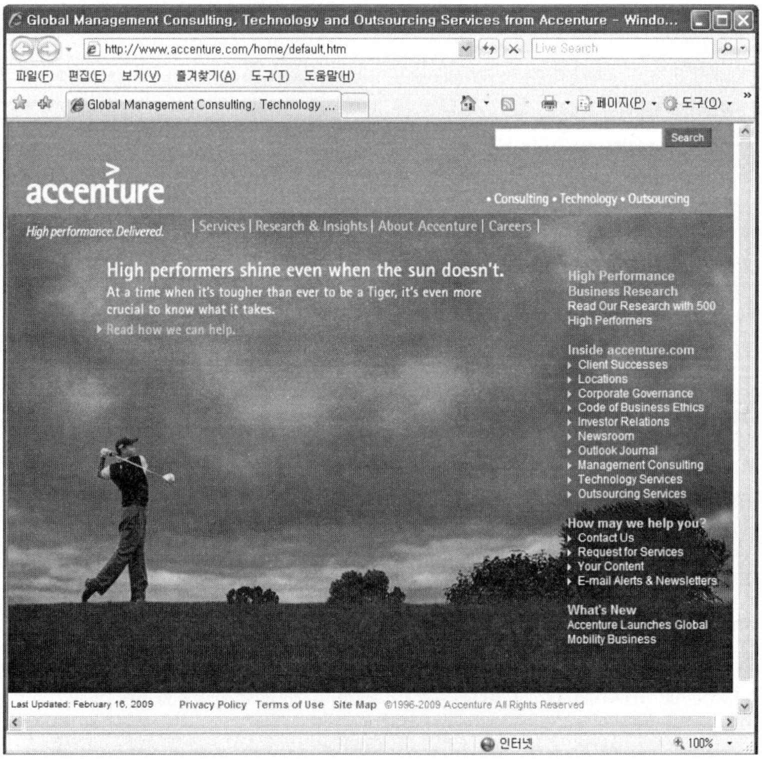

그림 18 :: www.accenture.com

(2) IBM BCS(www.ibm.com/services/bcs)

IBM BCS는 전 세계 160여 국가에 컨설턴트와 전문가를 보유하고 있는 컨설팅 서비스 조직이다. IBM BCS는 고객에게 비즈니스 프로세스와 산업에 대한 전문지식을 제공한다. 또한 특정 산업에 적합한 IT 솔루션에 대한 이해를 제공하며, 핵심 비즈니스 가치를 창출하는 IT 솔루션을 설계하고 구축할 수 있는 능력을 제공하고 있다.

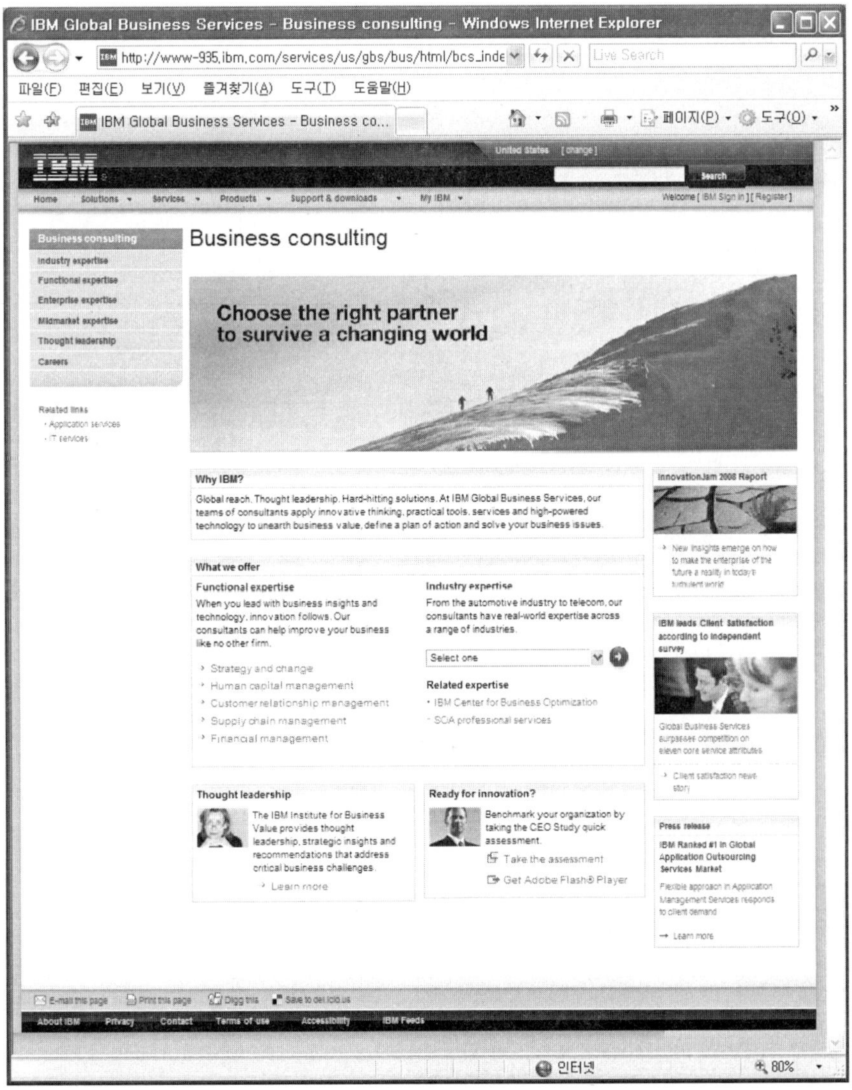

그림 19 :: www.ibm.com/services/bcs

(3) PwC(www.pwc.com)

미국의 시장조사 및 컨설팅 기관으로 1998년 Price Waterhouse와 Coopers & Lybrand의 합병으로 탄생했다. 전 세계에 퍼져있는 네크워크와 조직망을 활용하여 고객에게 양질의 서비스를 제공하는 회계와 경영자문 전문회사이다. 현재 150,000명이 넘는 전문가들이 활동하고 있으며, 국내 삼일회계법인(삼일PwC)은 국내 최고의 회계법인으로 3000여명의 전문가들이 산업적 특성에 맞는 다양한 전문 서비스를 제공하고 있다.

2004년 PwC의 IT 컨설팅 분야는 IBM에 매각되었다.

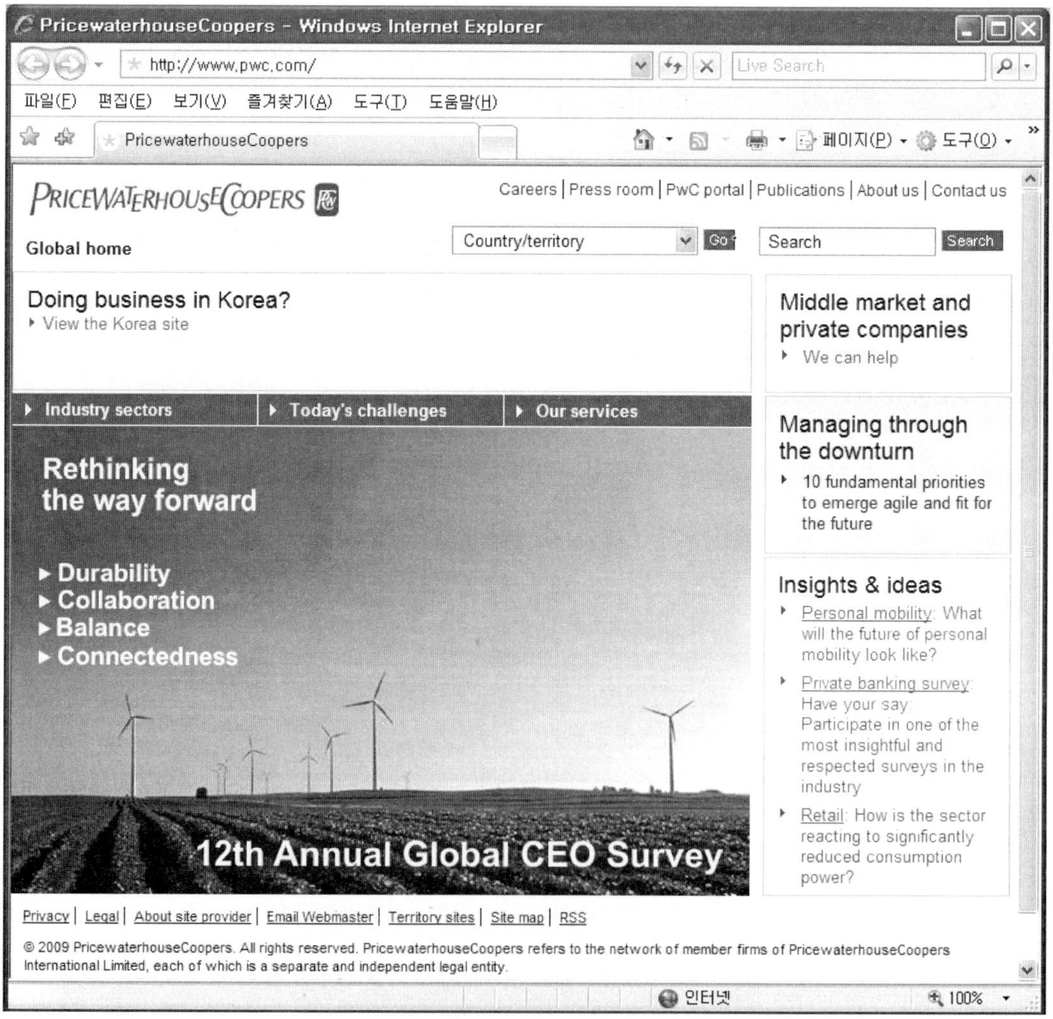

그림 20 :: www.pwc.com

(4) Ernst & Young(www.ey.com)

120년 전통의 회계법인 Arthur Young과 Ernst & Whinney가 합병을 통하여 1989년 10월 1일자로 설립한 국제적인 회계법인이다. Ernst & Young은 2008년 기준으로, 140여개 국가에서 약 114,000명 정도의 공인회계사, 세무사 및 경영자문가들이 업무를 수행하고 있다.

국내에서는 Ernst & Young 한영회계법인으로 활동하고 있으며 Ernst & Young International 41개 이사국의 구성원이다.

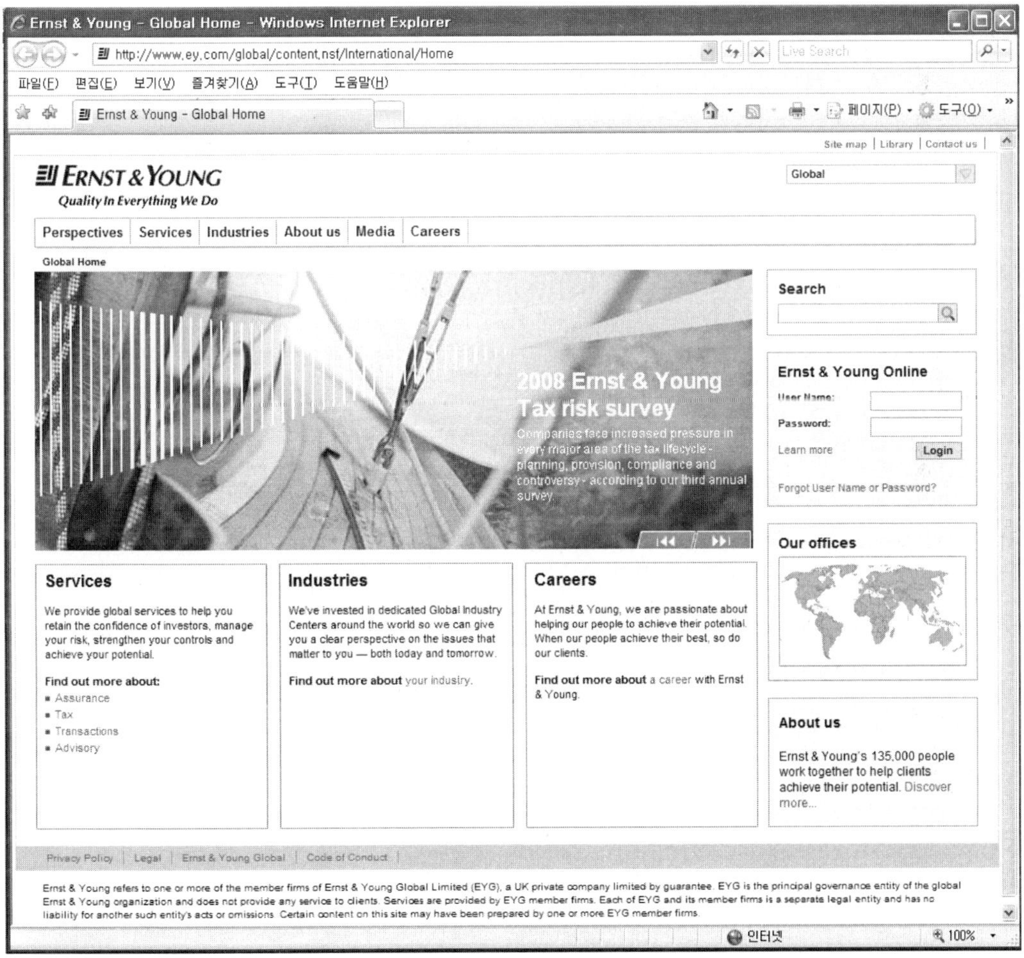

그림 21 :: www.ey.com

(5) BearingPoint(www.bearingpoint.com)

베어링포인트는 1897년 Peat Marwick에 의해 설립되었으며, 2002년 회사명을 KPMG Consulting에서 BearingPoint로 바꾸었다. 전세계 2000개가 넘는 기업에 전략 컨설팅, 어플리케이션 서비스, 그리고 기술 솔루션을 제공하고 있다. 포브스(Forbes) 선정 글로벌 100위 기업의 80% 넘는 기업이 베어링포인트의 고객이다.

한국 KPMG Consulting은 2002년 7월, 앤더슨코리아의 컨설팅부문을 통합하였고 기존의 KPMG가 갖고 있던 회계법인의 이미지에서 벗어나 독립 컨설팅 전문 기업으로 전환하고자 2002년, BearingPoint로 회사명을 바꾸었다.

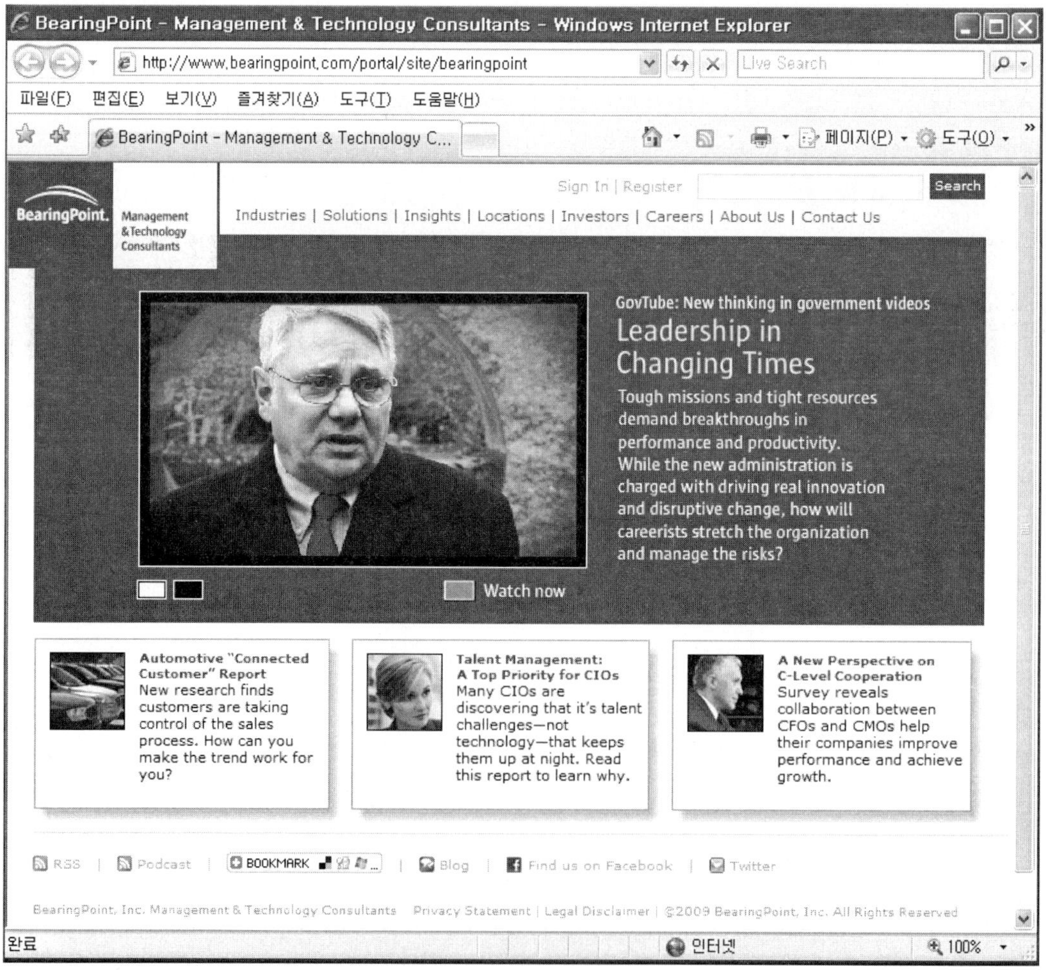

그림 22 :: www.bearingpoint.com

(6) Booz-Allen(www.boozallen.com)

1914년 에드윈 부즈(Edwin Booz)가 버지니아주 매클린에 비즈니스연구개발(Business Research & Development Company)이라는 이름으로 설립하였고 1943년 지금의 이름으로 회사명이 바뀌었다. 1950년대에 제조·전자·화학·에너지·언론 분야 등으로 컨설팅 사업을 확장하고 미국을 탈피하여 유럽, 남미, 중동, 아시아 등 전 세계에 네트워크를 구축하였다.

국제 상업비즈니스와 국제 기술비즈니스 2개 사업 부문으로 나누어 75개국에서 9,000여명의 컨설턴트가 활동하고 있으며 지금까지 1만 2,000여 고객에게 다양한 컨설팅 서비스를 제공하였다. 미국 연방정부와 주정부, 호주·홍콩·베네수엘라를 포함한 40여 개국 정부의 국가컨설팅을 담당하는 등 공공부문 혁신과 전략수립 부문에서도 활발한 활동을 하고 있다.

1996년에 한국과 함께 중국 상하이, 인도 뭄바이에 진출하였다.

그림 23 :: www.boozallen.com

2) 국내

(1) Entrue Consulting Partners-LG CNS(www.entrue.com)

LG CNS의 컨설팅 사업부문인 엔트루컨설팅 파트너즈는 1991년 설립돼 IT 컨설팅 및 SI 사업 최일선에서 핵심 역량을 발휘하고 있다.

엔트루컨설팅은 그동안 2,300건 이상의 컨설팅 사업을 수행하면서 광범위한 영역에서 경험과 지식을 무기로 국내 컨설팅 업계를 리딩하고 있다. 가장 중요한 자산인 전문 인력은 다양한 분야의 경험과 학위를 소지한 산업 및 솔루션 전문가 250여 명으로 구성돼 있다.

엔트루컨설팅은 다양한 산업 및 솔루션 영역에 걸쳐 전략 컨설팅, 프로세스 혁신 컨설팅, IT 컨설팅 및 전략적 아웃소싱 서비스 등 토털 컨설팅 서비스를 제공하고 있다. 엔트루 컨설팅이 제공하는 서비스는 크게 산업영역과 솔루션 영역으로 구분된다.

그림 24 :: www.entrue.com

(2) 삼성 SDS(www.sds.samsung.co.kr)

삼성 SDS는 1985년 설립이후 최고의 인적자원과 탁월한 기술력을 바탕으로 IT 관련 total solution을 제공하고 있으며, e-Business를 통한 Partnership을 바탕으로 한국의 SI(System Integration) 사업을 선도하고 있다.

컨설팅 사업본부는 1993년에 컨설팅 사업을 시작, 현재 400여명의 전문 컨설턴트를 보유하고 있다. 회사의 싱크탱크로서 업종 전문지식을 바탕으로, 프로세스 컨설팅에서 솔루션 컨설팅에 이르는 종합적인 IT 컨설팅을 수행 중이다.

컨설팅 분야를 IT 아웃소싱, 시스템 통합, 엔지니어링 아웃소싱(EO), 사회간접자본(SOC)/u 시티, 그리고 전자태그(RFID) 등과 함께 6대 사업으로 선정하고, 역량을 강화하고 있다.

그림 25 :: www.sds.samsung.co.kr

(3) SK C&C(www.skcc.com)

SK C&C는 1991년 설립 이후, 3,000여 명의 직원이 1조원이 넘는 연매출을 기록하고 있다. 고객의 경영목표 달성을 위한 비즈니스 및 IT 전략수립, 업무프로세스 개선 등 비즈니스 니즈에 명확히 부합되는 고객의 전략수립에서부터 기업 핵심 시스템 설계·구축에 이르기까지 컨설팅에 관한 토털 서비스를 제공한다.

현재 전사자원관리(ERP), 고객관계관리(CRM), 공급망관리(SCM) 등의 다양한 기업용 솔루션 구축을 위한 전문 컨설턴트를 보유하고 있다. 이를 통해 고객의 업무환경 및 조직 환경에 따라 가장 능동적이고 효율적인 솔루션을 제공함은 물론 기존의 시스템 및 비즈니스 환경에 대한 명확한 분석을 기반으로 솔루션의 구성, 맞춤, 이행 등의 서비스를 제공하고 있다.

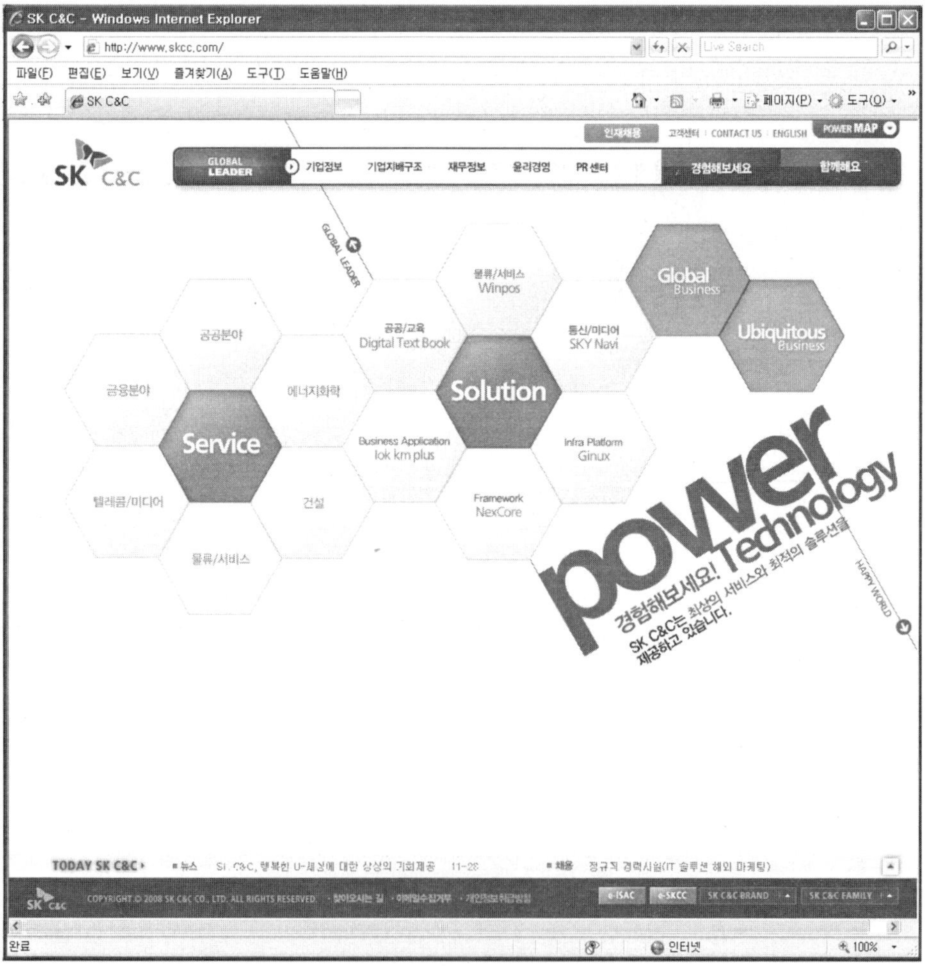

그림 26 :: www.skcc.com

(4) OpenTide(www.opentide.com)

경영·정보기술 관련 컨설팅 전문 회사로서 △경영 및 운영 전략 수립 △업무 프로세스 개선 △정보기술 솔루션 구현 등을 통해 고객사의 경영 혁신을 지원하고 있다.

특히 제조·금융·서비스·공공 등 업종에서 발생하는 경영·업무 프로세스 및 정보기술 이슈를 정확히 분석, 최적의 전략과 효과적인 실행을 통해 해결함으로써 고객사의 기업 가치를 극대화시키는 데 일조하고 있다.

이 회사 장점은 프로젝트를 통해 단순한 전략 및 기획보고서를 제출하는 데 그치지 않고, 경영전략과 정보기술을 연계해 솔루션 구현을 전제로 결과 중심의 접근 방식을 취하는 데 있다.

수년간 접해본 삼성그룹 관련 전자 및 제조 분야의 정보화 경험을 바탕으로 다양한 IT 투자 계획 및 인프라 구축을 지원한다. 또한 금융·유통 분야 등에도 사업 범위를 확장하고 있다.

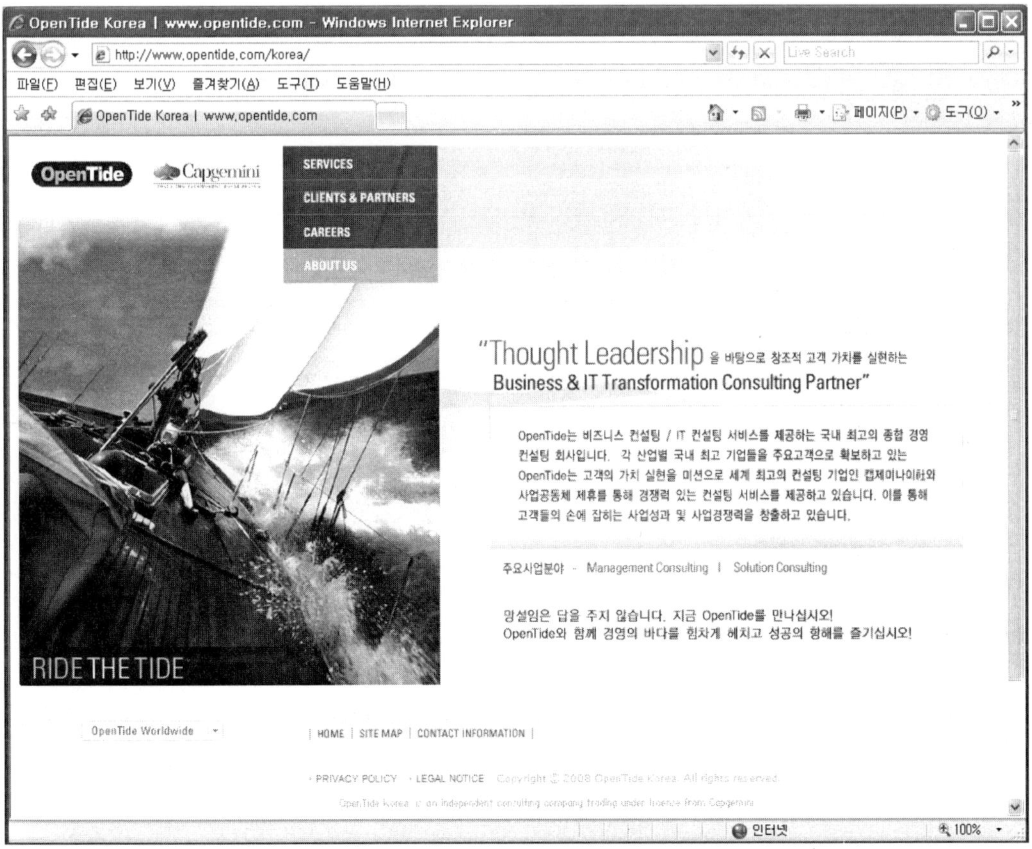

그림 27 :: www.opentide.com

(5) Metanet(www.metanet.co.kr)

메타넷은 1986년 CSG(이후 PWCSG)라는 이름으로 설립되었으며 2000년 이후부터 본격적으로 IT 및 Marketing 분야 등을 대상으로 다양한 컨설팅 서비스를 제공하고 있다.

기술 서비스 및 아웃소싱 전문기업으로서 비즈니스 및 IT 컨설팅, 고객센터 아웃소싱, 시스템 통합, 미디어, 마케팅 서비스 등, IT 영역 전반을 아우르는 서비스를 국내 및 국외 기업을 대상으로 지원하고 있으며 금융 서비스, 통신, 제조, 유통 부문에서의 다양한 경험을 바탕으로 고객사에 특화된 비즈니스 솔루션과 가치를 제공한다.

2009년 울산대학교 산업경영공학부와 PI/ERP 인력양성 협약을 체결하기도 하였다.

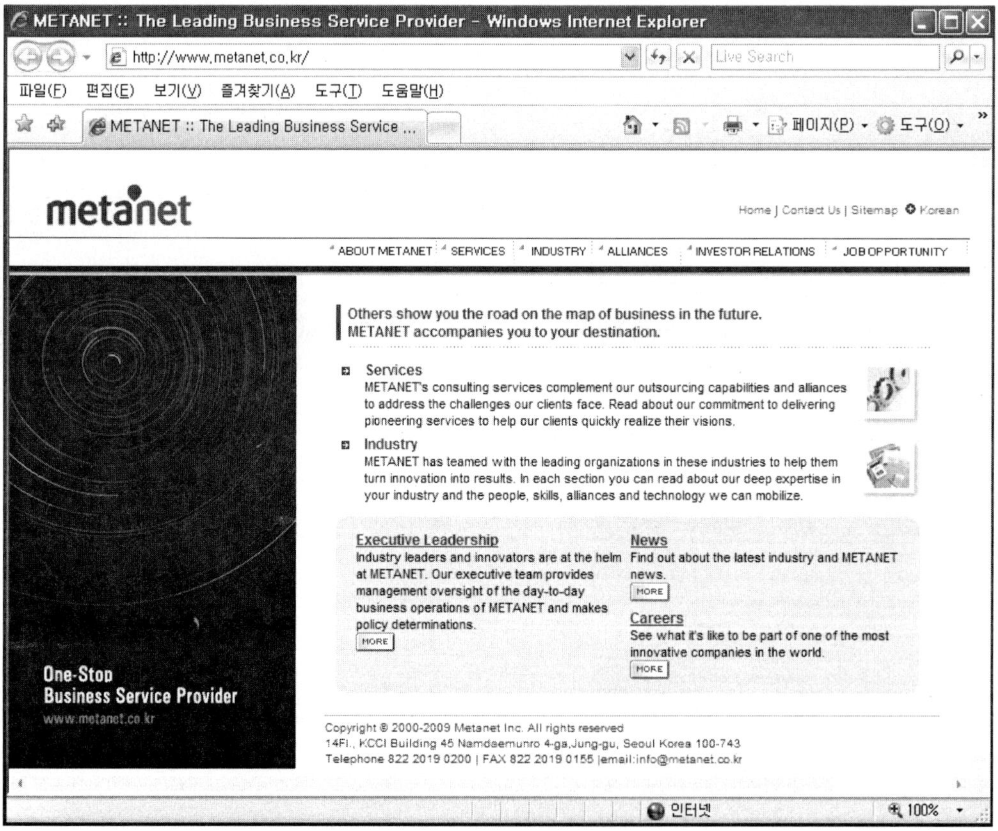

그림 28 :: www.metanet.co.kr

2장
IT의 이해

1. 비즈니스와 IT 환경

기업 내에서는 여러 담당자들과 연계되어 처리되는 비즈니스 프로세스(업무)가 지속적으로 발생하고 진행된다. 최근 이러한 비즈니스 프로세스에 대한 관리의 필요성이 크게 부각되고 있는데 그 배경에는 급변하고 있는 비즈니스 환경이 있다. 조직 내의 업무처리 생산성을 분석한 결과 업무를 처리하기 위해 소요되는 전체 시간 중에 단지 10%만이 업무 자체에 소요되고 나머지 90%의 시간은 업무 간의 연계와 전이에 소요된다고 한다. 이제는 데이터 처리의 극대화를 통한 업무 처리 능력의 향상은 한계에 도달했으며 바로 업무 프로세스의 생산성을 향상해야지만 기업의 이익이 극대화될 수 있는 시대라고 할 수 있다. 이러한 환경의 변화를 크게 비즈니스 환경의 변화 및 IT에 대한 요구의 변화 등으로 나누어 볼 수 있다.

첫째, 비즈니스 환경의 변화이다.

이제는 국가 혹은 특정 지역만을 대상으로 하였던 기업 활동에서 벗어나 점차 비즈니스의 글로벌화가 가속화되고 있다. 이로 인해 기업 간의 경쟁이 심화되었을 뿐만 아니라 동시에 체계적인 파트너쉽이 기업 활동의 주요 요소로 대두되었다. 또한 기업 활동의 복잡성은 계속 증가되고, 효율의 극대화가 기업 성공의 최대 관건으로 자리 잡게 되었다. 결국, 기업은 경쟁력 확보를 위해 기업 내외부의 협업(collaboration)을 기반으로 한 보다 효율적인 비즈니스 프로세스 관리의 중요성에 주목하게 되었다.

둘째, IT에 대한 요구의 변화이다.

기업의 생존 전략으로 민첩성(agility)이 주요 이슈로 부각됨에도 불구하고, 기존의 IT는 오히려 비즈니스 요구에 따른 민첩성 확보에 걸림돌이 되고 있다. 이런 상황이 발생하게 된 가장 큰 원인은, 기존의 IT 하부구조가 비즈니스 요구를 적시에 수용할 수 있을 만큼의 능력을 갖고 있지 않다는 것이다. 따라서 기업들은 이러한 비즈니스와 IT 사이의 갭(gap)을 최소화하고 기업의 환경 변화에 보다 민첩하고 유연하게 대응할 수 있는 IT 체계를 요구하고 있다.

비즈니스의 추진 동력(drivers)은 기술이 아니라 경제성이다. 최근 시장을 주도하는 핵심 keyword는 세계화(globalization)와 상품화(commoditization)이다. 현재 특정 제품이나 가격에 대한 정보를 전 세계로부터 원하는 즉시 얻을 수 있으며 국가 간이나 지역 간의 무역장벽이나 틈새 시장도 사라지고 있다. 따라서 기업들은 이렇게 변화하고 있는 세계의 무한 경쟁 속에서 살아남기 위해서 제휴, 합작, 협업, 아웃소싱을 통해 새로운 활로를 찾고 있는 것이다.

더불어 기업이 비즈니스 환경변화에 유연하고 민첩하게 대처하기 위해서는 지속적인 업무 프로세스의 분석(Analysis), 최적화(Optimization) 및 재설계(Redesign) 과정을 포함하는 비즈니스 프로세스 관리가 절대적으로 필요한 시점이다.

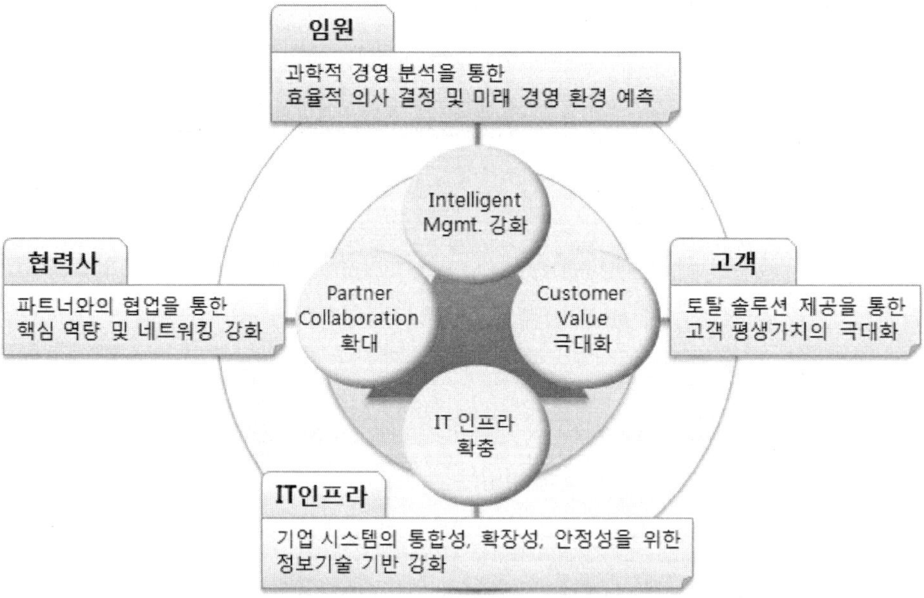

그림 29 :: 주요기업의 정보화 추진 방향

2. 표준 IT 모델

주요 기업들의 정보화는 그림 29와 같이 크게 내부 통합, 외부와의 협업, 업무 진행의 동기화를 중심축으로 고객의 관점인 Demand Chain 측면의 Customer Value 극대화, 협력업체의 관점인 Supply Chain 측면의 Partner Collaboration 확대, 의사결정권을 갖는 경영 측면의 Intelligent Management 강화, IT 측면의 IT 인프라 확충 등의 방향으로 추진되고 있다.

그리고 일반적으로 IT 인프라를 기반으로 하여 기업의 주요 업무 프로세스(개발, 구매, 생산, 영업, 마케팅 등) 수행에 필요한 기능들을 지원하는 정보시스템 영역인 EIS, CRM, PLM, SCM, MES, KM, 그리고 업무 프로세스와 해당 업무 프로세스 수행과 관련된 정보시스템들을 연계시키는 BPM 등으로 기업의 표준 IT 모델을 정의할 수 있으며 그림 30에 그 내용이 나타나 있다. 본 IT 표준 모델이 기업의 정보화 추진에 절대적인 원칙은 물론 아니지만 대부분의 기업들이 이 모델과 거의 유사한 틀에서 정보화를 현재 진행하고 있다.

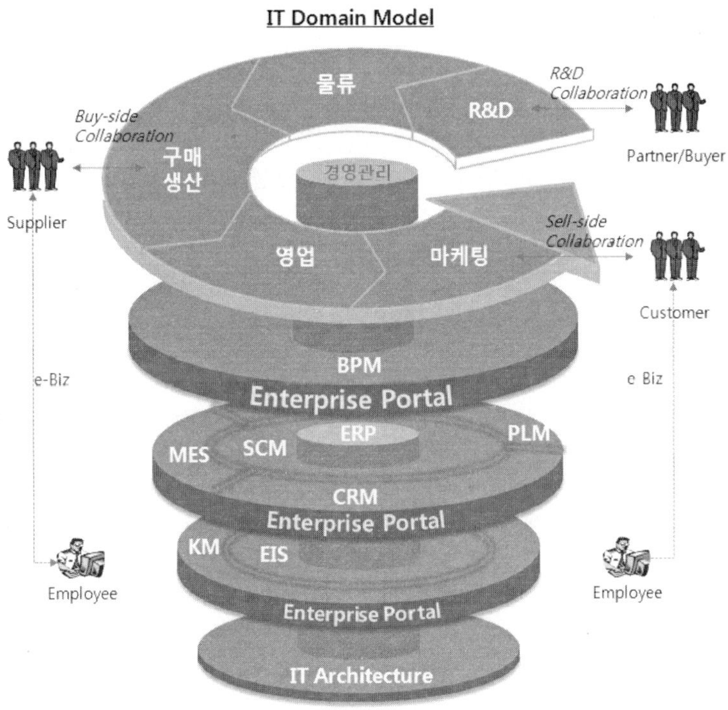

그림 30 :: IT 표준 모델

즉, IT 표준화 모델은 IT Architecture의 기반 하에 기업 데이터를 통합 관리/지원하는 ERP 시스템을 중심으로 BPM, EIS, CRM, PLM, SCM, MES, KM 등의 주요 정보시스템들로 구성되어 있으며, 이러한 IT 시스템들이 R&D, 물류, 구매, 생산, 영업, 마케팅과 같은 기업의 주요 업무 프로세스들을 지원하는 구조를 가지고 있다.

1) ERP(Enterprise Resource Planning) :전사적 자원관리 시스템

기업 전체의 자원들을 효율적으로 관리하는 시스템이다. 즉 ERP는 기업 내부에서 업무 처리로 발생되는 모든 데이터를 하나의 데이터베이스에서 표준화된 형태로 관리함으로써 실시간적인 업무 현황 파악 등 업무 처리의 효율성을 제고시킨다. 주요 IT관련 기관에서 언급한 ERP의 정의들을 살펴보면 다음과 같다.

"기업 내의 업무 기능들이 조화롭게 동작할 수 있도록 설계된 어플리케이션들의 집합으로 차세대 업무 시스템이다."(Gartner, 1955)

"생산, 자재, 영업, 인사, 회계 등 기업 전 부분에 걸친 인력, 자금 등 각종 경영자원을 하나의 체계로 통합적으로 재구축함으로써 생산성을 극대화한 기업 리엔지니어링이다."(The Weekly Economist, 1996)

"최신 IT 기술을 이용하여 수주에서 출하까지의 공급체계와 관리회계, 재무회계, 인사관리를 포함한 기업의 업무를 지원하는 종합 정보시스템이다."(APICS, 1996)

따라서 ERP의 최종목표는 기업의 자원인 인력(man), 자본(money), 자재(material), 그리고 기계(machine)를 통합적으로 관리하여 시너지 효과를 창출하고 궁극적으로 고객의 만족을 달성하는데 있다고 할 수 있다. 그림 31은 ERP 분야의 주요 제품들을 나타내고 있다. 이들 중 SAP, Oracle, 그리고 BAAN이 Leader Group을 형성하고 있다. 이들 Leader Group들의 특징과 장점은 표 12와 같다.

표 12 :: ERP Leader Group들의 특징과 장점

제 품	특 징 & 장 점
SAP	· 견고하고 풍부한 기능과 전 산업에 걸친 표준 프로세스 지원 · 전 세계적인 지원 · 많은 사용자와 회사의 건실성
Oracle	· Well integrated, 풍부한 기능과 전 산업부문 지원 · One-Stop Services(DB, Tool, Application, Consulting) · Partnership-based
BAAN	· Marketing focused on vertical markets · 설계생산(ETO: Engineering To Order), 조립생산(ATO: Assembly To Order) 환경에 적합 · 좋은 확장성

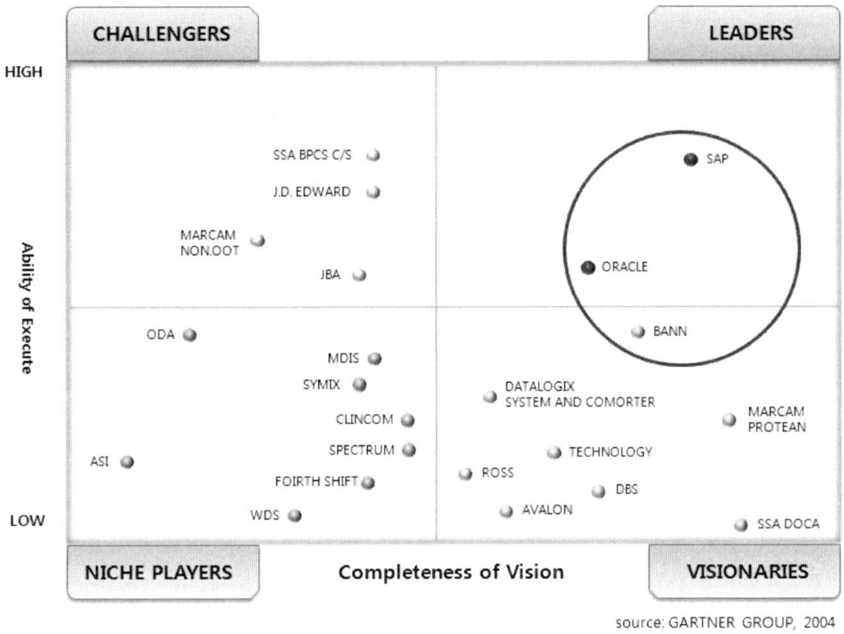

그림 31 :: ERP 제품의 Map

이들 제품 중 세계적으로 가장 많이 적용되고 있는 SAP사 R3의 내용을 살펴보면 그림 32에서 보는 바와 같이 기업의 거의 모든 업무를 지원하고 있다.

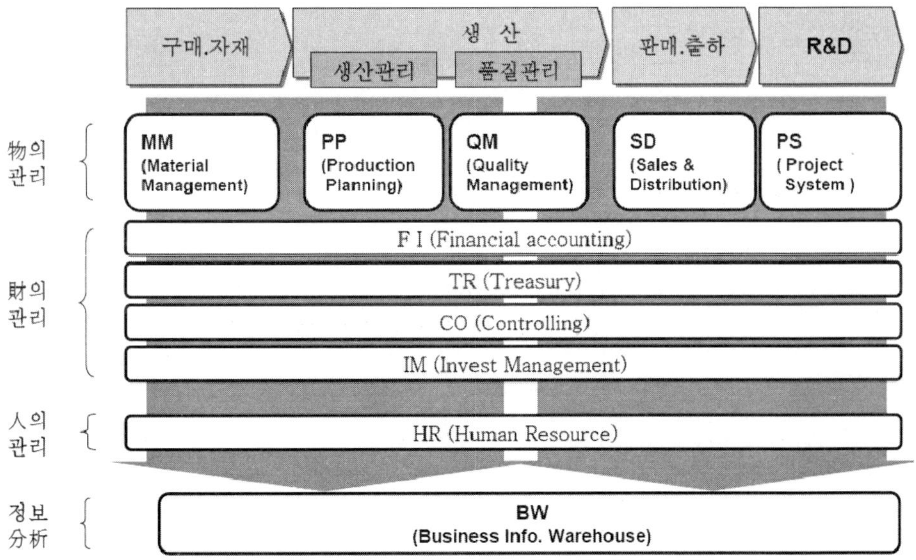

그림 32 :: SAP R3의 주요 기능

2) EIS(Executive Information System) : 중역정보시스템

EIS의 개념은 1980년대 초반 미국 매사추세츠공과대학의 Rockart와 Treacy(1982)의 논문에서 처음으로 소개되었다. Frolick(1983)은 EIS란 '최고경영자가 경영의 관리적 계획, 감독 그리고 분석을 증진할 수 있도록 정보를 제공하기 위해 설계된 데이터 지향 시스템(data-oriented system)'으로 정의하고 있다. Turban과 Schaeffer(1987)는 '중간매개자의 지원 없이 최고중역의 필요에 맞도록 구체적으로 설계된 컴퓨터 기반의 시스템'이라 했으며, Paller와 Laska(1990)는 '최고경영자들을 위한 컴퓨터 기반의 정보 전달 및 통제 시스템'이라고 정의하고 있다.

Watson, Rainer, Koh(1991)는 EIS를 '중역들의 정보 욕구를 충족시켜 주기 위한 시스템으로 적합한 정보로의 신속한 접근을 가능하게 해준다. 그래픽 지원과 예외 사항보고, 그리고 상세 정보를 파악할 수 있게 해 주는 드릴다운(drill-down) 기능을 가진 사용자 중심의 시스템이며, 또한 온라인 정보 서비스와 전자 우편과의 연결을 쉽게 해주는 시스템'이라고 규정하고 있다.

즉, 중역정보시스템은 중역 혹은 최고경영자들에게 조직의 성공적인 경영을 위하여 필요로 하는 조직 내부 혹은 조직 외부의 정보를 효과적으로 제공할 수 있는 정보시스템이라고 할 수 있다. 또한 중역정보시스템은 요구되는 정보의 질, 사용자 인터페이스, 정보 기술적 능력 등에서 다른 정보시스템과 구별되는 특징을 갖고 있다.

EIS는 의사결정지원시스템(DSS: Decision Support System)과는 달리 경영자의 당면한 문제들에 초점을 맞추고 이를 해결하는데 필요한 정보의 제공을 위해 개발되었다. 예를 들어 현재 기업의 운영현황은 어떠한가? 어떤 사업에 주력해야만 하는가? 경쟁사들은 무엇을 어떻게 하고 있는가? 필요한 자금을 얻기 위해 어떤 방법이 가장 적절한가? 등과 같은 문제들에 대한 해답을 얻어내기 위해 EIS가 활용된다. 그러므로 EIS는 다음과 같은 몇 가지 특성을 가지고 있다.

- 별도의 데이터베이스 운영
- 조직 내 각종 데이터베이스들의 연계를 통한 경영자의 의사결정 활동 지원
- 편리한 사용자 인터페이스(터치스크린, 터치패드, GUI, 다양한 형식의 출력기능의 제공)
- 분석적 모델링 기능
- What-If 분석을 통한 계획수립과 예측의 지원
- 외부 데이터베이스와 연결
- 주가, 환율, 각종 경제지표, 각종 산업지표 등의 접근 가능

경영자가 EIS를 사용하여 얻을 수 있는 효과는 다음과 같다.

- 조직의 효과적 통제: 효과적인 EIS는 최고경영자들이 그들의 목적과 조직성과를 실제로 보아 가면서 확인할 수 있도록 도와준다.
- 시간의 절약: 경영자가 원하는 정보를 신속하게 얻을 수 있도록 해준다.
- 의사소통의 증대: 조직 내에서 의사소통을 원활히 해줄 뿐만 아니라 조직외부와의 의사소통도 원활히 해준다.
- 협조체계의 형성: EIS에 포함된 데이터와 그 역할들을 정의해 줌으로써 중역들이 비즈니스상의 우선순위를 명확히 이해할 수 있게 도와준다. 그리고 EIS 데이터를 기업의 관련 구성원들이 공유함으로써 업무 진행에 있어서 상호간의 협조체계 형성에 기여한다.
- 불확실성의 감소: EIS는 경영자들이 어떠한 정보를 가지고 의사결정을 해야 하는 지 불분명할 경우에도 보다 정확한 의사결정을 할 수 있도록 도와준다.

중역정보시스템의 아키텍처는 그림 33과 같다.

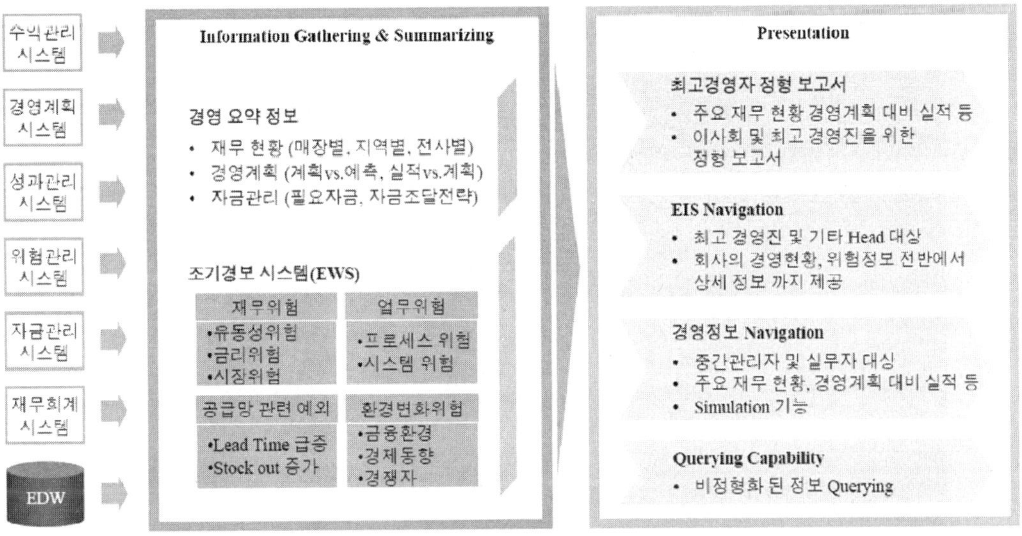

그림 33 :: 중역정보시스템의 아키텍처

3) CRM(Customer Relationship Management) : 고객관계관리 시스템

주요 기관에서 언급한 CRM의 다양한 정의를 살펴보면 다음과 같다.

"CRM은 신규 고객의 획득, 기존 고객의 유지 및 고객의 수익성을 증대시키기 위하여, 지속적인 커뮤니케이션을 통해 고객 행동을 이해하고, 영향을 주기위한 광범위한 접근 방법이다."(Garter Group, 2001)

"전사적인 관점에서 통합된 마케팅, 영업 및 고객 서비스 전략을 통해서 개별 고객의 평생가치를 극대화하는 것이다."(Robinson, 2000)

"고객에 대한 정확한 이해를 통하여, 고객 개개인이 원하는 상품과 서비스를 제공하고, 개별 고객과의 긴밀한 관계를 유지하며, 고객의 요구에 즉시 반응할 수 있도록 지원하는 전략적 도구이다."(Kamber, 2001)

이러한 정의들에 의하면 CRM은 고객의 거래정보를 포함한 모든 고객접점에서 얻어지는 접촉정보들을 통합적으로 분석 및 관리하고, 이를 영업과 마케팅 활동에 전략적으로 활용함으로써, 고객의 이탈을 방지하고, 개별 고객의 평생가치 즉 기업 수익 기여도를 극대화하고자 하는 모든 경영활동을 지원하는 시스템이라고 할 수 있다.

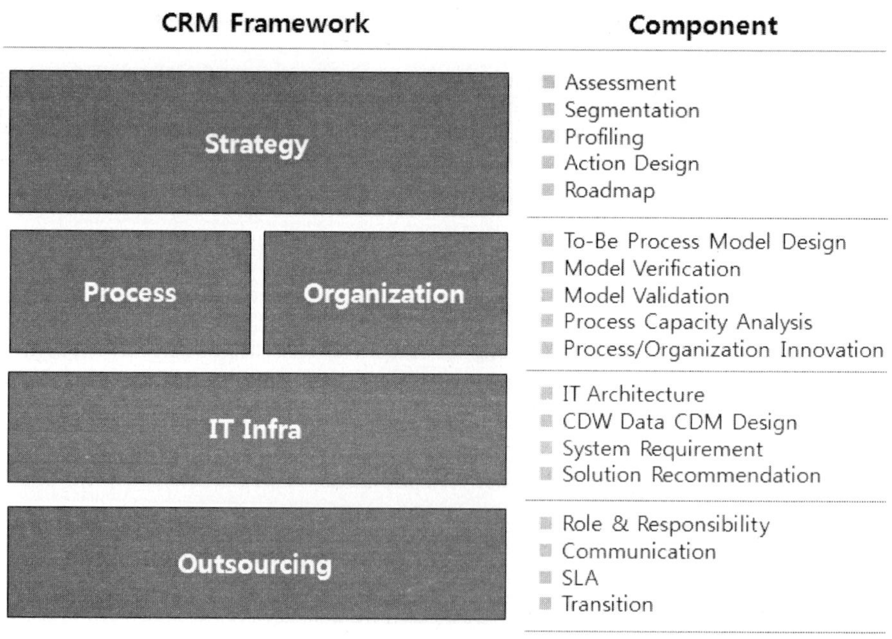

그림 34 :: CRM의 Framework

그림 34는 CRM의 Framework을 도식화 한 것으로 CRM의 Framework를 크게 Strategy, Process & Organization, IT Infra, 그리고 Outsourcing 부분으로 나누고, 각각의 관련 component를 설명하고 있다.

그림 35에서는 CRM의 주요 기능들을 크게 Marketing Management, Sales Management, 그리고 Customer Service Management 등의 세 가지 영역으로 구분하여 설명하고 있다.

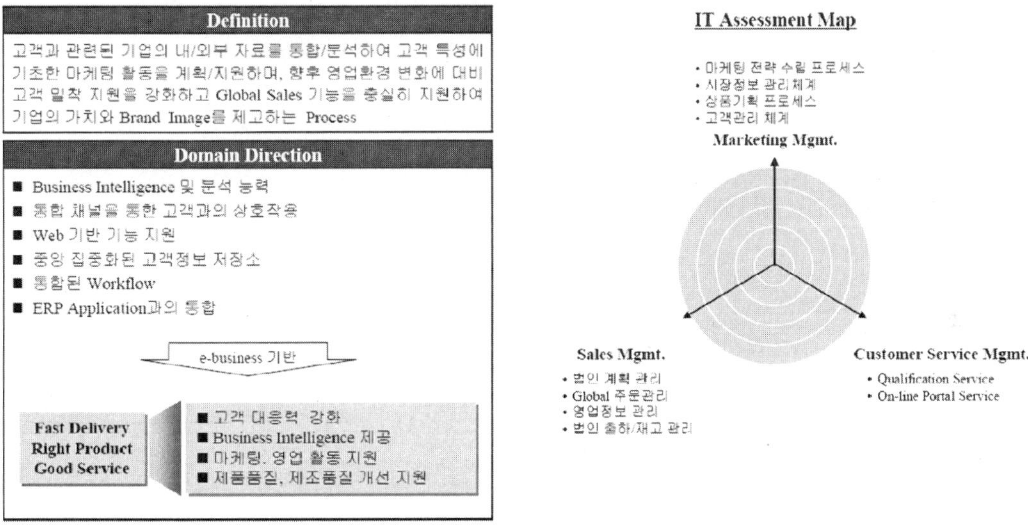

그림 35 :: CRM의 주요 기능

4) PLM(Product Lifecycle Management) : 제품수명주기 관리시스템

주요 기관에서 언급한 PLM의 정의를 살펴보면 다음과 같다.

"제품의 초기 concept 단계에서부터 시장 철수 단계에 이르기까지 기업의 제품관련 지적 자산을 생성하고 관리하는 전략적 방법론이다. PLM은 기업의 제품 개발 프로세스와 제품과 관련적 정보의 활용능력을 향상시켜 보다 나은 의사결정을 가능하게 하며 고객에게 더 큰 가치를 제공하게 한다."(IBM)

즉, PLM은 제품의 전체 수명 주기 동안에 생성되는 각종 제품 관련 정보를 통합된 환경하에 체계적으로 관리하고, 관리된 정보를 내부의 다양한 관련 부서 및 외부 협력 업체, 고객 등에 제공함으로써 기업 업무 전 단계에서의 협업(collaboration) 활동을 지원한다. 이를 통해 제품의 개발 기간을 단축하고 제품 품질을 향상시킴으로써 기업의 제품 경쟁력 제고를 돕는 전략적 솔루션이라고 정의할 수 있다.

PLM의 일반적인 아키텍처를 그림 36에서 설명하고 있고 세부 기능들은 다음과 같다.

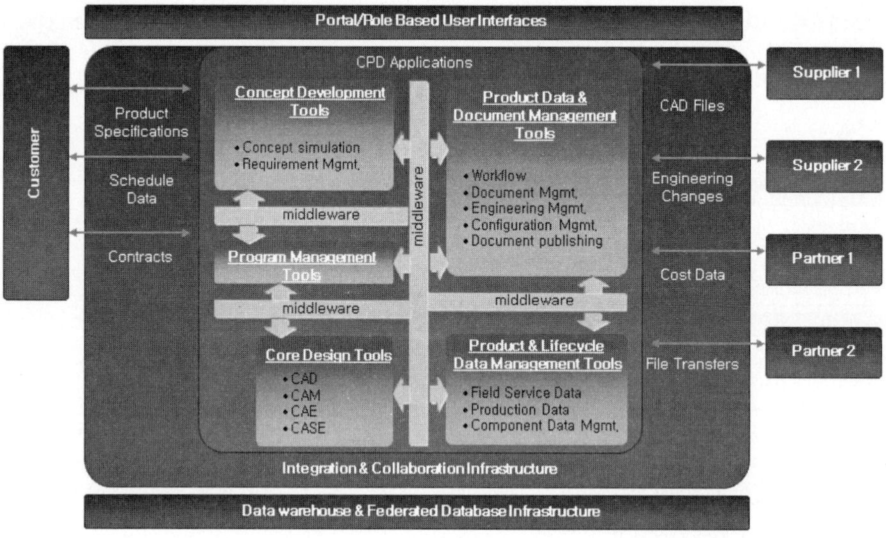

source: IBM BCS(IE Magazine Forum)

그림 36 :: PLM의 일반적인 아키텍처

- Product Data & Document Management Tools: 제품/반제품/부품/원자재 등 각종 Part의 기본 정보 관리 기능, 제품의 구성을 나타내는 BOM(Bill of Material) 정보 관리 기능, 고객이 선택할 수 있는 옵션(option)의 정의 및 옵션의 사용 조건 관리 기능, 제품 관련 각종 도면 및 기술문서의 관리 및 공유 기능, 설계 변경(ECR/ECO) 프로세스 및 이력 정보 관리 기능, 업무 프로세스를 관리하기 위한 워크플로우 기능 등을 제공한다.
- Concept Development Tools: CRM과 연계하여 고객 및 시장의 요구 사항을 관리하고, 이를 충족시키기 위한 다양한 제품 concept을 정의하고 시뮬레이션을 수행하여 정확하고 신속한 제품 개발 의사결정을 지원하는 기능을 제공한다.
- Core Design Tools: 제품 설계 자동화를 지원하는 CAD/CAM/CAE/CASE Tool 및 생산 공정의 설계 및 검증을 지원하는 Virtual Manufacturing Tool 등을 제공한다.
- Program Management Tools: 제품 개발 프로젝트의 수행 계획을 수립하고, 진행 현황의 모니터링 및 성과 분석 기능이 제공되며, 단위 프로젝트의 관리뿐만 아니라 여러 개발 프로젝트간의 일정 및 자원을 종합적으로 관리하는 기능을 제공한다.
- Product & Lifecycle Data Management Tools: 제품 정보와 함께 생산 공정 및 부품 공급사에 대한 관리 기능을 제공하며, 판매 이후 고객 지원을 위한 서비스 정보를 관리하는 기능을 제공한다.

- Integration & Collaboration Infrastructure: 제품 정보의 공유를 통한 협업을 지원하기 위해 세계 표준에 근거한 미들웨어(middleware)를 기반으로 ERP, SCM, CRM, SRM 및 기간계(legacy) 시스템과의 통합(integration) 기능을 제공한다.
- Portal/Role Based User Interfaces: 사용자의 권한에 따라 특화된 사용자 환경을 구성할 수 있는 기능을 제공한다.
- Data Warehouse & Federated Database Infrastructure: PLM 솔루션의 Infrastructure로서 Data Warehouse 및 분산 DB 환경을 제공한다.

그림 37에서는 PLM의 주요 기능들을 크게 통합 제품개발 정보 관리, R&D 정보 관리, 제품개발 지식 관리, Customer/Suppler와의 Collaboration, 그리고 프로젝트 관리 등 5개의 영역으로 구분하여 설명하고 있다.

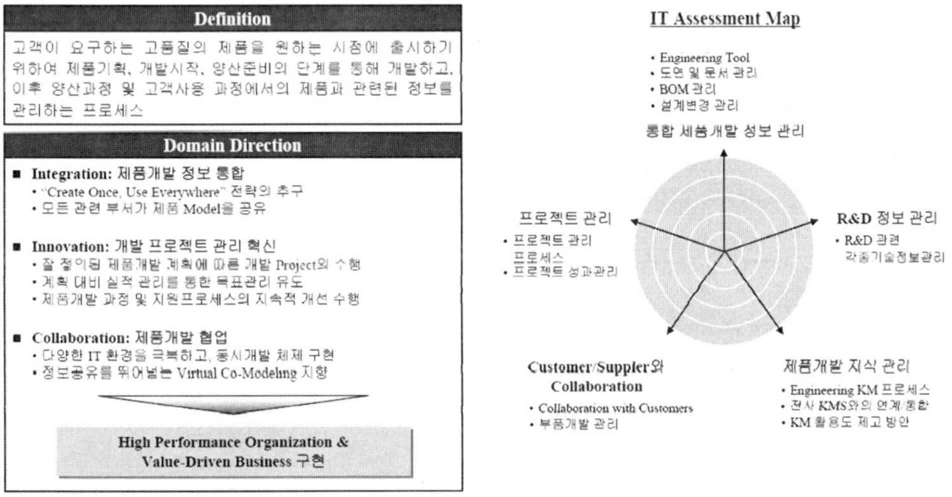

그림 37 :: PLM의 주요 기능

5) SCM(Supply Chain Management) : 공급망 관리시스템

SCM의 일반적인 정의는 '공급자(supplier)로부터 내부의 제품개발(development)/ 구매(purchase)/ 조달(procurement)/ 생산(manufacturing)/ 물류(distribution)/ 정보 관리(재고, 생산계획, 불량률, 유통계획, 주문 등) 그리고 고객(customer)에 이르는 공급사슬 전반의 최적화를 통하여 수요자가 주문한 제품을 원하는 시간과 장소에서 제공 받을 수 있도록 공급망 전체의 관리를 지원하는 체계 및 시스템'이다.

그림 38은 이러한 SCM의 개념을 도식화한 것이다.

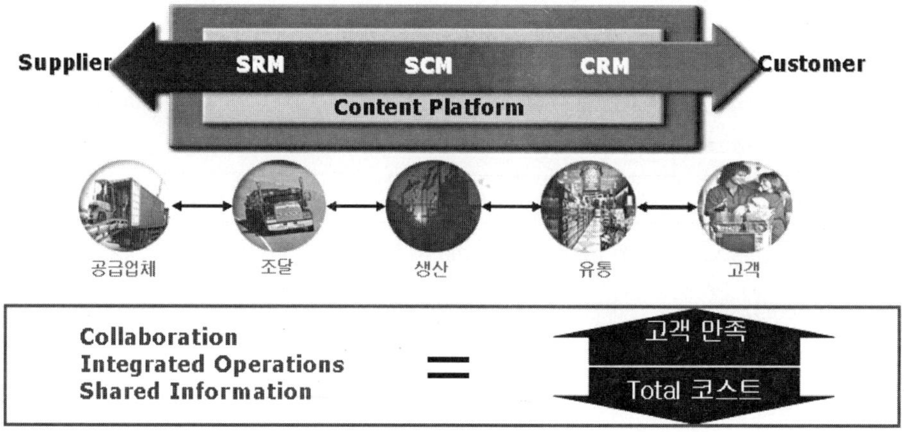

그림 38 :: SCM의 개념

그림 39는 SCM의 개념을 프로세스 관점에서 도식화한 것이다. SCM은 크게 SCS(Supply Chain Strategy), SCP(Supply Chain Planning), 그리고 SCE(Supply Chain Execution)로 구성된다.

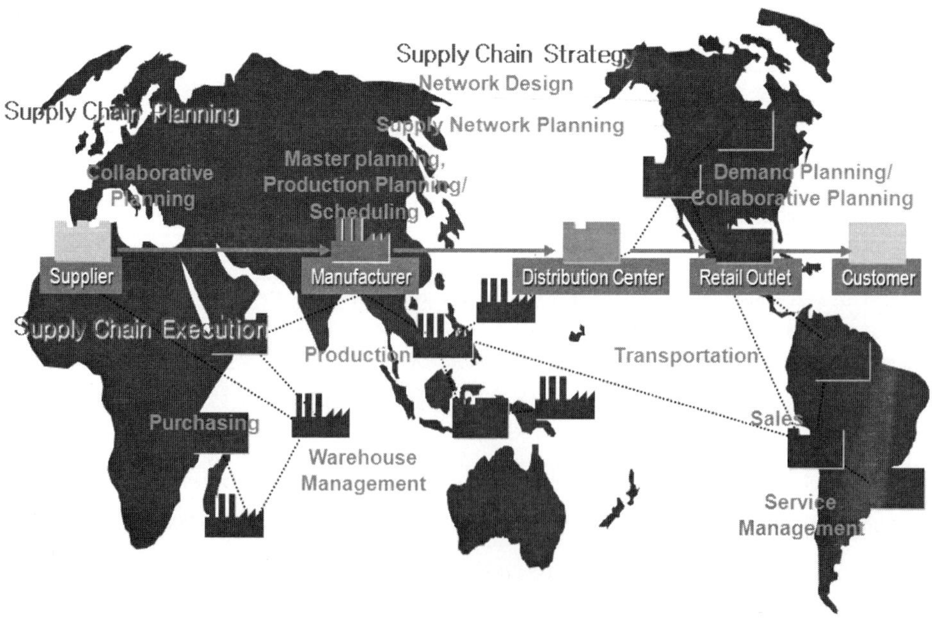

그림 39 :: Supply Chain Processes

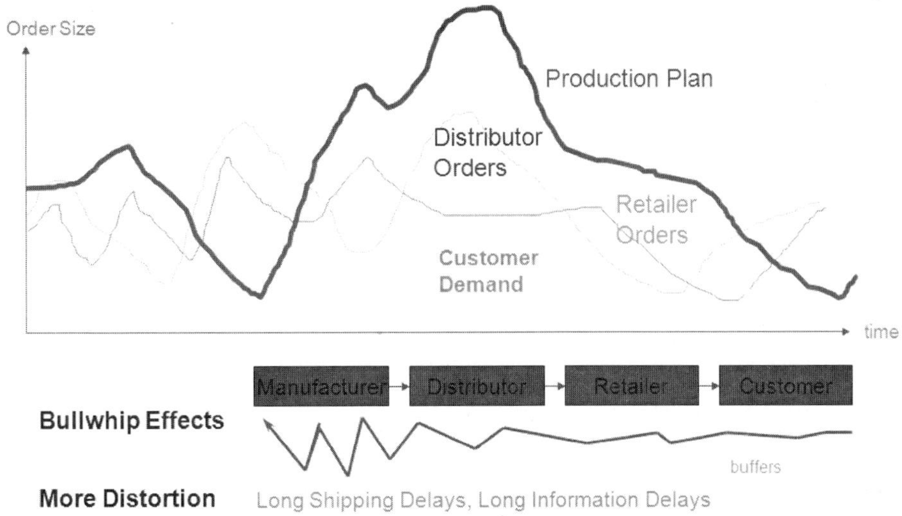

그림 40 :: 채찍효과

그림 40은 SCM의 중요한 이슈(issue)중에 하나인 채찍효과(Bullwhip Effect)를 설명한다. 여기서는 공급 사슬의 구성을 크게 공급자, 생산자, 도매상, 소매상, 그리고 고객으로 나누고, 공급자 방향으로 갈수록 상류(upstream)이고 고객 방향으로 갈수록 하류(downstream)라고 정의한다. 채찍효과는 하류의 고객주문 정보가 상류로 전달되면서 정보가 왜곡되고 확대되는 현상을 말한다. 채찍을 한번 흔들어 보면 손잡이에서 가까운 부분은 적은 곡선을 형성하겠지만 손잡이로 부터 멀어질수록 재씩의 곡선은 커지는 것처럼 공급사슬의 정보 흐름이 상류로 갈수록 채찍의 형태와 같이 발생한다고 해서 붙여진 이름이다. SCM을 적용하는 이유 중의 하나가 이러한 supply chain상의 채찍효과를 최소화하는 것이다.

일반적으로 SCM의 계획(planning) 모듈은 크게 SCP(Supply Chain Planning), DF(Demand Fulfillment), TP(Transportation Planning), DP(Demand Planning), 그리고 FP(Factory Planning) 등 5가지로 나눌 수 있다. 그림 41은 SCM의 계획 모듈들을 나타내고 표 13은 이들 모듈들에 대한 기능을 설명한다.

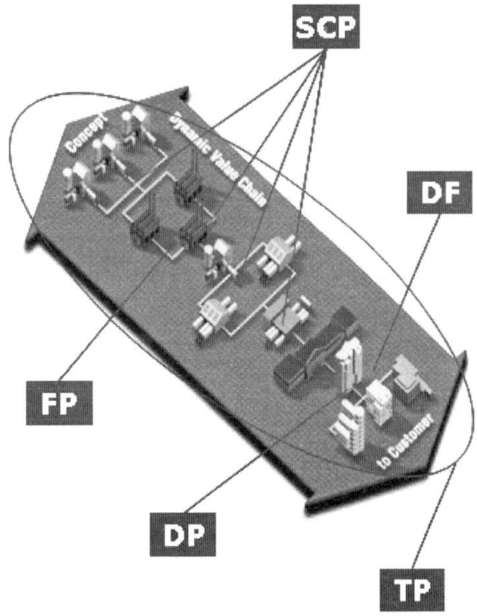

그림 41 :: SCM의 계획 모듈

표 13 :: 계획 모듈별 기능

구 분	내 용
Demand Planning(DP)	영업 계층구조와 제품 계층구조를 고려하여, 고객의 수요를 예측, 자동 취합, 할당하며, 기업 내의 다양한 조직들과 정보를 공유하여 실시간으로 동기화된 계획 수립을 가능하도록 함
Supply Chain Planning(SCP)	공급망의 모든 제약을 동시에 고려하여 글로벌 생산 능력 계획, Product Mix, 장기간 주요 자재계획, Master 생산 공급계획 및 유통계획을 수립
Factory Planning(FP)	공장 단위에서 모든 제약 요소를 고려하여 생산능력 계획을 수립하고 이에 따르는 구매, 영업, 자재(창고) 등의 모든 업무 영역에서의 동기화를 가능케 함
Transportation Planning(TP)	공급망의 모든 운송 제약 요소를 고려하여 각 단위 사업장간의 운송 능력을 계획하고 관리 가능하도록 함
Demand Fulfillment(DF)	판매조직 및 영업사원에게 전략적으로 판매목표를 할당하고, 고객 주문에 대해 제품별/고객별 전략에 따라 정확하고 신뢰할 수 있는 실시간 납기 회신을 제공 함

그림 42는 핵심 프로세스 상의 계획 단계와 관련 모듈들의 관계를 도식화한 것이다.

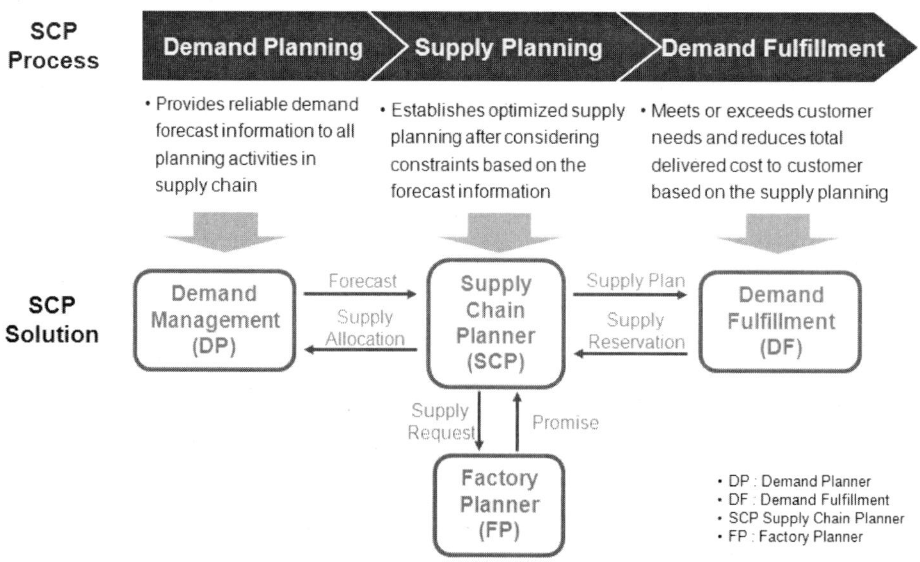

그림 42 :: Supply Chain Planning-Key Processes

그림 43에서는 SCM의 주요 기능을 Supply Chain Planning(Plan), Planning과 Execution 통합, Demand Fulfillment(Deliver), 생산 대응력(Make), 구매 및 자재 대응력(Source) 등 5개의 영역으로 나누어 설명하고 있다.

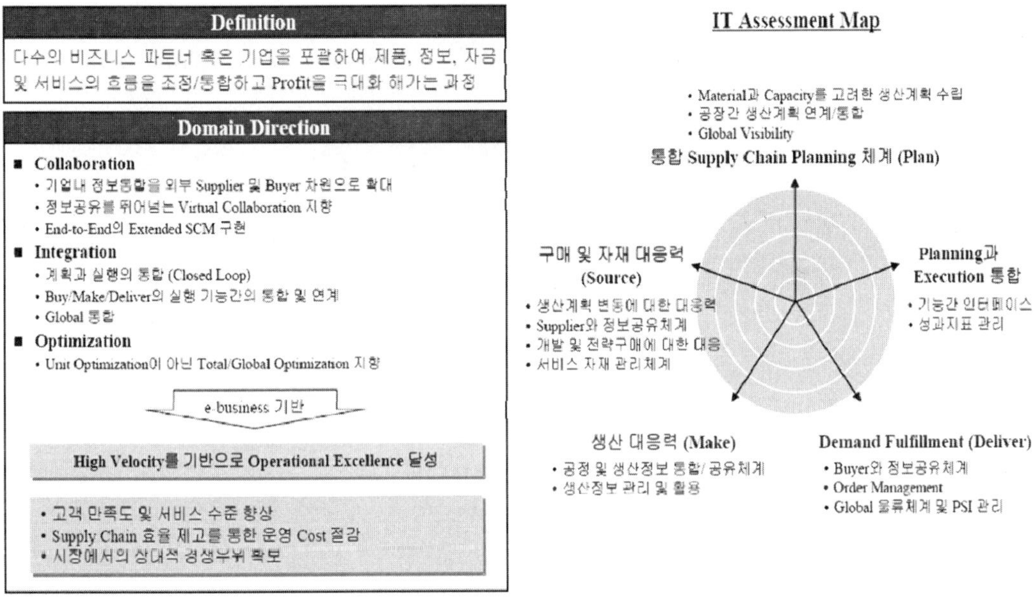

그림 43 :: SCM의 주요 기능

6) MES(Manufacturing Execution System) : 제조실행 시스템

MES는 Shop Floor 환경의 실시간 생산 현황, 공정 제어, 물류 및 작업이력 추적, 설비상태 파악, 품질관리 등에 초점을 맞춘 현장 중심의 시스템이다. 또한 MES는 제조과정에 투입되는 모든 생산요소(material, machine, man, method)에 대한 계획 및 편성을 관리하고, 제조 과정에서 발생하는 생산정보를 실시간으로 취합하며, 또한 표준 생산규격 준수를 위한 흐름제어 및 설비제어를 자동으로 처리할 수 있도록 지원하는 일종의 통합정보시스템이다. MES는 그림 44와 같이 제품 주문 발생부터 완제품 출고까지의 전 과정을 관리한다.

MES의 핵심요소는 공정진행 monitoring 및 control, 설비 monitoring 및 control, 품질 tracking 및 control, 생산 실적정보 집계, 재공품(WIP, work in process) 관리, 자재투입 관리, 인력관리, 그리고 설비관리 등을 포함한다.

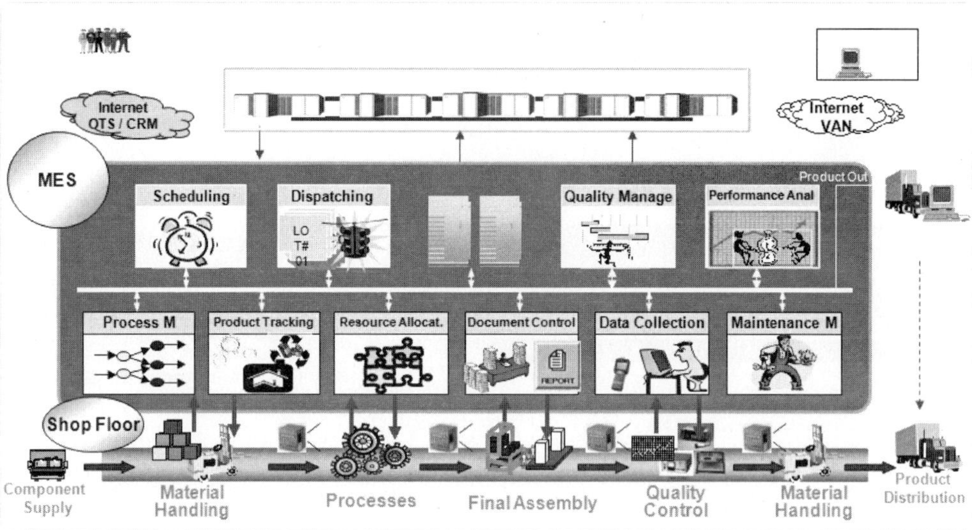

그림 44 :: MES의 관리 범위

그림 45는 MES와 연관된 시스템 계층 구조를 나타내며 MES는 하부의 자재 및 제품 WMS(Warehouse Management System)와 POP(Point of Production) 시스템을 통제하며 이들로부터 관련 데이터를 수집하고, 상부의 기간계 시스템들(ERP/SCM 등)과 연동함으로써 전체 정보 연계의 주요 거점 역할을 담당한다.

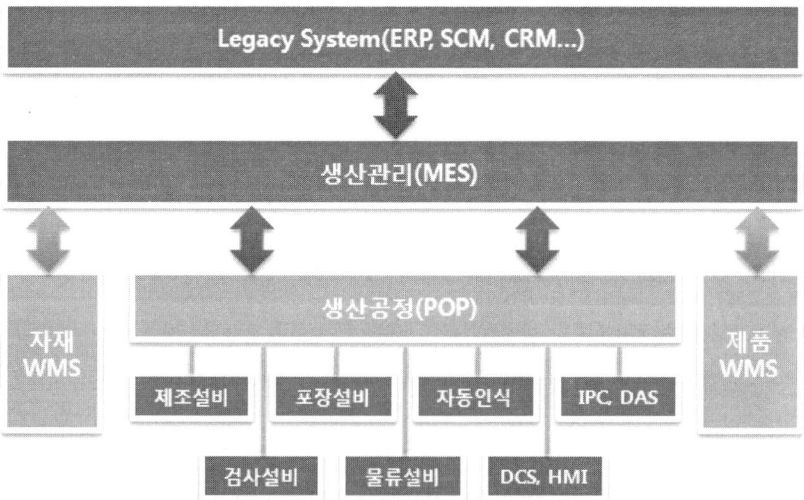

그림 45 :: MES와 연관된 시스템 계층 구조

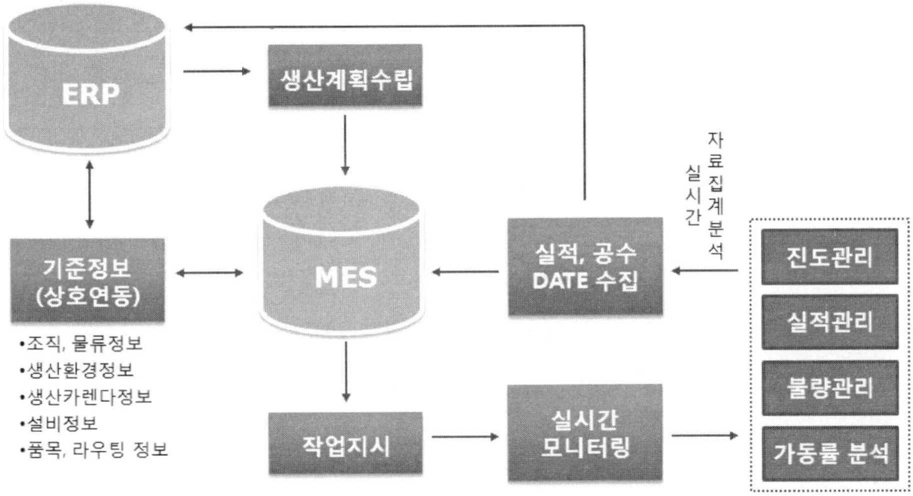

그림 46 :: MES의 업무 flow

그림 46은 MES의 업무 flow를 도식화한 예이다. 실시간 자료 집계 분석을 통해 실적·공수 데이터를 수집하고 상위 ERP 시스템에 기준 정보를 제공한다. ERP 시스템은 이를 바탕으로 생산계획을 수립하고 MES는 이를 받아 작업지시를 내리고 모니터링 기능을 수행한다.

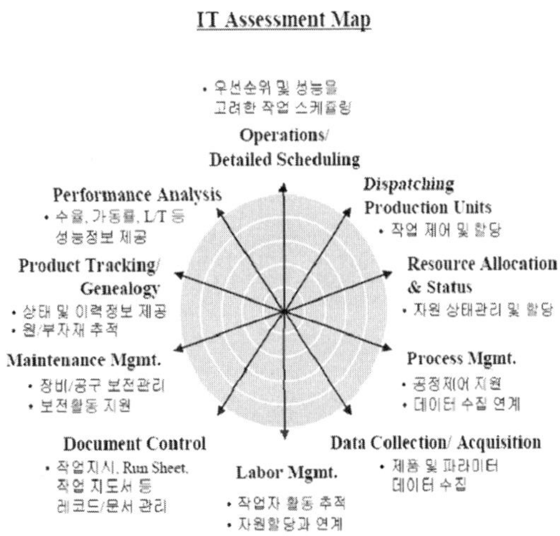

그림 47 :: MES의 주요 기능

그림 47은 MES의 주요 기능을 Operations/Detailed Scheduling, Dispatching Production Units, Resource Allocation & Status, Process Mgmt., Data Collection/Acquisition, Labor Mgmt., Document Control, Maintenance Mgmt., Product Tracking/Genealogy, Performance Analysis 등 10개의 영역으로 구분하여 설명하고 있다.

7) KMS(Knowledge Management System) : 지식 관리시스템

일반적으로 지식경영이란 조직 내에 존재하는 다양한 조직의 총체적 지식 자본을 정보 기술을 활용하여 추출하고, 조직 내에서 공유하며, 공유한 지식을 활용해서 기업의 당면한 문제를 해결하여, 기업 경쟁력을 제고시키며, 이를 통해 종국적으로 기업의 가치를 향상시키는 경영 전략이다.

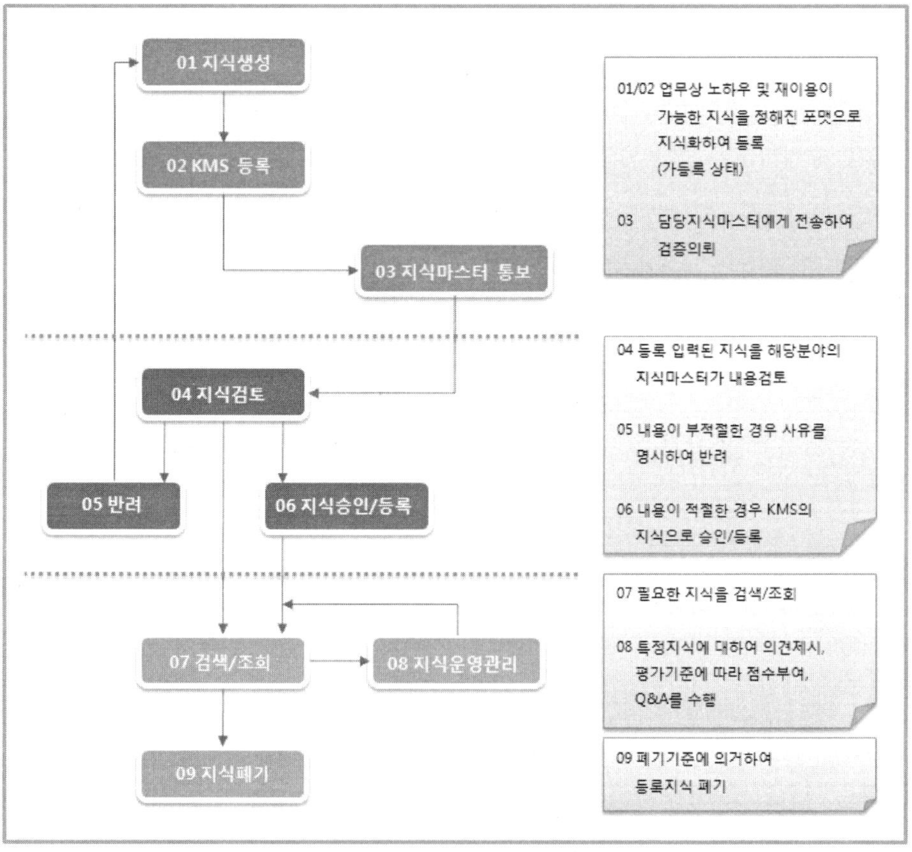

그림 48 :: KM의 운영 프로세스

지식관리는 이러한 지식경영 전략을 구체적으로 구현하는 개념이다. 즉 지식관리란 조직 내에 존재하는 명시적 지식(데이터베이스, 문서, 업무절차, 정책 및 사규 등)과 구성원들이 체득하고 있는 묵시적 지식(경험과 노하우 등으로부터 얻은 지식) 등을 분류·통합해 조직이 신속하고 정확하게 의사결정을 할 수 있도록 지원하는 일종의 지식 저장 및 흐름 관리를 말한다. 따라서 지식 관리시스템은 관련 프로세스, 조직구조, 응용시스템, 기술 등의 집합체로 구성되어진 기업의 전사적인 지식관리 체계이다.

그림 48은 지식관리의 일반적인 운영 프로세스를 도식화한 것이다. 업무상 노하우 및 재이용이 가능한 내부 지식을 생성하고 지식 관리시스템에 등록하여 지식승인 및 등록과정을 거쳐 일반 업무에 활용하고 일정 기간 이후 폐기하는 지식의 life-cycle을 보여준다.

그림 49는 KM의 주요 기능을 크게 Share & Collaborate, Send, Structure & Navigate, Search & Retrieve, Profile & Personalize, Capture & Store 등 6개의 영역으로 구분하여 설명하고 있다.

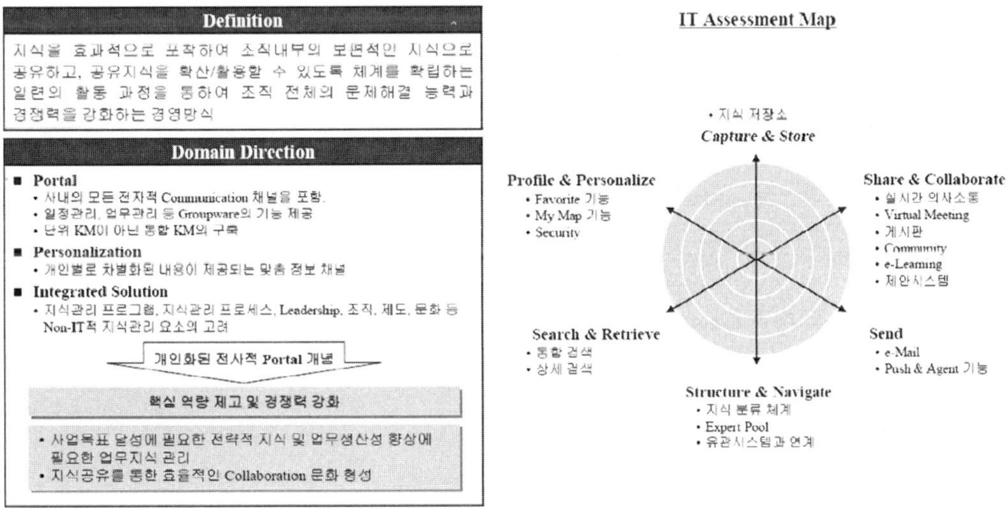

그림 49 :: KM의 주요 기능

▣미래의 환경 및 기업의 정보화 방향

현재까지 소개되어진 기술 및 자료들을 토대로 미래의 환경을 예측해보면, 일단 무선이 안 되는 디바이스(device)와 카메라 없는 셀폰(cell phone)은 거의 찾기 힘들 것이다. 그리고 컴퓨팅 인프라스트럭처(computing infrastructure)와 스토리지(storage)는 더욱 자동화 될 것이며, RFID(Radio Frequency Identification)는 소매상점으로까지 널리 퍼질 것이다. 또한 무선 디지털

미디어 센터는 가정의 표준 폼(form)이 될 것이고, 실시간 분석과 대량 데이터 관리는 비즈니스 어플리케이션의 핵심이 될 것이다.

미래 비즈니스 환경에서는 광대역무선(Broadband Wireless), 저전력 모바일 디바이스, 실시간 인프라스트럭처(RTI: Real-Time Infrastructure), 그리고 서비스기반 아키텍처(Service-Oriented Architecture) 등이 차세대 IT의 핵심이슈가 될 것이다. 반면 기업은 비용절감과 품질개선에 보다 몰두할 것이다. 즉, 비즈니스 프로세스 최적화(Business Process Optimizing)로 관심이 집중될 것이다. 더불어 향후 기업들은 현재 자신들이 보유한 기술이외에 특히 기업 내부 및 외부와의 협업(collaboration) 정도 및 방법에 의해 평가 받게 될 것이다.

따라서 기업들은 정보 분석 능력을 증가시키는데 IT 투자를 확대해야 하며, 이러한 투자를 가이드 할 방법을 확보해야 할 것이다. RTI 혁신으로 인해, 파트너쉽이 대형 업체들의 중요한 핵심성공요소(CSF: Critical Success Factor)로 등장 할 것이다(SERI, 2003). 그리고 대부분의 기업들은 비즈니스 확장 및 경쟁력 강화를 위해 필연적으로 다음 2가지 어플리케이션을 업무에 적용할 것이다.

"Real Time Enterprise"

"Business Process Fusion"

즉 트랜잭션 프로세싱(transaction processing)이 현재까지 ERP, SCM 등의 기간 어플리케이션에서 핵심 역할을 수행하였으나, 향후에는 Business Process Fusion이 모든 어플리케이션의 핵심요소가 될 것이며 기업들이 Real Time Enterprise(RTE) 체계 구축에 박차를 가할 것이다.

▣정보화 환경의 변화

정보화 환경은 70년대를 기점으로 크게 발전해 오고 있다. 70년대에는 'Automation', 즉 컴퓨터를 이용한 단위 업무의 자동화 관점에서 CAD(Computer Aided Design), MRP-I(Material Requirements Planning) 등을 중심으로 정보화 발전의 틀을 마련했다. 80년대에는 'Process Excellence' 즉 관련 업무와의 연계라는 관점에서 CAM(Computer Aided Manufacturing), MRP-II(Manufacturing Resource Planning), 그리고 기업 내부의 Intranet이 관심을 받았으며 Object-oriented(객체 지향)가 정보화의 주요 화두였다. 90년대에는 데이터의 통합, 즉 기업 내 모든 업무의 통합을 의미하는 'Integration'을 기반으로 특히 ERP가 각광을 받았으며 End user oriented 개념이 통용되었다. 2000년대에 이르러 'Collaboration'과 'Synchronization'이 핵심 키워드로 자리매김하면서 기업 내부 통합의 연장선상에서 기업 외부(협력업체 및 고객)와의 업무 연계에 초점을 맞춘 Extended-ERP, Synchronized Networking, Downsizing, Multimedia, Mobile과 같은 정보화 기술이 각광을 받고 있다. 그렇다면 향후 정보화 환경은 어떻게 변할까? 아마도 최근 각광받고 있는 Ubiquitous 환경을 기반으로 BPMS(Business Process Management System), RFID(Radio Frequency Identification) applications 등의 기술을 활용한 RTE(Real Time Enterprise)가 그 해답이라고 본다. 그림 50은 이러한 정보화 환경 변화를 설명하고 있다.

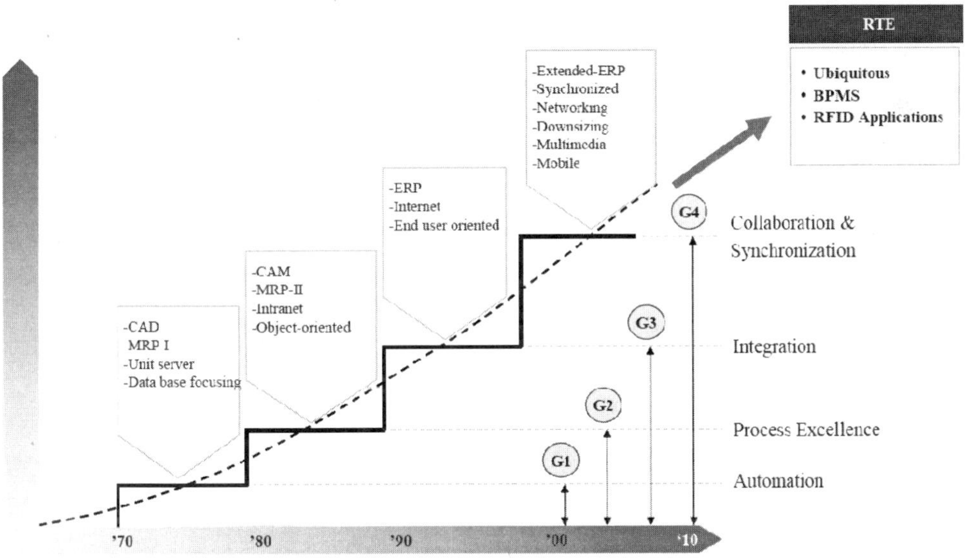

그림 50 :: 정보화 환경의 변화

8) BPMS(Business Process Mgmt. System) : 비즈니스 프로세스 관리시스템

BPM은 기업의 비즈니스 프로세스를 분석, 최적화 및 재설계하기 위해 등장한 새로운 개념 및 관련 기술을 일컫는 말이다. 이는 1990년대의 워크플로우 및 BPR 기술과 비슷한 특성을 가지고 있지만 새로운 IT의 목표, 비즈니스 프로세스의 가치, 새로운 기술적 구조에 기반을 두었으며 종국적으로 기업 비즈니스 프로세스의 유기적인 통합 및 관리 역량을 높이는데 그 목적이 있다.

따라서 BPM은 기업 내외의 업무 프로세스를 가시화하고, 업무의 수행과 관련된 사람, 시스템을 프로세스에 맞게 실행/통제하며, 전체 업무 프로세스를 효율적으로 관리하고 최적화할 수 있도록 지원하는 기술로 그림 51과 같이 정의 할 수 있다.

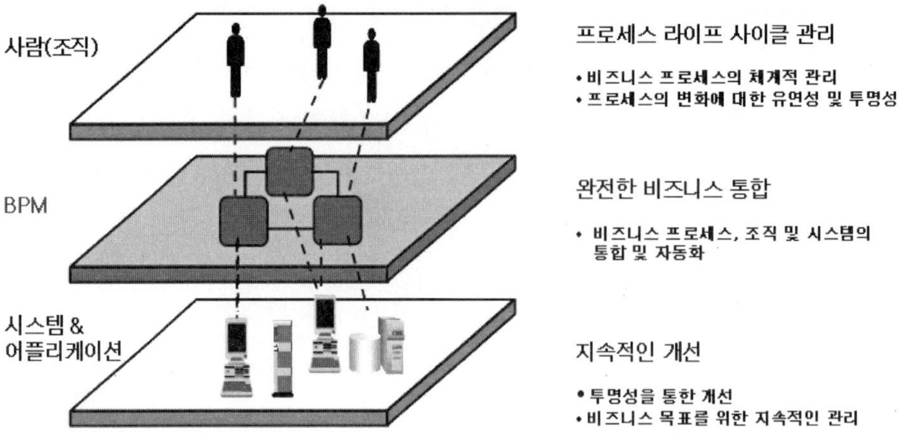

그림 51 :: BPM의 정의(source: 핸디소프트, 2003)

BPM은 다양한 관점에서 도입 효과를 기대할 수 있다. 크게 업무실행의 자동화 측면, 업무 자원의 통합관리 측면, 그리고 전사적 업무 개선 측면에서 기대효과를 정의할 수 있다.

첫째로, 업무실행의 자동화 측면에서는 업무 담당자에게 업무가 찾아오는 업무 방식(push service)으로의 전환 및 업무 현황의 지속적 관리를 통한 업무 성과(performance)의 향상을 기대할 수 있다.

둘째로, 업무 자원의 통합관리 측면에서는 업무처리에 필요한 각종 자료 및 지식들, 그리고 업무 처리 절차 등의 정보가 통합 관리되어 효율적으로 업무에 활용할 수 있다.

셋째로, 전사적 업무 개선 측면에서는 책임 권한 소재의 명확화 및 지속적이고 효율적인 업무 개선 활동을 가능하게 한다.

그림 52는 이러한 BPM의 도입효과를 설명하고 있다.

Gartner사는 BPM의 주요 기능을 비즈니스 프로세스 관리를 위해 제공되는 모든 서비스 및 도구를 총괄하는 개념으로 정의하면서, 크게 프로세스 분석, 정의, 실행, 모니터링, 그리고 관리 등을 포함한 비즈니스 프로세스의 라이프사이클을 제시하였다. 이를 위한 실행 아키텍처로 BPM과 더불어, 비즈니스 프로세스 자동화(BPA, Business Process Automation), 비즈니스 룰 엔진(BRE, Business Process Rule Engine), 어플리케이션 통합과 비즈니스 활동 감시(BAM, Business Activity Monitoring)등의 관련 지원 기술이 포함되어야 한다고 하였다. 이 외에도 여러 기관(CSC Research, BMPI.org 등)에서 BPM의 기능들에 대해 정의하였다.

주요 기관에서 언급한 BPM의 공통적인 기능들은 다음과 같다.

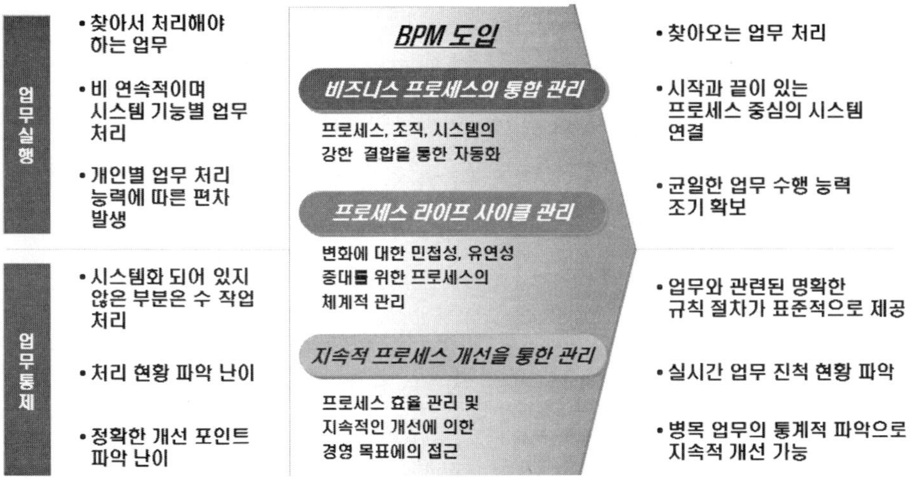

그림 52 :: BPM 도입 효과(source: TmaxSoft)

(1) 사용자 업무환경

BPM 기반의 포탈(portal)이라고 불리는 사용자 업무환경을 제공한다. 사용자가 login을 하면 본인이 처리해야 할 업무 목록이 제공되고 이를 통해 개인별 맞춤 업무 처리가 가능하게 된다. 또한, 사용자가 한 단위 업무를 완료를 하게 되면 자동적으로 다음 작업자에게 다음 업무가 할당된다. 기타 기능으로는 부재를 설정하고 업무를 위임하는 기능과 파일을 첨부하고 사용자 간에 의견을 교환할 수 있는 다양한 업무 편의를 제공한다.

그림 53은 다양한 기능을 제공하는 사용자 업무환경, 즉 포탈의 예이다.

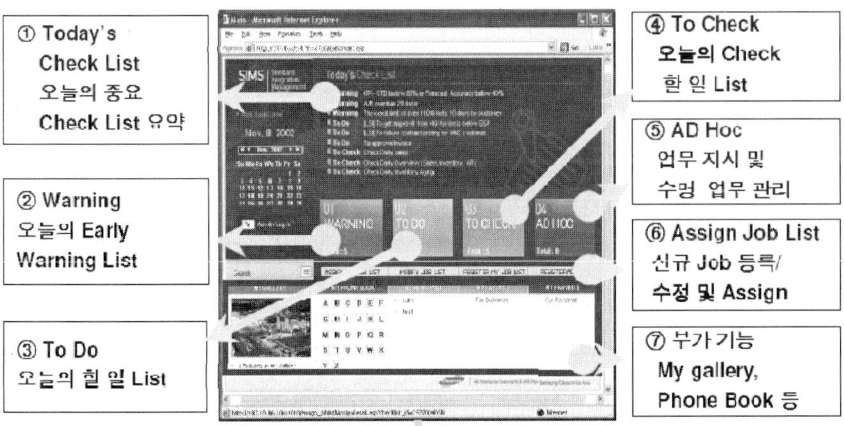

그림 53 :: 사용자 업무환경 예시

(2) 프로세스 모델링

프로세스 모델링은 업무 프로세스를 보다 상세하게 정의하는 과정을 의미한다. 이를 위하여 비즈니스 프로세스를 세분화하고, 개선점들을 반영하여 실행 가능한 형태의 모델로 프로세스를 정의하게 된다. 프로세스의 정의는 프로세스의 실행과 분석을 로세스필요한 분석정보들로 구성된다. 즉 프로세스를 구성하는 단위 업무들, 해당 단위 업무를 수행하기 위한 규칙, 각 단위 업무를 수행하는 조직세스필역할, 업무 처리를 위한 자원과 작업필요한, 해당 프로세스에 대한 성과지표위한 규칙, 다. 이는 기업의 프로세스 처리에 필요한 핵심 지식과석정보를 축적(process repository)하는 것으로, 기업의 프로세스 자산 확보를 의미한다.

그림 54는 프로세스 모델링 tool을 이용하여 drag & drop 방식으로 쉽게 프로세스를 표현하고 그 속성을 정의하는 예를 보여준다.

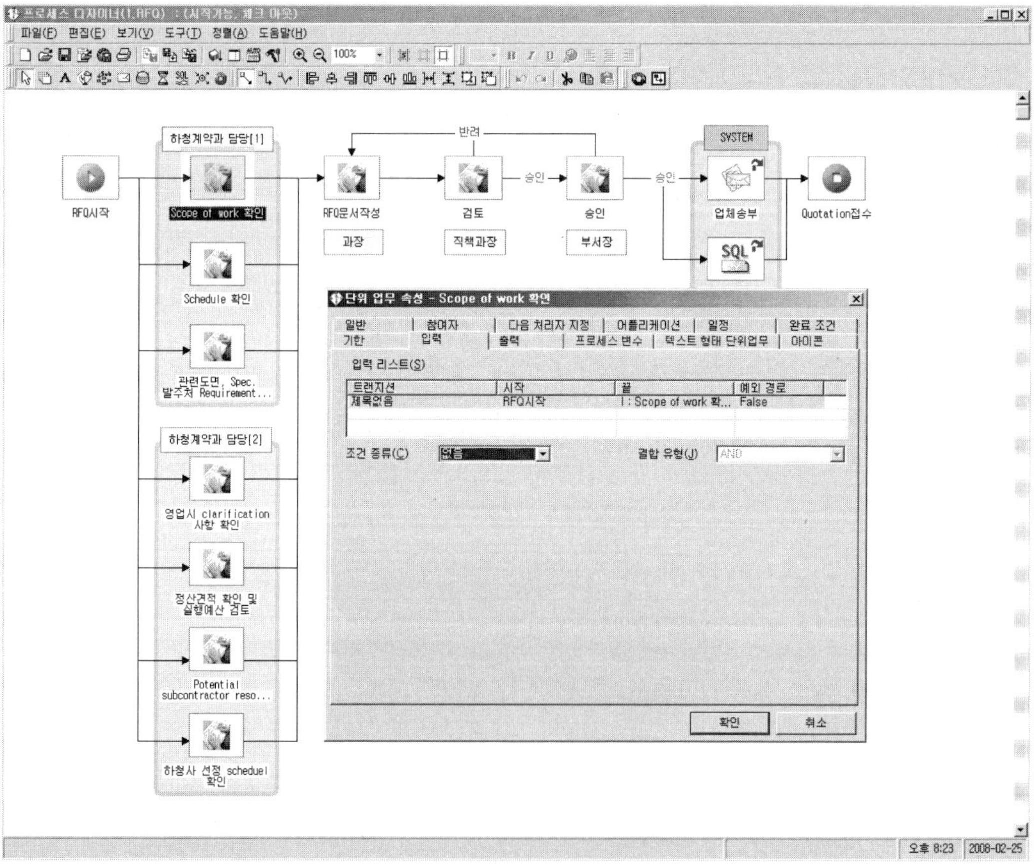

그림 54 :: 프로세스 모델링 예시

(3) 프로세스 모니터링

BPM을 통해 사전에 정의되어진 실행 프로세스가 정의된 내용과 같이 진행되도록 관리할 수 있으며, 또한 해당 프로세스의 성과지표(KPI)를 모니터링하고 분석하여 그 현황을 파악할 수 있다. 필요 시 프로세스 전체 혹은 단계별 업무 수행이 완료되어야 할 시점, 그리고 업무 처리 과정의 규칙 등을 통제할 수 있다. 더불어 업무의 진행 현황을 실시간으로 모니터링 할 수 있으며, 처리되어진 업무 내역을 통해 업무 처리에서 발생한 지연 및 누락에 대한 원인을 추적해볼 수도 있다. 이는 업무를 수행하는 관점뿐만 아니라 프로세스를 관리한다는 측면에서 모두 의미가 있는 것이다.

그림 55는 대쉬보드(dashboard)의 예시로서 해당 프로세스에 대한 단위업무의 진행 현황 및 관련 통계 데이터 등의 다양한 정보를 제공해준다.

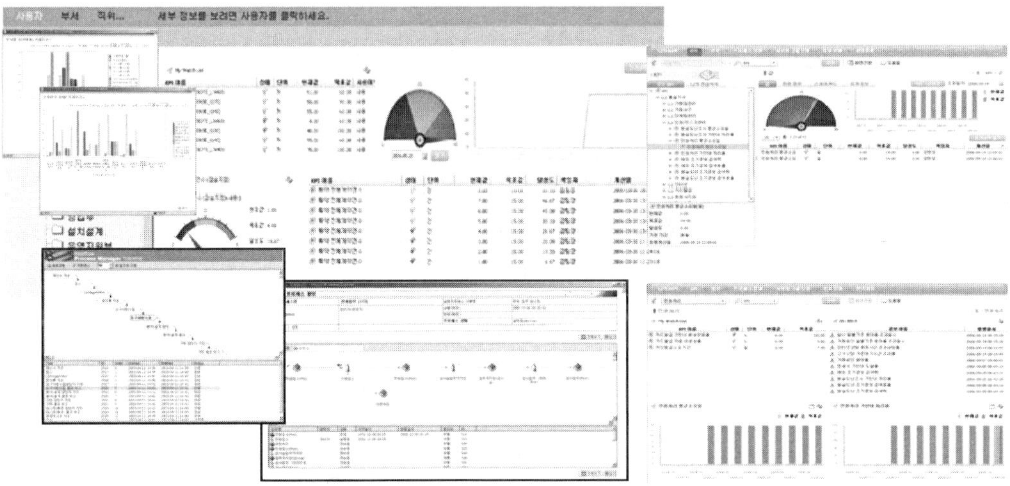

그림 55 :: 프로세스 모니터링 예시

(4) 조기경보 체제

조기경보 체제(Early Warning)는 각 업무 프로세스 진행 중에 실시간으로 모니터링 되는 KPI의 값이 사전에 정의되어 있는 문제 발생 가능한 범위에 들어오는 경우, 정해진 룰(rule)에 의해 해당 관리자에게 alerting, e-mail, SMS와 같은 다양한 형태의 메시지를 발송하여 적절한 조치를 조속히 수행하도록 돕는다. 조기경보 체제는 문제발생을 통보하는 것이 목적이 아니라 문제 발생을 사전에 예방하도록 지원하는 기능을 한다. 또한 특정 단위 업무가 정해진 시간 내에 처리되지 않을 경우에도 조속한 업무 처리를 종용하는 메시지를 발송한다.

그림 56은 조기경보 체제의 예시로 자재 담당자의 업무 포탈에 warning 메시지가 뜨고 담당자가 이를 확인하여 신속한 조치를 취할 수 있도록 지원하는 내용이다.

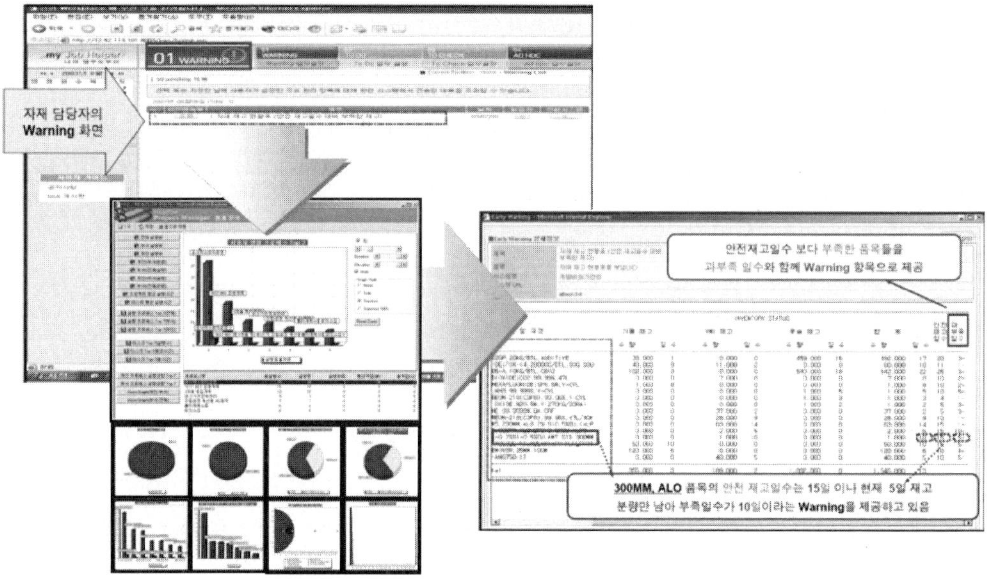

그림 56 :: 조기경보 체제 예시

(5) 프로세스 성과관리

프로세스가 실행되는 과정 중에 발생한 정보들을 활용하면 다양한 관점의 지표 분석이 가능하다. 예를 들어 자원(조직)과 비용, 시간 등과 같은 프로세스 관점에서의 지표 값의 측정 및 분석이 가능하며, 또한 오류 및 클레임 발생률과 같은 비즈니스 관점에서의 KPI의 측정 및 분석도 지원한다. 이러한 기능은 기업의 현재 프로세스 수준을 판단하는데 절대적으로 기여한다. 측정된 결과는 프로세스를 분석하거나 개선하기 위한 중요한 입력 자료로 활용된다.

체계적인 프로세스 성과관리를 위해서는 각 부서별로 분산하여 관리하던 업무성과를 전체적인 관점에서 통합하여 관리하여야 한다. 즉 종적인 부서별 성과보다는 횡적인 프로세스 중심의 성과 관리를 통해 명확한 관리가 가능하게 된다.

그림 57은 실시간 업무 성과 관리의 예시로서 조직별 그리고 개인별로 사전에 정의된 성과지표와 현재 자신이 달성한 수준과의 비교를 통해 자신의 업무 성과를 쉽게 관리할 수 있다. 또한, 관리자의 경우 자신의 관리 범위 내에 있는 사원들의 업무 성과를 한눈에 파악할 수 있다.

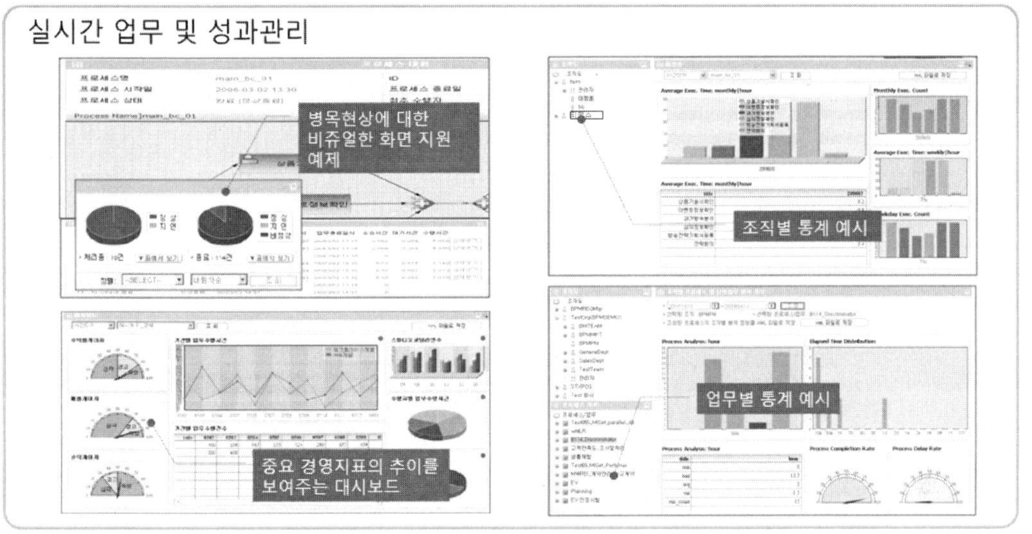

그림 57 :: 실시간 업무 성과관리 예시

(6) 프로세스 관리

프로세스 관리 기능은 크게 두 가지 측면으로 나누어 볼 수 있다. 프로세스를 실행하고 운영하는 측면과 프로세스를 자산화 하는 측면이 그것이다.

- 프로세스 실행과 운영

검증되고 정의된 프로세스는 BPM 내에서 하나의 프로세스 모형으로 관리되고 또한 실질적으로 실행된다. BPM은 프로세스가 정의된 업무 흐름과 규칙에 맞게 수행되도록 관리하고 업무 수행을 위해 요구되는 정보들이 적절하게 제공되도록 사람과 사람, 사람과 시스템, 시스템과 시스템들을 지휘(orchestration) 한다. 이것은 조직 구성원과 시스템들이 정의된 프로세스에 맞게 업무를 처리할 수 있도록 지원함을 의미한다.

- 프로세스 자산화

프로세스 자산이란 '경영활동의 수행을 위해 생성되고 업무에 활용되는 정형 또는 비정형의 프로세스 관련 산출물'을 의미한다. Database에서 data가 관리되듯이 이러한 프로세스 자산은 프로세스 레파지토리(repository)에서 관리되며 다양한 정보시스템들에 의해 활용된다. 또한 일단 자산화 된 프로세스들은 PI(Process Innovation) 및 업무 처리결과에 따라 지속적으로 수정 및 보완되어진다.

그림 58은 이러한 프로세스 자산화가 이루어지고 활용되는 모습을 도식화 한 것이다.

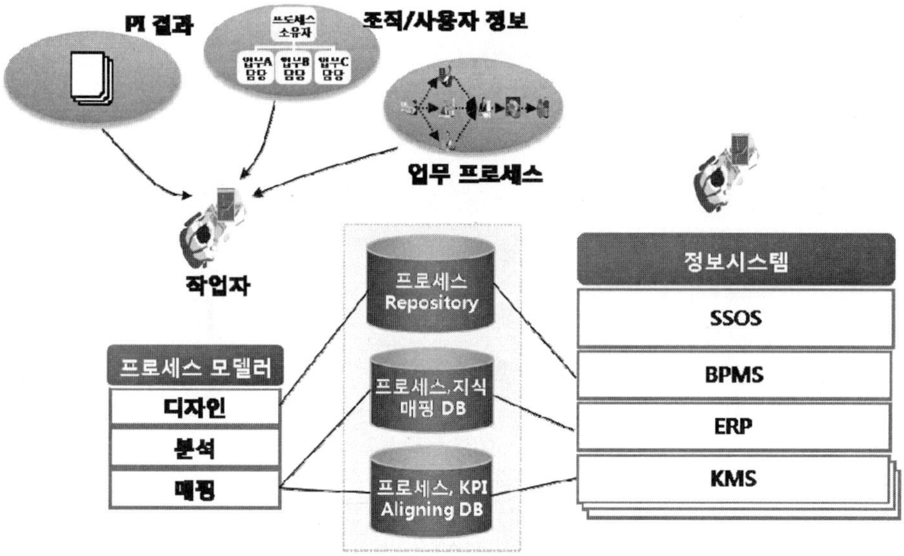

그림 58 :: 프로세스 자산화

(7) 프로세스 개선

프로세스의 분석과 개선을 위해서는 보다 구체적인 목표수준(KPI)을 정하고, 현재 프로세스의 수준 평가를 포함한 관련된 다양한 정보를 수집해야 한다. 또한 좋은 성과를 얻고 있는 사내·외 및 동종 업계의 유사 프로세스와 관련된 정보를 수집하여 다양한 관점에서 분석한다.

최적화 관점에서 정의된 프로세스는 이론적으로 설계된 프로세스 모형이기 때문에 실제로 실행하기 전에 시뮬레이션과 같은 tool을 통해 그 프로세스 모형에 대한 사전 검증이 필요하다. 프로세스 모형 자체에 대한 검증 메커니즘은 그래프 이론 등을 바탕으로 제시되어 있으나, 프로세스의 실행은 사람, 시스템, 업무 등 복잡한 변수를 포함하기 때문에 가상으로 프로세스를 실행시켜 문제점을 도출하고 분석할 수 있는 시뮬레이션 방법은 매우 적합한 검증 방법이다. 이렇게 검증된 결과를 바탕으로 프로세스를 최적화한다면 BPM의 효과를 극대화할 수 있는 장점이 있다. 프로세스를 둘러싼 여러 조건이 계속 변하기 때문에 사실 최적화된 프로세스는 존재하지 않는다. 따라서 지속적으로 프로세스를 개선시키려는 노력이 병행되어야 하며 이러한 노력을 통해 제대로 된 BPM의 효과를 얻을 수 있다.

그림 59는 프로세스 개선을 위한 Process Life-Cycle을 설명하고 있다. Process Life-Cycle은

크게 설계, 실행, 측정 및 모니터링, 분석, 그리고 개선 등의 과정으로 구성되며 연속적으로 반복되게 이루어져야 한다.

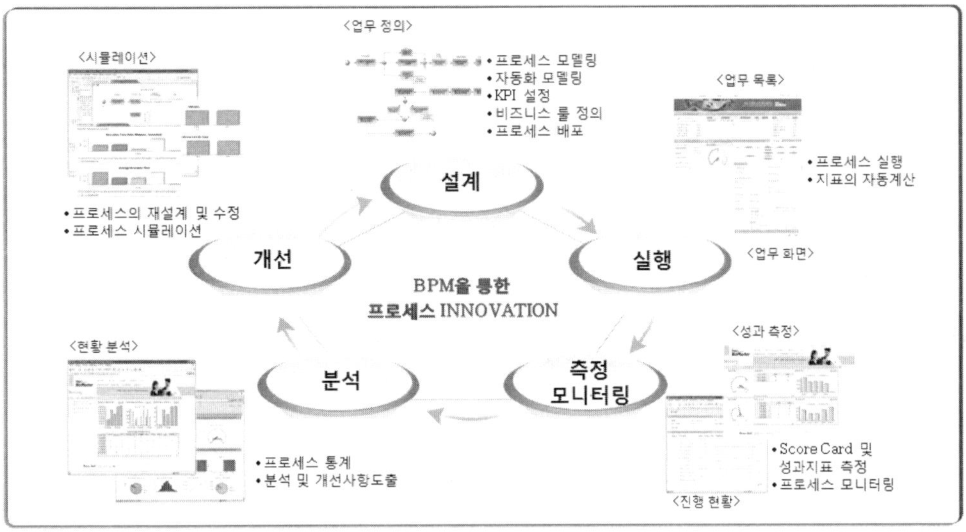

그림 59 :: Process Life-Cycle(source: TmaxSoft)

3. RTE(Real Time Enterprise)

오늘날 기업의 비즈니스 환경은 기업들 간의 M&A, 제휴 등을 통해 글로벌 경쟁이 치열해지고 있고, 정보기술 중심의 급속한 기술발달로 경영환경이 급변하고 있으며, 시장에서의 고객파워는 점점 강화되고 있을 뿐만 아니라 그 요구사항들도 다양해지고 있다. 이러한 경영환경 속에서 기업들은 얼마나 신속하게 환경변화를 인지하고 고객의 요구사항에 민첩하게 대응 할 수 있느냐가 바로 기업 경쟁력 강화의 요체로 인식되고 있다.

앞 장의 정보화 환경 변화에서 설명되어진 것 같이 기업들은 경쟁력 강화를 위해 IT 분야에 대한 지속적인 관심과 투자를 아끼지 않고 있다. 초창기에는 회계 및 임금처리 등 단순과제 성격의 업무 처리를 위해 IT 투자를 했으나, 점차 전사 차원의 기능적 통합단계를 거쳐 ERP, CRM, SCM 등과 같은 프로세스와 데이터 통합 중심의 시스템 구현에 IT 투자를 집중해오고 있다. 최근에는 e-biz 개념의 도입과 함께 타 기업과의 비즈니스 프로세스 연계 및 확장을 시도하고 있다.

그러나 최적의 정보 시스템을 구현했다 하더라도 시스템으로부터 얻어낸 핵심정보가 신속하게 관련 프로세스의 업무 처리나 의사결정에 반영되지 못한다면 아무런 의미가 없다. 이러한 현실적인 인식을 바탕으로 정보기술의 전략적 가치라는 측면에서 2002년 Gartner Group이 공식적으로 사용하기 시작한 개념이 바로 실시간 기업(RTE)이다.

즉, 기업은 새로운 경제 paradigm과 경쟁 환경에 대응하기 위해 경영이벤트의 조기감지와 신속한 대응이 가능한 비즈니스 프로세스의 구현 및 이를 지원할 수 있는 IT 역량을 갖추는 것이 불가피하며, 이를 위해 실시간 기업으로의 전환이 필요하다는 것이다. 그림 60은 RTE의 필요성에 대해 설명한다.

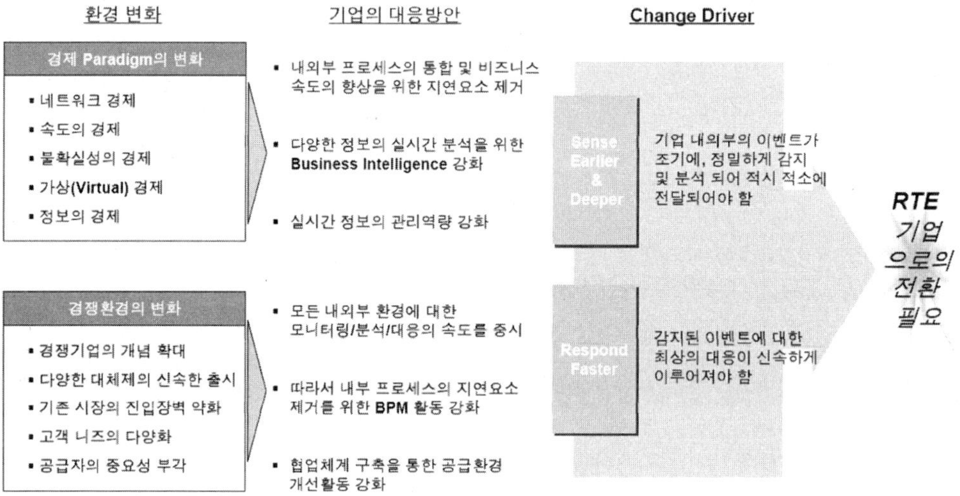

그림 60 :: RTE의 필요성

전통적 기업과 실시간 기업 간의 차이점은 표 14와 같다.

표 14 :: 전통적 기업 vs 실시간 기업(source: Gartner Group, 2003)

	Traditional Enterprise	Real-time Enterprise
Business Strategy	Strategic plans guide actions	Aspirations guide shorter term sense-and-respond actions
Competitive Posture	Lagging, focused on outcomes	Leading, focused on inputs
Management Style	Consensus oriented	Entrepreneurial
Operational Focus	Continuous monitoring to achieve quality	Quality is assumed, focus is on exceptional trends and events
IT Systems	Database-centric, passive, demand-driven	Information-centric, active, event-driven

Gartner Group에 따르면 "실시간 기업이란 최신 정보를 이용하여, 경영 및 실무상의 핵심 비즈니스 프로세스에서 발생하는 지연요소를 혁신적이고 지속적으로 제거함으로써, 경쟁력을 극대화하는 기업을 말한다. 그리고 내부 업무처리는 물론 장기적으로 외부 파트너 및 고객사와 관련된 업무까지 실시간에 가깝게 처리하도록 함으로써 경영환경 변화에 능동적으로 대응하는 것을 IT 전략의 최우선과제로 삼는 기업을 의미한다."라고 정의하였다.

Giga Information Group은 실시간 기업을 하나의 문제를 해결하기 위한 또 다른 하나의 기술이 아니라 핵심 비즈니스의 경쟁력을 향상시키고자 하는 개념으로, "핵심 비즈니스 프로세스의 관리 및 실행 시 발생하는 지연들을 제거하고 최신의 정보를 사용하여 경쟁하는 기업"으로 정의하였다. 또한 실시간 기업의 구현이 기업들이 지금껏 추구해왔던 e-biz와 전혀 무관한 새로운 것을 추구하고자 하는 것이 아니라, 계속해서 변화하는 하나의 목표로서 새로운 기술의 도입을 통하여 끊임없이 프로세스를 효율적으로 개선해나가고자 하는 것이라 하였다.

이상의 논의를 종합해 보면, RTE는 ①최신의 정보를 이용하여, ②경영 및 실무상의 ③핵심 비즈니스 프로세스에서 발생하는 지연요소를 혁신적이고 지속적으로 제거함으로써, 경쟁력을 극대화한 기업을 의미한다고 할 수 있다.

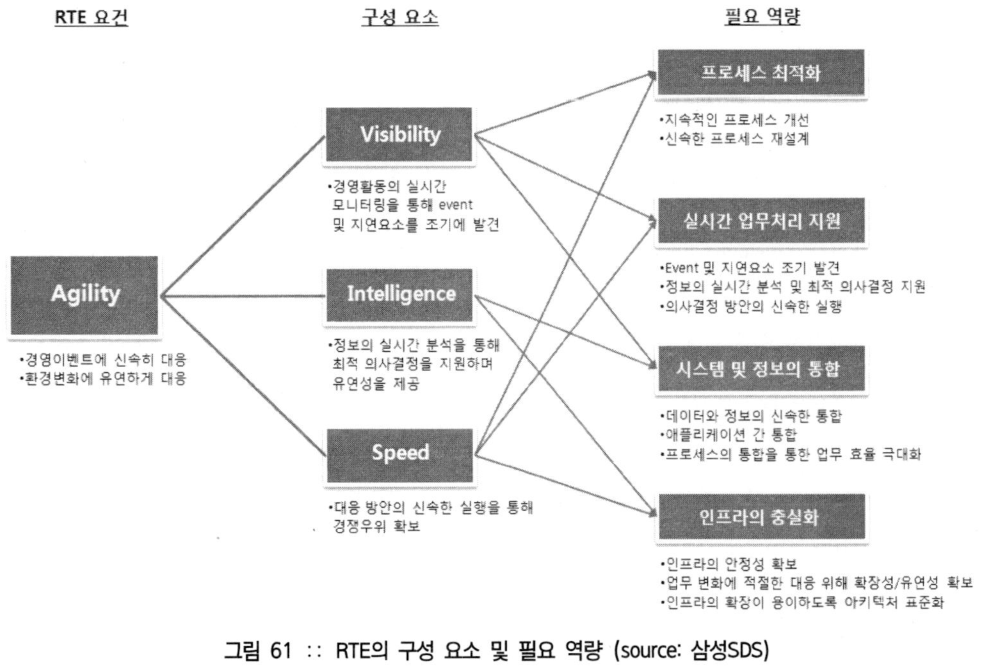

그림 61 :: RTE의 구성 요소 및 필요 역량 (source: 삼성SDS)

더불어 RTE의 핵심 요건인 기업의 민첩성(agility)을 확보하기 위해서는 Visibility, Intelligence, Speed 등의 구성요소의 실현이 필요하며 이를 지원할 수 있도록 프로세스 최적화, 실시간 업무처리 지원, 시스템 및 정보의 통합, 인프라의 충실화 등의 노력이 요구된다. 즉 RTE의 실현을 위해서는 먼저 현재 업무 현황을 실시간적으로 파악(Visibility)할 수 있어야 하고, 이 정보를 기반으로 이상 징후 여부를 정확히 분석(Intelligence)해야 하며 또한 이상 징후 발생 시 그 이상 징후에 신속하게 대응(Speed)하여 문제를 해결할 수 있어야 한다는 것이다. 이러한 RTE의 구성 요소 및 필요 역량은 그림 61에 정리되어 있다.

다양한 IT 기술들을 도입하여 비즈니스 프로세스를 개선해온 기업들은 기존의 접근방식들이 상향식(bottom-up)이며 또한 업무를 중심으로 통합되지 않는 것에 대해 한계를 느껴왔다. 즉, 프로세스의 부분 통합과 비연결성은 IT의 중복투자로 이어졌고, 이를 통해 얻은 운영의 효율성과 의사결정의 효과성은 투자에 비해 낮은 수준에 머물러 있다.

이에 Gartner는 전사적 차원에서 IT를 사용하여 조직 전체에 걸쳐 발생하는 주요 이벤트나 업무처리의 주기를 단축하고, 이를 통해 비즈니스 환경변화에 조직이 보다 신속히 대응할 수 있도록 RTE를 지원하는 프레임워크로서 Cyclones 모델을 제안하였다. Cyclones 모델은 전형적인 기업에서 발생하는 event에 대한 주요 업무처리 사이클(cycle), 즉 end-to-end 사이클을 파악할 수 있게 하는 공통의 프레임워크로서 그림 62와 같이 크게 3개의 level을 기반으로 10개의 Cyclone으로 구성되어 있다.

RTE Cyclones 모델의 적용을 위해서는, 기업의 고유 사업 모델과 경영 상황을 반영하여 기업의 특성에 맞도록 RTE Cyclones 모델을 특화시켜야 한다. 즉, Lead 단계에서는 전략의 신속한 실행과 사업 역량을 개발하기 위해 구성원들과의 합의하에 경영을 투명하게 할 수 있도록 조직의 역량을 창출해야 하고, Manage 단계에서는 관리 프로세스를 재설계하고 비즈니스 활동 모니터링을 구현하여 협업적이며 권한이 분산된 문화를 조성해야 하며, Operate 단계에서는 실시간 데이터 처리와 프로세스 간소화를 통해 어플리케이션들을 통합해야 한다.

그림 62 :: RTE Cyclones 모델(source: Gartner Group, 2002)

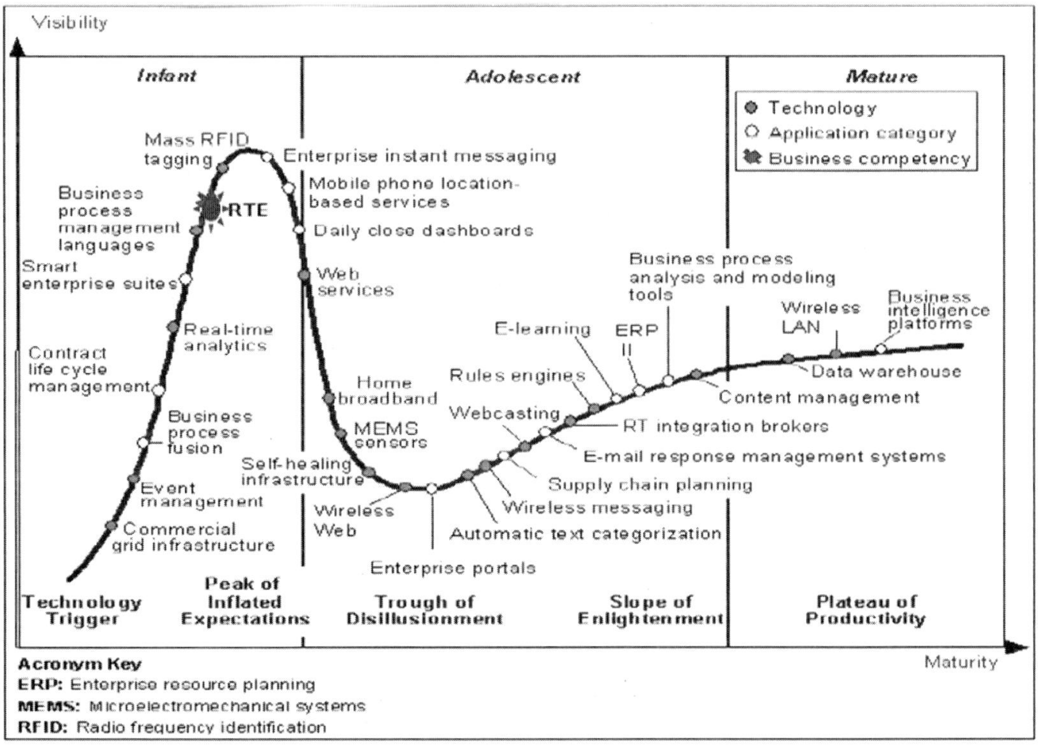

그림 63 :: IT Hyper-cycle

그림 63은 현재까지 소개되어진 다양한 IT 기술들을 IT Hyper-cycle 상에서 크게 도입기, 성장기, 그리고 성숙기별로 분류하여 나타내고 있다. 2003년을 기준으로 RTE는 IT Hyper-cycle에서 유아기에 해당되는 IT 기술로서 많은 발전 가능성을 내포하고 있었고 향후 거의 대부분의 기업들이 IT 전략을 RTE에 맞추게 될 것이다. RTE와 관련된 IT Hyper-cycle상의 주요 요소기술로는 Commercial grid infrastructure, Event management, BAM(Business Activity Monitoring), Wireless & Mobile, RFID(Radio Frequency Identification), Web service 등이 있다.

표 15는 RTE 실행을 위해 필요한 주요 요소 기술과 어플리케이션들을 정리하여 나타낸 것이다.

표 15 :: RTE 주요 기술 및 어플리케이션

주요 기술	통신 기술	인스턴트 메시징, 무선데이터 처리기술 등
	통합 기술	어플리케이션 서버, 기존시스템 통합 미들웨어, EAI, 웹서비스 등
	정보관리 기술	컨텐츠 관리, Advanced DW, BI, BAM 등
	추적 기술	RFID 칩 등 부품, 상품 정보의 실시간 추적 기술
주요 어플리케이션	BPMS	비즈니스 프로세스 관리 어플리케이션
	ERP	기업 내부 비즈니스 프로세스 통합 어플리케이션
	SRM	다수의(many-to-many) 비즈니스 파트너간 거래의 실시간 연계(synchronization)에 초점을 둔 C-Commerce 형태의 파트너 시스템 연계 어플리케이션
	CRM	대고객 실시간 스코어링 및 의사결정 기반 서비스 중심의 어플리케이션

다음은 주요 RTE 요소기술들을 간략히 설명한다.

(1) BAM

BAM(Business Activity Monitoring)은 핵심적인 사업 성과지표에 대한 정보를 실시간으로 제공해주며, 이를 통해 사업 수행의 현황과 성과를 분석하고 향상시킬 수 있도록 한다.

GE가 적용한 BAM 사례의 경우, 매 15분마다 전 세계 매장의 판매량, 일간 주문율, 재고수준 등을 포함한 주요 지표값들에 대한 정보 확인이 가능하며 또한 각 업무 프로세스 상태 정보를 색깔로 표시해주는데 만일 노란색 혹은 적색의 위험신호가 뜨면 이를 즉각적으로 담당자에게 전달하여 대응토록 한다.

(2) Wireless & Mobile

무선 및 모바일 기술의 발전과 함께 PDA, Smart phone 등의 무선통신 장비가 널리 보급됨에 따라 향후 새로운 형태의 무선 어플리케이션들이 지속적으로 개발될 것으로 전망된다.

L사가 적용한 무선 어플리케이션 사례의 경우, 서비스 영역에 무선 데이터 통신과 모바일 기술을 적용하여 무선 인터넷 단말기를 통해 콜센터와 서비스 기사간의 정보 실시간 교류, 그리고 부품 재고 & 서비스 결과에 대한 실시간 모니터링 등이 가능해졌다.

(3) RFID

RFID(Radio Frequency Identification)는 마이크로 칩을 내장한 태그를 통해 라벨이나 카드 등에 저장된 데이터를 무선 주파수를 이용하여 자동 인식하는 비접촉 무선인식 기술로서, 빠른 인식 속도, 높은 인식률, 그리고 저장 능력 등의 특성을 활용하여 점진적으로 바코드를 대체하고 있다.

우정 우편물류 사업에 적용한 RFID 사례의 경우, RFID를 통해 접수 우편물 정보, 우편물 구분 정보, 배달 정보, 차량 위치 정보, 용기별 우편물 정보 등을 제공받는다.

(4) BPM

BPM은 기업 내의 프로세스들을 정의하고 실행하며, 모니터링과 분석을 통하여 지속적으로 프로세스를 최적화하고 관리하는 체계를 의미한다. 또한, BPM은 기업의 프로세스를 전략적으로 자산화하고 관리하는 사용자 중심의 접근 체계이면서, 프로세스 중심의 통합을 제공하는 기술적 인프라이다.

일반 기업에서 BPM을 적용하는 주요 분야는 BPM 기반의 시스템 및 프로세스 통합, Business Process Repository 구축, 업무 연계 관계 분석을 통한 프로세스 통합, 포탈 기반 통합 업무 환경 구축 등이다.

4. IT 거버넌스

1) IT 거버넌스의 정의

IT 거버넌스에 대해 ITGI(IT Governance Institute)는 "IT가 조직의 전략과 목표를 유지하고 확장 할 수 있게 하는 리더쉽, 조직구조, 그리고 프로세스"라고 정의하였고, Gartner는 "IT의 바람직한 사용을 위한 행위를 촉진하고 유도하도록 의사결정 권한과 책임구조를 기술한 프레임워크"라고 정의하였으며, Mercury는 "IT에 대한 통제력을 높이고 IT의 방향이 기업의 비즈니스 목표와 부합되도록 하는 프로세스 및 조직의 관리 방법"이라고 정의하였다.

이 밖에도 여러 기관의 다양한 정의가 있지만 공통적으로 IT 거버넌스는 기업 지배구조의 일부로서 "기업의 전략과 목표를 달성하기 위해 비즈니스와 IT의 연계 강화, 가치 증대를 위한 틀로서 이사회, 경영진, IT 관리자 모두가 참여하여 IT 투자 및 위험관리, 효과적 IT 지원관리 등을 목표로 하는 프로세스, 리더쉽, 그리고 의사결정 체계 및 활동을 의미한다"고 볼 수 있다.

2) IT 거버넌스 등장배경

IT 거버넌스는 새로운 개념은 아니다. 기업 IT가 존재한 이후로 IT의 활용과 관련된 명확한 규정이 있었으며 통제에 관한 행위 혹은 프로세스도 어떤 식으로든 존재해왔다. 하지만 기업들이 언제부터 인가 IT 거버넌스의 중요성을 인식하기 시작하였고 다음과 같은 필요성에 공감하였다.

(1) 비즈니스 목표와 IT의 연계

IT는 기업의 목표를 가능하게 하고 지원하는 중요한 요소이다. 또한 정보화 사회가 되어감에 따라 IT와 비즈니스와의 연계에 대한 요구는 더욱 커지고 있다. 그러나 기존 IT 조직의 프로세스가 후진성을 면하지 못하고 있으며 주먹구구식의 IT 관리 등으로 인하여 IT와 비즈니스와의 갭(gap)이 점점 벌어지는 상황에서 이에 대한 체계적인 해결책을 모색하고자 본격적으로 IT 거버넌스에 대한 논의가 시작되었다.

(2) 효율적 IT 투자

과거 빈번하게 행해졌던 대규모의 '묻지마 투자'와 그 결과에 대한 관용이 사라지고 있는 분위기도 IT 거버넌스의 부각에 한 몫을 하고 있다. 전반적인 경기침체로 인해, IT 프로젝트의 ROI에 대한 요구가 엄격해지고 있고 이에 따라 IT 프로젝트 추진을 위한 우선순위, 자원할당, 사전기획, 개발, 통제, 모니터링 등의 전체적인 추진 프로세스를 정립하여 불필요한 비용을 없애고 투자 ROI를 높이려는 시도가 일어나고 있다. 또한 최근 들어 IT 투자위험이 높아지면서, 이에 대한 체계적인 계획과 책임 규명에 대한 필요성이 증가한 것도 IT 거버넌스 확립에 대한 욕구를 뒷받침하고 있다. 게다가 전 세계적인 경기침체는 기업들이 모든 프로젝트 추진 시 ROI에 초점을 맞추도록 분위기를 만들었다. 따라서 경영진에게 IT 투자가 반드시 성과를 낳도록 하는 리더쉽, 그리고 중복 투자를 방지하고 기존 자원을 재활용하게 해주는 IT 자원관리 및 IT 투자성과평가 등을 추구하는 IT 거버넌스가 주목을 받게 되었다.

(3) 체계적인 외부 규제에 대한 대응

IT 거버넌스는 IT 컴플라이언스 측면에서도 중요하다. IT는 기업 내의 여러 가지 요구뿐만 아니라 기업 외부에서 등장한 규제까지 모두 체계적으로 수용, 관리, 감시, 유지하기 위해 그 필요성이 제기되고 있다.

(4) IT 자산의 효과적 관리

세계 유수의 기업들이 IT 거버넌스에 관심을 갖기 시작한 이유들 중의 하나는 보다 효과적인 IT 관리를 통해 어떻게 가치를 전달할 것인가와 관련이 있다. 즉, 하드웨어, 소프트웨어, 그리고 인적 자원을 총괄하는 포트폴리오를 체계적으로 관리하여 시스템 운영 효율화를 높이고 올바른 정보에 입각한 신속한 의사결정이 이루어지도록 하기위해 IT 거버넌스가 필요하게 되었다.

(5) IT 투자에 대한 투명성 확보

정보화가 가속화되면서 IT의 책임과 역할의 중요성이 점차 증대하고 있으며 변화하는 시장여건은 IT에 대한 막대한 투자를 요구하고 있다. 실제로 IT는 기업의 대차대조표에서도 높은 우선순위를 차지하고 있다. Gartner에 따르면 업종에 따라 다르지만 IT 관련 지출은 총수입 중 대개 2%에서 많게는 10%까지의 비중을 차지하고 있다. 기업의 주주들은 이사회를 비롯한 경영진에게 막대한 IT 투자비용의 투명성에 대해 더 많은 책임감을 요구하고 있다. 따라서 IT 투자금액이 어디에 어떻게 쓰이고 있으며 기업에는 어떠한 가치를 가져다 줄 수 있는지를 체계적으로 보여주는 IT 거버넌스에 관심을 갖게 되었다.

그림 64는 IT 거버넌스의 목표를 IT 비전과 전략, 그리고 IT 매니지먼트와의 관계를 통해 설명하고 있다.

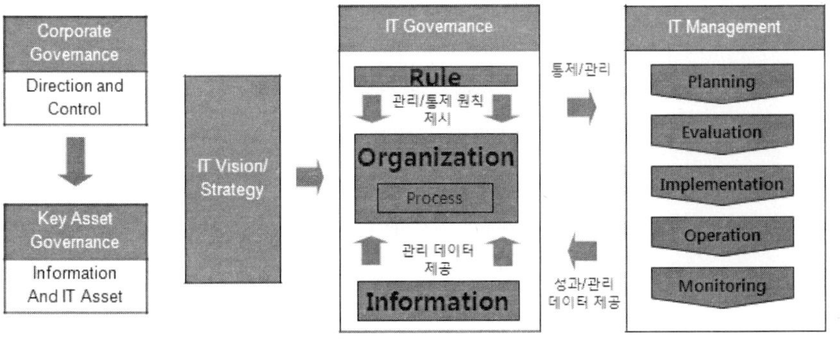

그림 64 :: IT 거버넌스의 목표

3) IT 거버넌스 기대효과

효율적인 IT 거버넌스 체계의 구축을 통한 기대효과는 크게 다음과 같다.

① 기업전략과 IT 전략과의 연계

② IT 운영과 관련된 리스크 관리

③ IT를 통한 비즈니스 가치 창출

④ IT 인프라에 대한 명확한 목표설정과 성과측정

⑤ 기업 경영 목표별 IT 자원관리

⑥ IT 투자의 리스크 관리 및 정보보호를 위한 체계 구현

⑦ 중요한 IT 투자 관리에 대한 투명성 확보

⑧ 기업 외부환경의 변화 및 IT 환경변화에 능동적 대응 지원

⑨ 기업의 요구사항에 대한 IT 자원의 효율적인 지원

그림 65는 IT 거버넌스에 대한 이러한 기대효과를 도식화한 것이다.

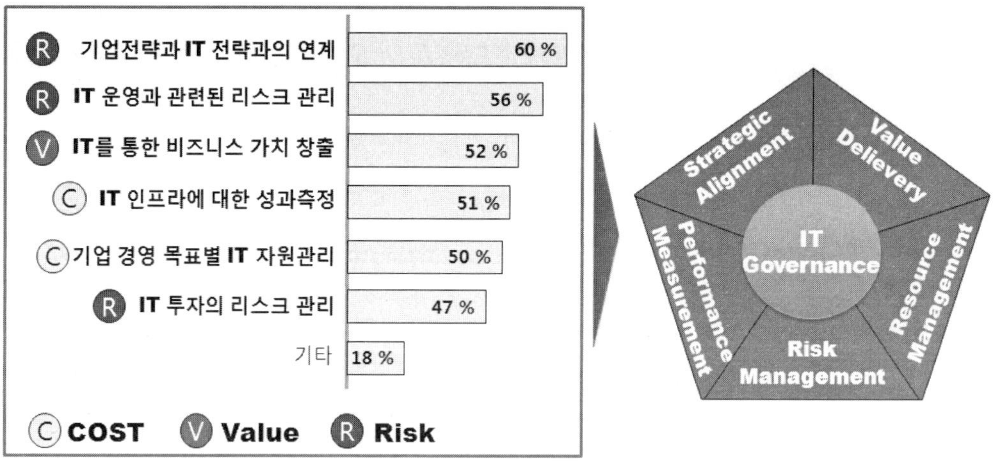

그림 65 :: IT 거버넌스에 대한 기대효과

이렇듯 IT 거버넌스는 기업의 전략과 IT 전략을 연계시키고, 기업의 IT 투자 및 자원관리의 가시성을 높이며, 통제력을 강화하려는 IT 관리자들의 욕구를 충족시키는데 많은 도움을 제공할 수 있을 것이다.

기업은 IT에 대한 투명성과 통제력을 원하지만 대부분 '어디에서부터 어떻게 손을 대야할

지' 막막해 하는 경우가 많다. 따라서 이를 가시적, 체계적으로 투명하게 보여주고 이를 통해 관련 조직의 변화를 유도하는 IT 거버넌스가 더욱 더 많은 관심을 받을 것이며 이를 위한 IT 거버넌스 체계 구축이 활성화 될 것이다.

IT 거버넌스의 역할 증대와 높은 관심을 반영하듯 최근 관련 솔루션과 컨설팅이 각광을 받고 있다. 이에 따라 IT 거버넌스의 시장은 더욱 활발해지고 커져갈 것으로 예상된다.

4) IT 거버넌스 프레임워크

IT 거버넌스는 IT가 조직의 전략과 목표를 유지하고 확장할 수 있게 하는 리더쉽, 조직구조, 그리고 프로세스로 구성되어 있으며 이를 위한 프레임워크로는 ITGI(Information Technology Governance Institute)의 CobiT(Control Objectives for Information and related Technology)을 많이 활용하고 있다.

ITGI는 IT 거버넌스의 주요 영역을 그림 66과 같이 5가지로 구분하고 있다. 즉, 비즈니스 향상을 위해 IT의 가치를 제공할 수 있어야 하고(Value Delivery), 적합한 IT 자원관리(Resource Management) 및 IT 서비스에 내재된 위험 관리(Risk Management)가 가능해야 하며, IT 사용 결과에 대하여 성과측정(Performance Measurement)이 이뤄져야 할 것이며, 또한 기업의 전략과 목표에 부합하여 비즈니스와 IT간에 전략적으로 연계(Strategic Alignment)가 되어야 한다고 제시하고 있다.

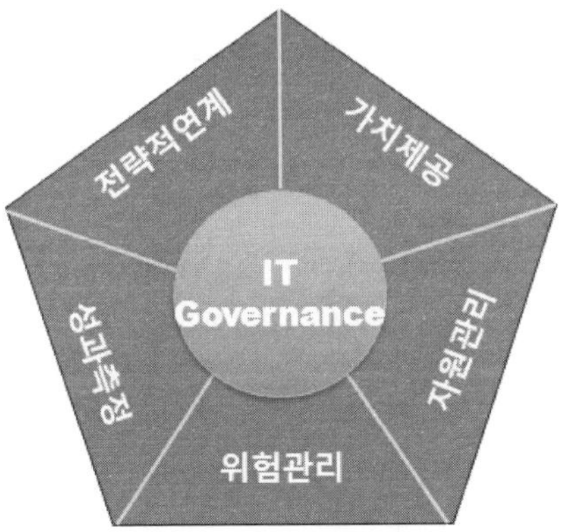

그림 66 :: ITGI의 IT 거버넌스 핵심영역

CobiT은 미국의 국제 정보시스템 감사통제 협회(ISACA)에서 1992년에 초판을 출간한 이후로 ITGI를 통해 공식적으로 발간되고 있다. CobiT은 1996년에 정식으로 CobiT라는 이름으로 발간됐으며, 2년 뒤 제2판이 소개되었다. 2000년에는 IT 거버넌스 개념이 포함된 3번째 버전이 발간됐으며, 가장 최신 버전이 CobiT 4.1이다. 또한 CobiT은 정보시스템과 환경 전체를 통제하는 모델로서 이미 IT 감사 부분에서는 독보적인 프레임워크라 할 수 있으며, IT 거버넌스를 위해 가장 널리 쓰이고 있다.

그림 67과 같이 CobiT 프레임워크는 IT 수명주기에 기초한 4개의 도메인, 계획 및 조직, 도입 및 구축, 운영 및 지원, 모니터링으로 구성되어 있다.

CobiT 프레임워크는 기업 이해관계자의 가치를 반영한 목표를 설정한 후 IT 활동에 대한 성과를 측정하고 이를 설정된 목표와 비교·평가하여 기업목표에 맞는 방향성을 재설정한 후 다시 IT 활동에 이를 반영하는 순환구조를 가진다. 여기서 강조할 목표는 IT와 비즈니스의 연계, IT를 사용한 비즈니스의 연속성 및 이익 극대화, IT 자원의 책임 있는 사용, 그리고 IT 관련 위험의 적절한 관리 등이라고 할 수 있다. 각 IT 활동은 비즈니스 효과를 제고하고 비용절감을 통한 기업 전반의 효율성을 향상시키며 보안, 신뢰성, 준수성에 대한 위험 요소를 관리하는데 초점을 두고 있다.

또한 CobiT은 각각의 하위 프로세스 별로 성숙도 모델을 제시하여 수준 평가가 가능하도록 지원하는데 크게 IT 프로세스의 내부통제시스템 구현을 위한 핵심성공요소(CSF, Critical Success Factor), IT 프로세스의 성공 여부에 대한 사후 평가 척도인 핵심목표지표(KGI, Key Goal Index), 그리고 지속적인 IT 프로세스 성능에 대한 평가 척도인 핵심성과지표(KPI, Key Performance Index)로 구성되어 있다.

표 16은 일반적인 IT 거버넌스 성숙도 모델에 대해서 설명하고 있다.

표 16 :: IT 거버넌스 성숙도 모델(source: 디지털타임스(2008))

업무영역	포트폴리오 관리	IT 서비스 자동화	어플리케이션 변경/배포
수준1 비공식적	· ad-hoc	· 이메일/전화	· ad-hoc
수준2 정형화	· 수작업 계획 · 주관적인 의사결정	· 전통적인 서비스 데스크 · 정보공유 미흡	· 문서기반 또는 수작업
수준3 관리	· 자동화된 프로세스 · 객관적인 의사결정	· 완전한 투명성 · Best Practice	· 배포 자동화 · 강력한 시스템 통제
수준4 측정	· 강화된 What-If 분석 · KPI 기반 분석	· SLA 관리 · 공수대비 서비스 추적	· 품질/효율성 평가 지표
수준5 최적화	· 실시간 계획 · 전사 포트폴리오 최적화	· 요구사항 관리 접점 통합 · 포트폴리오 관리 통합	· 비용 추적 · 전사적인 표준화

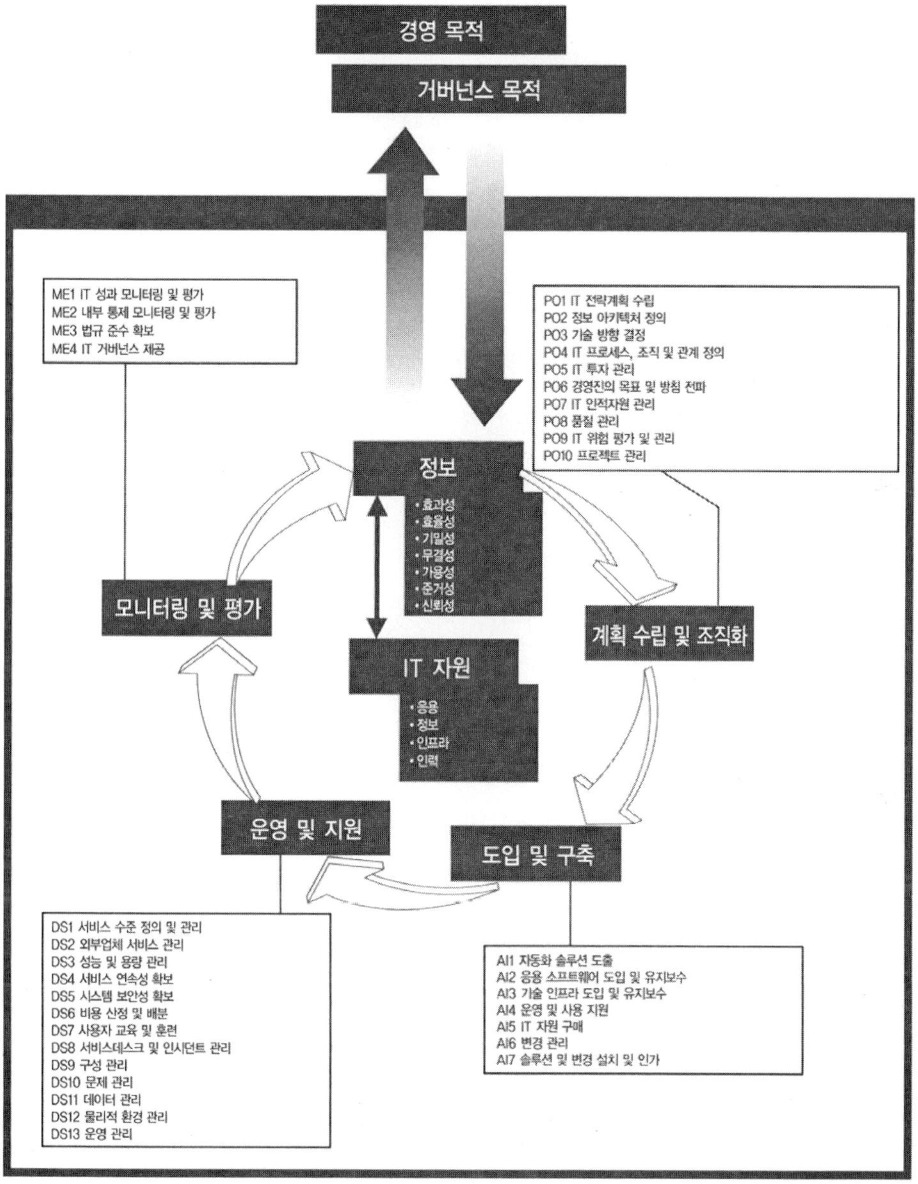

그림 67 :: 거버넌스 프레임워크 (CobiT)

IT 거버넌스의 첫 단계는 기업의 현재 수준을 엄격하게 평가하는 것이다. 표 16과 같은 5단계의 성숙도 모델을 사용한다. 이제 기업의 전략적 목표에 따라 각 업무 영역별로 목표(To-Be) 수준을 설정한다. 이때는 해당 기업의 역량에 비추어 일정기간 내에 가시적인 성과를 낼 수 있는 정도가 적당하다. 전문가들은 IT 거버넌스 도입에 실패하는 가장 큰 이유는 걸음

마를 배우지 않은 상태에서 달리기부터 하려고 하는 과욕 때문이라고 입을 모은다.

5. 기타 IT 기술

1) EAI

EAI(Enterprise Application Integration: 전사적 어플리케이션 통합)는 새로운 미들웨어를 이용해 비즈니스 로직을 중심으로 기업 내의 각종 어플리케이션을 통합하는 과정을 말한다. 전통적인 미들웨어가 개별적인 어플리케이션을 포인트 투 포인트(point-to-point)로 연동 했다면, EAI는 기업 내 상호 연관된 모든 어플리케이션을 유기적으로 연동시켜 필요한 정보를 통합 관리하고 사용할 수 있게 하는 솔루션이다.

B2Bi는 기업과 기업, 기업과 마켓플레이스, 마켓플레이스와 마켓플레이스 사이에서 발생하는 데이터와 서비스의 통합을 의미한다. 따라서 EAI는 기업 내부의 통합으로, B2Bi는 기업 간의 통합개념으로 사용되고 있다.

그리고 새롭게 등장한 개념인 eAI(e-Business & Application Integration)는 기업 내 및 기업 간 정보의 통합 및 비즈니스 프로세스 자동화를 의미하는 것으로 경영환경과 새로운 IT 기술 변화에 신속히 대응할 수 있는 e-Business 체계 구축을 위한 어플리케이션 통합 솔루션을 말한다. 따라서 eAI를 간단히 설명하면, 기업 내 및 기업 간에 구축되어 있는 이기종 어플리케이션 및 데이터를 통합하는 것으로 eAI = EAI + B2Bi 라고 할 수 있다.

표 17은 BPM와 EAI를 비교한 내용이다.

표 17 :: BPM와 EAI 비교

	BPM	EAI
초점	· 프로세스 중심	· 데이터 중심
사람 참여	· 다수의 참여	· 소수의 참여 또는 없음 · 어플리케이션만 참여
속도 기준	· 사람의 작업 속도	· 기계의 속도
사용자 인터페이스	· 매우 중요함	· 필요 없음
비즈니스 룰	· 많은 수의 비즈니스 룰과 지속적인 룰의 변경	· 보통의 비즈니스 룰

EAI의 어플리케이션 통합 과정을 담당하는 기본 요소는 표 18과 같다.

표 18 EAI 기본 요소

요 소	역 할
데이터브로커	서로 다른 형태의 데이터 통합을 위한 데이터포맷과 데이터코드 변환
메시징 통로	표준화된 데이터를 다른 어플리케이션으로 전송
어뎁터	다른 어플리케이션과 메시징 통로간의 데이터 입출력

그리고 다양한 EAI의 어플리케이션 통합 방식은 표 19와 같다.

표 19 :: 어플리케이션 통합 방식

방 법	특 징	장 점
Point-to-Point	· 가장 기초적인 어플리케이션 통합 방식(1:1통합) · EAI라기 보다는 하나의 단순 어플리케이션 통합 방식 · 단점 : 데이터 흐름의 지체현상 발생, 수작업 코딩으로 인한 과도한 유지비용, 통합 개발환경 부재	· EAI가 등장하게 된 중요한 기반이 되었음
Hub & Spok	· 어플리케이션 사이에 미들웨어(허브)를 두어 처리하는 방식 · 단일 접점인 허브시스템을 통해 데이터를 전송하는 일종의 중앙 집중 방식 · 허브 내에 있는 여러 개의 '큐'(데이터처리 컴포넌트)에 데이터를 입력 및 출력함	· 모든 데이터가 허브를 통해서 전송되는 구조임 → 데이터 전송이 보장됨, 유지/보수 비용이 절감됨
Messaging Bus	· 어플리케이션 사이에 미들웨어(버스)를 두어 처리하는 방법 · 허브 & 스포크 방식과 개념적으로 유사함 : 둘 다 미들웨어를 통함	· 데이터 전송로 역할을 수행하는 버스를 통함 → 병목현상 및 단일실패 지점을 최소화함 · 어댑터가 각 시스템과 버스를 연결하는 구조임 → 뛰어난 확장성, 대용량 데이터의 처리가 가능함
Hybrid	· 허브 & 스포크 방식과 버스 방식의 혼합형임 · 통합 대상 시스템 중심의 소그룹 형성 후 소그룹 내에서는 허브 & 스포크 방식, 소그룹간은 버스 방식으로 구현함	· 필요할 경우 한 가지 방식으로 EAI 구현 가능 · 유연한 통합작업 가능
Peer-to-Peer	· 미들웨어를 두지 않고 각 어플리케이션의 피어서버(Peer Server)를 Point-to-Point 방식으로 연결함	· 미들웨어 방식(허브 & 스포크 방식과 버스 방식)보다 저렴한 비용으로 통합 가능함

2) ESB

ESB(Enterprise Service Bus)는 비즈니스 내에서 서비스, 어플리케이션, 자원을 연결하고 통합하는 미들웨어라 할 수 있으며, 이를 통해 분산된 서비스 컴포넌트를 쉽게 연동할 수 있어 신뢰성 있는 메시지 통신이 가능하다. ESB의 다양한 정의를 살펴보면 다음과 같다[13].

"느슨하게 결합되었거나 결합되지 않은 구성 요소들 간에 중재적인 관계 유지 및 직접 통신을 지원하는 웹서비스 기능이 가능한 인프라"(Gartner Group)

"ESB란 표시는 그 제품이 MOM(Message Oriented Middleware)과 웹서비스 프로토콜 모두를 지원하는 일종의 통합 미들웨어임을 의미함"(Burton Group)

"ESB는 규칙적인 서비스 통합 아키텍처로 정의된 환경 내의 여러 비즈니스 서비스를 위해 일관된 지원을 제공한다. ESB는 웹서비스 인터페이스를 사용해 서비스 중심 아키텍처로 구현된다."(CBDI)

그림 68은 ESB 지원 툴의 하나인 ServiceMix의 구조를 나타낸다.

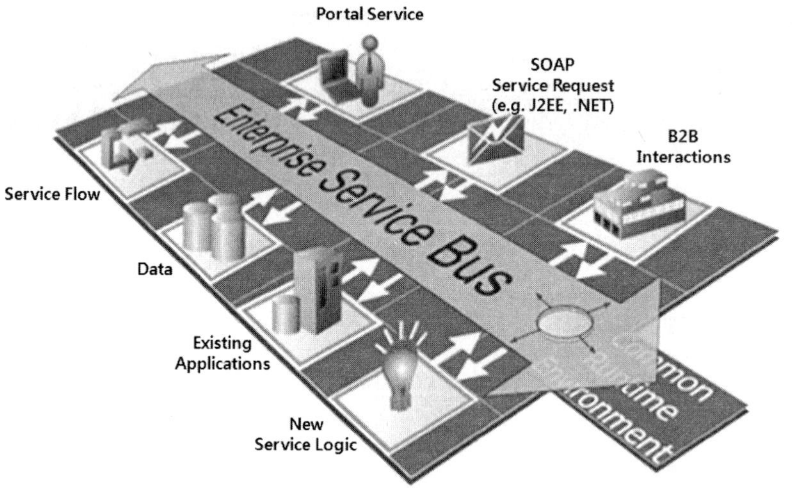

그림 68 :: ESB의 구조(source: IBM Redbook)

그림 69는 ESB 기반의 SOA(Service-Oriented Architecture)가 완성된 모습을 도식화한 것이다. 현재의 ERP, SCM, CRM과 같은 정보시스템은 처음에는 개별적인 형태로 구동되다가 점차 통합되고 연계되어 그들 간의 경계가 없어지며, 종국에는 하나의 시스템처럼 동작하게 되는 모습을 보여주고 있다. 이를 실현하기 위해서는 다음에 설명되는 SOA 기반의 정보시스템 환경이 필수적이다.

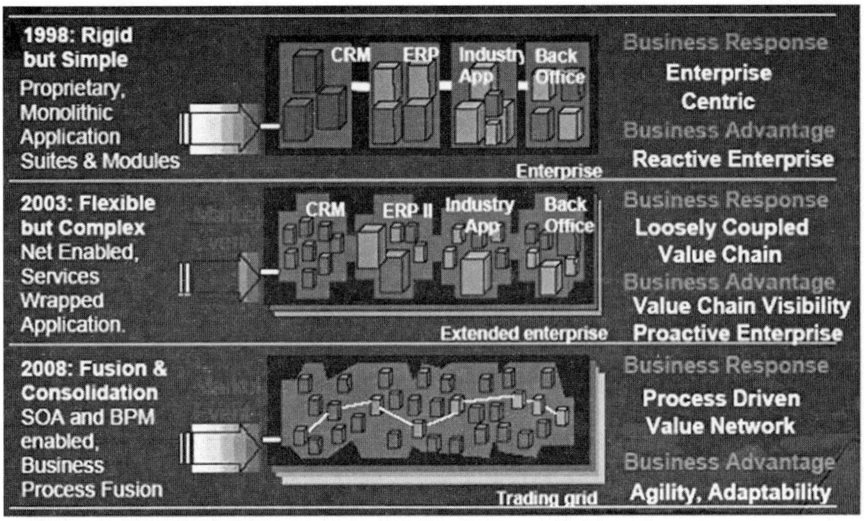

그림 69 :: ESB 기반의 SOA(source: Gartner Group)

표 20은 전통적인 EAI와 ESB를 비교한 것이다.

표 20 :: EAI과 ESB 비교

특 징	EAI	ESB
통합의 종류	어플리케이션 통합	서비스 통합, 서비스 호스팅
통합 방식	시스템별 어뎁터의 사용으로 복잡성 증가	표준 기술을 사용한 단순 통합
표준	벤더 별 전송기술 상이	개방형 표준(웹서비스)
통합 형태	단단한 결합(Static, 1:1결합)	느슨한 결합(Dynamic, 1:N결합)
비용	통합대상 시스템별 어뎁터 구입 또는 개발로 지속적 비용 발생	동일 표준 기반이므로 추가 개발비용 절감, 비즈니스 로직 재사용을 통한 비용 절감
구현 아키텍처	집중형(Hub & Spoke)	분산형(Distributed)

3) SOA

1996년 Gartner Group이 처음으로 'SOA'란 개념을 다음과 같이 정의해 발표하였다.

"서비스 지향의 철학으로 시스템을 구축하고자 하는 노력을 총칭하여 SOA, 즉 서비스 지향 아키텍처(SOA, Service-Oriented Architecture)라고 한다."(Gartner Group)

SOA에서 S는 서비스를 말하며 그 서비스는 '특정한 기능을 하는 단위'를 의미한다. 예를 들어, '항공권 예약', '호텔 예약', 그리고 '예금' 같은 업무를 SOA에서의 서비스라고 할 수 있다. 즉, SOA라는 것은 이렇게 정의된 서비스를 배열하여 기업의 업무를 구현하는 방식을 말하는 것이다.

SOA는 그 자체로 특정 기술이나 제품을 의미하는 것은 아니며, 기업이나 조직의 IT 시스템을 구축하는 새로운 방법론이라고 할 수 있다. 그 방법론의 기본 개념으로 꼽히는 것이 '공유'와 '재사용'이다. 공유와 재사용이라는 기본 개념 아래 IT 시스템을 구축하자는 것이 SOA인 것이다.

다시 말해, 공유하고 재사용하자는 기본 단위가 바로 '서비스'이다. 결국 SOA는 공유할 수 있고, 재사용할 수 있는 '서비스'라는 콤포넌트를 기반으로 IT 시스템을 구축하자는 것이다. 마치 IT 시스템을 '레고 블럭'처럼 만들어 필요할 때 누구든 꺼내 조립할 수 있게(공유) 하자는 것이다. 한번 만든 레고 블럭을 버리는 것이 아니라, 또 다른 조립을 위해 누구든 다시 꺼내(재사용) 쓸 수 있게 하자는 것이다.

이 같은 개념은 전혀 새로운 것은 아니다. 콤포넌트나 객체, 웹서비스로 이어지며 진화해 온 분산 객체기술의 결정판이 SOA인 셈이다. 그렇다면 콤포넌트나 객체 기술이 이제와 '서비스'라는 이름으로 단순히 개명된 것은 아니다. 서비스라는 개명에는 IT를 바라보는 혁신적인 관점의 변화가 숨어있고, 또 인터넷으로 대표되는 네트워크 기술의 뒷받침을 받았다.

서비스는 쉽게 말해 특정 업무를 통칭해 부르는 개념이다. 특정 기능이 아니라는 점에 주목해야 한다. "화면을 어떻게 구성하고, 데이터를 어떤 식으로 처리하는가?"하는 기능적 관점이나 사용자 인터페이스 개발이나 데이터베이스 관리와 같은 솔루션 관점이 아니다. 이를테면 연말정산 서비스, 급여계산 서비스, 입출금 서비스 등 소프트웨어가 제공하는 궁극적인 목표에 초점을 둔 개념이다. 서비스라는 말 대신 업무라는 말로 바꾸어 보면 이해가 좀 더 쉽다. 서비스는 좀 더 확대돼 인사관리 서비스, 재무관리 서비스 등으로 범위를 넓힐 수도 있다.

SOA를 기존의 콤포넌트 기술과 다르게 해석하고 바라봐야 하는 것은, 이처럼 소프트웨어를 기술이 아닌, 그 소프트웨어가 추구하는 목적(서비스)의 관점에서 바라보는 것으로부터 출발하기 때문이다. '어떻게 할 것인가?'가 아니라, '무엇을 할 것인가?'라는 측면에서 바라보자는 관점의 변화를 요구한다. 이는 다른 말로 개발자의 관점이 아니라, 소비자의 관점에서 IT를 바라보자는 얘기이기도 하다.

표 21은 SOA와 분산 콤포넌트 기술과의 차이를 비교한 것이다.

표 21 :: SOA와 분산 콤포넌트 기술과의 차이(source: BEA코리아)

분산 콤포넌트	SOA
기능 중심적	프로세스 중심적
최종 시스템이 목표	지속적인 변환이 가능한 시스템이 목표
장기적인 개발 사이클	요구사항에 대한 즉각적인 개발 사이클
비용 중심	비즈니스 중심
어플리케이션 목록	서비스 조합
시스템 간 긴밀한 결합	시스템 통합의 기민성과 적용성
전체 시스템에 동일한 기술 적용	전체 시스템에 이기종의 기술 적용
객체 지향적	메시지 지향적
구현 중심	추상화 중심

표 22는 SOA의 기본적인 속성을 3가지로 나누고, 각각의 특성을 설명한 것이다.

표 22 :: SOA의 기본적인 속성(source: 한국HP)

SOA 속성	상세 내역
서비스 인터페이스	· 서비스는 비즈니스 소프트웨어 컴포넌트들로 구성되고, 비즈니스 소프트웨어 컴포넌트는 프로그램에서 서비스에 접근하는 방법을 정의하는 인터페이스 부분과 컴포넌트의 기능을 채워주는 구현 부분으로 구분됨. · SOA 디자인에서 컴포넌트 기능 구현을 위한 설계는 부차적인 문제이고, 핵심적인 사항은 서비스 인터페이스 설계임. 즉, SOA는 근본적으로 서비스 인터페이스들의 흐름과 이들의 관계에 관한 것임.
블랙박스 접근방식	· 서비스 인터페이스는 제공 서비스에 대한 정의와 서비스 호출에 관한 약속이므로 서비스 내부의 디자인이나 구현 내용을 모르더라도 찾고 사용하는데 충분한 정보를 갖추어야 함. 즉, 블랙박스적인 속성을 갖추어야 한다는 것임.
느슨한 연계 (Loose coupling)	· SOA에서는 서비스 제공자와 서비스 사용자가 느슨하게 연계됨. 여기서의 느슨한 연계는 서비스가 특정 서비스 사용자를 염두에 두고 디자인되지 않는 것을 말함.

그림 70은 SOA의 아키텍처를 도식화하여 나타낸 것이다.

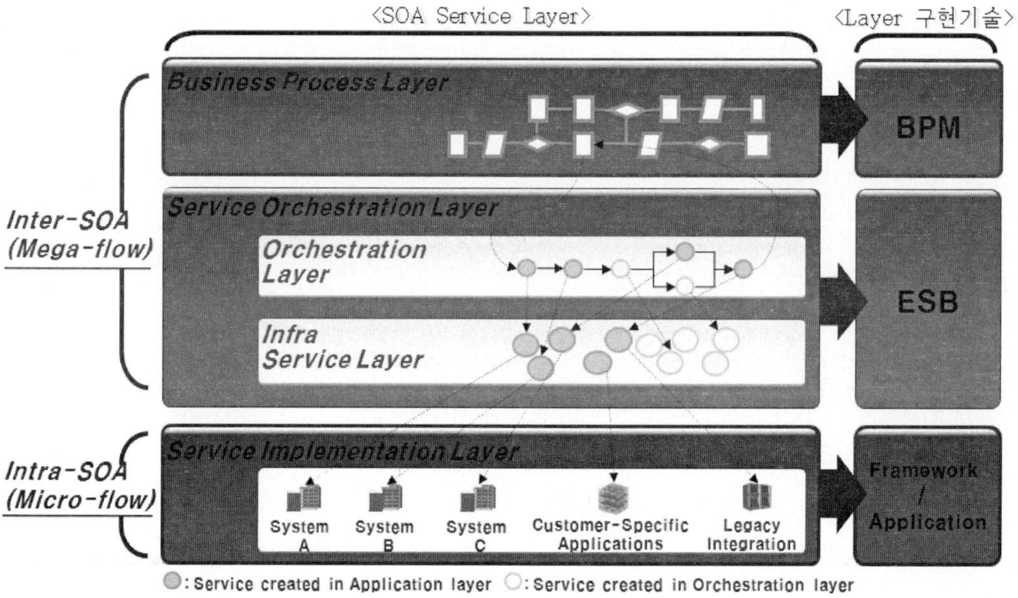

그림 70 :: SOA의 아키텍처

SOA의 이해를 돕기 위해, 한 은행에서 새로운 대출상품을 기획한다고 가정해 보자. 먼저, 상품기획팀에서는 새로운 대출상품의 조건과 이율 등을 계산해 만들어내고, 이 상품이 수익성이 있는 지도 검토한 후 최종 상품을 만들어낼 것이다. 그런데, 은행의 업무는 IT 시스템의 지원이 없으면 불가능하다. 그렇다면, 새롭게 만든 대출상품을 운영할 시스템을 개발해야만 한다. 그러나 만일, 이 은행이 SOA 기반의 IT 시스템이 갖춰져 있다면, 신상품 기획자는 회사 내의 IT 시스템에서 대출자격요건 심사 서비스를 꺼내와 거기에 새로운 조건만 추가하거나 변경한 후, 이를 기존의 다른 대출 서비스에 연결만 하면 된다. 간단하게 새로운 대출상품에 맞는 대출서비스가 완성된 것이다. 이제 새로운 대출상품을 홍보하고 고객을 맞으면 된다.

신상품 기획자가 꺼내온 대출자격요건 심사 서비스는 하나의 어플리케이션일 수도 있고, 몇 개의 어플리케이션이 연결된 경우일 수도 있다. 그것은 중요하지 않다. 이 기획자에게는 그냥 대출자격요건 심사를 하는 서비스 일 뿐이다.

그림 71은 위의 예를 도식화한 것이다.

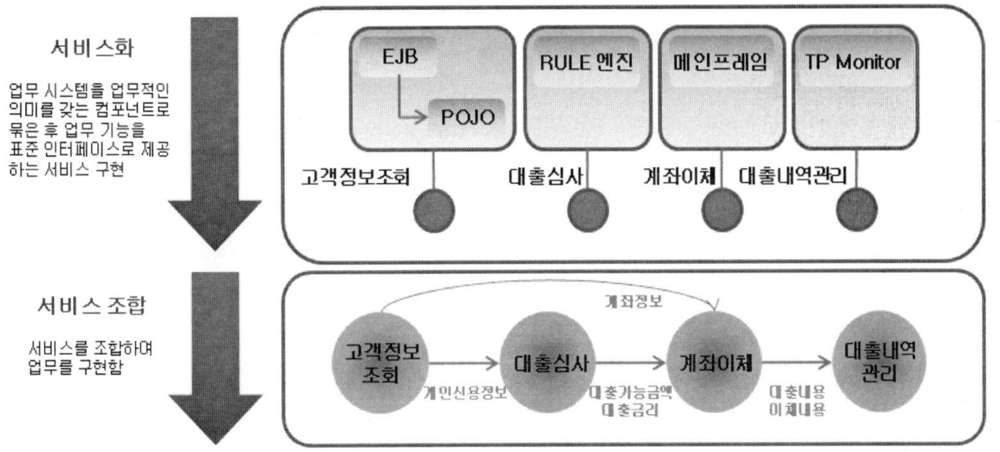

그림 71 :: SOA 기반 업무처리의 예

이는 최종 사용자에게 더 이상 IT를 기술적인 관점에서 바라보지 않아도 된다는 의미도 담고 있다. 전산실 담당자가 아니어도 일선 업무담당자가 직접 IT 서비스를 만들어낼 수 있다. 기존 전산 담당자들은 이제 소프트웨어 개발이 아니라, 서비스 개발자로 탈바꿈한다.

경쟁이 심해질수록 SOA의 필요성은 더욱 커진다. 만일 정부에서 새로운 세금정책을 다음 달부터 시행하겠다고 발표했고, 이에 따라 각 은행들이 새로운 대출상품을 만들어 고객을 확보하기 위한 경쟁에 돌입했다면, 누가 더 빨리 대출상품을 기획하고 이를 지원할 수 있는 IT 서비스까지를 갖추느냐가 시장경쟁에서 승리하는 발판이 될 것이다.

어플리케이션이 어떤 기술과 기법으로 만들어졌는가에 초점이 맞춰져 있던 것은 개발자의 사고와 관점이다. 그러나 궁극적으로 어플리케이션을 사용하는 사람은 현업 업무 담당자들이다. 이들에게는 어플리케이션으로 무엇을 할 수 있는 가가 더 중요하다. 그 안에 어떤 기술이 적용됐는지는 중요하지도 않고 알기도 어렵다.

최근 SOA가 RTE와 함께 주목을 받고 있다. SOA는 외부의 급변하는 비즈니스 환경에 즉각 대응할 수 있는 경쟁력을 갖춘 기업으로 가기 위한 인프라라고 할 수 있다. SOA를 통해 궁극적으로 추구하는 목표가 바로 실시간 기업이다. 따라서 RTE로 가기 위한 IT 솔루션의 새로운 구축 방법론이 SOA라고 할 수 있다.

4) 유비쿼터스

유비쿼터스(Ubiquitous)는 정보혁명에 뒤이은 제4의 혁명으로 일컬을 만큼 우리사회를 변화시키는 또 하나의 큰 흐름이다. 그림 72는 기술발달과 역사발전의 시각에서 바라다 본 유

그림 72 :: 기술발달과 역사발전의 시각[19]

비쿼터스의 의미를 보여준다.

유비쿼터스는 '어느 곳에나 존재한다'라는 의미를 가지고 있는 라틴어에서 유래한 단어이다. 이 용어는 일반적으로 물, 공기처럼 도처에 편재해 있는 자연 자원이나 종교적으로는 신(God)이 언제 어디서나 시공을 초월하여 존재한다는 것을 상징 할 때 인용되어진다. 유비쿼터스 컴퓨팅은 1988년에 미국 제록스사 Palo Alto 연구소의 Mark Weiser가 최초로 제창하였다.

Mark Weiser가 제시하는 유비쿼터스 환경이란 '사용자가 네트워크나 컴퓨터를 의식하지 않고 장소에 상관없이 자유롭게 네트워크에 접속할 수 있는 정보통신 환경'을 의미한다. 초기에는 단순히 물리공간에 편재된 컴퓨팅과 네트워킹을 상상했으나, 이후 디지털 컨버전스가 가속화되면서 모바일 컴퓨팅 개념이 추가되었다.

표 23은 전산화, 정보화, 지식화, 유비쿼터스로 이어지는 정보기술 패러다임의 변화를 나타낸다.

이와 같이 유비쿼터스 컴퓨팅(Ubiquitous computing)은 장소나 시간에 구애 받지 않고, 생활 속에서 자연스럽고 편리하게 컴퓨터를 사용할 수 있는 환경을 의미한다. 즉 인간이 살아가고 있는 실제 세계의 일상 환경과 사물들에 마이크로 프로세서가 내장되어 서로간의 정보교환이 언제든지 가능하고, 이를 통해 공간, 인간, 그리고 정보가 하나로 통합되어 자율적으로 인간의 작업능력과 지식의 공유를 개선할 수 있는 컴퓨팅/정보 환경을 의미한다.

표 23 :: 정보기술 패러다임의 변화

구분	전산화	정보화	지식화	유비쿼터스
대상	수작업(work)	정보흐름(process)	지식수준(stock, level)	사물(things)
목표	자동화	자유로운 정보 수발신	지식공유	기능 최적화
환경	폐쇄성 (server-to-client)	개방성(PC-to-PC)	투명성 (B-to-C, B-to-B)	사람+컴퓨터+사물 통합 (thing-to-thing)
도구	전산기기(OA)	정보시스템(MIS)	지식관리시스템 (KMS)	유비쿼터스 컴+넷 (Ubiquitous Com+Net)
성과	인력감축	정보유통	지식학습	공진화, 컨시어지
주요분야	데이터 입/출력 관리	정보자원 관리	지식 관리	공간 관리(환경, 사물)
평가기준	능률성 수준	논리/탐색 가능성 수준	창조, 협업화 수준	연계성, 무결점화 수준
정보기반	메인 프레임	PC+인터넷	PC+ 유무선 인터넷	포스트 PC+ 센서 네트워크
경제원리	전통적인 경제	네트워크 경제	지식기반경제	공간 시너지 경제
정책영역	공공부문	공공+민간 부문	공공+민간+국제 부문	제3공간 =전자+물리공간
시대	80년대	90년대	90년대 말	2000년대

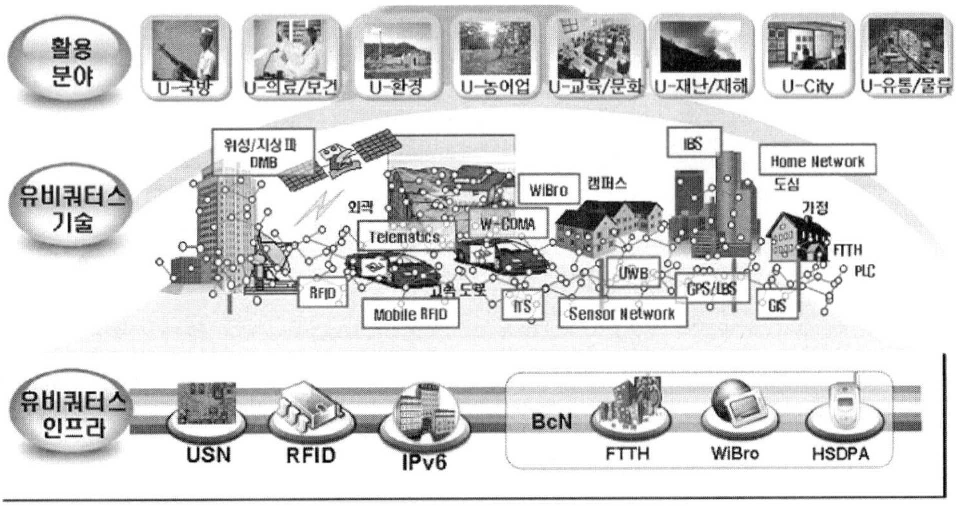

그림 73 :: 유비쿼터스 기반환경 및 활용분야(source: 정보통신부, 2006)

그림 73은 유비쿼터스의 기반환경과 그 활용분야를 보여준다. 유비쿼터스는 여러 분야에

적용 가능하며, 실제 적용된 분야 역시 점차 다양화되고 있다. 주요 활용분야로는 U-국방, U-의료, U-환경, U-농어업, U-교육/문화, U-재난/재해, U-city, U-유통/물류가 있으며, 국내에서는 특히 U-city, U-유통/물류 분야를 대상으로 한 유비쿼터스의 적용이 두드러진다.

다음은 외국의 주요 유비쿼터스 활용사례이다.(source: ETRI)

(1) Smart Dust(버클리 대학)

스마트 더스트는 1㎣ 크기의 실리콘 모트(silicon mote)라는 입방체 안에 완전히 자율적인 센싱(autonomous sensing)과 통신 플랫폼(communication platforms) 능력을 갖춘 보이지 않는 컴퓨팅 시스템으로서 가벼워 공기 중에 떠다닐 수 있다. 응용분야로는 에너지 관리, 제품의 품질관리 및 유통 경로 관리, 그리고 군사 목적 등으로 이용 가능하다. 그림 74는 스마트 더스트의 개념도 및 구현 모습이다.

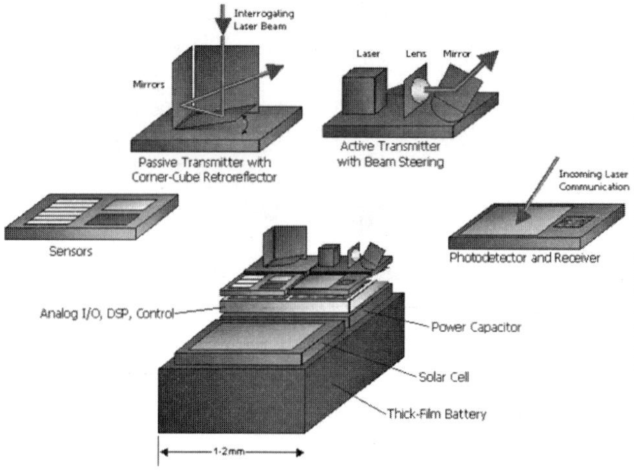

그림 74 :: 스마트 더스트의 개념도 및 실제 모습

(2) Project Oxygen(MIT Computer Science Lab.)

Project Oxygen은 인간 중심(human-centered)의 컴퓨팅 환경으로 컴퓨터가 산소와 같이 흔한 것이 되어 언제 어디서나 쉽게 이용하도록 하는 것이 목적이다. 이용자가 컴퓨터에 관한 특별한 지식 없이도 언어나 시각과 같은 자연 인터페이스를 매개로 언제 어디서나 목적에 맞는 서비스를 이용할 수 있는 컴퓨팅 환경을 구현하는 것이다. 응용분야는 자연어에 의한 그룹작업 지원, 가전 등의 제어, 그리고 정보 엑세스 등 이다. 그림 75는 MIT 공대의 Project

Oxygen의 개념도로 컴퓨터가 산소와 같이 풍부해져 우리의 환경 자체로 파고드는 인간중심의 컴퓨터 환경을 추구하자는 것이다.

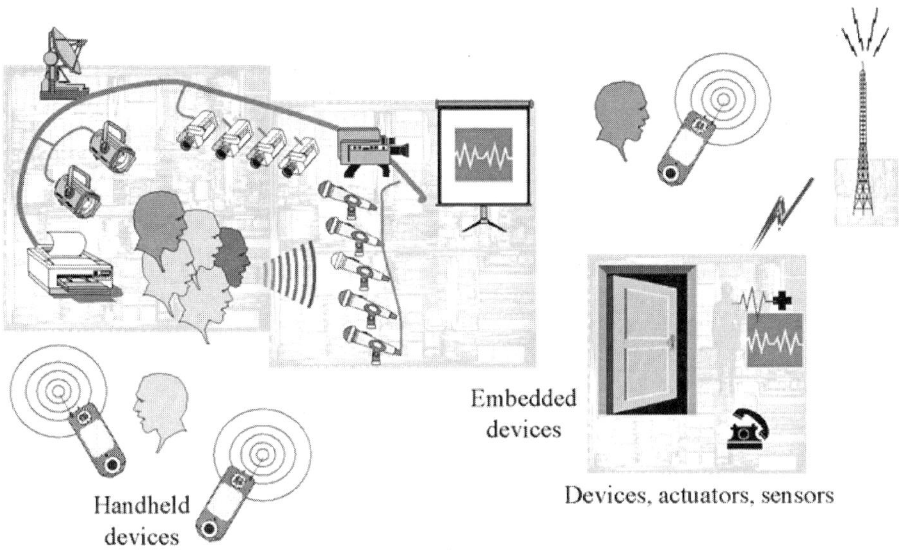

그림 75 :: Project Oxygen의 개념도

(3) 생각하는 사물 프로젝트(MIT Media Lab.)

이 프로젝트는 컴퓨터가 우리의 일상생활 속으로 들어와 인간의 삶을 지원하고 미래 컴퓨팅 비전을 실현하기 위한 인간 중심의 컴퓨터 환경 구축을 목표로 한다. 예를 들면 다음과 같은 내용들이다.

- 인간을 주인으로 섬기는 지능화된 사물 및 컴퓨터에 대한 연구
- 사용자의 언어, 행동, 생활습관 등을 스스로 이해하고, 적합한 서비스를 제공할 수 있는 사물에 대한 연구

예) 사람들의 커피 기호를 파악하는 커피메이커, 수분조절을 하는 화분

그림 76은 이용자를 둘러싼 복잡한 현실세계로부터 필요한 정보를 얻어 상황에 대한 인지를 하고 필요한 행동을 취할 수 있도록 해주는 한 추론엔진(MIThril)의 아키텍처를 보여준다.

(4) Smart Tag(MIT Auto-ID Center)

MIT Auto-ID Center는 21세기형 바코드의 연구 개발을 목적으로 MIT, UCC, 미 국방성 등

46개 기관들이 공동으로 설립(1999)하였고 100억 개 단위의 양산체제를 전제로 '5센트 칩(Smart Tag)'에 대한 연구를 하고 있다. 스마트 태그란 RFID 태그로 해당 상품의 세부 정보(ID)를 담고 있으며, 고주파(RF) 신호를 받으면 내장된 정보를 전송한다. 즉, 사물에 지능 + ID + 인터넷 연결성을 식재하는 것을 의미한다.

Auto ID 기술은 이 스마트 태그를 각종 상품에 부착하여 기업과 소비자 간의 원활한 커뮤니케이션을 가능케 하고 이를 통해 기업들은 보다 자동화된 공급망 관리 체계를 구축할 수 있다.

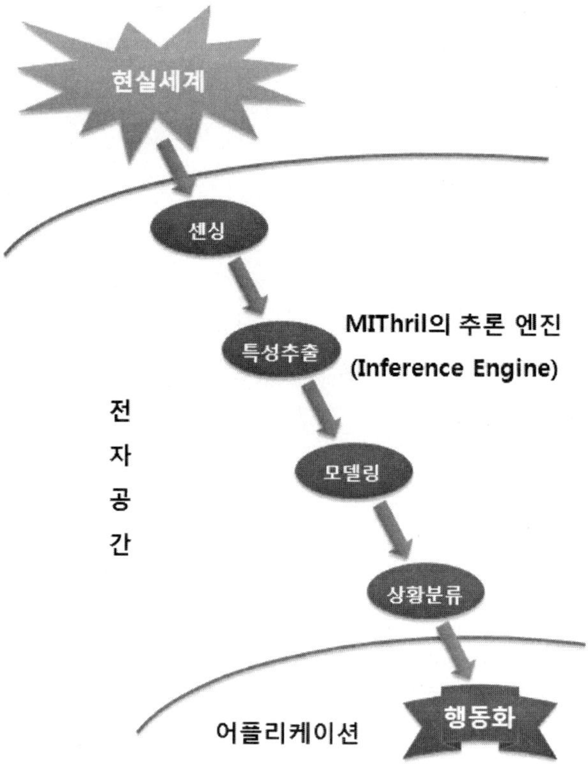

그림 76 :: MIThril 추론엔진의 아키텍처

(5) CoolTown Project(Hewlett-Packard)

CoolTown Project는 유/무선 통신 네트워크 기술과 웹기반의 정보통신 기술 등을 기반으로 하는 미래 도시 모델로서 맞춤형 커스터머 서비스, e-비즈니스, 원격교육, 원격의료, ITS(Intelligent Transport Systems), 그리고 화재 및 재해에 대한 대응 서비스 등을 제공하고자 한다.

또한 현실세계에 존재하는 모든 것이 동시에 웹 상에서도 존재하는 'Real World Wide Web'

구현과 이러한 웹과 상호 작용하는 디지털 커뮤니케이션 수단을 통해 언제 어디서나 커뮤니케이션이 가능한 환경을 실현하는 것이 목표이다.

영국의 버크셔, 미국의 팔로 알토 및 캐나다 등에 이러한 시범 타운을 설립하였다.

(6) Smart-Its Project

Smart-Its Project는 '사라지는 컴퓨터 이니셔티브(Disappearing Computer Initiative)'에 관한 16개 연구 프로젝트 중에서 가장 대표적인 것으로서 일상 사물의 지능화를 위해 사물에 소형의 내장형 디바이스인 'Smart-Its'를 삽입하여 감지, 인식, 컴퓨팅 및 무선통신 등의 기능을 지닌 정보 인공물(Information Artefacts)을 개발하고자 한다. 또한, 사물간의 협력적인 상황 인식 및 활동을 위해 지능화된 사물간의 커뮤니케이션체계를 확립하고자 한다.

대표적인 관련 연구기관으로는 ETH(스위스), TecO(독일), VTT(핀란드), Interactive Institute (스웨덴) 등이 있다.

그림 77은 일반 머그컵에 Smart-Its를 탑재하여 컵과 관련한 정보를 인식, 처리 및 전달하는 것이다. 즉, 사물(컵)의 지능화를 통해 컵의 이동경로, 사용자 정보, 컵 내용물의 온도 및 상태 등에 대한 정보를 제공할 수 있다.

그림 77 :: Smart-Its 사례

5) RFID

RFID(Radio Frequency IDentification)는 사물에 부착된 IC칩 태그의 저장 정보를 전파 신호를 통해 비접촉식으로 원격에서 식별하여 정보를 처리하는 시스템으로서, 정보의 축척, 사물 및 제품 자동식별(auto-identification), 위치확인 등이 가능하여 기존 바코드 대체뿐만 아니라

보다 다양한 분야에 적용 가능하다.

RFID의 구조는 크게 판독 및 해독 기능을 하는 판독기(RF reader)와 고유정보를 내장한 전파 식별 태그(RFID tag), 그리고 운영 소프트웨어 및 네트워크로 구성된다.

그림 78은 RFID의 하드웨어 구조를 나타낸다.

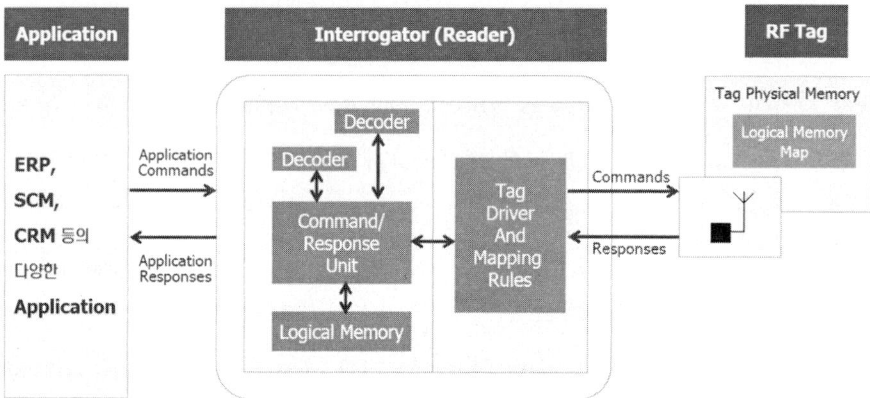

그림 78 :: RFID H/W 구조(source: 한국EXE컨설팅, 2004)

전파 식별 태그는 일반적으로 반도체로 된 트랜스폰더 칩과 안테나로 구성되며 내부 전원 없이 판독기의 전파 신호로부터 에너지를 공급 받아 동작하는 수동식(passive type)과 스스로 동작하기 위해 자체에 전지(battery)가 포함된 능동식(active type)이 있다. 또한, 실리콘 반도체 칩을 이용한 칩 태그와 LC소자 또는 플라스틱/폴리머 소자로만 구성된 무칩 태그(chipless tag)도 있다. 주로 사용되는 전송 방식에는 Inductive Coupling(전자결합), Electromagnetic Coupling, 그리고 Passive Backscatter 등이 있다. Inductive Coupling 방식은 파워가 있는 리더와 태그 사이에 전자기가 발생하고 그 전자기를 태그에서 에너지로 변환하여 사용하며, Electromagnetic Coupling 방식은 통신거리가 Inductive Coupling 방식에 비해 3배정도 길고 장,중파대의 전자파를 이용해 태그와 교신하는 방식이며 Passive Backscatter 방식은 안테나로부터 전파를 받아 태그가 필요 전력으로 사용한다.

더불어 전파 식별 태그는 고유정보 기록 방식에 따라서는 읽기 전용(read-only)형과 판독 기록(read & write)형으로도 구분된다.

RFID는 필요에 따라 생산, 유통, 보관, 소비의 전 과정에 대한 정보를 담을 수 있고 또한 유비쿼터스 컴퓨팅 센서(Ubiquitous Computing Sensor)의 주요 기술로서 바코드나 스마트 카드

(Smart Card)에 비하여 다양한 응용이 가능하다.

그림 79는 RFID의 물리적 구성을 보여준다. 다양한 타입의 태그를 각종 어플리케이션에 부착하고, 이를 다양한 형태로 응용된 리더기를 통해 읽을 수 있다.

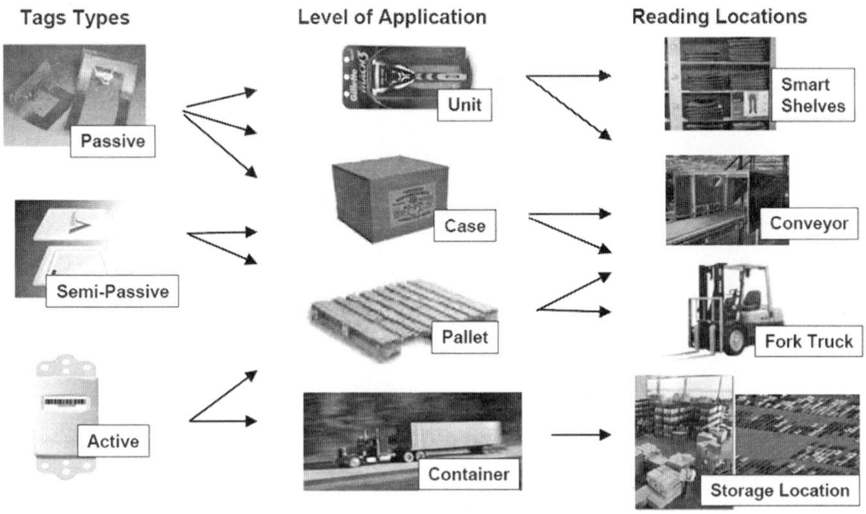

그림 79 :: RFID Physical Configuration

그림 80은 기업 가치사슬(value chain)별 RFID의 적용 방안 및 그에 따른 효과를 설명한다.

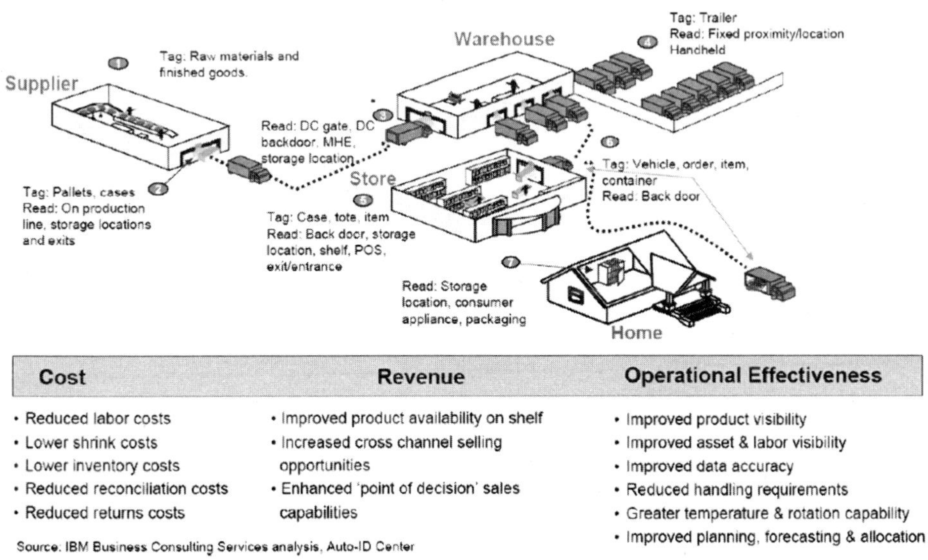

그림 80 :: RFID 적용과 효과

3장

IT컨설팅 방법론

본 장에서는 급변하는 여러 기업환경 속에서 기업들의 체계적인 정보화 추진을 위한 방법과 절차를 포함하는 IT 컨설팅 방법론을 설명한다. 본 IT 컨설팅 방법론은 울산대학교 산업경영공학부의 Process & System 연구실에서 기존의 여러 관련 방법론 및 사례 연구를 토대로 재정립한 것이다. 이 IT 컨설팅 방법론은 프로젝트 기획 단계에서부터 정보시스템 평가에 이르는 총 8단계로 이루어져있다. 그림 81은 본 IT 컨설팅 방법론의 단계를 도식화한 것이다.

그림 82는 IT 컨설팅 방법론의 하위 단계들을 구분하는 기준(범례)을 설명한다. 가장 상위 단계인 Step, Step의 하위 단계인 Phase, 그리고 Phase을 구성하는 Activity가 있다.

1. 프로젝트 기획

IT 컨설팅 방법론의 첫 단계인 프로젝트 기획단계는 프로젝트의 계획(추진 조직, 일정, 예산 등)을 수립하고, 프로젝트 제안서를 심사하고, 그리고 최종적으로 프로젝트의 계약을 체결하는 과정이다. 또한 이 단계는 IT 컨설팅 프로젝트의 필요성과 당위성을 인식하고 프로젝트의 범위, 방법, 조직, 투입 자원 등에 대한 전사적 합의를 도출하고 참여를 이끌어 내는 과정도 포함된다.

그림 83은 프로젝트 기획단계의 세부 활동들을 도식화한 것이다.

그림 81 :: IT 컨설팅 방법론의 단계

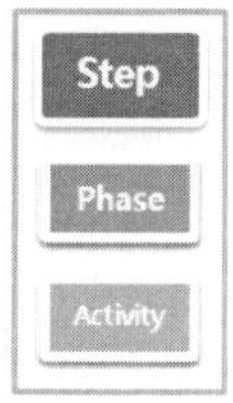

그림 82 :: 범례

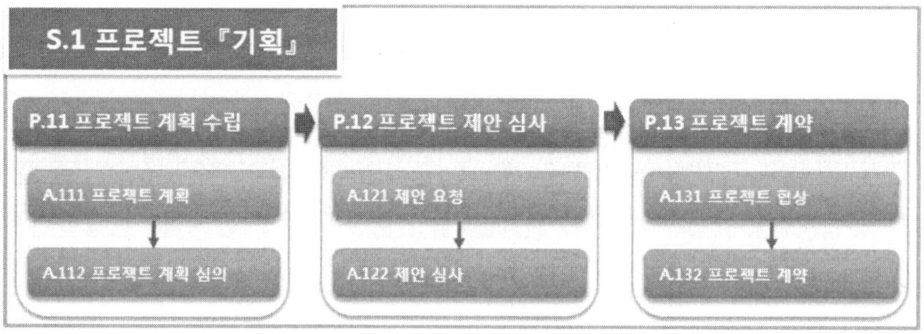

그림 83 :: Step.1 프로젝트 기획

프로젝트 기획단계는 크게 프로젝트 계획 수립, 프로젝트 제안 심사, 프로젝트 계약의 3단계 Phase로 구성된다. 표 24는 프로젝트 기획단계의 세부 활동들을 Activity 수준에서 기술한 내용이다.

1) 프로젝트 계획 수립

프로젝트를 계획하고 심의하는 단계로 사업전략과 정보시스템의 연계를 위한 프로젝트 계획안을 도출하고 이를 추진하기 위한 해당 프로젝트의 목적과 필요성을 정의하여 경영층의 이해와 관심을 이끌어낸다.

더불어 계획된 프로젝트의 추진 조직을 구성하고, 프로젝트의 범위 및 일정, 예산한도를 구체화 한다. 또한, 프로젝트를 수행하기위한 방법으로 자체적으로 프로젝트를 수행할지, 외부 업체에 아웃소싱(outsourcing)할지를 결정한다.

표 24 :: Step.1 프로젝트 기획

Step	Phase	Activity	내용	입력물	출력물
S.1 프로젝트 기획	P.11 프로젝트 계획 수립	A.111 프로젝트 계획	· 해당 프로젝트의 목적과 필요성 기술 · 해당 프로젝트의 담당 조직 선정 · 프로젝트의 범위 및 일정, 예산한도 설정 · 수행방법 결정		· 프로젝트 개요서
		A.112 프로젝트 계획 심의	· 품의서 작성 · 경영진 심의 및 승인	· 품의서	
	P.12 프로젝트 제안 심사	A.121 제안요청	· RFI(Request For Information) 발송을 통한 후보 사업자 선정 · RFP(Request For Proposal) 발송	· RFI · RFP	· 정보서 · 제안서
		A.122 제안심사	· 사업제안서 수렴 · 사업자 평가 및 선정	· 제안서	
	P.13 프로젝트 계약	A.131 프로젝트 협상	· 프로젝트에 대한 세부 추진절차 협의 · 추진절차 별 일정 및 산출물 확정	· 제안서	· 수행계획서 · WBS (Work Breakdown Structure)
		A.132 프로젝트 계약	· 부서별 협력체계 구축 · 계약서 작성 및 검토 · 계약 실행	· 수행계획서 · WBS · 제안서	· 계약서

아웃소싱이란 Out(외부)과 Source(자원)의 합성어로, 특정 제품의 생산이나 서비스를 자사에서 수행하지 않고 외부에 하청 또는 위탁하여 외부사업자에게 담당하게 하는 것을 말한다. 특히, 정보시스템 부문의 아웃소싱은 정보기술의 발전과 관리자들의 인식 변화에 힘입어 지속적으로 확대되고 있으며 그 범위와 형태도 다양하게 발전하고 있다. 현재 대부분의 기업들이 정보화를 추진하는 과정에서 외부 전문가들의 도움을 받는 아웃소싱 형태로 프로젝트를 진행하고 있다.

마지막으로, 프로젝트 계획 심의를 위해 품의서를 작성하고 경영진 심의 및 승인을 거친다.

2) 프로젝트 제안 심사

프로젝트를 아웃소싱할 경우, 공급업체에 제안을 요청하고 제출되어진 사업제안서 평가를 통해 최종 사업자를 선정하는 단계이다.

그림 84는 프로젝트 제안 심사의 절차를 나타내며 주요 내용은 다음과 같다.

① RFI(Request For Information) 단계: 외부 공급업체에 대한 정보를 수집하고 입찰 계획을 수립한 후 서비스 공급업체 선정을 위해 RFI를 외부 공급업체들에게 발송한다.

② RFP(Request For Proposal) 단계: RFI 및 사전 조사를 통해 얻어진 정보를 토대로 3~5개의 대상 업체들을 선정한 후 RFP를 발송한다.

③ 공급업체 평가 단계: 공급업체로부터 응답(제안)서를 제출받은 후, 자사에 적합한 서비스를 제공할 수 있는 최선의 공급업체를 선정하기 위한 평가작업을 실시한다.

④ 공급업체와의 협상 단계: 아웃소싱 협상의 목표는 협상과정을 통한 최선의 결과 도출이 아니라 공급한 계약의 체결을 통하여 미래에 발생할 수 있는 문제들을 상호 협력적으로 해결해 나갈 수 있는 파트너쉽을 형성하는데 초점을 맞추어야 한다.

⑤ 성과측정/기준 준비 단계: 프로젝트의 성과측정을 위한 명확하고 효과적인 기준을 제시하여야 하며 이를 통해 기술적/법률적 문제의 발생을 사전에 예방할 수 있다. 아웃소싱에 대한 평가는 서비스를 제공 받는 조직의 성과 향상에 초점을 맞추어 그 성과측정 기준과 평가치가 구성되어야 한다.

⑥ 계약서 작성 단계: 이전 단계들의 합의를 바탕으로 계약서를 작성하고 이의 이행에 대한 절차를 합의하는 단계이다.

3) 프로젝트 계약

이전 단계들의 합의를 바탕으로 계약서를 작성하고 프로젝트에 대한 세부 추진절차를 합의하는 단계이다. 프로젝트 추진절차 별 일정 및 산출물들이 반드시 명확하게 규정되어야 한다. 내부적으로는 부서별 협력체계를 구축하여 프로젝트의 원활한 진행을 지원한다.

그림 84 :: 프로젝트 제안 심사 절차

2. 환경 분석

환경분석 단계는 환경분석 계획을 수립하고 관련 평가 지표를 선정하며 선정되어진 평가

지표를 바탕으로 경영환경과 정보환경을 분석하는 일련의 과정들을 포함한다.

그림 85는 환경분석 단계에서 이루어지는 세부 활동들을 도식화한 것이다.

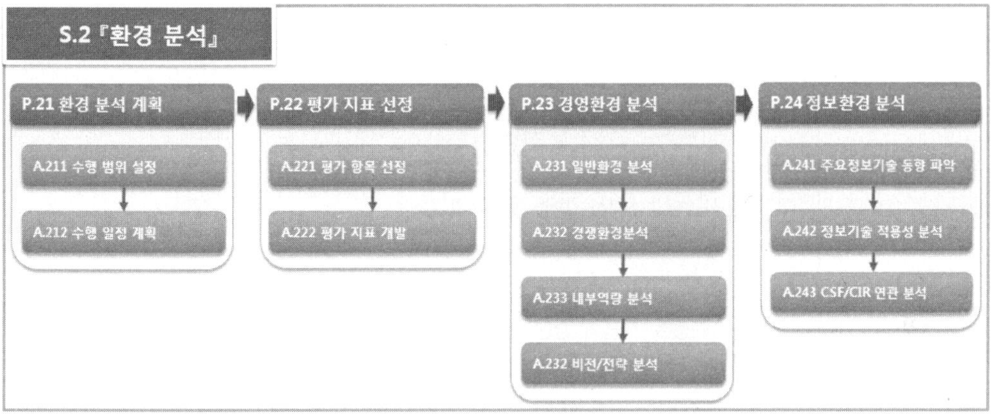

그림 85 :: Step.2 환경 분석

표 25는 환경분석 단계의 세부 활동들을 Activity 수준에서 기술한 내용이다.

환경분석 단계는 크게 환경분석 계획, 평가지표 선정, 경영환경 분석, 정보환경 분석의 4 단계 Phase로 구성된다.

표 25 :: Step.2 환경 분석

Step	Phase	Activity	내용	입력물	출력물	주요기법
S.2 환경 분석	P.21 환경분석 계획	A.211 수행범위 설정	· 환경분석의 수행범위를 설정	· 수행계획서 · 계약서	· 수행범위	
		A.212 수행일정 계획	· 수행일정을 계획		· 수행일정	
	P.22 평가지표 선정	A.221 평가항목 선정	· 영역별 평가항목을 선정 · 항목별 설문문항 작성		· 평가항목 · 설문지 · 평가지표	
		A.222 평가지표 개발	· 평가지표 개발 · 측정도구 개발			
	P.23 경영환경 분석	A.231 일반환경 분석	· 일반환경 분석을 통해 기회/위협 요소 파악	· 경영층면담 자료 ·경영관련	· 일반환경 분석서	· SWOT Analysis · 7S · Porter' s 5 Forces

<table>
<tr><td rowspan="6"></td><td rowspan="3"></td><td>A.232
경쟁환경
분석</td><td>· 경쟁환경 분석을 통해
기회/위협 요소 파악</td><td>내부 수집
자료
· 경영환경
관련 외부
자료</td><td>· 경쟁환경
분석서</td><td rowspan="3">· Value Chain Analysis</td></tr>
<tr><td>A.233
내부역량
분석</td><td>· 기업 내부 역량 분석을 통해 기업
내부의 강점/약점 도출</td><td rowspan="2">· 일반환경
분석서
· 경쟁환경
분석서</td><td>· 내부역량
분석서</td></tr>
<tr><td>A.234
비전/전략
분석</td><td>· SWOT 분석을 통한 핵심성공요소
도출</td><td>· 핵심성공
요소</td></tr>
<tr><td rowspan="3">P.24
정보환경
분석</td><td>A.241
주요정보
기술동향
파악</td><td>· 정보 기술의 발전 추이 분석
· 주요 정보화 기술 및 동향 분석</td><td rowspan="3">· 정보기술
환경 관련
외부자료
· 제안요청서</td><td>· 정보기술
동향
분석서</td><td rowspan="3">· TBB
· MECE
· CSF /CIR</td></tr>
<tr><td>A.242
정보기술
적용성
분석</td><td>· 정보기술 빌딩블록 정의
· 기술 성숙도, 표준화, 개발/운영
용이성, 투자비 등을 고려한 정
보기술 적용성 분석</td><td>· 정보기술
적용성
분석서</td></tr>
<tr><td>A.243
CSF/CIR
연관분석</td><td>· CSF/CIR 연관 분석</td><td></td></tr>
</table>

1) 환경분석 계획

이 단계에서는 환경분석이 필요한 업무 범위를 설정하고 수행일정을 계획한다. 그림 86은 환경분석이 필요한 업무 범위 설정의 예시이다.

이 예시에서는 자재물류 및 생산 영역의 정보 시스템과 업무 프로세스를 중심으로 한 경영환경 분석, 그리고 IT 인프라를 중심으로 한 IT 신기술관련 정보환경 분석이 필요함을 알 수 있다.

2) 평가지표 선정

환경분석(세부적인 경영환경 및 정보환경 분석)을 위한 영역별 평가항목을 선정하고 항목별 설문문항을 작성한다. 또한 평가를 위한 평가지표와 측정도구를 정의한다.

그림 87은 경영환경 중 기업 전략 및 내부역량 분석을 위해 작성된 설문문항의 일부 예시이다.

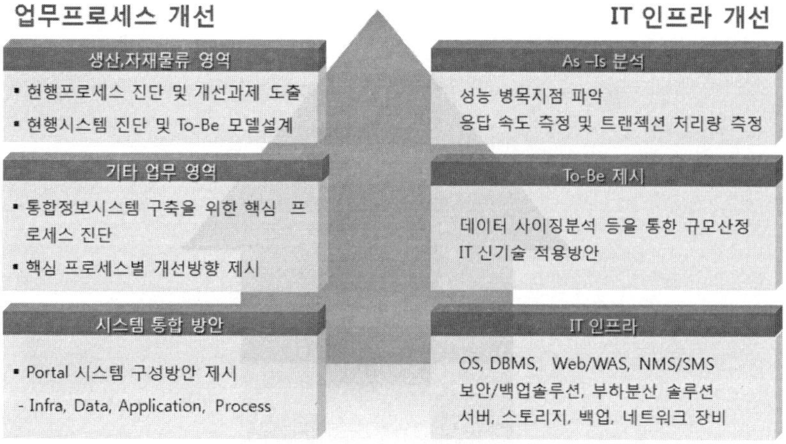

그림 86 :: 환경분석 업무 범위 설정 예시

3) 경영환경 분석

경영환경 분석은 크게 일반환경, 경쟁환경, 내부역량, 그리고 비전 및 전략에 대한 분석으로 구성된다. 그림 88은 경영환경 분석의 구성 요소를 설명한다.

Domain:	전략 및 내부역량	Mega-Capability:	정보시스템전략
Capability:	경영 전략과 정보시스템의 연계	Sub-Capability:	경영 전략과 정보시스템의 연계
1	귀사의 경영 전략에 정보시스템을 통한 업무 혁신과 경쟁력 제고를 위한 목표 및 실행 방안이 포함되어 있습니까?	n/a	1, 2, 3, 4, 5, 6, 7
<평가 척도>	1점	경영 전략 또는 경영 방침 내 관련한 내용이 없다	
	3점	경영 전략 또는 경영 방침 내 정보시스템을 통한 업무 혁신에 대한 언급이 있다	
	5점	경영 전략 또는 경영 방침 내 정보시스템을 통한 업무 혁신 및 경쟁력 제고에 대한 목표가 수립되어 있다	
	7점	경영 전략 또는 경영 방침 내 정보시스템을 통한 업무 혁신 및 경쟁력 제고에 대한 목표와 실행 방안이 수립되어 있다 (예 : 조직의 핵심 지식 창출을 위한 프로젝트가 중장기 전략에 포함됨)	
<근거>			

Domain:	전략 및 내부역량	Mega-Capability:	KM 전략
Capability:	KM 전략 수립 및 이행	Sub-Capability:	KM 전략 수립 및 이행
2	귀사의 정보시스템 Master Plan 수립 및 이행 수준은 어느 정도입니까?	n/a	1, 2, 3, 4, 5, 6, 7
<평가 척도>	1점	전사, 사업부 단위 모두 정보시스템 Master Plan을 수립하지 않았다	
	3점	사업부 차원의 정보시스템 Master Plan은 수립되어 있다	
	5점	전사 차원의 정보시스템 Master Plan이 수립되었으나 도출된 실행 과제들이 일정 계획에 맞게 실행되지 않고 있다	
	7점	전사 차원의 정보시스템 Master Plan이 수립되어 있으며 도출된 실행 과제들이 일정 계획에 맞게 실행되고 있다	
<근거>			

Domain:	전략 및 내부역량	Mega-Capability:	정보시스템전략
Capability:	정보시스템과 핵심 역량과의 연계	Sub-Capability:	정보시스템과 핵심 역량과의 연계
3	귀사의 정보시스템은 핵심 역량의 강화와 연계되어 있습니까?	n/a	1, 2, 3, 4, 5, 6, 7
<평가 척도>	1점	정보시스템 목표 및 전략에서 핵심역량과 관련한 내용이 없다	
	3점	정보시스템 목표 및 전략에서 핵심역량 강화를 통한 기업 성과 향상에 대한 언급이 있다	
	5점	정보시스템 목표 및 전략에 핵심 역량 강화를 통한 기업 성과 향상에 대한 언급이 있으며 핵심 역량 강화를 위한 구체적인 실행 계획이 존재한다	
	7점	정보시스템 목표 및 전략에 핵심 역량 강화를 통한 기업 성과 향상에 대한 언급이 있으며 핵심 역량 강화를 위한 구체적인 실행 계획이 존재하여 정보시스템 활동을 통한 핵심 역량의 강화를 지속적으로 모니터링 하고 있다	
<근거>			

그림 87 :: 설문문항의 예시

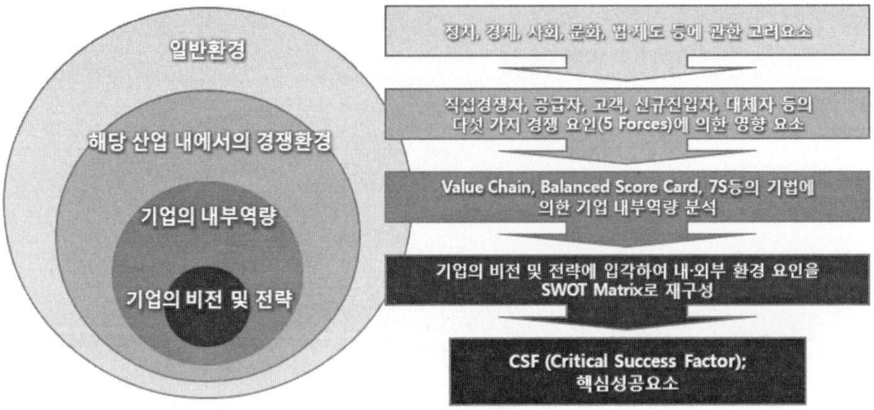

그림 88 :: 경영환경 분석의 요인

경영환경 분석을 위한 기본적인 프레임워크는 그림 89와 같다. 기업의 외부/내부 환경분석을 통해 SWOT을 도출하고 이를 기업의 비전 및 전략에 입각하여 그 타당성을 분석한 후 최종적으로 기업의 핵심성공요소(CSF)를 도출한다.

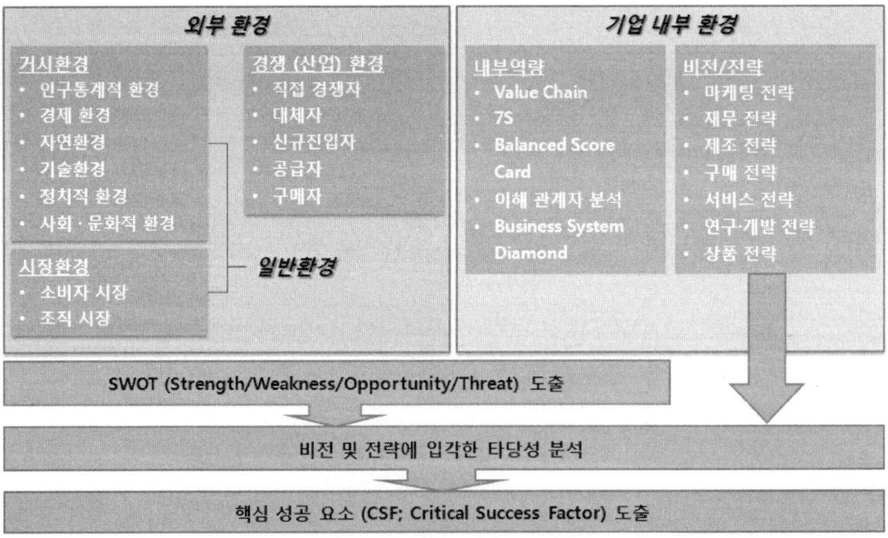

그림 89 :: 경영환경 분석의 프레임워크

(1) 일반환경 분석

일반환경 분석의 목적은 기업을 둘러싼 거시환경과 시장환경의 제반 상황으로부터 예상되는 기회/위협 요소들을 파악하고 이에 따른 적절한 대응방안을 도출하는 것이다. 그림 90

은 이러한 일반환경 분석의 목적을 도식화한 것이다.

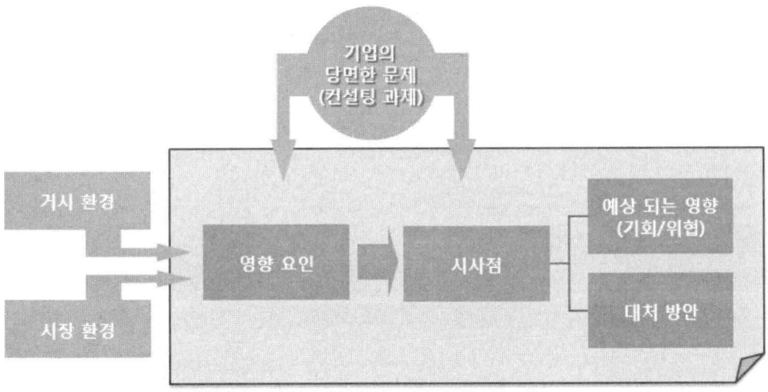

그림 90 :: 일반환경 분석의 목적

(2) 경쟁환경 분석

일반적으로 경쟁환경 분석을 위해 Porter's 5 Forces 기법이 적용되는데, 이는 산업의 경쟁 구조를 크게 직접 경쟁자, 대체자, 공급자, 신규 진입자, 그리고 구매자로 나누어 분석한다. 그림 91은 Porter's 5 Forces의 개념을 도식화한 것이며 5 Forces의 정의는 다음과 같다.

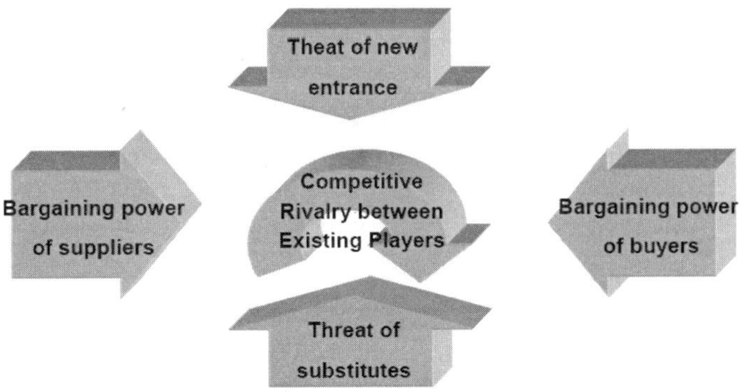

그림 91 :: Porter's 5 Forces

❑ Porter's 5 Forces

- Bargaining power of suppliers: 공급자의 교섭력
- Bargaining power of buyers: 구매자의 교섭력
- Threat of new entrance: 새로운 경쟁자의 위협

■ Threat of substitutes: 대체제의 위협

■ Competitive rivalry between existing players: 산업 내 기존업체들 간의 경쟁

＊ Case Study: 건설중장비 산업의 경쟁환경 분석

그림 92는 Porter's 5 Forces Analysis 기법을 이용한 건설중장비 산업의 경쟁환경 분석 결과를 나타낸 것이다.

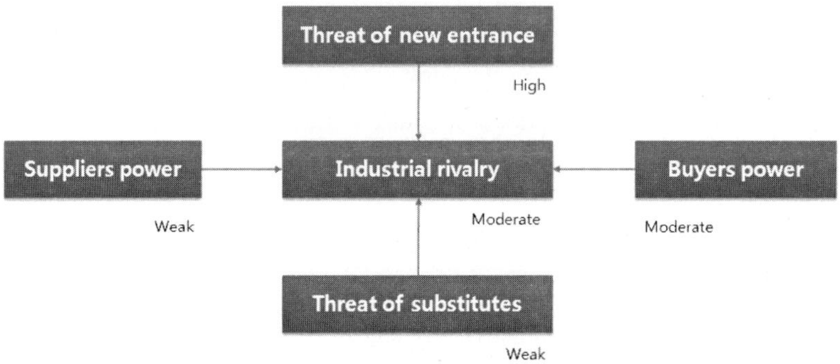

그림 92 :: 건설중장비 산업의 경쟁구도

그 결과에 따르면 건설중장비 산업의 경쟁구도는 다음과 같이 정리될 수 있다.

■ 높은 진입장벽
-자본집약적 산업으로 많은 자본과 R&D 비용이 소요됨
-규모의 경제가 매우 크며 타 산업과의 연계성이 높음
-글로벌 공급체계와 서비스망 구축을 위해 많은 투자가 요구됨

■ 약한 공급자의 교섭력
-다수의 부품 공급자가 존재, 공급자와의 장기적인 관계 유지
-수직적 통합이 가능함

■ 적정한 구매자의 교섭력

■ 약한 대체제의 위협

■ 적절한 산업내의 경쟁

■ 소수의 대형업체가 세계시장을 주도함
-산업성장률이 상대적으로 낮음

-고정비율의 부담이 큼

-품질, 서비스, 브랜드 인지도를 통한 상품 차별화가 중요함

Porter's 5 Forces 기법을 활용한 경쟁환경 분석은 그림 93과 같은 과정을 통하여 수행된다. 우선 경쟁자를 정의하고 경쟁요인에 대한 자료를 조사하여 시사점을 도출하고 이를 기반으로 한 경쟁 우위 전략을 제시한다.

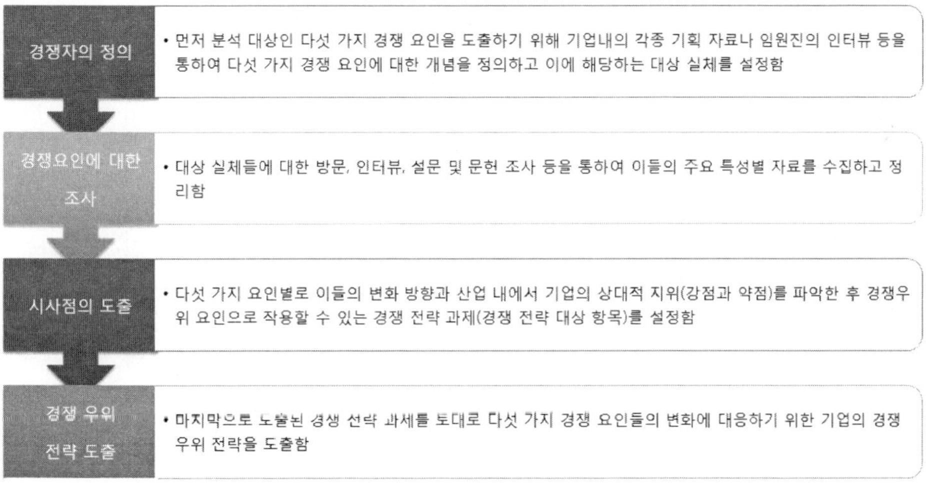

그림 93 :: Porter's 5 Forces 기법의 수행단계

(3) 내부역량 분석

내부역량 분석의 목적은 외부환경 분석을 통하여 도출된 기업 비즈니스의 기회와 위협 요소들을 기반으로 기업 내부 구성요소별 강점과 약점을 분석하여 강점의 극대화와 약점의 보완을 위한 전략 및 방안을 모색하는 것이다.

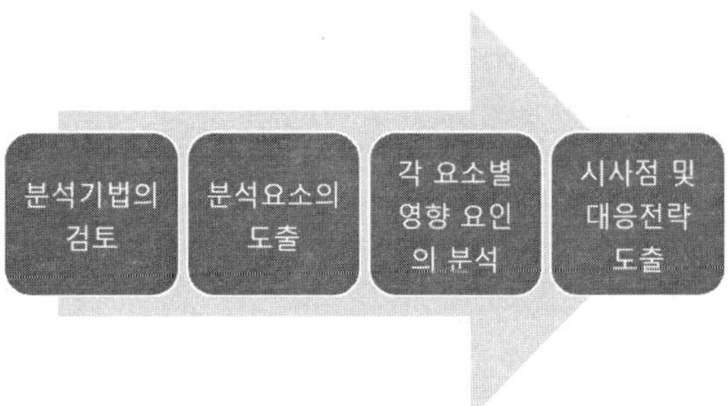

그림 94 :: 내부역량 분석의 단계

내부역량 분석의 접근 단계는 그림 94와 같다. 분석기법의 검토 후 분석요소를 도출하고 각 요소별 영향 요인의 분석이 이루어진다. 이를 통해 시사점 및 대응전략을 도출하게 된다.

일반적으로 내부역량 분석에 사용되는 기법들과 제안자는 다음과 같다.

- Value Chain Analysis(가치사슬분석): Michael Porter
- 7S Analysis: Thomas Peters
- Balanced ScoreCard: Kaplan & Norton
- Business System Diamond Analysis: Michael Hammer
- 이해관계자 분석

❑ Value Chain Analysis

Value Chain Analysis는 경쟁우위의 원천을 분석하기 위해 개별기업(조직)이 수행하는 모든 활동을 점검해보고 이러한 제반활동들이 어떻게 상호작용하는가를 체계적으로 분석하기 위한 도구이다. 그림 95는 Michael Porter가 제시한 기업의 Value Chain을 나타내며 이를 기반으로 Value Chain Analysis가 이루어진다.

그림 95 :: 기업의 Value Chain

이 Value Chain은 다음과 같은 특성을 가진다.

- 모든 조직에서 수행하는 활동을 주활동(Primary Activity)과 지원활동(Support Activity)으로 나눔
- 주활동은 Inbound Logistics, Operations, Outbound Logistics, Marketing & Sales, Service의

순차적 흐름으로 구성되며 각 과정을 거치면서 새로운 가치(value)가 생성됨

- 이러한 주활동들은 기업의 기반구조, 인적자원 관리, 기술개발, 구매조달 등의 지원 활동들로부터 지원(support)을 받음

일반적인 Value Chain Analysis의 적용 단계는 다음과 같다.

- 1단계: 영업의 시작 단계에서부터 최종 고객에게 서비스(주문 제품 포함)를 전달하는 단계에 이르기까지 관련되는 모든 업무 기능을 조사함
- 2단계: 현행 수행 조직과 연계시키고, 체인의 역할자를 선정함
- 3단계: 각 역할자의 역할을 정의하고 고객가치를 창조 및 부가하기위한 상호간의 필수요건을 인터뷰나 설문조사를 통하여 정의함
- 4단계: 정의된 역할자들의 역할과 필수요건을 중심으로 조정이나 재배치를 통해 가치부가 과제를 결정함
- 5단계: 도출된 과제를 수행하기 위해 업무 프로세스 측면이나 정보시스템 활용 측면에서의 접근 전략 및 방안을 도출함

또한 Value Chain Analysis는 다음과 같이 적용될 수 있다.

- 현황분석 단계에서 조직 및 업무체계 분석을 위해 활용될 수 있음
- 현황분석 시 업무기능을 정의할 때 Value Chain 모델을 활용하여 해당 프로젝트에 맞는 업무기능 모델을 재정의 할 수 있음
- BPR(Business Process Reengineering) 및 PI(Process Innovation) 프로젝트 진행시 Business Process 분석을 위한 기본모델로 사용할 수 있음
- 문제점 및 개선안 도출단계에서 Value Chain의 주활동을 새로운 문제점 및 개선안의 분류기준으로 설정할 수 있음

* Value Chain Analysis 적용 예시(금융)

우선 Value Chain 모델을 바탕으로 금융분야의 업무를 정의한다. 그림 96은 정의되어진 금융분야의 업무 예시이다.

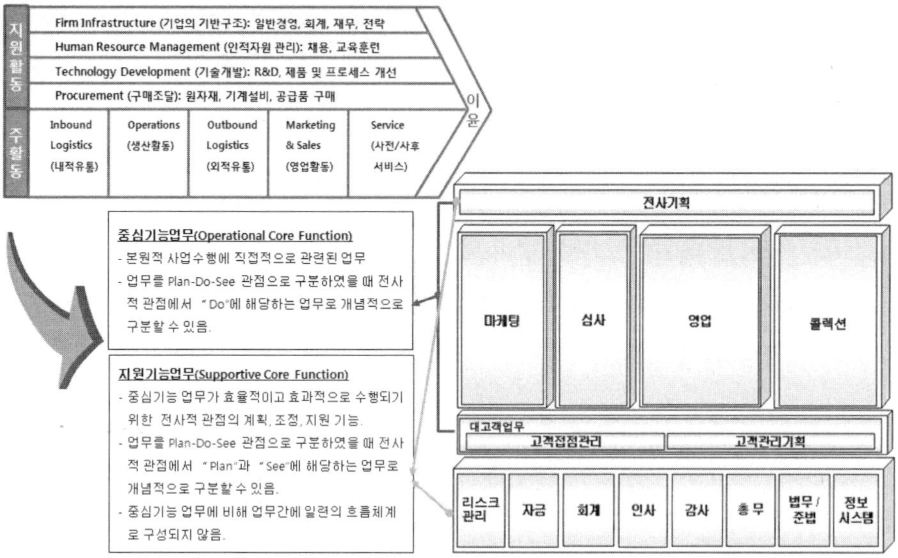

그림 96 :: Value Chain 모델의 예시(금융)

이어 주활동/지원활동에 따른 세부업무를 정의한다. 그림 97은 정의되어진 세부업무의 예시이다.

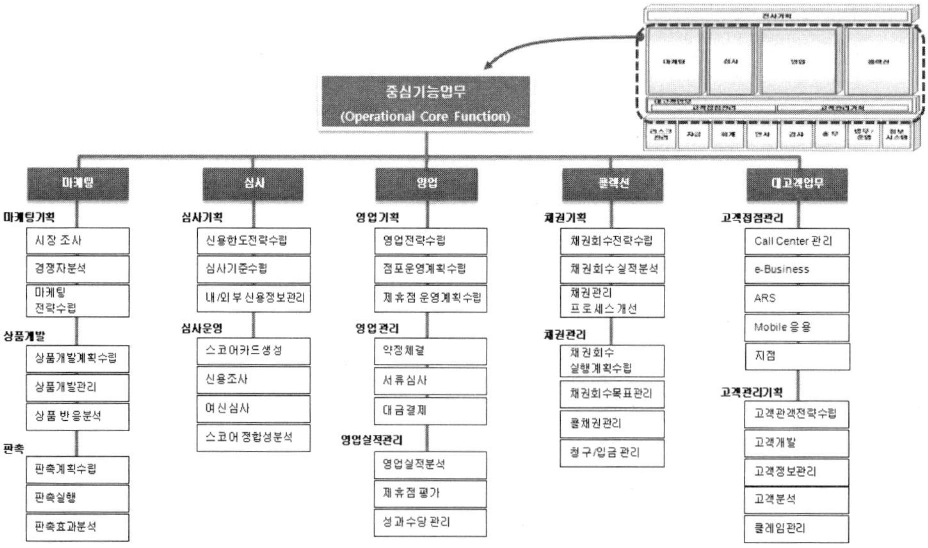

그림 97 :: 세부업무 정의 예시(금융)

그리고 전사 업무기능 map과 단위조직별 업무를 비교/분석하여 업무기능/조직상의 문제점 및 개선안 도출에 활용한다. 그림 98은 Value Chain Analysis의 전체 흐름을 보여준다.

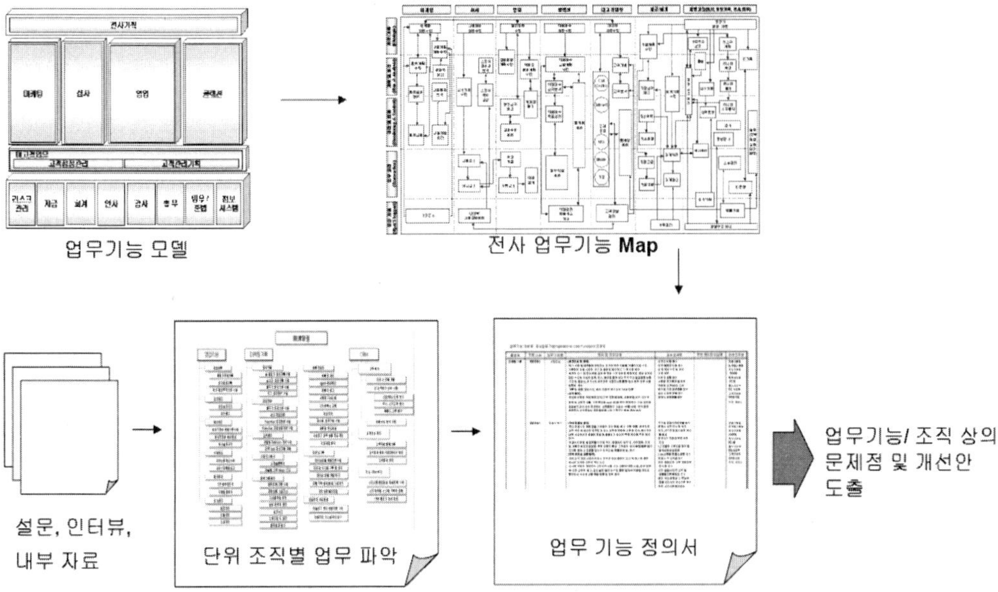

그림 98 :: Value Chain Analysis 흐름도

❑ 7S Analysis

7S Analysis는 기업 전체를 진단하고 전략을 수립, 실행, 평가하는 구조적 사고의 틀을 제공하기 위해 Thomas Peters가 그의 저서 『초우량 기업의 7가지 요소』에서 제시한 Internal Analysis Model(기업 내부분석을 위한 도구)이다.

이 7S 모델은 일반적으로 기업 전반에 영향을 주는 7가지 경영 요소들이 기업 내부적으로 거미줄처럼 상호 연결되어 있어 전략을 수립, 실행, 평가 할 때는 반드시 전체적인 시각에서 사고해야 함을 시사한다. 그림 99는 7S Analysis의 개념을 나타내며 7S Analysis의 7가지 요소는 다음과 같다.

- Strategy: 경쟁을 이기고 지속적인 이익추구를 목표로 하는 일련의 응집성 있는 행동
- Structure: 조직의 구성과 구성원들 간의 역할 및 임무수행을 분담하고 통합하는 것
- System: 일상적인 조직 내부의 업무를 수행하게 하는 과정 및 흐름
- Staff: 조직 내부의 구성원
- Skill: 조직 내부의 사람들과 전체적 조직으로부터 생겨날 수 있는 업무수행 능력 및 기술
- Style: 경영 및 관리방식의 유형

- Shared Value: 기업의 운명을 좌우함과 동시에 기업 내부의 모든 조직원에 의해서 나누어질 수 있는 가치

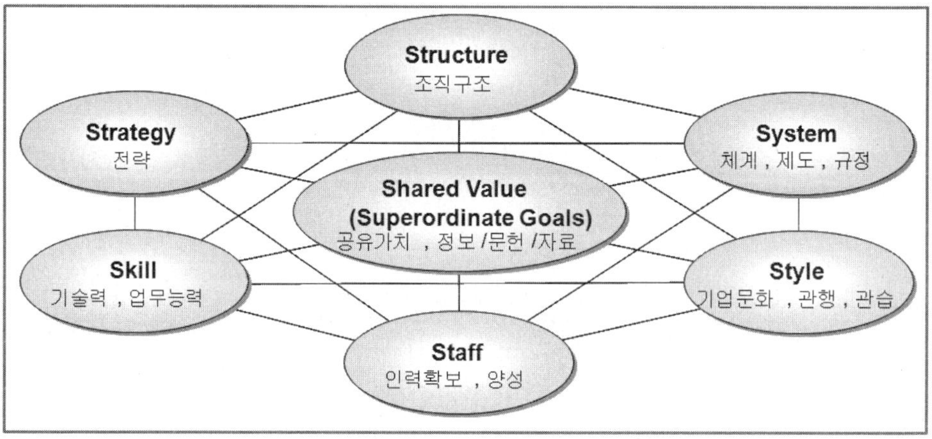

그림 99 :: 7S Analysis

❏ Balanced ScoreCard

Harvard Business School의 Robert Kaplan 교수와 Renaissance Solutions사의 David Norton 박사는 조직이 발전하기 위해서 다음의 4가지 측면간의 균형을 강조하고, 이를 지속적으로 관리·발전시키기 위한 Balanced ScoreCard(BSC)를 제시하였다.

- 재무적 측면: 기업 활동의 결과는 수익성으로 나타나야 하며, 수익의 일부는 기업 발전의 원동력이 되는 학습 및 성장의 측면에 전략적으로 재투자 되어야 함
- 고객 측면: 수익성과 기업 존재의 원천은 고객이며, 고객의 상품 또는 서비스에 대한 평가와 시장점유율 등이 성과기준에 포함되어야 함
- 내부 프로세스 측면: 양질의 상품 또는 서비스를 고객에게 제공하기 위해서는 내부 프로세스가 효율적·효과적으로 운영되어야 함
- 학습 및 성장(또는 혁신) 측면: 내부 프로세스의 혁신을 위해서는 숙련되고 동기가 부여된 인적 자원과 기업에 축적된 지적 자원, 그리고 각종 정보 자원 등의 분배가 적절히 이루어져야 함

BSC 모델의 핵심 분석 요소는 그림 100과 같다.

그림 100 :: BSC 모델의 핵심 분석 요소

그림 101은 BSC Analysis의 예시이다.

분석요소	+ 요소	- 요소	비 고
재무	•금리하락에 따른 금융비용 감소로 재무구조 개선	•손익차질이 증가 •재무원가 예측 기능이 취약 •직접공사비 외에 본사관리비와 현장관리비, 품질비용 등의 부담이 높음	•경영환경 악화에 [illegible] 수익구조 개선작업이 요망됨.
사업구조	•초고층 빌딩 및 주상복합 수주 경쟁력 확보 •시공관리 능력, 건설 공기 단축	•핵심 사업분야에 대한 선택과 집중이 미흡 •전략 및 기술적 측면에서 Project 관리 역량 부족 •국내사업에 치중된 사업구조로 경기변동의 영향을 많이 받음 •사업 개발 및 추진력 미흡 •B부문과의 연계로 인한 사업경쟁력 저하(PQ 관리 등)	•단순시공 위주의 사업 추진에서 탈피 •안정적 수익확보를 위해서는 토목, 플랜트 부문의 경쟁력 강화
고 객 서비스	•완벽시공 및 고객만족을 기본 사업 전략으로 추진	•고객 대응 체계의 비효율성 •하자 이력의 DB와 및 활용 미흡 • 'A사는 민원에 약하다' 는 인식	•고객 가치 및 관리에 대한 인식 변환

그림 101 :: BSC Analysis의 예시

❑ Business System Diamond

Business System Diamond는 Michael Hammer가 그의 저서 『Reengineering the Corporation』에서 기업을 이해하고 분석하는 틀(frame)로서 소개하였으며 크게 비즈니스 프로세스(Business Process), 조직/업무 구조(Job & Structure), 기업 문화(Beliefs and Culture), 그리고 관리 및 평가 체계(Management & Performance Measurement System)로 구성된다. 그림 102는 Business System Diamond의 이 4가지 구성 요소를 설명한다. 이 4가지 구성 요소들의 수준을 분석해 봄으로써 기업의 내부 역량을 평가할 수 있다.

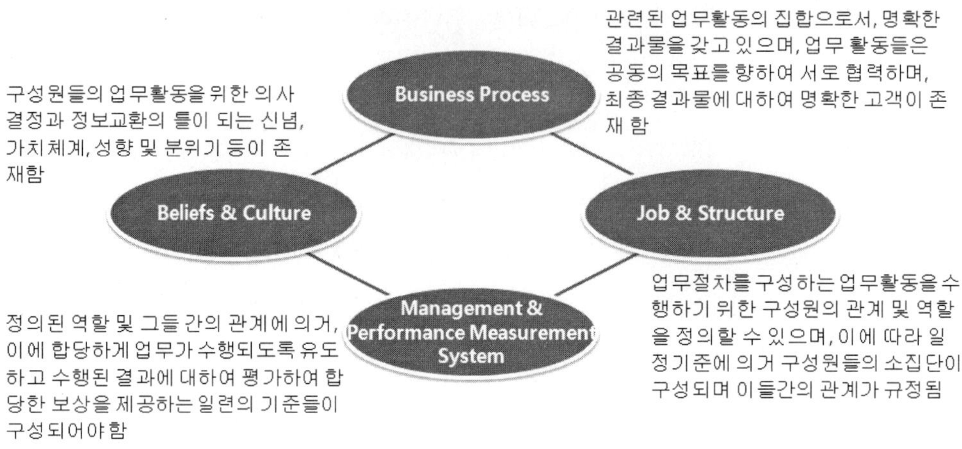

그림 102 :: Business System Diamond

(4) 비전 및 전략 분석

비전 및 전략 분석의 목적은 대상 기업의 비전과 전략을 분석한 결과와 이전 단계에서 행해진 환경분석의 결과를 토대로 SWOT Analysis를 수행하고 이를 기반으로 기업의 핵심성공요소(CSF; Critical Success Factor)를 도출하는 것이다. CSF는 향후 컨설팅 전 단계에서 방향성을 제시하고 또한 제약조건으로 작용하는 매우 중요한 내용이다. 따라서 CSF 도출 단계는 매우 중요함으로 정확한 분석 결과에 근거해야하며 도출된 CSF에 대한 구성원의 공감대 형성은 필수적이다. 그림 103은 비전 및 전략 분석의 접근단계를 도식화한 것이다.

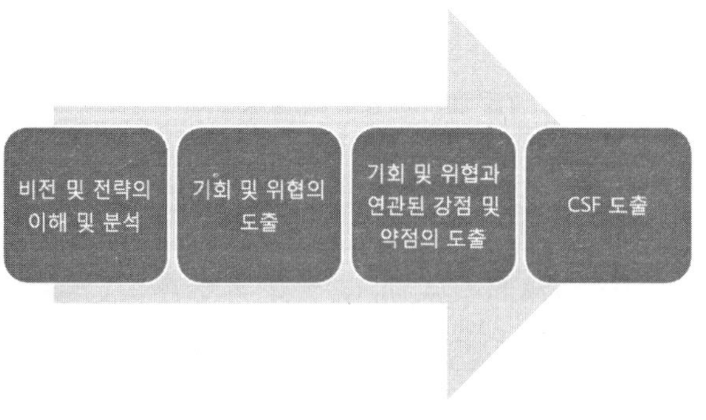

그림 103 :: 비전 및 전략 분석의 접근단계

다음은 비전 및 전략 분석을 위한 Portfolio Analysis와 SWOT Analysis를 설명한다.

❑ 전사적 수준의 전략

■ Portfolio 전략의 기본 개념

-기업내 전략사업단위(SBU: Strategy Business Unit)의 포트폴리오를 분석하여 기업 자원을 적정하게 배분함으로써 균형 포트폴리오를 구성한다.

-복수의 사업단위를 운영하는 대기업의 경우, 전사적 차원의 사업단위 포트폴리오 분석을 통해 불균형적인 상태를 조정함으로써 안정적 성장을 유지할 수 있다.

다음은 Portfolio Analysis를 위한 BCG(Boston Consulting Group) Matrix에 대한 설명이다.(그림 104 참조)

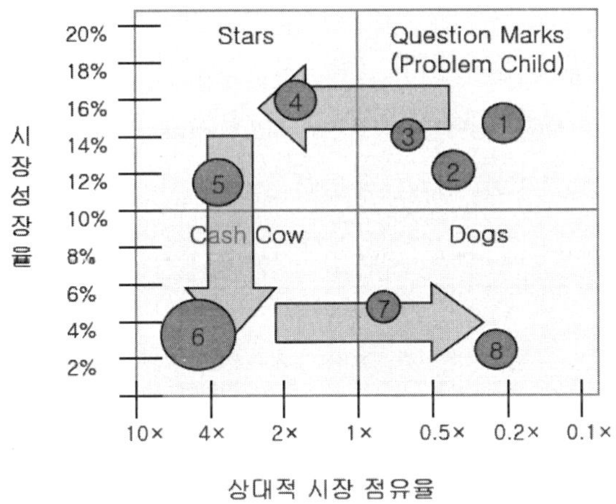

그림 104 Portfolio Analysis를 위한 BCG Matrix

■ Stars: 높은 상대적 시장 점유율과 높은 상대적 시장 성장률을 갖고 있어 경쟁적인 강점과 확장의 기회를 갖는 사업단위임. 적극적인 투자가 요구되는 사업이므로 자금소요가 많으나 스스로 해결해야함.

■ Cash Cow: 상대적으로 높은 시장점유율 갖고 있어 경쟁적 강점과 많은 이윤을 창출하는 자금 원천(source)이나 낮은 성장률로 확장 기회와 시장 기회가 적어 위험이 있음.

■ Dogs: 낮은 시장점유율과 낮은 시장 성장률로 경쟁력도 없고 사업매력도 없음. 따라서 수익성은 없으나 추가적인 자금소요도 없음.

■ Question Marks: 낮은 시장 점유율과 높은 시장 성장률을 갖고 있음으로 현재 경쟁적

위치는 약하지만 확장의 기회가 있음. 많은 투자가 요구되나 전략성공에 따라 Stars가 될 수도 있고 그 후 Cash Cow가 됨. 만약 실패로 끝나면 시장이 성숙함에 따라 소멸하거나 Dogs로 추락하게 됨

❑ SWOT Analysis

SWOT Analysis는 기업의 경영환경 및 내부조직의 강약점을 체계적으로 분석하여 전략수립에 기여할 수 있는 전략적 과제 및 방향성을 설정하기 위한 방법으로, 기업의 경영환경에 관련된 이슈를 크게 강점(Strengths), 약점(Weakness), 기회(Opportunities), 위협(Threats)으로 구분하여 파악함으로써 가장 경쟁전략적인 포지션을 설정하는 방법이다.

이 분석기법은 기업이 수행하는 사업의 현재적 환경을 분석하고, 미래의 환경변화추세를 예측하면 어떠한 환경요인이 비즈니스 성공의 기회가 될지, 위협이 될지를 알 수 있다. 이들을 전략적 관점에서 기업의 강·약점과 결합시켜 바람직한 전략안을 유도하는 것이 SWOT Analysis이며, 강점(Strengths), 약점(Weakness), 기회(Opportunities), 위협(Threats)의 분석을 통하여 전략방향을 유도하는 과정이 SWOT 매트릭스 작업이다.

그림 105는 SWOT Analysis의 개념을 도식화한 것이다.

Strengths	Weaknesses
❑ 브랜드 이미지 ❑수주 및 자본 유치에 유리 ❑ 그룹내 타사와의 협업체제 ❑정보 공유 및 사업공동 추진 ❑ 가격 대비 품질의 우수성	❑ 기술력 부족 ❑ 해외시장 개척을 위한 마케팅 부족 ❑ Cash Cow 역할을 하는 제품의 부재

Opportunities	Threats
❑ 국내 IT산업 및 국제 경기의 회복세 ❑ 디지털, 정보기기 도입에 따른 세계 시장의 회복세 ❑ 중국 거대 시장의 등장	❑ 중국, 대만 업체들의 가격 경쟁력 우위 ❑ 일본업체들의 기술 경쟁력 우위 ❑ Set의 Free Marketing 활성화가 가격 인하로 연결 ❑ 소수업체의 독과점 현상이 심화 ❑ 일본 선도기업의 공격적 가격 인하 정책

그림 105 :: SWOT Analysis 예시

그림 106은 SWOT Analysis의 예시이다.

그림 106 :: SWOT Analysis

그림 107은 경영환경, 내부역량, 그리고 SWOT Analysis의 결과를 기반으로 도출된 CSF의 예시이다.

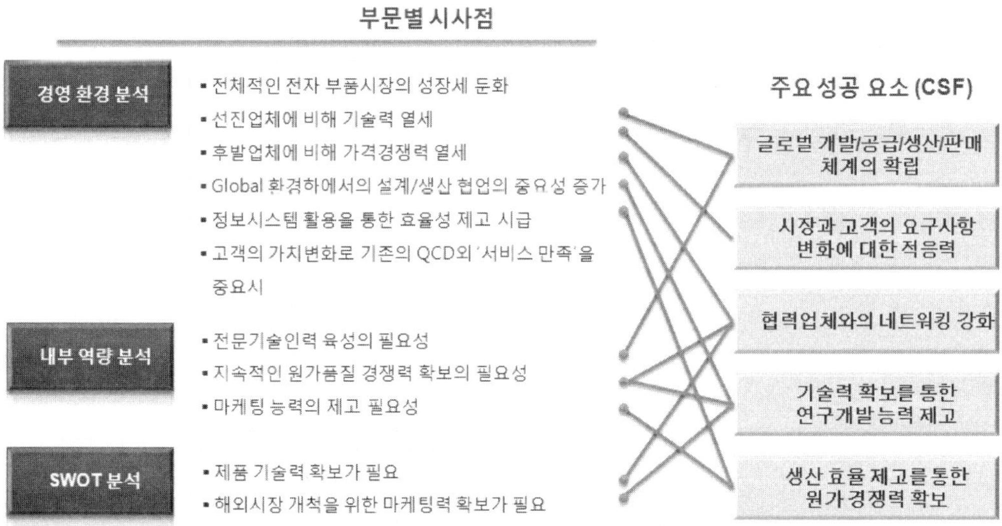

그림 107 :: CSF 도출 예시

4) 정보환경 분석

주요 정보화 방향 및 기술 동향을 파악하고 관련 있는 세부 정보기술을 검토한다. 정보기술 동향 파악의 목적은 대상기업에 적용 가능한 정보기술을 정의하고 이 정보기술과 관련된 일반적인 추세와 기술현황에 대하여 정리하여 정보전략 계획에 반영하기 위함이다. 또한 컨설팅 대상 업무와 관련이 될 수 있는 정보기술을 빠짐없이 포괄적으로 도출하여 분석하기 위한 체계적 틀(frame)을 제시하기 위함이다.

이를 바탕으로 정보기술 빌딩블록(TBB; Technical Building Block)을 정의하고 관련 자료를 수집한 뒤 해당 정보기술의 기술 성숙도, 표준화 정도, 개발/운영 용이성, 그리고 투자비 등을 분석하여 전체적인 적용 가능성을 검증한다. 더불어 해당기술과 CSF/CIR(Critical Information Requirements)과의 연관 분석을 실시한다.

우선 주요 정보기술 동향 파악의 분석내용은 다음과 같다.

- 정보기술 분석요소 및 구조의 정의
- 분석요소별 기술현황 및 동향조사
  - -개념 및 트랜드
  - -응용분야 및 사례
  - -기술구조 및 구성요소
  - -국내외 시장동향
  - -관련제품 현황 및 추세

주요 정보기술 동향 파악을 위해 일반적으로 Technical Building Block 분석 기법이 사용된다. Technical Building Block은 크게 S/W, H/W, N/W 등 3가지로 분류할 수 있으며 일반적인 논리적 블록은 User Interface, Application, Application Enabler, Data Service, Office, Application Development, External Interface, Platform, Network, System Management & Security 등 10종의 블록으로 분류할 수 있다.

표 26은 Technical Building Block의 10가지 세부 항목을 설명한다.

표 26 :: Technical Building Block 세부 항목

블록	정의	표준화 관점	요구기능	기술요소
1. User Interface	컴퓨터조작(활용)의 편의성을 제공하는 기술요소의 집합	▪일관된 인터페이스 ▪손쉬운 적응 (easy to learn)	▪명령어, 메뉴구성, 기능키 (function key)의 일관성 ▪멀티미디어 환경 수용	▪UI규격, 화면해상도, 터치스크린, 마우스
2. Office	개인의 사무환경을 지원하는 기술요소의 집합	▪개인단위의 업무 생산성 극대화 ▪부서내 정보공유 및 부서간 정보교류 기반제공	▪개인별 문서의 작성, 보관, 가공, 전달기능 제공 ▪대내외 정보의 획득, 분석, 제공 환경지원	▪전자우편(e-mail), OA tool, 개인용 DBMS, 그룹웨어, 브라우저, 데이터 분석 tool

3. Application Service	특정분야의 어플리케이션에서 활용하는 특정 기술요소의 집합	▪기술 발전에 따른 기능의 추가 용이성	▪사용의 편의성 및 네트워크 연계성	▪멀티미디어, 프린팅서비스, 워크플로우
4. Application 개발	어플리케이션 개발 및 유지보수에 관련된 기술요소의 집합	▪생산성 향상 및 품질 수준의 제고 ▪Application 분산화, 개방화를 통한 EUC 기반 조성	▪개발 및 유지보수 공정의 표준 가이드 제공 ▪C/S 환경 지원	▪방법론, 프로젝트 관리, CASE tool, C/S 개발도구, Web Appl. 개발도구, 개발언어, 정보저장소
5. Data Service	데이터 접근 및 활용을 원활하게 하는 기술요소의 집합	▪분산환경에서의 안정적 관리 및 이질적 환경간의 호환성 ▪개인, 워크그룹, 전사 차원의 데이터 통합기능 제공	▪데이터의 교환기능(파일 공유 및 전송) ▪분산데이터의 투명성, 보안성 유지 및 전사적 관리기능	▪DBMS, Access 언어, Data Extract/Mining Tool
6. Application Enabler	Application 운영효율을 증대시키는 기술요소의 집합	▪C/S 환경에서의 Transaction 관리 ▪다양한 Platform 및 네트워크 환경에서의 업무처리 지원	▪시스템 Resource 감시 및 관리기능 ▪분산환경에서의 Transaction 연계처리 및 Interface 기능 제공	▪TP Monitor & Manager, Middleware, Data API
7. Platform – Personal	Platform 개인단위로 제공되는 Desktop 또는 Mobile 타입의 정보장비	▪국제적인 산업표준의 운영체제 채택 ▪멀티미디어 기능의 수용 추세	▪OA tool 운영 및 GUI 환경 지원 ▪워크그룹 및 전사환경과의 인터페이스	▪프로세서, 운영체제, 저장장치, 프린터
7. Platform – Workgroup	부서, 일단위 조직의 업무를 지원하는 서버용 machine	▪업무, 부서단위의 공유지원 ▪기존의 Mainframe인 Host 기종과의 인터페이스	▪상호운영성과 이식성 ▪개인, 부문, 전사환경과 연계한 컴퓨팅 기능	
7. Platform – Corporate	사업장 또는 독립부문 단위로 활용되는 Application과 데이터 운용을 지원하는 시스템	▪부문단위 최적의 정보 시스템 구축 ▪개발과 운영환경의 분리체제 구축	▪대량의 ON-LINE REAL-TIME 데이터 처리 ▪부문차원의 공유데이터 수집 및 제공	
7. Platform – Enterprise	전사 또는 그룹차원의 Global Operation을 수행하기 위하여 활용되는 Application 및 Data 운용을 지원하는 시스템	▪기존 HOST의 역할 및 용도 전환 ▪개발과 운영환경의 분리체제 구축	▪대량의 ON-LINE REAL-TIME 데이터 처리 ▪전사차원의 공유데이터 수집 및 제공	
8. System Management	정보시스템 자원의 효율적 운용을 지원하는 기술요소의 집합	▪정보의 보안유지 ▪Platform 간의 통제 및 모니터링 기능의 자동화	▪변경 관리기능 ▪분산환경 자원의 통합관리 기능	▪성능관리, 운영관리, 보안관리, 변화관리, 문제관리, JOB 스케줄링
9. Network	사용자와 각 환경별 Platform을 연결/접속하는 관련기술 요소의 집합	▪언제, 어디서나 접속 ▪정보고속도로 (Information Highway) 기반 조성	▪개방화를 지향하는 국제 표준 수용 ▪멀티미디어 정보 수용	▪프로토콜, 통신장비, 통신소프트웨어, 네트워크관리 소프트웨어, 접속방법, Firewall
10. External Interface	외부와의 연결을 위한 관련 기술요소의 집합	▪필요 정보의 획득 및 제공의 범용성	▪데이터 및 메시지 온-라인 송수신 기능 보안 관리 기능	▪EDI, VAN, FTP

그림 108은 Technical Building Block의 개념을 도식화한 것이다.

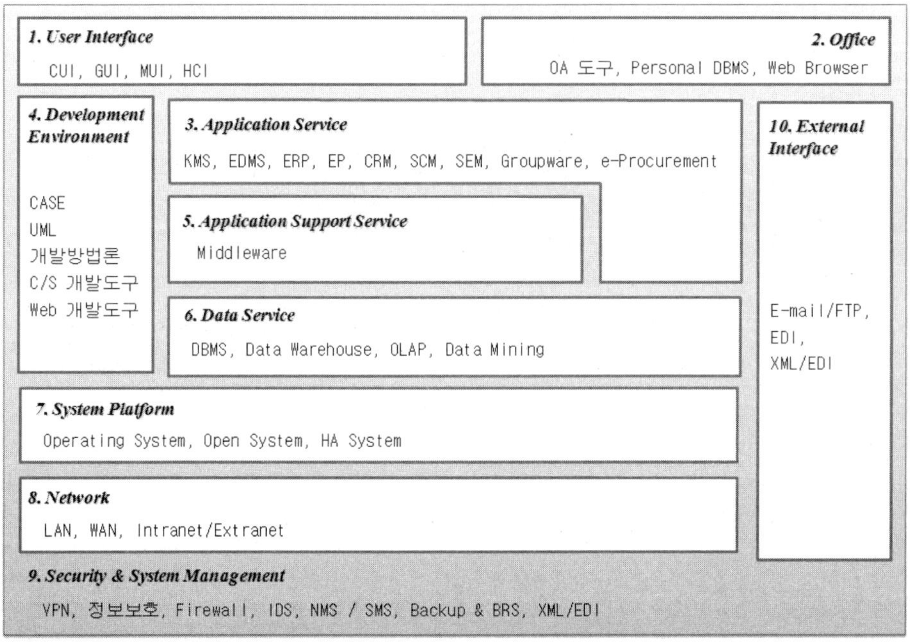

그림 108 :: Technical Building Block

그림 109는 Technical Building Block을 활용한 사례로 항만 운영정보시스템 계획의 일부이다.

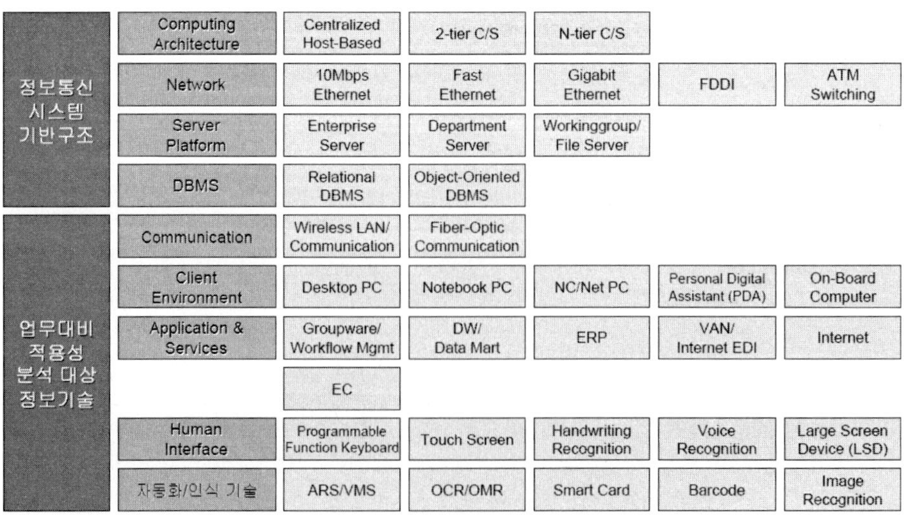

그림 109 :: TBB 기반의 항만 운영정보시스템 계획 예시

다음으로 정보시스템 적용 및 구축을 위한 정보기술 적용성 분석을 실시한다. 그림 110은 정보기술 적용성 분석의 개념을 도식화한 것이다. 정보시스템 구축을 위한 요소기술의 적용 방향을 크게 데이터, 애플리케이션, 기반구조, 그리고 네트워크의 4가지 측면으로 정리한다.

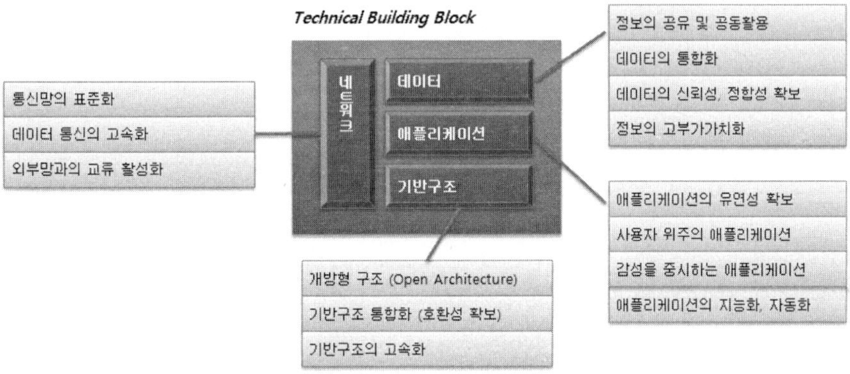

그림 110 :: 정보기술 적용성 분석

그리고 CSF와 CIR간의 연관분석(mapping analysis)을 실시한다. 이를 통해 정보환경 분석 과정에서 도출된 주요정보화요구사항들 (CIR; Critical Information Requirements)중에서 CSF(핵심성공요소, Critical Success Factors)와 연관성이 매우 높아 향후 정보화 계획 및 구축에 반영할 핵심 정보화요구사항들을 선택한다.

그림 111은 CSF와 CIR의 연관분석 예시이다.

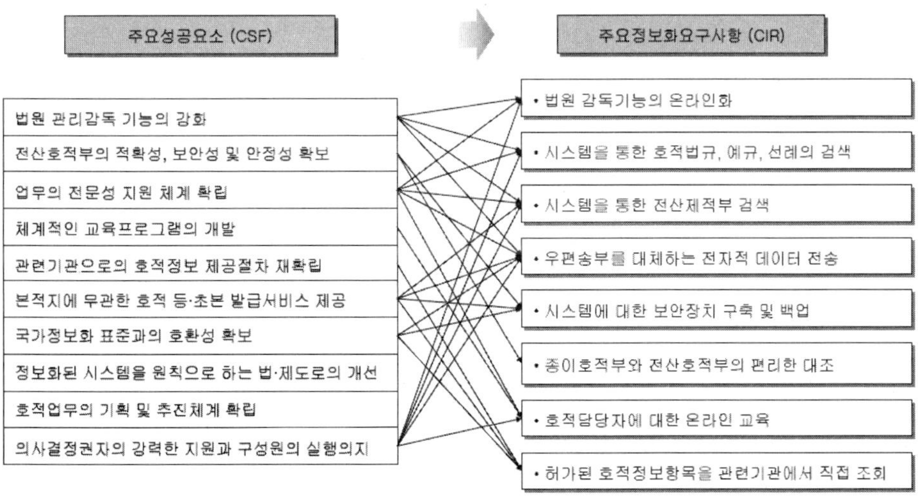

그림 111 :: CSF와 CIR간의 연관분석 예시

3. 현황 분석

현황분석 단계에서는 해당 기업의 현재 비즈니스 프로세스와 정보시스템에 대한 분석을 실시하며 이와 관련된 현업의 요구사항도 조사한다. 이를 바탕으로 개선과제(비즈니스 프로세스와 정보시스템 부문)를 도출하며 추가적인 분석이 필요한 부분에 대해서는 선진사 벤치마킹을 실시한 뒤 차이 분석을 통해 개선 방향을 최종적으로 설정한다.

그림 112는 현황분석 단계에서 이루어지는 세부 활동들을 도식화한 것이다.

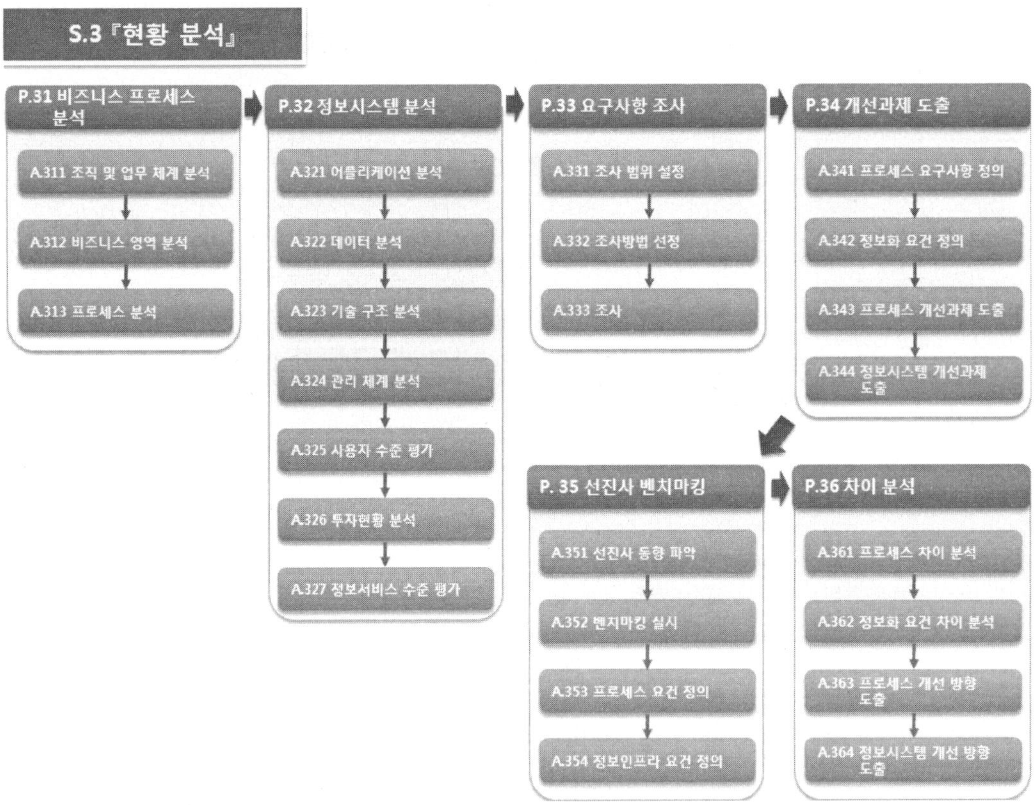

그림 112 :: Step.3 현황 분석

표 27은 현황분석 단계의 세부 활동들을 Activity 수준에서 기술한 내용이다.

현황분석 단계는 크게 비즈니스 프로세스 분석, 정보시스템 분석, 요구사항 조사, 개선과제 도출, 선진사 벤치마킹, 차이분석 등 6단계 Phase로 구성된다.

표 28 :: Step.3 현황 분석

<table>
<tr><th>Step</th><th>Phase</th><th>Activity</th><th>내용</th><th>입력물</th><th>출력물</th><th>주요기법</th></tr>
<tr><td rowspan="15">S.3
현황 분석</td><td rowspan="3">P.31
비즈니스 프로세스 분석</td><td>A.311
조직 및 업무 체계 분석</td><td>· 조직의 역할 및 업무 체계를 분석하여 조직별 현행 업무 기술서를 작성
· 전체 부서 인터뷰</td><td rowspan="3">· 조직도
· 업무 편람
· 규정, 규칙
· 업무조사 사전 작성 자료
· 면담 및 설문 시트</td><td>· 조직대 업무 상관도</td><td rowspan="3">· Value Chain Analysis
· Core Competencies
· Matrix 기법
· IDEF3</td></tr>
<tr><td>A.312
비즈니스 영역 분석</td><td>· 조직대 업무 상관도를 바탕으로 부서별 업무 모형 작성</td><td>· 업무 개선요구사항</td></tr>
<tr><td>A.313
프로세스 분석</td><td>· 세부 프로세스별 모형 작성</td><td>· 프로세스 맵 기술서</td></tr>
<tr><td rowspan="7">P.32
정보 시스템 분석</td><td>A.321
어플리케이션 분석</td><td rowspan="7">· 정보시스템 현황 조사
· 관련 부서 인터뷰
· 정보시스템 개선방향 조사
· 서비스 및 사용자 수준 진단
· 정보화 투자현황 파악</td><td rowspan="7">· 정보시스템조사 사전 작성 자료
· 정보기술 환경 분석 시트
· 면담 및 설문 시트</td><td rowspan="7">· 현행 기술 구조도
· 현행 정보 시스템 분석서
· CIR</td><td rowspan="7">· Matrix 기법
· 면담 및 설문 기법
· IT Health Check</td></tr>
<tr><td>A.322
데이터 분석</td></tr>
<tr><td>A.323
기술 구조 분석</td></tr>
<tr><td>A.324
관리 체계 분석</td></tr>
<tr><td>A.325
사용자 수준 평가</td></tr>
<tr><td>A.326
투자현황 분석</td></tr>
<tr><td>A.327
정보서비스 수준 평가</td></tr>
<tr><td rowspan="3">P.33
요구사항 조사</td><td>A.331
조사범위 설정</td><td>· 조사의 목적 및 범위 한정
· 조사 대상자 및 대상자 별 조사내용 결정</td><td rowspan="3">· 조직 데이터
· 인적 데이터
· 프로세스 데이터
· 정보시스템 데이터</td><td rowspan="3">· 요구사항 정의서</td><td rowspan="3">· MECE
· Cause and Effect Diagram
· Delphi
· Pareto
· Multi-voting</td></tr>
<tr><td>A.332
조사방법 선정</td><td>· 조사 목적에 부합하는 조사 기법 선정
· 조사 기법 적용을 위한 도구 개발</td></tr>
<tr><td>A.333
조사</td><td>· 조사 실행
· 요구사항 정의</td></tr>
<tr><td rowspan="2">P.34
개선과제 도출</td><td>A.341
프로세스 요구사항 정의</td><td>· 프로세스별 요구사항 조사
· 프로세스별 요구사항 취합 및 정의</td><td rowspan="2">· 현행 프로세스 맵 및 기술서
· 조직대 업무</td><td>· 프로세스 요구사항</td><td rowspan="2">· MECE
· Delphi
· Pareto</td></tr>
<tr><td>A.342
정보화 요건 정의</td><td>· 정보기술환경, 정보시스템 현황, 서비스 수준 및 사용자수준 분석 과정에서 도출</td><td>· 정보화 요건 및 요구사항</td></tr>
</table>

			된 자료와 설문/인터뷰 결과를 중심으로 정보요소별 정보화요건을 정의	상관도 · CIR · 현행 정보시스템 분석서	· 프로세스 개선과제	· Multi-voting
		A.343 프로세스 개선과제 도출	· 프로세스 요구사항을 기반으로 프로세스 개선과제 도출		· 정보시스템 개선과제	
		A.344 정보시스템 개선과제 도출	· 프로세스 요구사항 및 정보화 요건을 기반으로 정보시스템 개선과제 도출			
	P.35 선진사 벤치마킹	A.351 선진사 동향 파악	· 벤치마킹 내용(업무 프로세스 및 정보시스템 부문)과 대상 기업 선정 · 벤치마킹을 계획하고 실시 · 선진사의 업무 프로세스 요건 및 정보 인프라 요건 정의	· 벤치마킹 수행 계획서 및 질의서 · 선진사 자료	· 선진사 동향 분석서 · 벤치마킹 결과보고서	· Bench-marking
		A.352 벤치마킹 실시				
		A.353 프로세스 요건 정의				
		A.354 정보인프라 요건 정의				
	P.36 차이분석	A.361 프로세스 차이분석	· 프로세스 부문, 즉 업무가 수행되는 방식에 있어서의 차이를 분석 · 분야별 조직의 차이를 분석 · 신규 비즈니스 모델 및 역할을 정의	· 프로세스 요구사항 · 정보화 요건 · 프로세스 개선과제 · 정보시스템 개선과제	· 차이분석서	· Gap Analysis
		A.362 정보화 요건 차이분석	· 정보화 요건에 있어서의 차이를 분석			
		A.363 프로세스 개선 방향 도출	· 차이분석의 결과를 바탕으로 업무 프로세스 개선방향을 정립			
		A.364 정보시스템 개선 방향 도출	· 차이분석의 결과를 바탕으로 정보시스템 개선방향을 정립			

1) 비즈니스 프로세스 분석

비즈니스 프로세스 분석에서는 경영환경 분석의 결과를 바탕으로 해당 기업의 현재 업무 프로세스를 분석하고 각종 비즈니스 프로세스상의 문제점 및 개선사항들을 도출하며 이 내용들은 다음 단계인 신 기업모형 정립을 위한 기본 자료로 활용된다.

그림 113은 비즈니스 프로세스 분석의 입출력 내용을 보여준다.

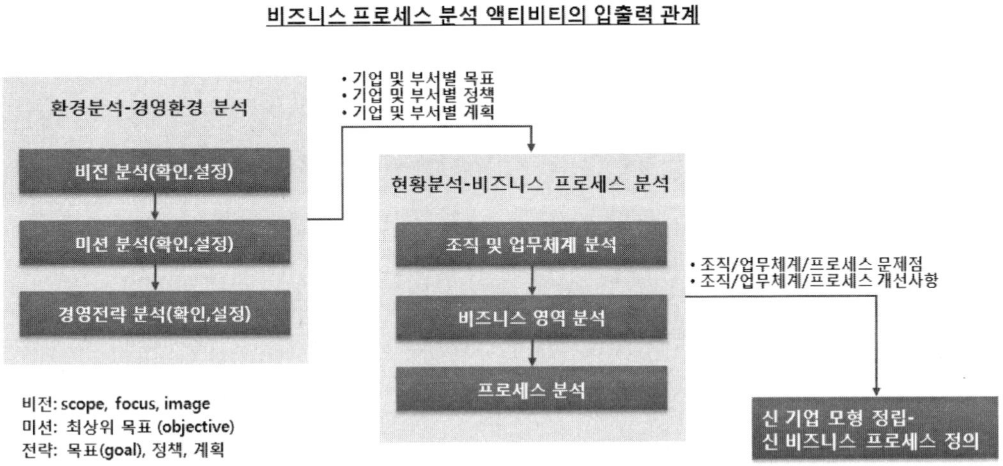

그림 113 :: 비즈니스 프로세스 분석의 입출력 내용

기업 전반에 걸친 비즈니스 프로세스 분석을 위해 우선 조직과 업무기능 측면에서 현황을 파악하고 이어 업무 기능별 프로세스를 정의하고 분석한 뒤 개선과제를 도출한다.

그림 114는 비즈니스 프로세스 분석 절차를 크게 3단계의 task로 나누어 설명한다.

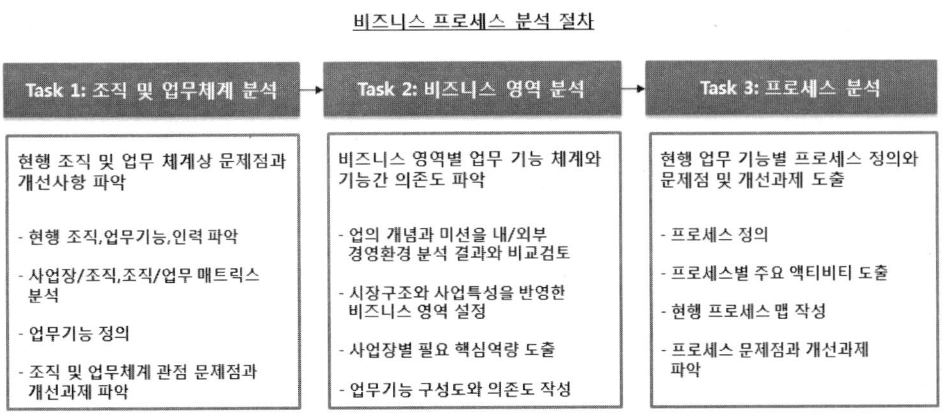

그림 114 :: 비즈니스 프로세스 분석 절차

다음은 이 3단계의 task를 보다 상세히 설명한다.

(1) Task 1 : 조직 및 업무체계 분석

목적	현행의 업무기술서 및 조직/업무상관도를 작성하고, 현행조직 및 업무체계상의 문제점 및 개선사항을 파악함
입력물	CSF
수행절차	①사업장 현황과 사업장별 조직도 및 단위조직별 업무기능, 수행인력 등에 관련된 자료(예, 현행 업무규정, 지침, 매뉴얼, 주요 대장 및 전표 등) 수집 ②사업장/조직 및 조직/업무 매트릭스 분석 수행 ③Value Chain 기법을 활용하여 업무기능을 정의하고, 업무기술서 작성(업무기능간 상호의존도 포함) ④조직/CSF/업무기능 매트릭스 분석을 통해 조직 및 업무체계 관점에서 파악되는 문제점과 개선과제를 BSD(Business System Diamond) 기법으로 정리
산출물	현행 사업장/조직 매트릭스, 조직/업무 매트릭스, 현행 업무기술서, 조직 및 업무체계
기법	매트릭스 분석기법, Value Chain 기법, BSD 기법

조직 및 업무체계 분석은 각각의 구성요소를 정의한 후 수행하며 개선을 위한 과제의 도출에 초점을 두고 진행한다.

그림 115는 조직 및 업무체계 분석의 구성요소와 산출물을 도식화한 것이다.

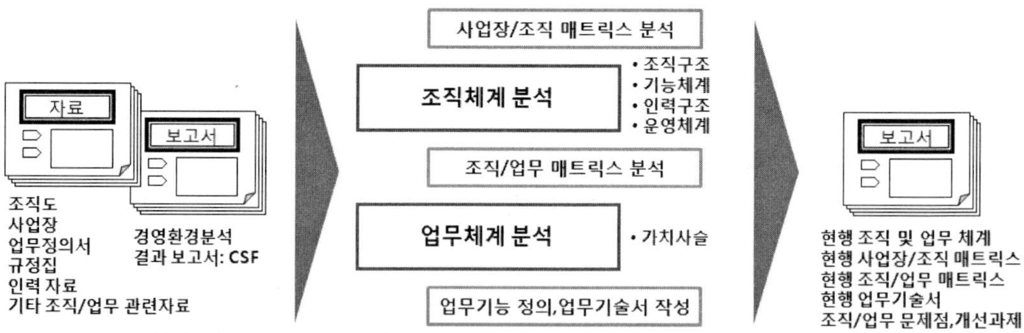

그림 115 :: 조직 및 업무체계 분석의 구성요소와 산출물

조직 및 업무체계 분석을 위해 주로 가치사슬(Value Chain) 기법이 활용된다. 이 가치사슬 기법을 이용하여 가치사슬의 구성요소별 활동 내역을 기초로 조직의 업무기능을 분류 및 정리한다.

그림 116은 가치사슬의 구성요소별 활동 내역을 정리한 것이다.

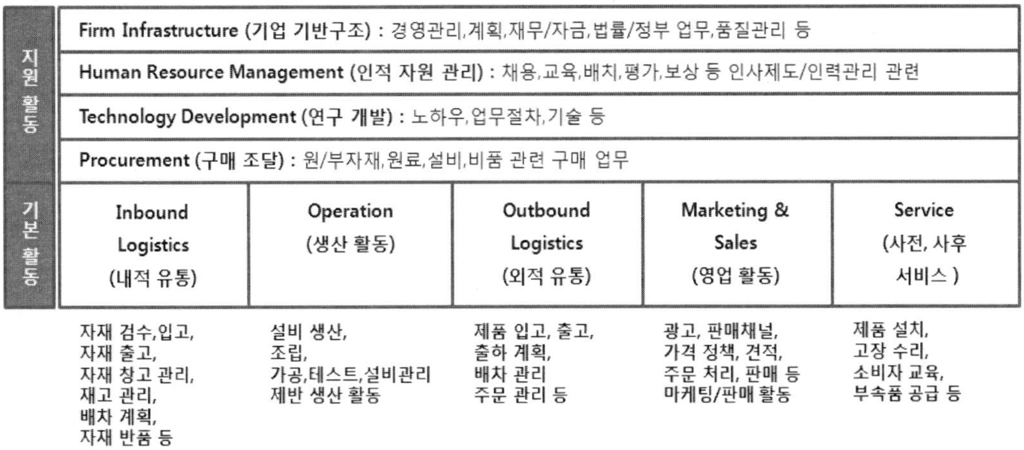

그림 116 :: 가치사슬의 구성요소별 활동 내역

그리고 매트릭스 분석 기법을 활용하여 CSF 측면에서 업무기능 및 조직 체계상의 문제점과 개선과제를 파악하고, BSD(Business System Diamond) 기법을 이용하여 이를 정리한다.

그림 117은 BSD를 활용하여 조직과 업무체계상의 문제점과 개선과제를 정리한 예시이다.

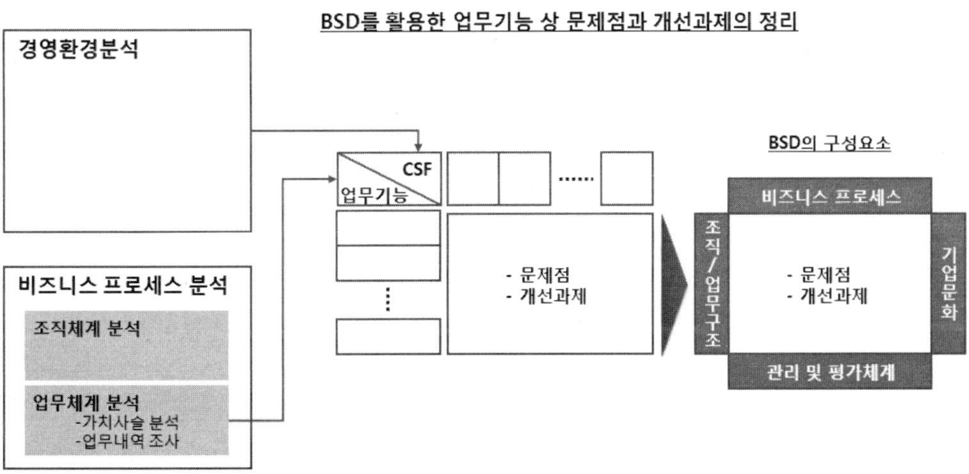

그림 117 :: BSD의 활용 예시

(2) Task 2 : 비즈니스 영역 분석

목적	조직의 핵심역량을 도출하고, 비즈니스 영역별 업무기능 체계 및 기능간 의존도를 파악함
입력물	현행조직 및 업무체계, 현행업무 기술서
수행절차	①업의개념과 미션을 파악하고 이를 내/외부 경영환경 분석결과와 비교검토 ②시장구조, 사업특성을 파악하고 분석하여 비즈니스 영역을 설정 ③비즈니스 미션 대비 비즈니스 영역을 분석하여 각 사업장에서 갖추어야 할 핵심 역량을 도출 ④매트릭스 분석기법을 활용하여 비즈니스 영역별 업무기능 구성도 및 의존도를 작성
산출물	비즈니스 영역 분석서(업무기능 구성도, 의존도 포함)
기법	매트릭스 분석, CRUD 분석

일반적으로 비즈니스 영역은 광의의 비즈니스 영역과 협의의 비즈니스 영역으로 구분된다. 그림 118은 이 두 가지의 비즈니스 영역을 나타낸다.

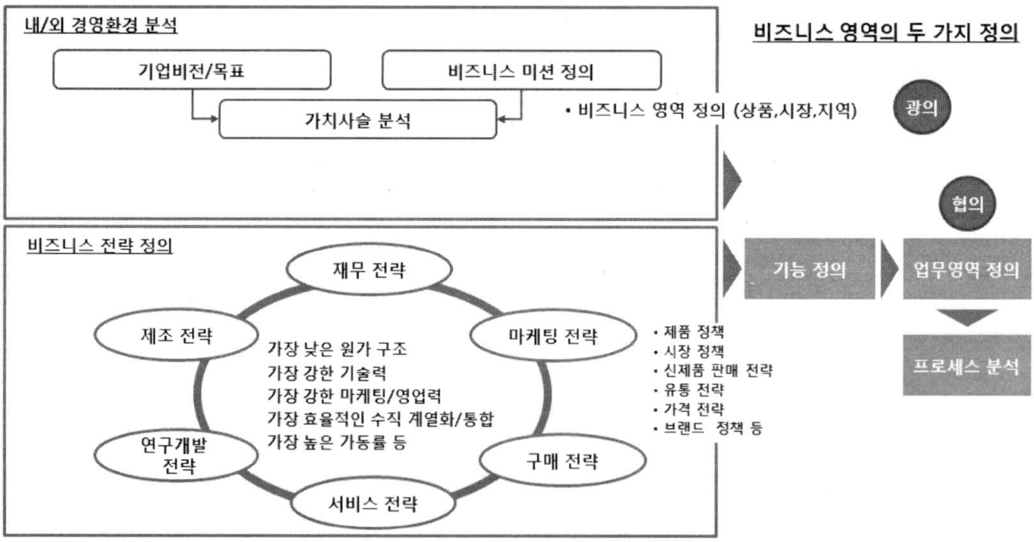

그림 118 :: 비즈니스 영역 정의

비즈니스 영역 분석을 통해 광의의 비즈니스 영역에서 경쟁우위를 점하기 위한 핵심 역량도출을 목적으로 가치사슬의 구성요소별 평가항목을 선정한다.

그림 119는 가치사슬의 구성요소별 평가항목을 선정하는 과정이다.

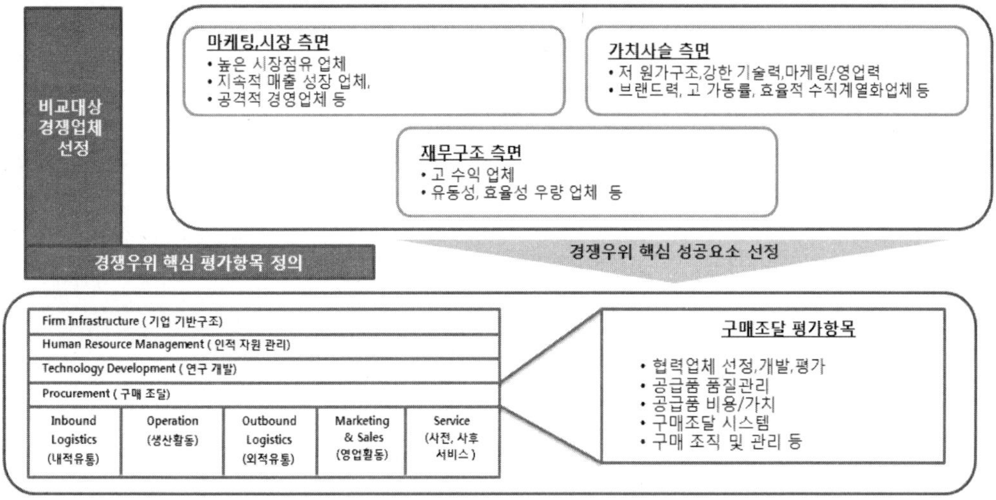

그림 119 :: 가치사슬 구성요소별 평가항목의 선정

이어 가치사슬의 구성요소별 평가항목을 기준으로 현재의 보유역량을 평가한다. 그림 120은 가치사슬 구성요소별 평가 항목의 예시이다.

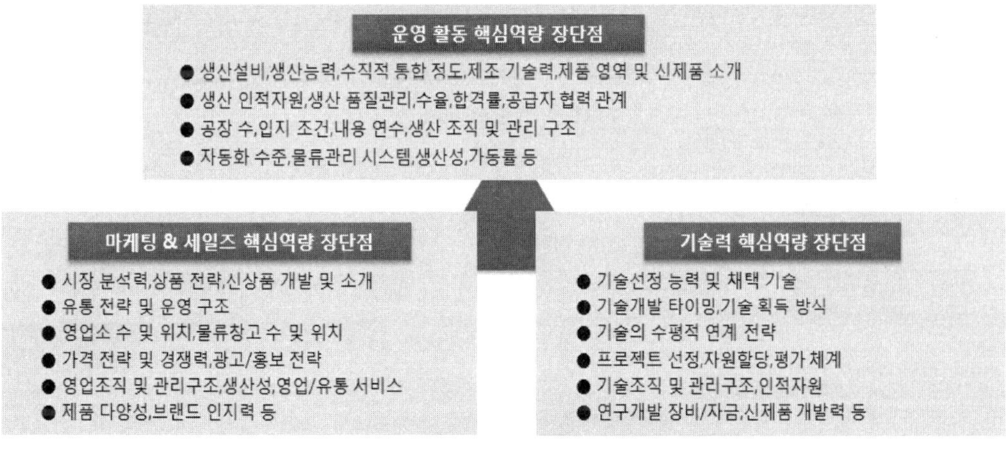

그림 120 :: 가치사슬 구성요소별 평가항목 예시3

파악된 보유역량의 장단점을 고려하여 비즈니스 전략을 수립한다. 그림 121은 가치사슬 구성요소별 비즈니스 전략의 예시이다.

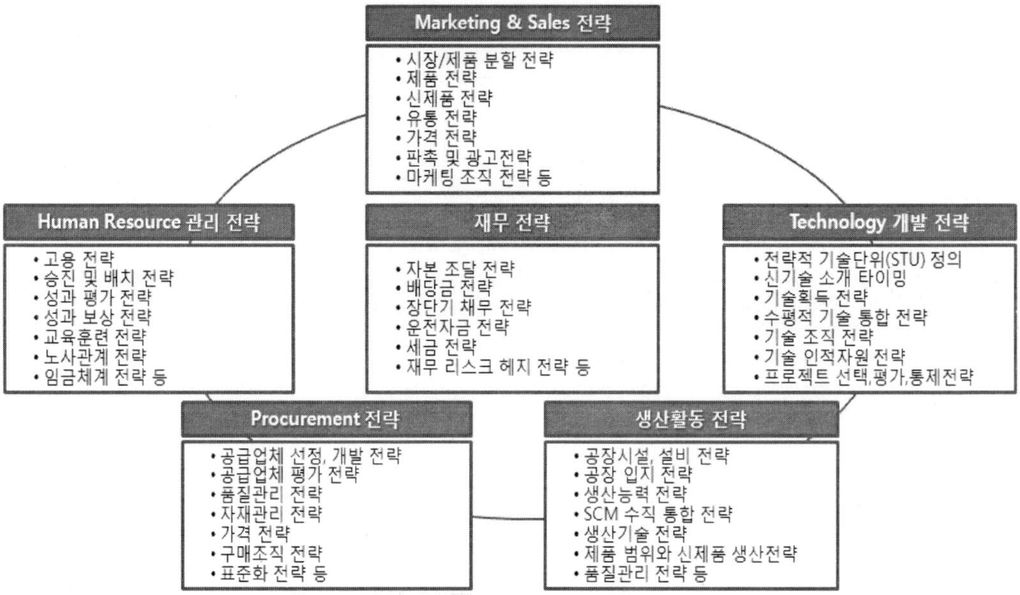

그림 121 :: 비즈니스 전략 예시

설정된 비즈니스 전략을 중심으로 전체 업무기능 체계를 재정립하고, 업무기능 대비 주제 데이터 매트릭스 분석(CRUD 분석)을 통해 업무영역을 정의(업무기능 구성도 및 의존도 작성)한다.

그림 122는 업무영역 정의를 위한 단계를 나타낸다.

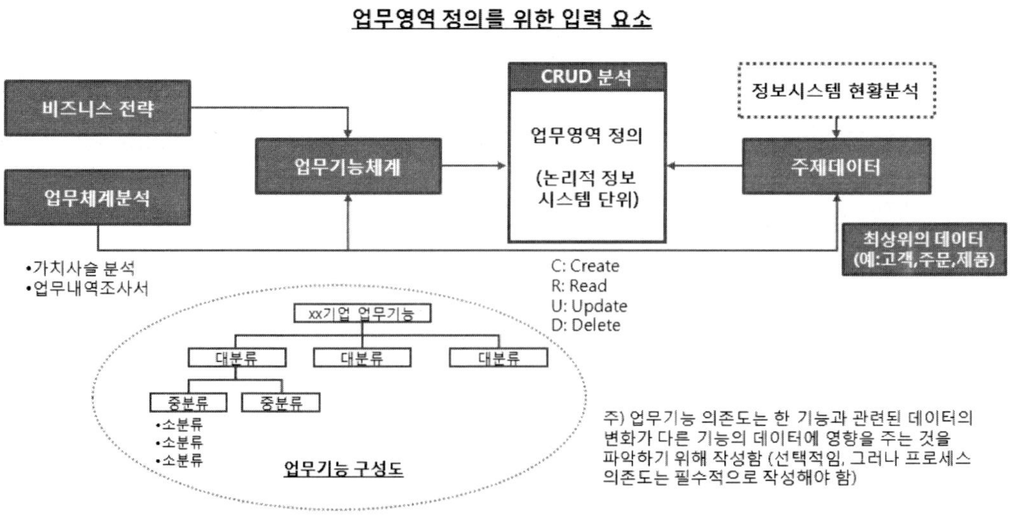

그림 122 :: 업무영역 정의

(3) Task 3 : 프로세스 분석

목적	현행 업무기능별 프로세스를 정의하고 문제점과 개선과제를 도출함
입력물	비즈니스 영역 분석서, 현행 업무 기술서
수행절차	①현행 업무기술서, 업무기능 구성도, 의존도를 참조하여 프로세스를 정의하고 프로세스 정의서 작성 (프로세스명, 목적, 범위, 고객, 산출물 포함) ②프로세스별 주요 액티비티 도출 (액티비티별 현행 평가요소 파악) ③FID(Function Information Diagram) 기법을 활용하여 현행 프로세스 맵 작성 ④현행 프로세스 맵 작성 시 프로세스 문제점과 개선사항 기술
산출물	현행 프로세스 기술서, 현행 프로세스 맵
기법	FID 기법

프로세스 분석은 현행 업무기능별 프로세스를 정의하고 관련된 문제점과 개선사항을 기술하는 것이다. 그림 123은 프로세스의 구성 요소를 나타낸다.

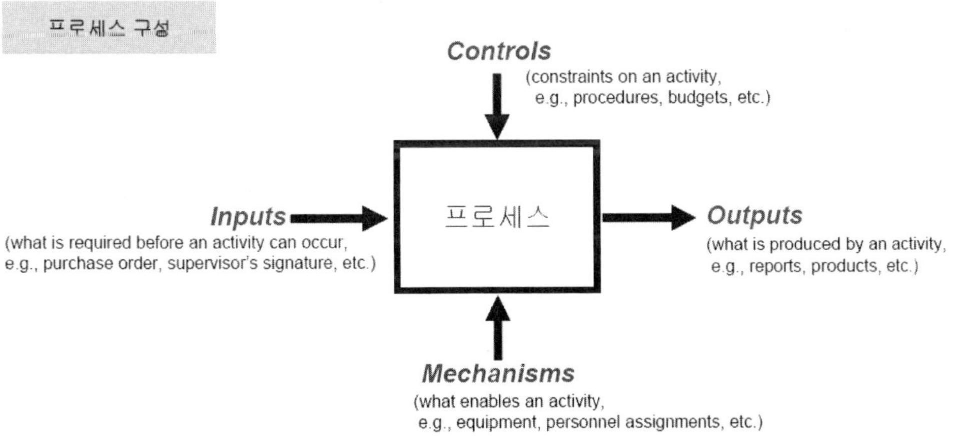

그림 123 :: 프로세스 구성 요소

- Function/Activity: An expression of an action performed by the organization
- Input: An object (real or abstract) or data that is transformed by the activity
- Control: An object or data that is used to regulate the execution of the activity
- Output: An object or data produced by the activity from its input(s)
- Mechanism: The objects that perform the function

우선 프로세스 분석을 위해 부서 업무조사표와 비즈니스 영역 분석서를 참조하여 프로세스 정의서를 작성하고, 또한 해당 프로세스를 구성하는 주요 액티비티를 중심으로 프로세스 맵과 액티비티 기술서를 작성하며 해당 프로세스와 관련된 문제점 및 개선사항도 파악한다. 그림 124는 프로세스 분석 절차를 나타낸다.

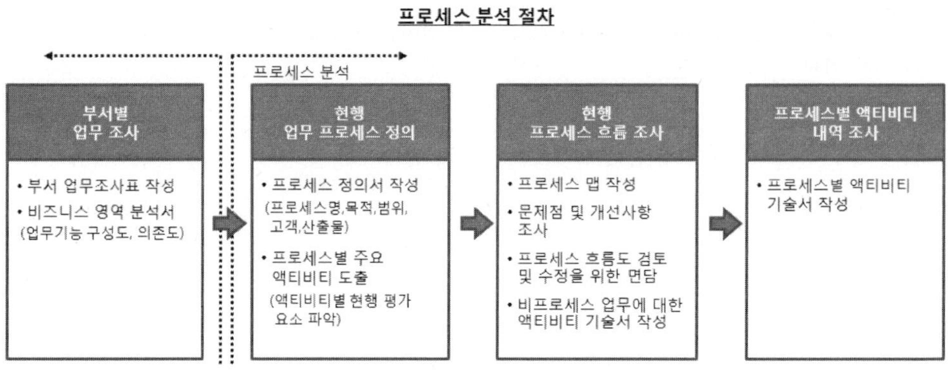

그림 124 :: 프로세스 분석 절차

프로세스 분석을 위해서는 프로세스에 대한 이해가 필요하다. 일반적인 프로세스의 정의 및 요건은 다음과 같다.

- 조직의 종적 기능단위(본부 또는 부서)에서 해결되지 않고 2개 이상의 종적기능단위를 거쳐서 처리되는 업무(cross functional)의 횡적흐름
- 반복적이고(repeatable), 예측가능하며(predictable), 정의할 수 있어야(definable) 함

또한 프로세스 분석을 위해서는 프로세스 모델링에 대한 이해도 필요하며 프로세스 모델링의 목적은 다음과 같다.

- 조직과 별도로 수행되는 전사의 업무를 프로세스 관점에서 정의함
- 향후 데이터 아키텍처와 애플리케이션 아키텍처 정의 시 사용됨
- 기업 목표, 주요 성공요인, 단위조직, 사업장 유형 등과의 관계분석을 통한 프로젝트 우선순위 결정 시 활용됨

일반적으로 기업의 프로세스는 다음과 같은 수준(level)으로 분류된다.(그림 125, 126 참조)

■ 메가 프로세스, 메이저 프로세스, 유닛 프로세스, 액티비티

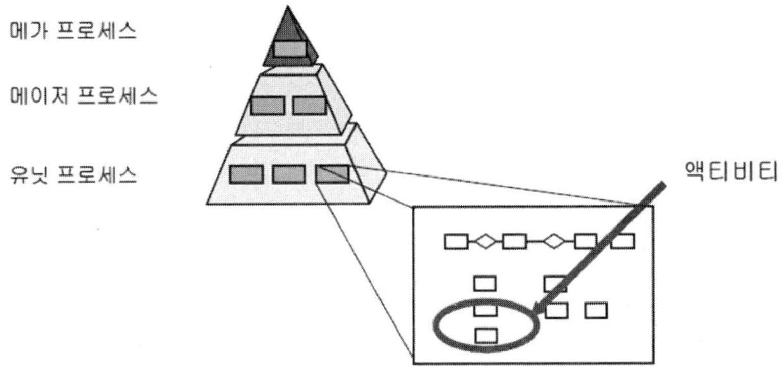

그림 125 :: 프로세스 분류

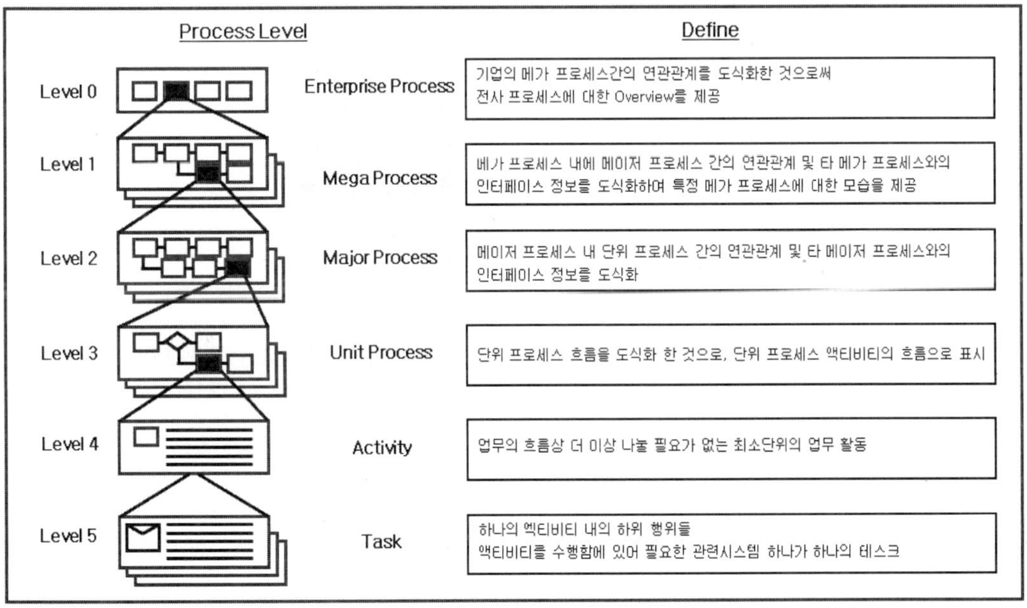

그림 126 :: 프로세스 계층 구조

그림 127은 이러한 구조를 기반으로 프로세스를 분류한 예시이다.

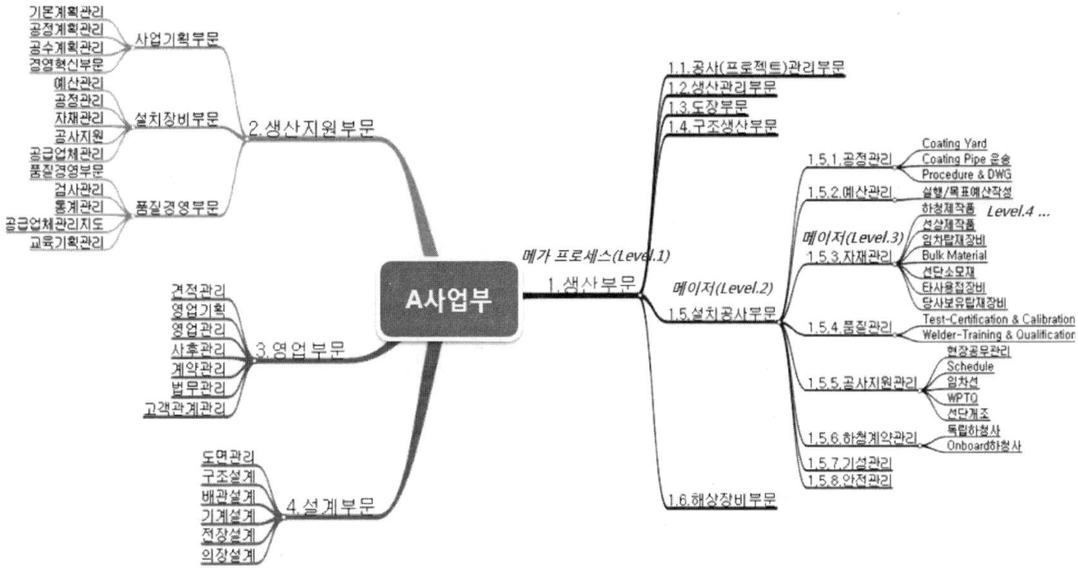

그림 127 :: 프로세스 분류 예시

그림 128은 업무프로세스 분석을 위한 프로세스 분류의 다른 예시이다.

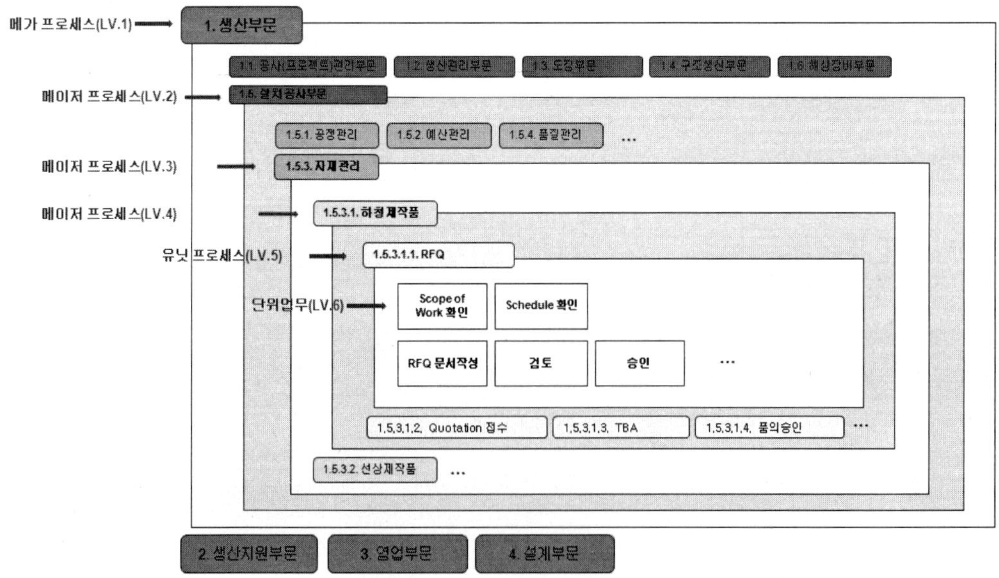

그림 128 :: 프로세스 분류 예시

그림 129는 업무 프로세스 분석을 위해 작성된 프로세스 정의서의 예시이다. 이 업무는 VOC(Voice of Customer) 처리 프로세스로 고객이 홈페이지에 특정 사항을 문의하면 업무 담당자가 답변 처리를 하는 내용이다.

시스템	BPM	모듈	A/S 관리	Version	1.0
프로세스 ID	BP_04_090	작성부서	정보부	작성자	
프로세스 명	VOC			작성일	2007

프로세스 일반정보			
분류		프로세스 책임자	VOC 담당자
관리부서	국내영업지원부	관련부서	품질, 설계, 국내영업
프로세스 대상범위	고객이 홈페이지에서 문의 등록하고 업무담당자가 답변 처리하는 업무까지를 처리한다.		
프로세스 시작권한	고객	관련 시스템	홈페이지, 그룹웨어
업무주기	정기	비정기	수시
업무 기한	없음	업무매뉴얼	
프로세스시작이벤트	고객문의 등록	프로세스 종료시 이벤트	관리자 업무 완료처리 및 자동완료
프로세스 개요(설명)	고객이 제품에 대하여 문의를 등록하면 업무담당자가 답변을 등록 처리한다.		
프로세스 문제점	문제점	개선방안	
	- 전체 VOC 처리에 대한 현황 자료가 없음 - VOC 처리 담당자를 수작업으로 지정하고 있음 - 기존 VOC 처리 시스템은 한 건의 문의에 대하여 복수개의 처리 부서와 답변이 필요한 경우가 처리가 불가 - 업무 담당자가 문의에 대한 답변처리가 늦어져도 파악이 불가	- 고객문의 등록시 업무를 자동으로 분류하여 담당자 할당 - 부서별 연관업무 처리(다음처리자 기능)가 가능하도록 함 - VOC 업무 처리가 일정시간 지연되면 각 부서장에 자동 통보 - 특정 기술적 문의에 대한 답변이 대외비인 경우에 대한 필터링 시스템 도입 - VOC 활성화를 위해 우수 고객에 대하여 장려 정책을 지원	

그림 129 :: 프로세스 정의서 예시

그림 130은 이 프로세스의 프로세스 흐름도이다.

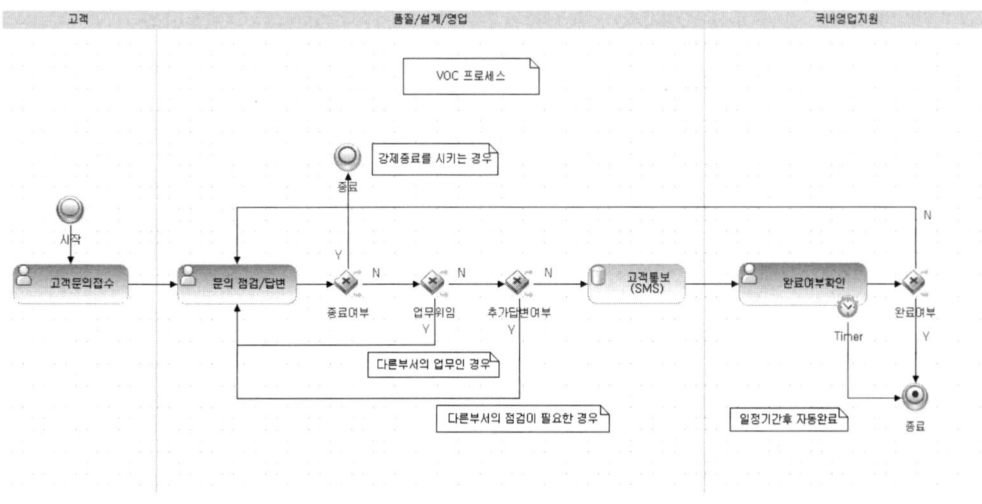

그림 130 :: 프로세스 흐름도 예시

그림 131은 특정 프로세스의 액티비티 기술서 예시이다.

프로세스별 액티비티 상세설계서									
액티비티ID	액티비티명	상세설명	담당자	기한	관련업무이슈	경고방법	입력정보	출력정보	분기조건
						처리폼			
ACT_01_010_01	조건입력	지점에서 고객과의 거래에 대하여 계약 조건에 대한 여러 항목들을 등록해서 결재과정을 진행한다.	대리점담당자(60계정)	-		-		조건등록번호	
						SDC2010:조건처리 등록			
ACT_01_010_02	지사승인	지점에서 등록한 조건입력에 대하여 해당 지사장들이 승인을 하거나 반려 처리를 한다.	지사장(6계정)	업무도착 + 4HR	승인결과구분: 기결—>YES 보류—>대기 부결—>NO	SMS	조건등록번호	조건등록번호 지사승인여부 건기/산차구분	승인='Y' 미승인 ='N' 산차 ='Y' 건차='N'
						SDC2013:조건처리 승인처리			
ACT_01_010_03	산차영업부 승인	지사승인을 완결한 건 중에서 해당하는 건은 영업부에서 승인을 하거나 반려 처리를 한다.	영업부부장	업무도착 + 4HR	승인결과구분: 기결—>YES 보류—>대기 부결—>NO	SMS	조건등록번호 건기/산차구분	조건등록번호 산차영업부승인여부	승인='Y' 미승인 ='N'
						SDC2013:조건처리 승인처리			
ACT_01_010_04	본사승인	영업부의 승인을 완결한 건에 대하여 본사에서 최종적으로 승인을 하거나 반려 처리를 한다.	국내영업관리담당자	업무도착 + 4HR	승인결과구분: 기결—>YES 보류—>대기 부결—>NO	봉수대 /SMS	조건등록번호	조건등록번호 본사승인여부	승인='Y' 미승인 ='N'
						SDC2013:조건처리 승인처리			
ACT_01_010_12	조건수정입력	영업부, 본사에서 반려한 조건입력건에 대하여 지점에서 조건을 변경해서 등록을 한다.	대리점담당자(60계정)	-		-	조건등록번호	조건등록번호	
						SDC2010:조건처리 등록			
ACT_01_010_05	계약서등록	조건입력을 등록한 건에 대하여 지점에서 계약서를 등록한다. (승인을 완료하기 전에 등록이 가능하다.)	대리점담당자(60계정)	-		-	조건등록번호	계약서번호 조건등록번호	
						SDC3020:ATTACH 발주 등록(계약서작성)			
ACT_01_010_06	출고의뢰요청	승인이 모두 완료되고 계약서가 등록된 건에 대하여 지점에서 출고의뢰를 요청한다.	대리점담당자(60계정)	-	승인과 계약서 등록이 모두 완료된 계약서만 등록 가능	-	조건등록번호 본사승인여부 계약서번호		
						SDD1010:지점출고의뢰(출고의뢰등록)			

그림 131 :: 액티비티 기술서 예시

2) 정보시스템 분석

정보시스템 분석은 프로세스 분석과 연계하여 진행되며 현행 정보시스템 및 정보자원의 관리/운영 현황을 진단하여 정보시스템 관련 문제점 및 개선방향을 도출한다.

일반적인 정보시스템 분석은 운영되고 있는 정보시스템을 크게 응용 시스템(application system), 데이터(DB/file), 정보시스템 기반구조, 그리고 정보시스템 운영 등의 관점에서 분석하여 관련 현황 및 문제점을 파악한다. 그리고 보다 구체적으로는 현행 정보시스템의 어플리케이션, 데이터, 요소기술, 관리체계, 사용자 수준, 정보서비스 수준, 투자현황 등 7개의 세부 task로 나누어 분석한다. 이 분석 결과는 향후 개선과제 및 발전전략을 도출하기 위한 기초 자료로 활용한다.

정보시스템 분석을 위한 세부 task별 산출물 및 용도는 그림 132와 같다. 이 세부 task들은 프로젝트의 특성과 기업의 환경에 따라 선택적으로 수행된다.

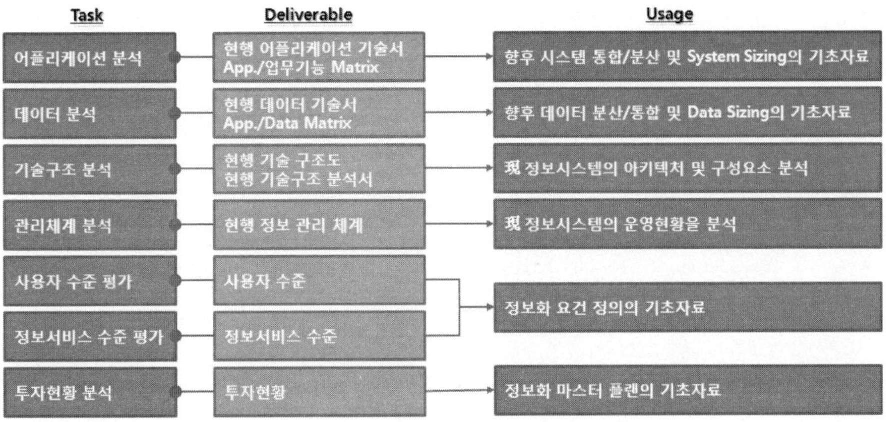

그림 132 :: 정보시스템 분석 세부 task

다음은 세부 task에 대한 설명이다.

(1) Task 1 : 어플리케이션 분석

❑ 접근방법

- 현재 개발되어 운영 중인 정보시스템의 어플리케이션 구조와 프로그램 현황을 파악하고 기능별 주요 내용을 조사함.
- 어플리케이션 구조 분석에서 추출한 프로세스로 매트릭스를 작성하여 어플리케이션과 프로세스와의 상관관계를 파악함.
- 또한 타기관으로부터 입수되는 정보와 타기관에 제공하는 정보를 조사하고 관련기관과의 인터페이스 방식을 분석함.

그림 133은 어플리케이션 분석의 단계를 나타낸다.

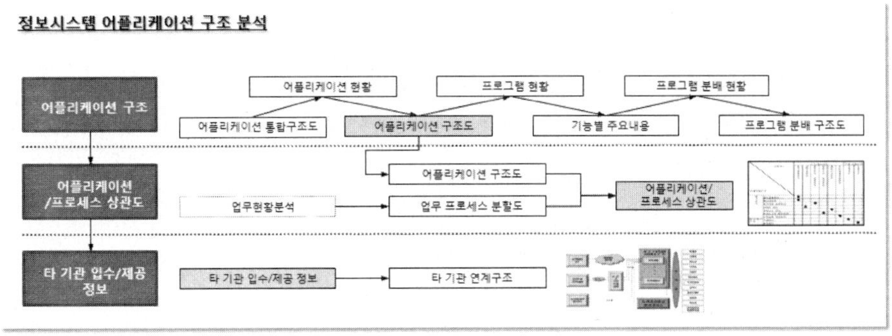

그림 133 :: 어플리케이션 분석

그림 134는 어플리케이션 구조도의 예시이다.

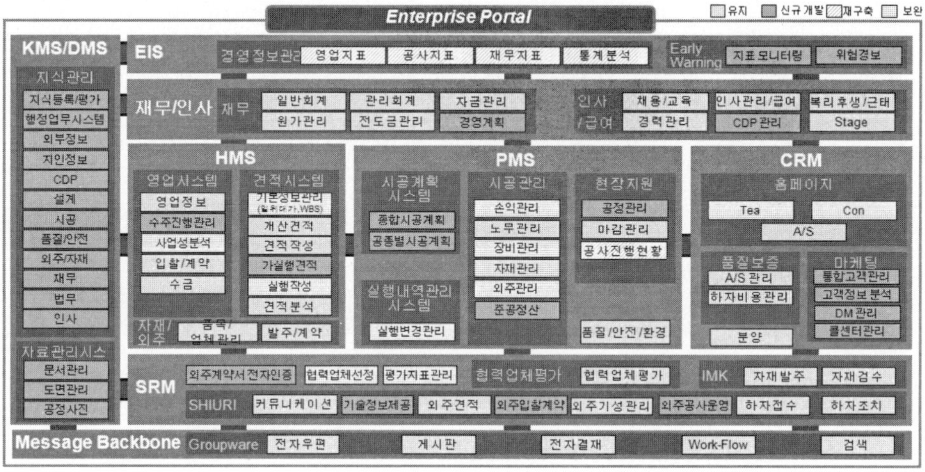

그림 134 :: 어플리케이션 구조도 예시

(2) Task 2 : 데이터 분석

❑ 접근방법

물리적 데이터베이스 구조, 논리적 데이터베이스 구조, 그리고 데이터의 상세현황 등을 분석하여 현행 데이터 구조상의 문제점 및 해결방안을 도출한다.

- 현 정보시스템의 데이터 구조도 작성
- 데이터 상세현황 파악
- 어플리케이션/데이터 상관도 구성

그림 135는 데이터 분석의 단계를 나타낸다.

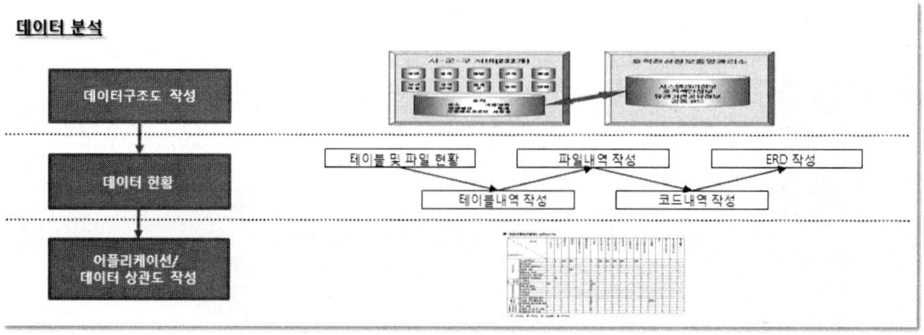

그림 135 :: 데이터 분석

그림 136은 어플리케이션/데이터 상관도의 예시이다.

CRUD관리		프로젝트명 :
		시 스 템 명 :
단계명	CRUD관리	활동명 :개발모듈기능 권한제한
작성자		

프로그램	테이블	영업부	경리부	운영자
10010 시스템		C/R	C/R/U	C/R/U/D
10100 전표찾기	(공통)전표찾기	R	R/U	C/R/U/D
10110 원장조회	(공통)원장조회	R	R/U	C/R/U/D
11010 판매일보	(영업)판매일보	R	R	
11060 매출처원장	(공통)원장조회	R	R	
14010 세금계산서관리		C/R/U	C/R/U	C/R/U/D
14030 세금계산서 합계표	(세무)세금계산서합계표	C/R/U	C/R/U	C/R/U/D
14040 부가세 신고서	(세무)부가세신고서	C/R/U	C/R/U/D	C/R/U/D
14050 부가세 전산매체	(세무)부가세전산매체	C/R/U	C/R/U/D	C/R/U/D
14090 신고 제출공문	(세무)신고제출공문	C/R/U	C/R/U/D	C/R/U/D
17120 재무제표		R	R	
17010 회계전표	(공통)회계전표	R	C/R/U	C/R/U/D
17020 전표명세서	(회계)전표명세서	R	R	C/R/U/D
17030 일(월)계표	(회계)일계표	R	R	C/R/U/D
17070 현금출납장	(회계)현금출납장	R	R	C/R/U/D
19020 영업고객관리	(영업)영업관리	C/R/U/D	R	C/R/U/D
88010 사업장부과	(기준)사업장부과		C/R/U/D	C/R/U/D
88020 인사정보	(기준)인사정보		C/R/U/D	C/R/U/D
88030 위치정보	(기준)위치정보	C/R/U/D		C/R/U/D
88040 거래처정보	(기준)거래처	C/R/U/D		C/R/U/D
88050 품목정보	(기준)품목정보	C/R/U/D		C/R/U/D
88060 계정정보	(기준)계정정보		C/R/U	C/R/U/D
88070 계좌정보	(기준)계좌정보		C/R/U/D	C/R/U/D
88080 신용카드정보	(기준)신용카드		C/R/U/D	C/R/U/D
88120 거래ID정보	(기준)거래ID	C/R	C/R/U/D	C/R/U/D
88130 단가정보(업체별)		C/R/U/D		C/R/U/D
88140 단가정보(품목별)		C/R/U/D		C/R/U/D
88170 기초이월			C/R/U/D	C/R/U/D
88180 우편번호	(기준)우편번호		C/R/U/D	C/R/U/D
99010 환경설정	(SYS)환경설정			C/R/U/D
99020 환경설정(사용자)	(SYS)환경설정C			C/R/U/D
99030 사용자관리	(SYS)사용자			C/R/U/D
99040 로그조회				C/R/U/D
99050 편지읽기				C/R/U/D
99060 결재자설정				C/R/U/D
99070 전표재처리				C/R/U/D
99080 전표분할복사	(SYS)전표복사	R/U	R/U	C/R/U/D
99082 전표검증	(SYS)전표검증		R/U	C/R/U/D
99090 메뉴관리	(SYS)메뉴관리			C/R/U/D
99100 테이블관리				C/R/U/D
99110 데이터관리				C/R/U/D
99120 버전정보생성				C/R/U/D
99140 캐시지우기		U	U	C/R/U/D

그림 136 :: 어플리케이션/데이터 상관도 예시

(3) Task 3 : 기술구조 분석

❑ 접근방법

기술구조 분석에서는 현행 정보시스템 관련 H/W 및 S/W, N/W 구조를 분석하고 또한 장비 도입 및 배치 현황, 그리고 정보시스템 개발을 위한 H/W, S/W, N/W 현황을 파악한다.

- 정보시스템 구성도, H/W 구성도, S/W 구성도, N/W 구성도 작성 및 기술적 구조 분석
- H/W, S/W, N/W의 사양과 도입 및 배치현황 파악
- 개발시스템의 H/W, S/W, N/W 현황 파악

그림 137은 기술구조 분석의 예시이다.

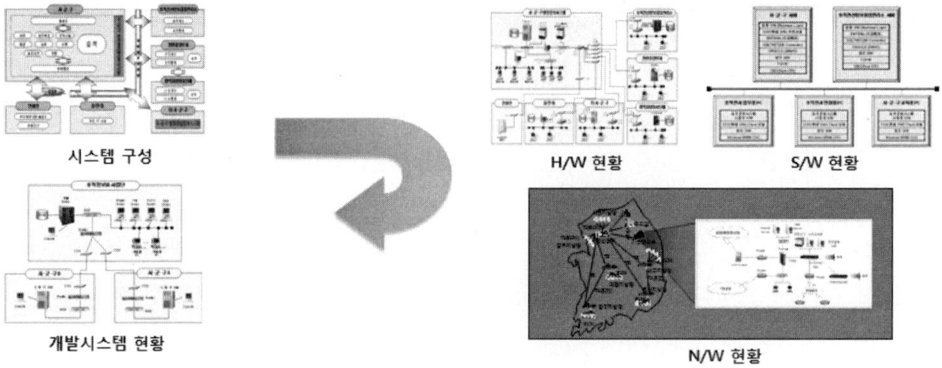

그림 137 :: 기술구조 분석 예시

(4) Task 4 : 관리체계 분석

❑ 접근방법

대상기업의 정보시스템 개발 현황 및 정보보호 현황, 재해 및 장애 대책, 운영인력의 조직 및 자원의 적정성, 그리고 보유기술 수준 등을 파악하여 전체적인 정보화 관리체계의 개선 방향을 도출한다.

- 정보관리 조직 체계: 정보관리 조직의 적절성 및 정보관리 절차의 적합성 등에 대한 분석
- 자원관리 체계: 관리적, 물리적, 그리고 기술적 정보보호 측면의 정보보호 대책에 대한 분석
- 재해 및 장애 대책: 재해 및 장애 시 복구 조직 및 절차에 대한 분석

그림 138은 관리체계 분석의 내용을 나타낸다.

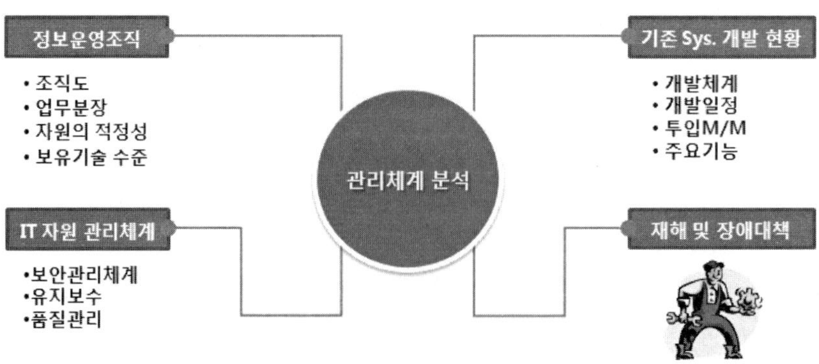

그림 138 :: 관리체계 분석

(5) Task 5 : 사용자 수준 평가

❑ 접근방법

정보시스템 사용자의 기술 수준, 이용 수준 등을 파악하고 정보시스템 수준대비 사용자 수준에 대하여 비교 분석한다.

- 사용자의 정보기술 수준과 정보화 관련 요구사항들을 조사함(설문 방식, 필요 시 인터뷰 실시).
- 설문 결과를 기반으로 사용자 정보기술 수준을 분석하고 사용자가 요구하는 정보기술 내역을 정리함(계층별, 조직 단위별, 업무분야별로 정리).

사용자 수준평가를 위해 크게 업무 프로세스, 정보화 마인드, 그리고 정보기술 활용능력 등 3가지 영역으로 나누어 설문을 작성할 수 있다. 다음은 영역별 설문의 예시이다.

❑ 업무 프로세스에 대한 마인드

① 우리 부서에서는 업무수행 리드타임(lead time)을 줄이기 위한 활동(예를 들면, BPR, TQM 등)이 활발하게 진행되어 왔다.

② 우리 부서는 업무 프로세스 혁신(신속한 업무처리 및 의사결정)을 위한 대안과 접근 방법을 찾는 노력을 꾸준히 해왔다.

③ 우리 부서 및 나는 타부서 및 구성원의 업무협조 요청 시 적극적으로 도와준다.

❑ 정보화에 대한 마인드

① 나는 정보화가 우리 회사의 경쟁력 확보에 큰 도움을 준다고 생각한다.

② 나는 정보시스템을 이용하여 나의 업무처리 방법이나 절차를 많이 변화시킬 수 있다고 생각한다.

③ 나는 정보화 관련 교육에 적극적으로 참여하고 있다.

④ 우리 부서 및 나는 우리 회사에서 추진하고 있는 정보시스템 개발 프로젝트에 적극적으로 참여하고 있다.

⑤ 나는 우리 회사의 정보자원 및 자산을 중요하게 생각한다.

❑ 정보기술 활용 능력

① 프로그래밍(C 언어, Visual Basic, Html, Java 등) 능력

② 일반 사무용 소프트웨어(Word, Excel, Powerpoint 등) 사용 능력

③ 데이터베이스 개발 능력(Oracle, Sybase, Infomix 등)

④ 운영체제(DOS, Windows, Unix 등) 사용 능력

⑤ 하드웨어 및 주변기기(프린터, 스캐너 등) 사용 능력

⑥ 사용 가능 S/W의 수(OLAP 툴, 웹에디터, ERP, CRM 등)

⑦ 여러 자료에 대한 검색 및 communication 능력(PC 통신, Internet 등)

⑧ 출력자료를 이해하고 해석하는 능력

⑨ 업무의 모형화 및 적용 능력(회귀분석, OR 모형 등)

(6) Task 6 : 정보시스템 수준 평가

❑ 접근방법

정보시스템의 서비스 제공 수준을 파악하는 것으로서, 현재의 수준 파악과 아울러 요구사항 및 개선사항을 도출한다.

- 현행 정보조직 및 정보시스템의 활용도 및 정보기술 제공도에 대한 사용자 평가를 파악하기 위하여 계층별로 설문을 실시함.
- 수집된 설문 결과를 각 계층별 또는 정보서비스 내역별로 분석 및 정리함.
- 문제점 및 개선 방안을 기술함.

그림 139는 정보시스템 수준 평가 항목의 예시이다.

목적		현 정보시스템에 대한 사용자 만족 수준을 파악함으로써, 현 정보시스템에 대한 사용자 관점의 만족 수준과 요구 사항을 측정하고자 함
조사방법		정보시스템 설문을 배포하여 작성된 응답을 분석 함.
대상자		정보시스템을 이용하고 있는 본사 전 부서와 토목 현장 2개 ,건축현장 2개를 대상으로 하여 총 26개 부서의 응답으로 분석하였음.
평가요소	데이터 정확성	정보시스템에서 제공되는 각종 데이터 및 정보 등이 정확한지에 대한 평가요소
	적시성	필요한 정보들이 적시에 업데이트 되어 실제로 업무에 활용할 수 있는 데이터를 얻을 수 있는지에 대한 평가요소
	사용자편의성	정보시스템이 사용자가 사용하기에 편리하게 되어있는지에 대한 평가요소
	응답시간	정보시스템을 통해 자료입력 또는 출력 시 정보시스템이 반응하기까지의 경과시간에 대한 평가요소
	유연성	단가/일정변경 등 변경에 대해 정보시스템 내에서 작업을 유연하게 수행할 수 있는지에 대한 평가요소
	신뢰성	정보시스템이 얼마나 장애 없이 신뢰성 있게 작동하는지에 대한 평가요소
	정보접근성	업무수행에 필요한 정보에 얼마나 쉽게 접근할 수 있는지에 대한 평가요소
	보안성	정보시스템의 보안성에 대한 평가요소
	사용안내 지원정도	정보시스템에 대한 사용안내서(매뉴얼),온라인 도움말 등이 충분히 지원되고 있는지에 대한 평가요소
	사용자지원	정보시스템 사용상 문제발생시 신속히 해결되는지에 대한 평가요소

Example

그림 139 :: 정보시스템 수준평가 항목 예시

그림 140은 정보시스템 수준 평가의 예시이다.

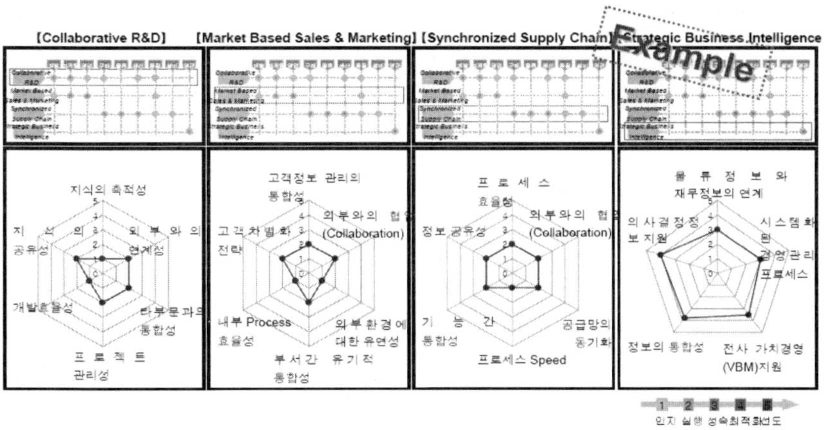

그림 140 :: 정보시스템 수준평가 예시

(7) Task 7 : **투자현황 분석**

❑ 접근방법

정보화 프로젝트 추진 배경과 환경을 분석하고 정보화 투자현황을 파악한다.

- 정보화 프로젝트의 추진 배경을 분석함.
- 정보화 투자 현황을 분석함.
  - 진산 인력, H/W, S/W, N/W 등에 대한 최근 몇 년간의 투자현황을 분석함.

3) 요구사항 조사

업무 프로세스 및 정보시스템 분석과 병행하여 현업 및 관리자들로부터의 업무 프로세스 및 정보시스템 관련 요구사항들을 체계적으로 조사한다.

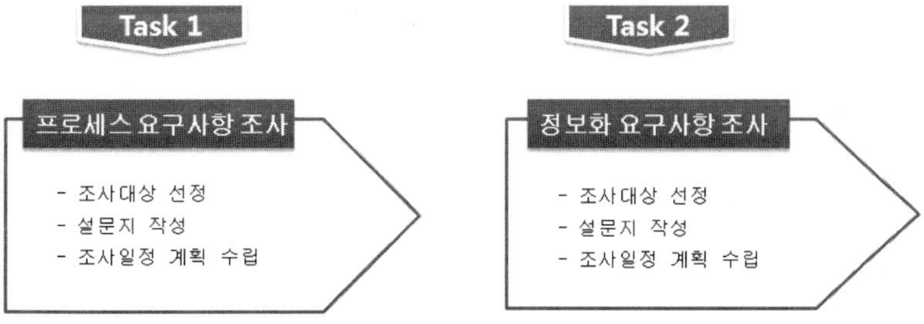

그림 141 :: 요구사항 조사

그림 141은 요구사항 조사의 단계를 도식화한 것이다. 요구사항 조사는 크게 프로세스 요구사항 조사와 정보화 요구사항 조사 등 두 단계로 진행된다.

4) 개선과제 도출

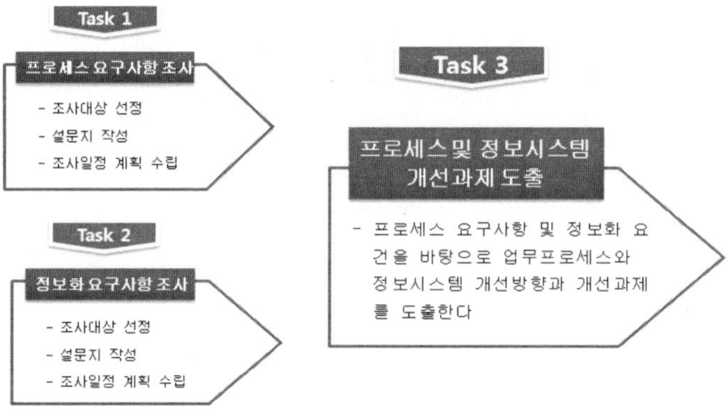

그림 142 :: 개선과제 도출 단계

업무 프로세스 요구사항과 정보시스템 요구사항들을 정의하고, 요구 수준 및 실현 가능성, 그리고 업무의 중요도 등을 고려하여 업무 프로세스 및 정보시스템의 개선과제를 도출한다. 그림 142는 개선과제 도출의 단계를 도식화한 것이다. 개선과제 도출 단계는 크게 프로세스 요구사항 정의, 정보화 요건 정의, 프로세스 및 정보시스템 개선과제 도출 등의 단계로 구성된다.

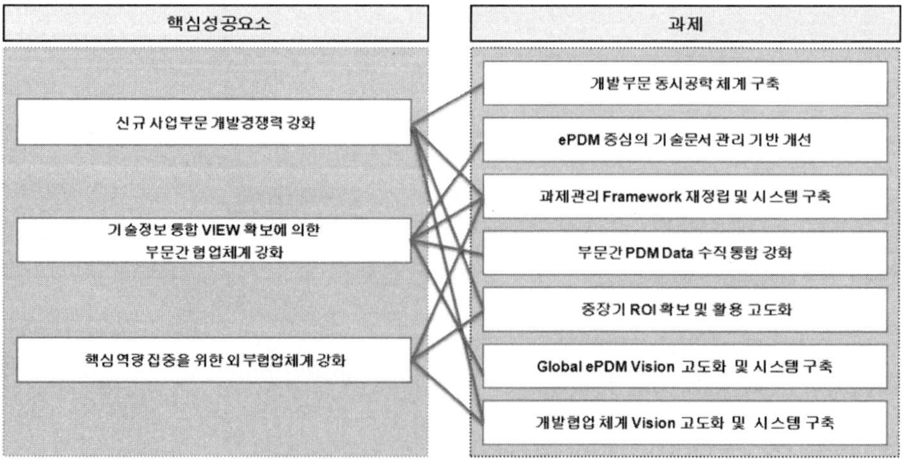

그림 143 :: 개선과제와 핵심성공요소의 mapping

5) 선진사 벤치마킹

도출되어진 업무 프로세스와 정보시스템 과제를 추진함에 있어 추가적인 정보가 필요한 부분에 대해 벤치마킹 대상을 선정하고 벤치마킹을 실시한다. 벤치마킹의 결과를 바탕으로 선진사의 비즈니스 프로세스 요건 및 정보 인프라 요건을 정리하고, 기 도출된 개선과제의 요건 등과의 차이(Gap)분석을 실시한다.

즉, 환경 및 현황분석을 통하여 도출되어진 개선과제에 대한 해결방안을 수립하는데 있어, 우수한 선진사의 벤치마킹 사례를 직·간접적으로 분석하여 참조함으로써 보다 효과적이고 실용적인 미래모형을 수립할 수 있다.

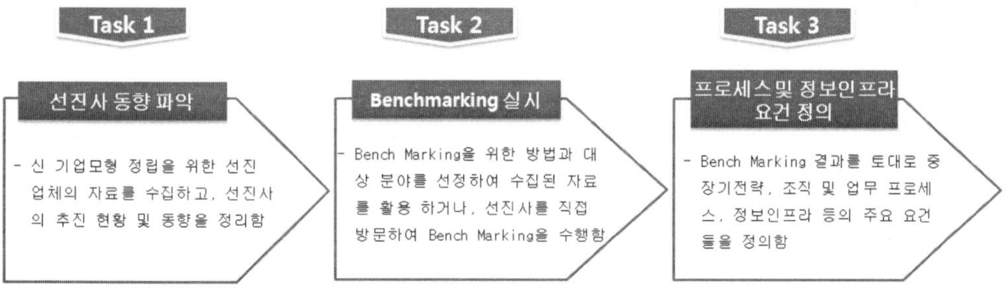

그림 144 :: 선진사 벤치마킹

그림 144는 선진사 벤치마킹의 단계를 도식화한 것이다. 선진사 벤치마킹은 크게 선진사 동향 파악, 벤치마킹 실시, 그리고 프로세스 및 정보 인프라 요건 정의 등의 세 단계로 진행된다.

일반적으로 벤치마킹은 다음과 같이 정의할 수 있다.

① 미시적 정의

특정분야에서 우수한 대상을 찾아 성과차이를 확인하고, 그 차이를 극복하기 위하여 대상의 뛰어난 운영방식을 배우면서 자기혁신을 추구하는 기법이다.

② 거시적 정의

선진 기업의 전략, 업무 프로세스, 정보기술, 조직 등에 대한 정보 수집 및 사례분석을 실시하고, 선정된 대상의 우수성과 자사간의 성과차이에 대한 원인을 분석하여, 이를 극복하기 위한 방안을 중장기적인 경영 계획 또는 정보화 계획에 반영하는 업무이다.

그림 145는 선진사 벤치마킹의 성과차이를 설명하고 있다.

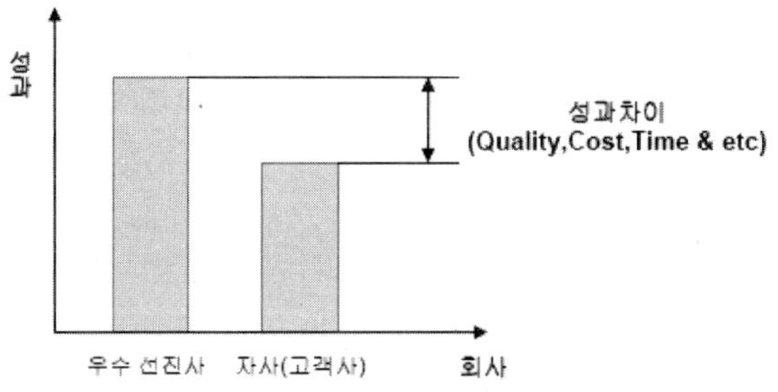

그림 145 :: 선진사 벤치마킹의 성과차이

성공적인 벤치마킹을 위해서는 벤치마킹을 통한 성과차이 분석 및 원인분석 뿐만 아니라, 규명된 원인을 제거하기 위하여 수립된 혁신 전략 및 활동 계획에 근거하여 혁신 활동을 전개해야 된다. 또한 혁신 활동 중의 변화관리 방안 및 활동수행 후의 평가방안(평가지표 포함)까지를 사전에 수립함으로써, 실패한 부분에 대한 원인분석을 가능하게 해야 된다. 또한 벤치마킹 실시 전에 충분한 사전 준비(벤치마킹 목적의 명확화, 구체적인 질의서 준비 등)를 하여 원하는 결과를 도출하도록 노력하여야 한다.

선진사 벤치마킹의 유형을 살펴보면 다음과 같다.

①대상에 따른 분류

구분	대상	장점	단점
내부 Benchmarking	•같은 기업내의 다른 지역, 타 부서, 국가 간의 유사한 활동	•자료수집이 용이 •다각화된 우량기업의 경우 효과가 큼	•관점이 제한됨 •편중된 내부시각 우려
경쟁적 Benchmarking	•동일 업종에서 고객을 직접적으로 공유하는 경쟁기업	•경영 성과와 관련된 정보 입수가 가능 •비교 가능한 업무/기술	•자료 입수 •윤리적 문제의 발생소지 •적대적 태도
비 경쟁적 Benchmarking	•제품, 서비스 및 프로세스의 단위 분야에 있어 가장 우수한 실무를 보이는 비 경쟁적 기업내의 유사 분야	•혁신적인 아이디어의 창출가능성이 높음	•다른 환경의 사례를 가공치 않고 적용할 경우, 효과를 보지 못할 가능성 높음
글로벌 Benchmarking	•프로세스에 있어 최고로 우수한 성과를 보유한 동일업종의 비 경쟁적 기업	•접근 및 자료수집이 용이함 •비교 가능한 업무/기술의 습득이 상대적으로 용이함	•문화 및 제도적인 차이로 발생되는 효과에 대한 검토가 없을 경우, 잘못된 분석결과의 발생 가능성 높음

②목적에 따른 분류

구분	정의	목적	비고
전략적 Benchmarking	▪장기적인 기업 가치 창출을 주목적으로 경쟁사를 대상으로 수행	▪동종 업계에서의 단기적 경쟁우위 확보	
고객 Benchmarking	▪동일 업종에서 경쟁기업과 직접적으로 공유하는 고객을 주대상으로 수행	▪동종 업계에서의 중단기적 경쟁우위 확보	
코스트 Benchmarking	▪기업의 가치 및 경쟁력 향상을 위하여 동종 또는 이종업계의 Best Practice를 대상으로 수행	▪중장기적 경쟁우위 확보	• 운영항목 ✓생산성 및 직접비에 초점 ✓가치사슬 상의 상이한 시점별로 누적원가 및 생산성을 비교 • 조직항목 ✓조직능력 및 인력 충원 효율성의 원천을 밝혀 종업원 각자를 대상으로 한 간접비 비교 • 프로세스 항목 ✓동종 및 이종 산업을 대상으로 특정 프로세스에 대한 최선의 프로세스를 정의함 ✓재설계 노력에 대한 목표를 분명히 하고 필요한 변화 과정의 매핑을 지원

③방식에 따른 분류

구분	정의	장점	단점
직접적 Benchmarking	▪Benchmarking 대상을 직접적으로 방문하여 수행	▪필요로 하는 정확한 자료의 입수 및 조사가 가능함 ▪Contact Point의 확보로 Benchmarking 이후에도 계속적으로 자료의 입수 및 조사가 가능함	▪Benchmarking 수행과 관련된 비용 및 시간이 많이 소요됨 ▪적절한 Benchmarking 대상 선정에 한계가 있음
간접적 Benchmarking	▪인터넷 및 문서형태의 자료를 통해서 수행	▪Benchmarking 대상의 수에 제한이 없고 다양함 ▪비용 또는 시간적 측면에서 상대적으로 많이 절감됨	▪Benchmarking 결과가 피상적임 ▪정확한 자료의 확보가 어렵고, 특히 핵심자료의 수집이 상대적으로 어려움

흔히들 선진사 벤치마킹에 대해 모방이나 복제라는 등으로 폄하하거나 한번 벤치마킹하고 나면 그걸로 끝이라는 편견을 가지고 있다. 표 28은 이러한 편견 및 오해에 대한 실체를 정리한 것이다.

표 28 :: 벤치마킹에 대한 편견 및 오해 (source: 'Improving through Benchmarking', 21th Century Books)

오해	실체
Benchmarking은 모방이나 복사다.	Benchmarking은 다른 기업/기관을 관찰하고 배우는 것이지 프로세스를 그대로 모방하는 것은 아니다. 그보다는 성공적인 접근방식을 채택하여 적용하여야 한다.

Benchmarking은 일류기업들의 수준까지 눈높이를 높이는 것일 뿐이다.	이러한 인식에서는 Benchmarking의 핵심을 놓칠 수 있다. Benchmarking은 단순한 수치를 넘어서서 결과를 산출하는 핵심요건을 찾은 것이다.
일단 최고를 Benchmarking 하고나면, 더 이상 Benchmarking을 할 필요가 없다.	Benchmarking은 일회성 행사가 아니다. 학습과 발견을 위한 긴 여정인 것이다. 따라서 많은 것을 찾을수록 더 많이 배우게 된다. 시장, 첨단기술, 기업의 경영환경은 끊임없이 변하고 성장하고 있다. 그러므로 Benchmarking은 지속적인 과정으로 간주되고, 고객의 요구조건을 충족시키며 이를 능가하기 위한 지속적 개선의 일환으로 이루어져야 한다.
Benchmarking과 견학은 동일한 것이다.	견학은 관련분야에 대한 안목과 견문을 넓히는 것으로 사명감이 따르지 않으나, Benchmarking은 그 목적이 분명한 관계로 철저한 사전 준비가 필요하고, 또한 결과에 대한 치밀한 분석을 요구한다.
Benchmarking은 관리자가 수행하여야 한다.	효과적인 Benchmarking을 위해 Benchmarking의 주체는 해당사안에 대하여 많이 고민하고 또한 이해하고 있는 실무 담당자가 진행하여야 한다.

그림 146은 선진사 벤치마킹의 예시이다.

1. 영업관리	**2.공사관리**	3.예산/원가/실적관리	4.품질/고객관리	5.사업	6.정보화
2.1. 설계/견적	**2.2. 실행예산**	2.3. 기성 및 원가관리	2.4. 준공/정산관리	2.5. 자료관리	

2.2.3. 다음항목중 코드 표준화가 되어있는것은 어떤 것들입니까?
A. 공구/공종 B. 표준일위대가 C. 원가코드(자재/노무/외주/장비/경비) D. 표준내역코드 E. 기타

조사대상업체	상세 설명	평가결과 S	P	O	T		비 고
A사	•모두 되어 있음 •D는 표준내역코드로 되어 있고 numbering도 되어 있음	○	●	○	◐	4	**평가Category** **S**:Strategy **P**:Process **O**:Organization **T**:Technology/ System **평가결과치** ●: 완성 ◐: 부분적 완성 ○: 미완성 -: 해당없음
B사	•건축,설비,Plant는 모두 표준화되어 있음 •토목은 B가 좀 안되어 있음. 도급내역 그대로	○	●	○	○	3	
C사	•A,B,C,D •회차 관리 되고 있음	○	●	○	○	3	
D사	•A, C, D(철강 부분만) •건축 토목을 중심으로 표준공종을 설정하여 확대하고 있음 •일위대가는 건축쪽에서 일부 수작업으로 관리됨. 전사적으로 표준화되어 관리되고 있지는 못함 •원가관리에 활용되는 Cost Code는 표준화가 되어 있음	○	◐	○	○	2	
E사	•A, C, D	○	◐	○	○	2	
G사	**• 시스템 별로는 코드화하여 사용하나 시스템간 연관성은 없음**	○	○	○	○	1	
F사	•D : 건축에서 일부 사용 •실무상은 표준화되어 있음. 시스템화는 안되어 있음. 부분적 표준화라 할 수 있음	○	◐	○	○	2	

그림 146 :: 선진사 Benchmarking 예시

6) 차이 분석

벤치마킹 결과를 바탕으로 해당 기업과 선진사의 차이를 분석함으로써 향후 업무 프로세스 및 정보시스템 구축의 기본 방향을 도출한다.

그림 147은 차이 분석의 단계를 도식화한 것이다. 차이 분석은 크게 프로세스 차이분석, 정보요건 차이분석, 업무 프로세스와 정보시스템 개선방향 도출 등의 세 단계로 진행된다.

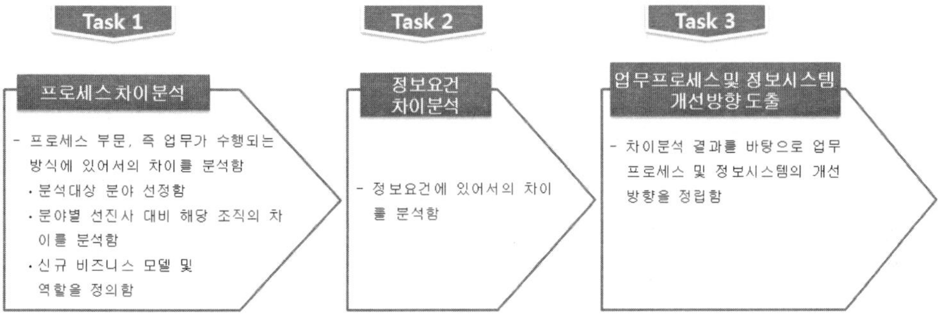

그림 147 :: 차이 분석

그림 148은 차이분석의 예시이다. 예시는 제조 부문의 사례로 선도적인 위치를 유지하기 위해서는 다음과 같은 분야에서 선진사와의 격차를 줄여야 한다고 분석하고 있다.

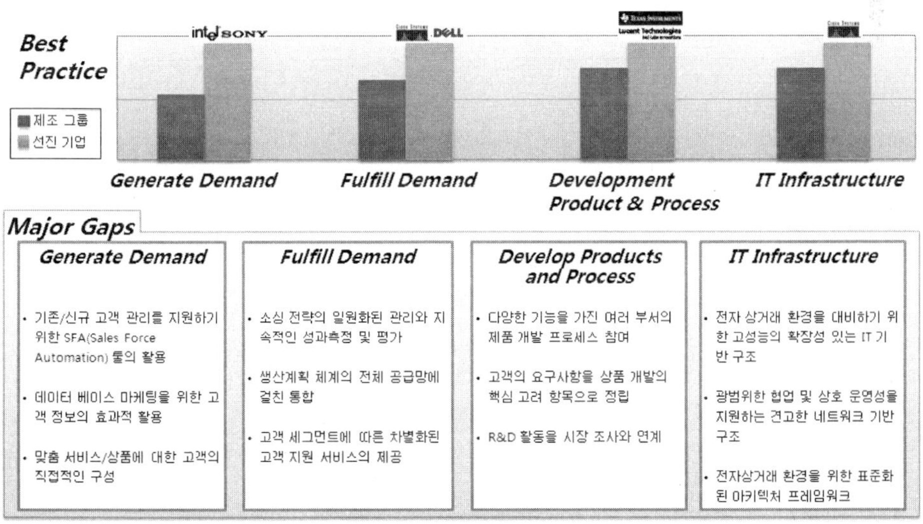

그림 148 :: 차이분석 예시

그림 149는 개선방향 도출의 예시이다.

Issue 4 : [지식관리]영업, 시공, 사후관리에 결쳐 발생되는 정보 및 지식이 공유·축적되어 향후에 활용될 수 있도록 관리되고 있습니까?

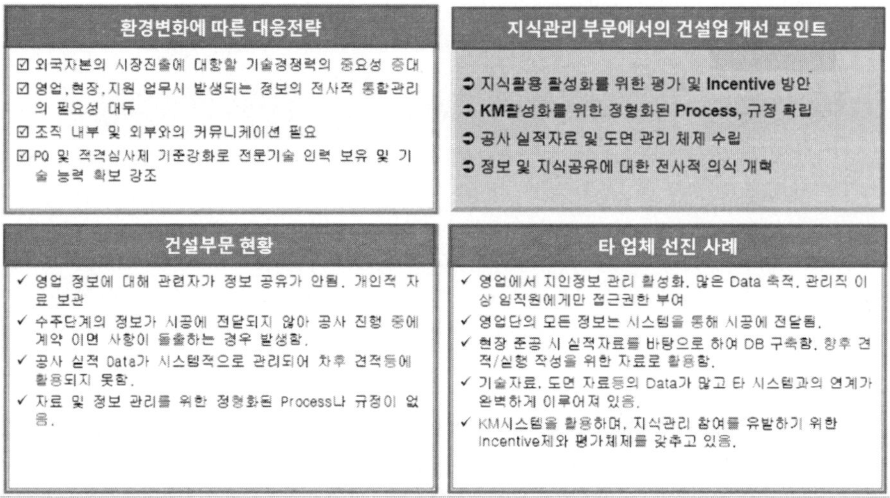

그림 149 :: 개선방향 도출 예시

4. 신 기업모형 정립

신 기업모형 정립 단계는 현황분석 결과를 토대로 신 비즈니스 프로세스를 정의하고 정보화 전략을 수립한다. 또한 이 정보화 전략을 바탕으로 정보시스템의 구조를 정의하고 정보관리 체계를 정립하는 일련의 과정을 포함한다.

그림 150은 신 기업모형 정립 단계에서 이루어지는 세부 활동들을 도식화한 것이다.

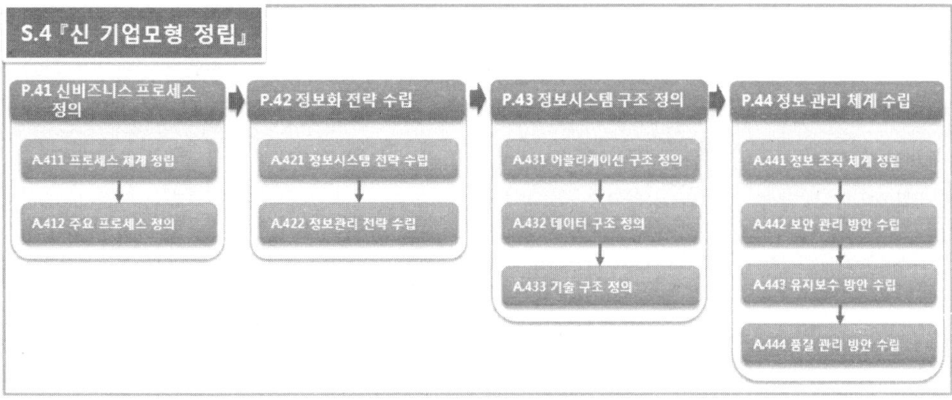

그림 150 :: Step.4 신 기업모형 정립

표 29는 신 기업모형 정립 단계의 세부 활동들을 Activity 수준에서 기술한 내용이다. 신 기업모형 정립 단계는 크게 신 비즈니스 프로세스 정의, 정보화 전략 수립, 정보시스템 구조 정의, 정보 관리 체계 수립의 4단계 phase로 구성된다.

표 29 :: Step.4 신 기업모형 정립

Step	Phase	Activity	내용	입력물	출력물	적용기법
S.4 신 기업 모형 정립	P.41 신 비즈니스 프로세스 정의	A.411 프로세스 체계 정립	· 신 프로세스 체계 정의 · 프로세스 평가 항목 정의	· 프로세스 개선방향 · 업무개선 및 정보화과제 · 차이분석서	· 미래 프로세스 맵 및 기술서 · 프로세스 체계도	· Matrix 기법
		A.412 주요 프로세스 정의	· 기존 프로세스 개선 · 기존 프로세스 삭제 · 기존 프로세스 통합 · 신규 프로세스 추가			
	P.42 정보화 전략 수립	A.421 정보 시스템 전략 수립	· 정보화 비전 및 목표 설정 · 정보시스템 구축 원칙 및 기술요건 정의 · 업무 개선 및 정보화 추진 방향 정의 · 정보화 추진전략 수립 · 정보화 추진 단계 정립	· 정보화 요구사항 · 미래 프로세스 맵 및 기술서 · 정보 환경 분석서	· 정보화 비전 및 목표 · 정보화 추진단계 · 정보화 전략 · 정보시스템 평가 기준 · 정보자원 관리 전략	
		A.422 정보관리 전략수립	· 정보자원 관리 전반의 전략 수립 (자원사용, 품질보증, 보안관리)			
	P.43 정보	A.431 어플리케	· 시스템 구성도 작성 · 시스템 내역 정의	· 정보화 전략 · 미래업무	· 어플리케이션 구조정의서	· Matrix 기법

		이션 구조 정의				
	시스템 구조 정의	A.432 데이터 구조 정의	· 데이터 구조 설계 · 엔티티 구조 정의		· 스키마 정의서 · ERD · 엔티티 정의서	
		A.433 기술구조 정의	· 정보기술 표준 정의 · 소프트웨어 구성도 작성 · 하드웨어 구성도 작성 · 네트워크 구조 정의 · 보안 체계 정립		· 통합정보시스템 기술구조도	
	P.44 정보 관리 체계 수립	A.441 정보 조직 체계 정립	· 정보 조직 체계 정립 · 역할 및 업무 추진 절차의 규정	프로세스모형 · 현 정보시스템 진단결과물 · 정보 환경 분석서 · 정보 부서 현황 및 업무 규정	· 정보조직 체계도 · 업무 규정서	
		A.442 보안 관리 방안 수립	· 보안 관리 방안 수립		· 보안관리 규정서	
		A.443 유지보수 방안 수립	· 유지보수 방안 수립		· 유지보수 규정서	
		A.444 품질 관리 방안 수립	· 품질 관리 방안 수립		· 품질관리 규정서	

1) 신 비즈니스 프로세스 정의

신 비즈니스 프로세스 정의 단계는 프로세스 체계를 재정립하고 주요 프로세스를 재정의하는 과정이다. 이를 위해 주로 프로세스 구조도, 프로세스 흐름도, 프로세스 정의서, 그리고 액티비티 정의서 등이 작성되어진다.

그림 151, 152는 프로세스 체계를 재정립한 프로세스 구조도의 예시이다.

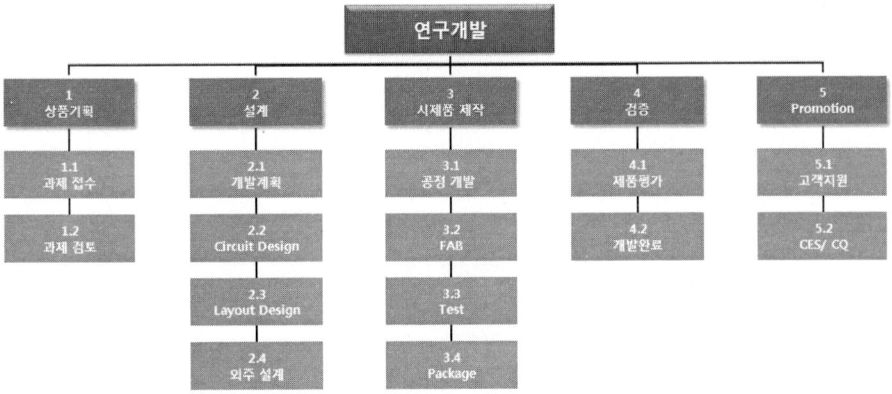

그림 151 :: 프로세스 구조도(Level 1) 예시

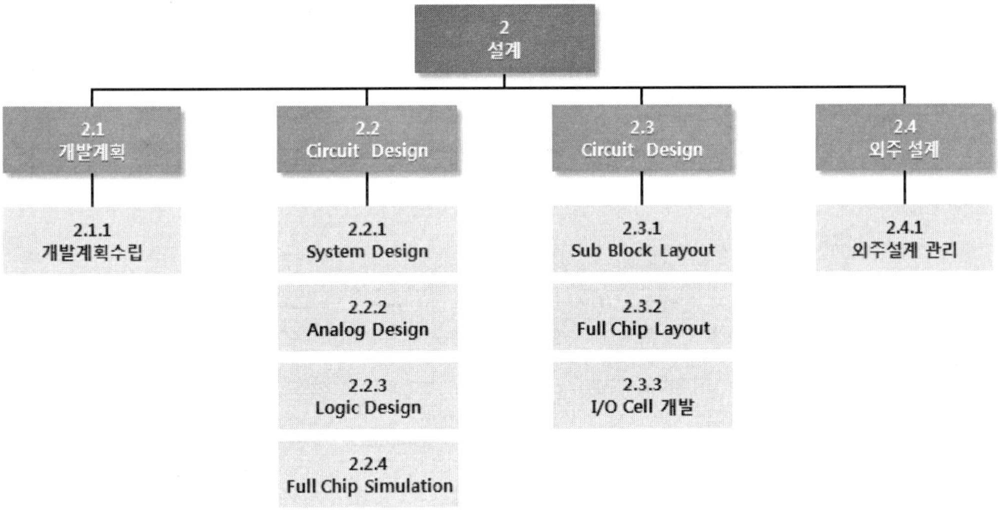

그림 152 :: 프로세스 구조도(Level 2) 예시

그림 153은 메이저 프로세스의 흐름도 예시이다.

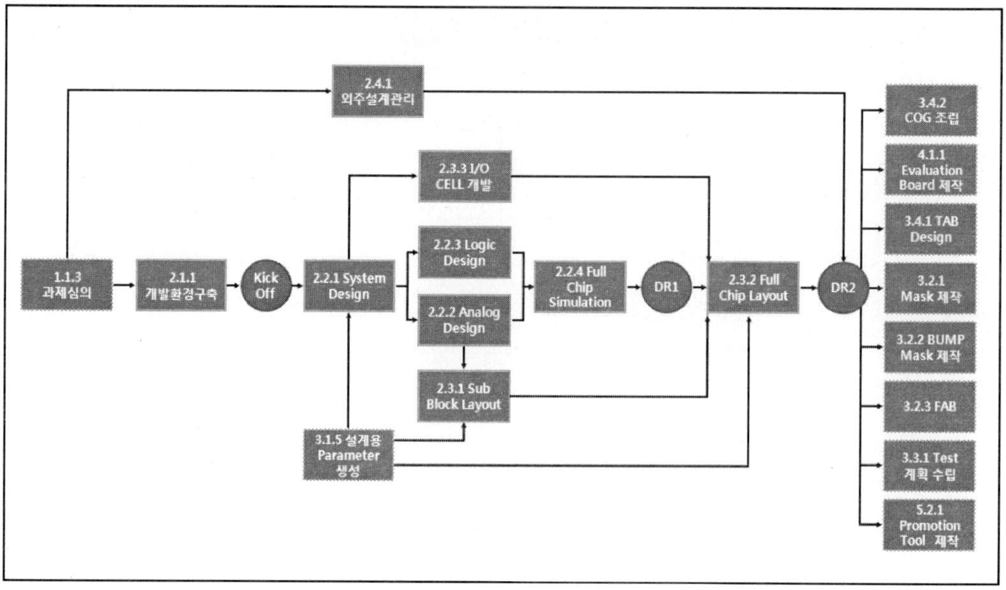

그림 153 :: 메이저 프로세스 흐름도 예시

그림 154는 프로세스 정의서의 예시이다.

Level 2 번호	B-3		
Level 2 명	A생산 및 실적관리		
구분	내용		
주요 내용	확정된 생산일정계획을 기준으로 A조립에 대한 작업지시를 수행하고, BLU 제조부서에서 실제 작업을 수행한 후 결과를 보고한다.		
수행범위	작업지시 및 작업결과 보고		
관련 KPI	Order to Delivery L/T, 납기 준수율		
이슈 사항	-생산방식 (생산오더 관리, 반복제조, KANBAN) ➔ 생산오더방식 사용 -Routing 관리(표준 작업시간, 표준원가를 위한 Activity관리) -Lot 제조이력 관리를 위한 MES시스템 구축 -공정검사 방법(전수/Lot검사) ➔ Lot sampling 검사 -품질검사 방법 및 Packaging 관련하여 별도의 업무협의가 되어야 함 -Lot 재작업 처리 시 재작업 Order 발행 유무 ➔ 공정 재작업에 관한 별도오더 사용하지 않음		
요구사항	-Lot 제조이력관리, 제품개별 제조이력관리		
입력 정보	생산오더(Assembly to Order)	출력정보	작업지시서, 작업결과 분석

그림 154 :: 프로세스 정의 예시

그림 155는 액티비티 정의서의 예시이다.

Level 2 번호	B-3				
Level 2 명	BLU 생산 및 실적관리				
Level 3 명	수행조직	설명 및 운영기준	입력정보	출력 정보	주기
작업지시	BLU 제조	-BLU 조립을 위한 생산오더의 작업지시를 수행한다.	생산오더	작업지시서	일
자재요청	BLU 제조	생산에 소요될 원자재 및 부자재에 대한 자재불출 요청을 한다.	작업지시서 (필요자재List)	자재요청서	일(교대)
자재투입	BLU 제조	자재불출 요청에 의하여 자재를 Kitting한 후, 자재를 공정으로 투입한다.	작업지시서 (필요자재List)	자재 Document	일(교대)
BLU 조립	BLU 제조	작업지시에 따라 BLU조립을 수행하고, 그 작업결과를 보고한다. -오더별 작업결과(양품/불량)	작업지시서	작업결과	일(교대)
SAMPLING 검사	품질	생산 중에 Lot구성을 위한 Sampling 검사를 하고, Lot합격 여부를 Check 한다.	N/A	검사결과	수시
개별 수리작업	BLU 제조	Sampling 검사 중 수리로 판정된 제품에 한하여 개별 수리작업을 실시한다. 별도의 오더 관리는 하지 않음.	N/A	수리결과	수시

그림 155 :: 액티비티 정의 예시

그림 156은 프로세스 흐름도의 예시이다.

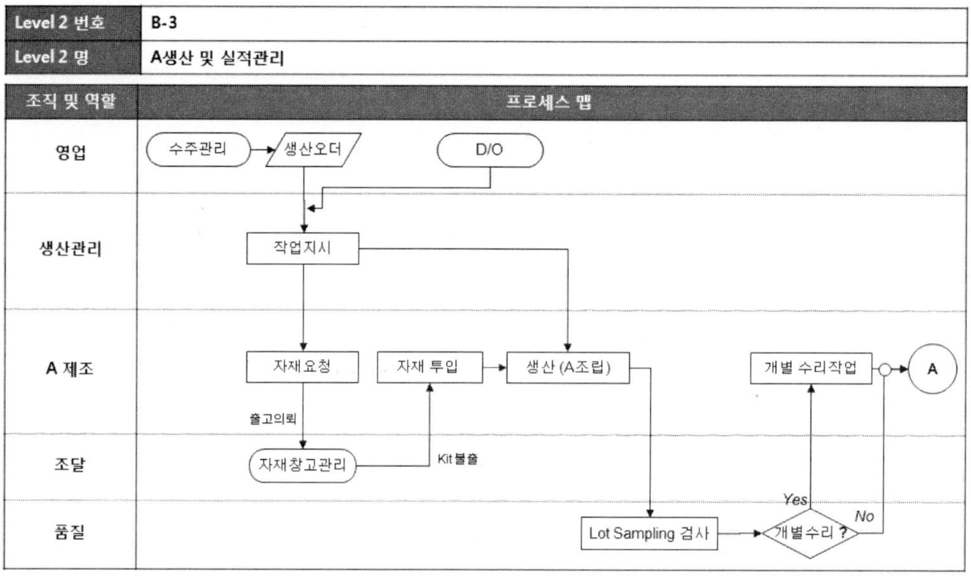

그림 156 :: 프로세스 흐름도 예시

2) 정보화 전략 수립

이 단계에서는 업무 프로세스와 정보 시스템의 개선 방향 및 개선 과제들을 고려하여 정보화 비전, 정보화 목표, 그리고 정보화 추진 전략 등을 수립한다.

그림 157은 정보화 전략 수립 단계를 도식화한 것이다.

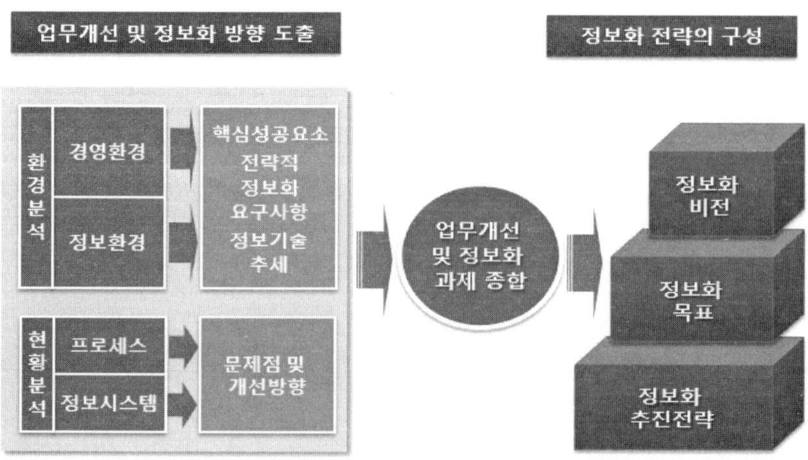

그림 157 :: 정보화 전략 수립 절차

일반적으로 정보화 전략은 정보화의 기본 방향 및 목표, 그리고 이를 실행하기 위한 기본 원칙을 그 내용으로 한다. 그림 158은 정보화의 기본 방향 예시이다.

K사의 정보화 기본방향은 정보시스템과 정보시스템 구조를 지원하는 정보기반, 정보시스템을 사용하는 사용자의 편의성 그리고 고객이라는 4가지 관점에서 기본방향을 정의한다.

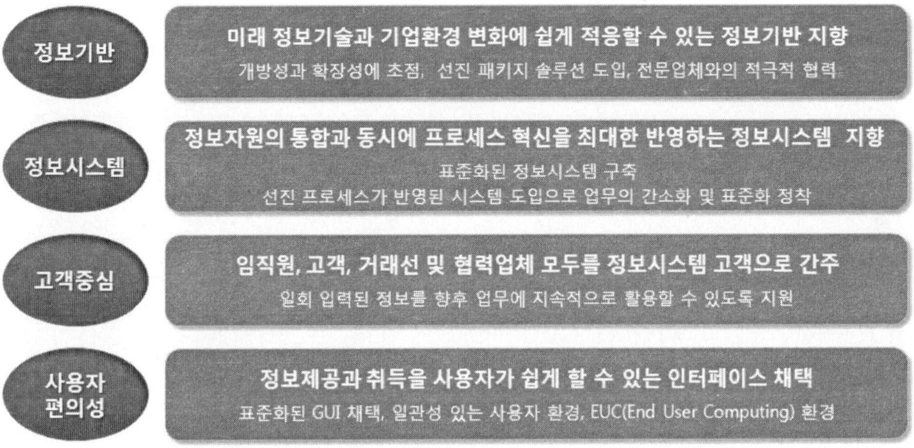

그림 158 :: 정보화 기본 방향 예시

그림 159는 정보화의 목표 예시이다.

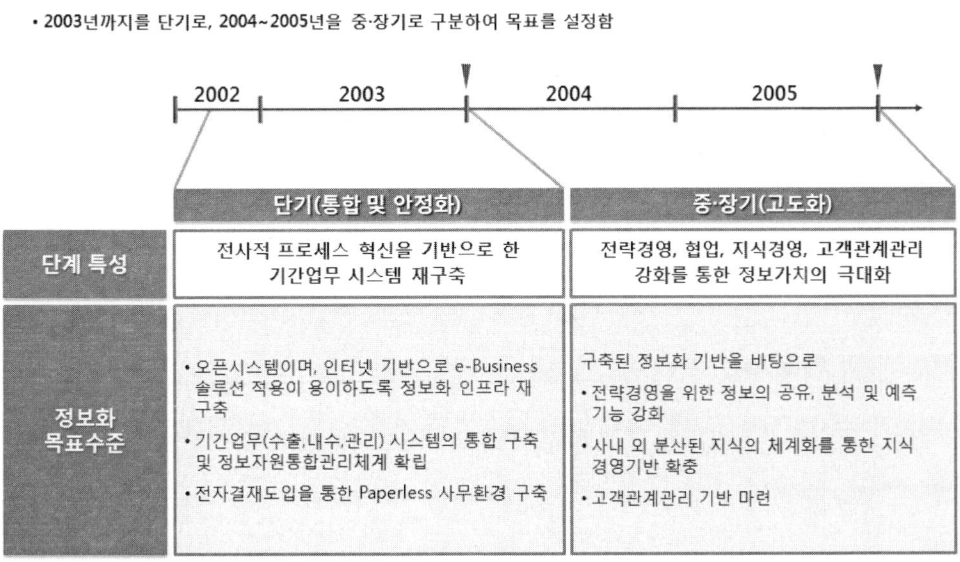

그림 159 :: 정보화 목표 예시

K사의 정보화 목표는 투명하고 효율적인 경영기반과 신속하고 정확한 업무관련 정보 제공 기반을 형성하여, '적기', '적품', '적가'를 만족시키는 선진화된 디지털 기업 정보시스템 구축이다.

그림 160은 정보화 전략의 예시이다.

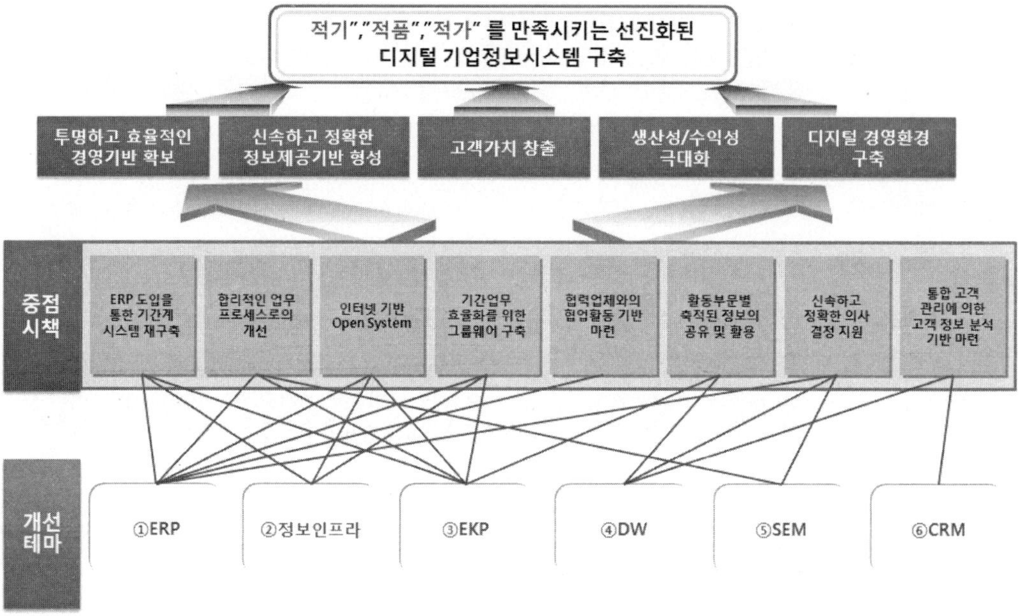

그림 160 :: 정보화 전략 예시

3) 정보시스템 구조 정의

미래 업무 프로세스 모형에 기반을 둔 전략적 정보시스템 구축을 위한 이상적인 어플리케이션 구조(정보 시스템 구성도, 내역서), 데이터 구조(ERD, 엔터티 정의서), 그리고 기술 구조(네트워크, 보안 등)를 정의한다.

4) 정보 관리 체계 수립

정보 조직체계 및 업무 규정을 정립하고 보안관리, 유지보수, 그리고 품질관리 방안을 수립한다.

그림 161은 유지보수 절차 예시이다.

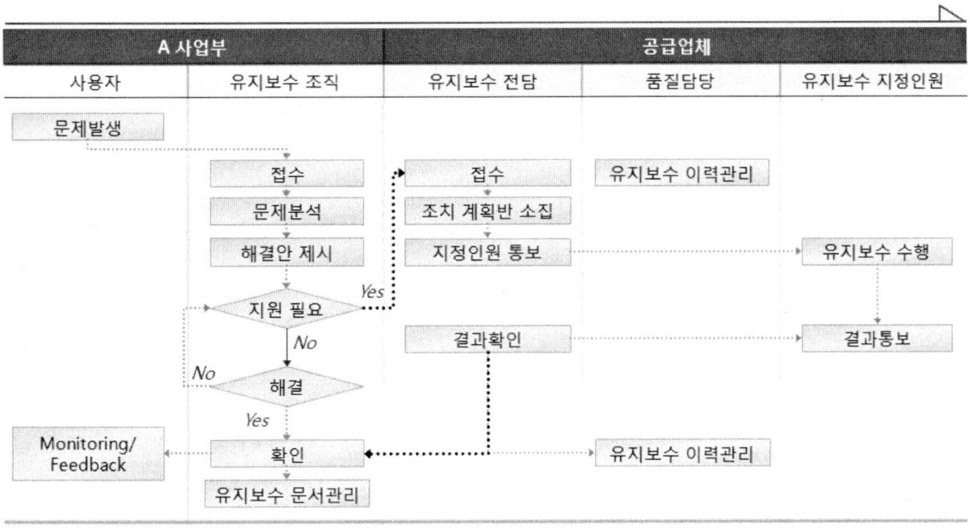

그림 161 :: 유지보수 절차 예시

5. 실행계획 수립

실행계획 수립 단계는 프로세스 개선 계획과 정보시스템 구축 계획을 수립하고 이를 연계한 통합실행계획을 수립하는 일련의 과정을 포함한다.

그림 162는 실행계획 수립 단계에서 이루어지는 세부 활동들을 도식화한 것이다.

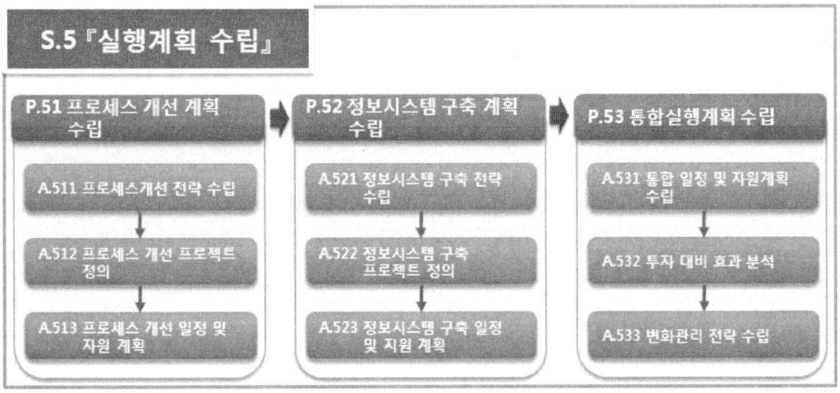

그림 162 :: Step.5 실행계획 수립

표 30은 실행계획 수립 단계의 세부 활동들을 Activity 수준에서 기술한 내용이다. 실행계

획 수립의 단계는 크게 프로세스 개선 계획 수립, 정보시스템 구축 계획 수립, 통합실행계획 수립의 3단계 phase로 구성된다.

표 30 :: Step.5 실행계획 수립

Step	Phase	Activity	내용	입력물	출력물	적용 기법
S.5 실행계획 수립	P.51 프로세스 개선 계획수립	A511 프로세스개선 전략 수립	· 핵심성공요소를 달성하기 위한 프로세스 개선 계획 수립	· 미래 업무 프로세스 모형 · 미래 정보시스템 구조 정의서 · 업무 프로세스 개선방향 · 정보 시스템 개선 방향 · 현행 정보시스템 현황	· 프로세스 개선 전략	· Matrix 기법 · BSC 기법
		A512 프로세스 개선 프로젝트 정의	· 프로세스 개선 프로젝트 정의		· 프로젝트 정의서	
		A513 프로세스 개선 일정 및 자원 계획	· 개선 프로젝트 추진 일정 및 자원 계획		· 프로젝트 일정 · 자원 계획	· 간트차트
	P.52 정보 시스템 구축 계획 수립	A521 정보시스템 구축 전략 수립	· 정보시스템 구축 전략 수립		· 정보시스템 구축 전략	· Matrix 기법 · BSC 기법
		A522 정보시스템 구축 프로젝트 정의	· 정보시스템 구축 프로젝트 정의		· 프로젝트 정의서	
		A523 정보시스템 구축 일정 및 자원 계획	· 정보시스템 구축 일정 및 자원 계획 수립		· 정보시스템 구축 일정 · 자원 계획	· 간트차트
	P.53 통합실행 계획 수립	A531 통합 일정 및 자원계획 수립	· 통합 일정 및 자원계획 수립		· 통합실행일정 · 자원계획	· 간트차트
		A532 투자 대비 효과 분석	· 정보화 투자 대비 효과 분석		· ROI 분석서	· ROI분석
		A533 변화관리 전략 수립	· 변화관리를 위한 별도의 추진팀 구성 · 변화관리 계획 및 교육체계 수립		· 조직도 · 변화관리 계획안	

1) 프로세스 개선 계획 수립

목표 CSF(핵심성공요소)를 달성하기 위한 프로세스 개선 계획을 수립하는 단계로, 프로세스 개선 전략을 수립하고 프로세스 개선 방향 등을 고려하여 프로세스 개선 프로젝트를 정의하며 또한 개선 프로젝트 추진을 위한 일정 및 필요 자원에 대한 계획을 수립한다.

2) 정보시스템 구축 계획 수립

정보시스템 구축 전략을 수립하고 정보시스템 개선 방향 등을 고려하여 정보시스템 구축 프로젝트를 정의하며 또한 정보시스템 구축 일정 및 지원 계획을 수립한다.

3) 통합실행계획 수립

프로세스 개선 계획과 정보시스템 구축 계획을 연계한 통합 일정 및 자원 계획을 수립한다. 또한 도입하려는 정보시스템별로 투자대비 효과분석(ROI; Return on Investment)을 실시하고 과제 추진의 용이성과 기대효과 등을 고려하여 우선 순위를 결정한다. 그리고 변화관리를 위한 별도의 추진 팀을 구성하고 교육 전략, 대상, 일정 등을 포함하는 변화관리 계획을 수립한다.

그림 163은 통합실행계획의 예시이다.

Example

Domain	1단계 : 내부업무의 효율화 (2003년 중 Start)	2단계 : Global 경영시스템 구축 (2004년 중 Start)	3단계 : 고객중심 모델로의 전환 (2005년 중 Start)
Reform-ISP	•A부문 정보화 전략 계획 수립		
ERP 고도화	•전사 회계 시스템 일원화 및 통합 •MRP개선 및 자동발주 체계 구축 •모듈별 기능 개선 (품질관리/설비관리/PDM)		
Speedy한 대응기반구축	•Global 생판 연계 SCP 구축 •공급업체와의 협업체계 개선 •SCM 성과지표 체계 구축		•선진 물류시스템(TMS) 구축
고객 중심의 현장 영업지원		•고객 및 영업정보의 통합 DB 구축 •Customer Service 시스템 구축	•SFA (Sales Force Automation) 시스템 구축 •파트너 협업 시스템(PRM) 구축
개발역량강화			•연구개발 협업 체계 구축(PLM) •연구개발 지식공유 시스템 구축
가치경영 및 지식경영 달성		•전사통합 경영자 정보시스템 구축 •의사결정 지원 시스템(DSS) 구축 •전략적 성과지표 관리시스템 구축 •지식관리 및 Knowledge DB 구축	•Enterprise Knowledge Portal 구축
IT Infra 개선	•Communication 및 N/W성능 개선	•보안체계 강화	•기간시스템 연동의 Enterprise Portal 구축

그림 163 통합실행계획 예시

그림 164는 과제 우선순의를 정하는 우선순위 결정 매트릭스의 예시이다.

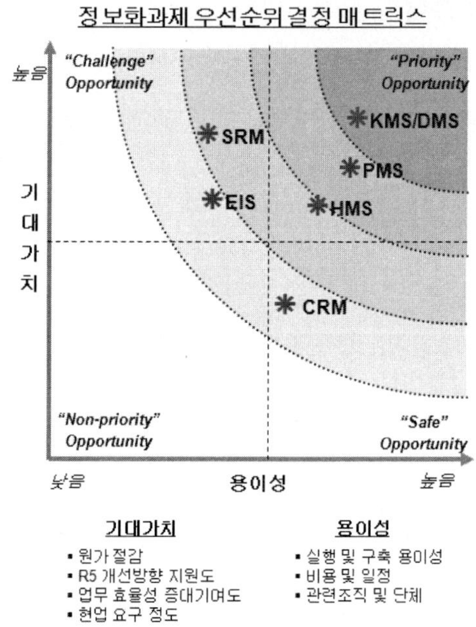

그림 164 :: 과제 우선순위 예시

그림 165는 과제별 실행계획의 예시이다.

목표	업무 프로세스와 통합된 지식관리 및 운영	현장중심의 공사관리/지원 체계의 구축(1)
현상	• 프로젝트 진행중에 발생하는 각종 자료들이 축적/공유/관리 되지 못하고 있음. • 공사종료 후 공사관련 자료를 제출하는 명확한 프로세스와 담당자가 지정되어 있지 않음.	• 코드불일치 및 내역 구조의 상이함으로 인해 시스템 간 자동 연계가 되지 못함. • 견적원가~실행원가~집행원가 연계 비교가 이루어지지 않음.
추진 과제	• 문서표준화 • KMS/DMS 도입 및 지식관리 활성화	• 본사와 현장과의 협업 체계 구축 • 표준화된 현장 개설 및 시공계획 수립 Process 정립 • 공정관리를 통한 기성 및 원가 산출체계 구축 • 견적~실행~집행을 연계한 원가예측 관리
	• KMS/DMS 시스템 구축	• PMS 구축 및 B System 개선

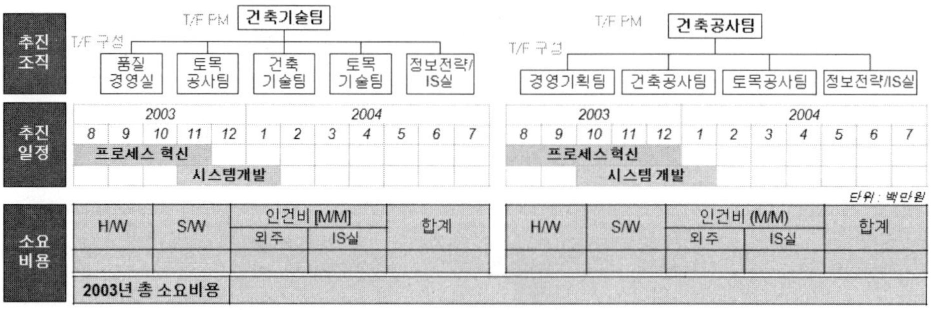

그림 165 :: 과제별 실행계획 예시

그림 166은 투자대비 효과 분석의 예시이다.

정량적 기대효과 시나리오별 산출내역	개발비용	낙관적	중간적	보수적	산출근거	지표대상	외부자료
현장중심의 공사관리 지원체계 구축(PMS/B시스템개선)		12%	8%	5%	평균Md_Cost x 현소요일수 x 절감목표지수(Ke)	실행예산관리	-한국토지공사/생산성 12% 향상 -중소기업청/업무효율성 38.8% 향상
사업성 분석 강화를 위한 영업/견적 체계구축(HMS)		16% 8%	12% 4%	5% 2%	평균Md-Cost x 절감목표지수(Ke) 공사손실충당금 x 시공손실점유율 x 절감목표지수(Ke)	영업정보공유 및 활용	-마케팅정보화 영향도 16.6% 향상 -영업,견적,시공 전체공사비대비 6% 점유
전자인증체계에 의한 입찰/계약/기성처리 시스템화(SRM)		-	-	-	년간 수입인지 절감비용	수입인지비용	-P사 년간 4억 비용감소 -T사 년간 7억 비용감소
지식정보의 자료축적 및 활용극대화(KMS/DMS)		15%	10%	6%	문제해결/중복지식/교육…etc x 절감목표지수(Ke)	KMS/DMS활성도	-한국기업근무현황 분석표
경영 의사결정 지원체계 구축(EIS)		7%	5%	3%	공사손실충당금 x 절감목표지수(Ke)	공사손실 충당금	-V건설공사(일본) 30%향상
고객관계관리를 통한 고객만족 및 마케팅체계구축(CRM)		1.5% 1%	0.8% 0.5%	0.6% 0.3%	-영업이익 x 마케팅 영향도지수(Me) -브랜드 가치 x 소비자 영향도 지수(Ce)	고객관리관리 Brand builder 전문상담요원	-L공사/고객대응력 2% 향상 -브랜드의 소비자 영향도(브랜드 화폐가치기준 1.0%)
기타 개선/개발					>정보팀의 인건비 투입비용과 Infra개선을 위한 투자비용 제외.		
합계					>프로젝트 평균수행기간 3년(가정)		

그림 166 :: 투자대비 효과 분석 예시

그림 167은 시나리오별 투자대비 효과 분석 예시이다.

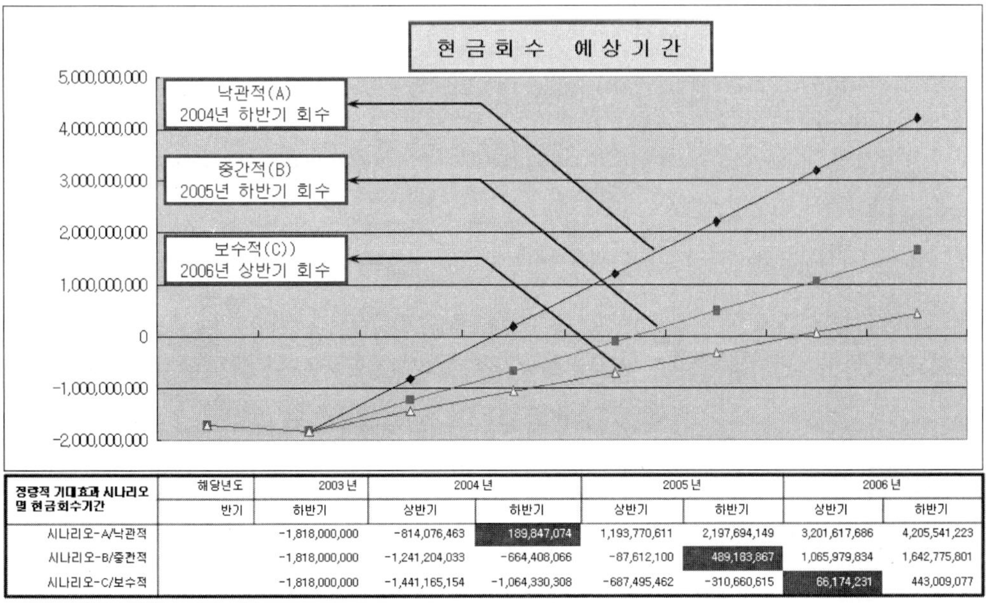

정량적 기대효과 시나리오별 현금회수기간	해당년도	2003년	2004년		2005년		2006년	
	반기	하반기	상반기	하반기	상반기	하반기	상반기	하반기
시나리오-A/낙관적		-1,818,000,000	-814,076,463	189,847,074	1,193,770,611	2,197,694,149	3,201,617,686	4,205,541,223
시나리오-B/중간적		-1,818,000,000	-1,241,204,033	-664,408,066	-87,612,100	489,183,867	1,065,979,834	1,642,775,801
시나리오-C/보수적		-1,818,000,000	-1,441,165,154	-1,064,330,308	-687,495,462	-310,660,615	66,174,231	443,009,077

그림 167 :: 시나리오별 투자대비 효과 분석 예시

그림 168은 변화관리 모델을 나타낸다. 이 변화관리 모델은 크게 Navigation, Sponsorship, Ownership, 그리고 Enablement로 구성되며 변화관리 대상에 따라 그 요소들이 차별화되어 적용된다.

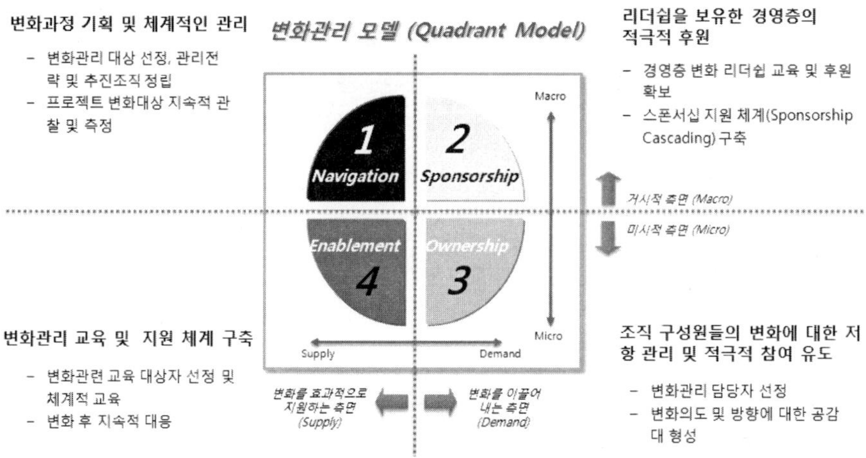

그림 168 변화관리 모델

효율적인 변화관리를 위한 부문별 전략을 살펴보면 다음과 같다.

① 변화관리를 위한 별도의 추진팀을 구성하여 변화관리에 대한 총괄적인 기획과 진행사항을 관리해야 하며, 강력한 추진을 위해 경영층의 후원을 확보하여야 한다.

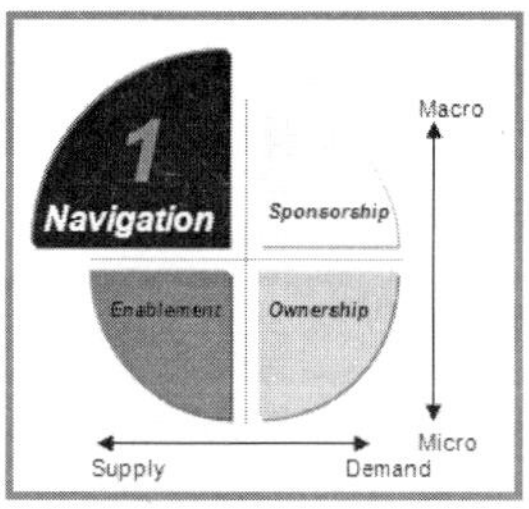

변화과정 기획 및 체계적인 관리

- 변화관리를 위한 전사적 추진조직 [가칭:변화관리팀] 구성
- 프로젝트별 변화관리대상 선정 및 세부전략 수립
  - 변화관리 전문인력을 활용한 체계적인 변화관리 수행
  - 구체적 성과지표를 활용한 변화관리 기획
  - 변화에 대한 영향평가 및 위험축소 계획 수립
  - 新업무 수행 조직으로의 전환계획수립
  - 변화 결과를 정확하게 평가하고 보상하는 제도 정립

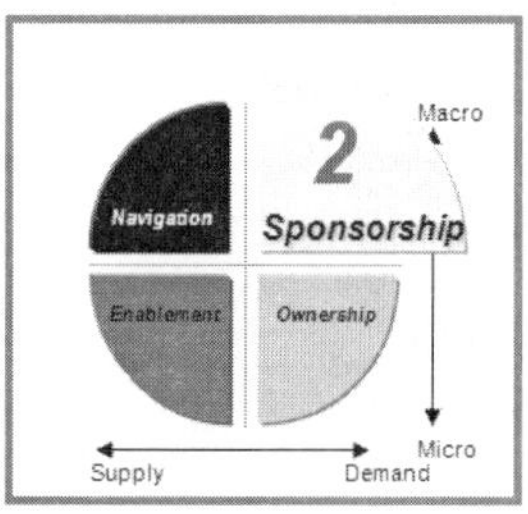

리더쉽을보유한 경영층의 적극적 후원

- 강력한 리더쉽을 가진 경영층의 후원 확보
- 경영진 대상 Knowledge Session을 통해 경영진의 변화 리더십의 증진 도모
- 스폰서쉽 지원 체계(Sponsorship Cascading) 형성
  - 전 직원을 대상으로 경영층의 강력한 변화 의지 확산
  - 경영층과 직원 간 커뮤니케이션 활성화 추진

② 변화 부문별로 책임자를 선정하고 이들을 통해 변화관리 활동을 수행하도록 하며, 변화에 적응하기 위한 체계적인 교육 및 Help Desk가 필요하다.

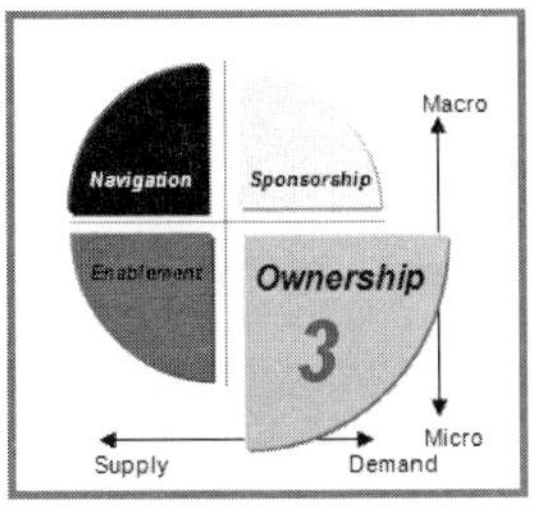

조직 구성원들의 변화에 대한 저항관리 및 적극적 참여 유도

- 변화관리 담당자(Change Owners)를 선정하고 이들을 중심으로 변화 관리 활동 전개
- 경영층 및 직원들이 변화 의도와 방향에 대해 공감대 형성
  - Workshop을 통한 변화관리 참여 확대
  - 변화 목적 및 효과에 대한 전사 차원의 홍보 활동

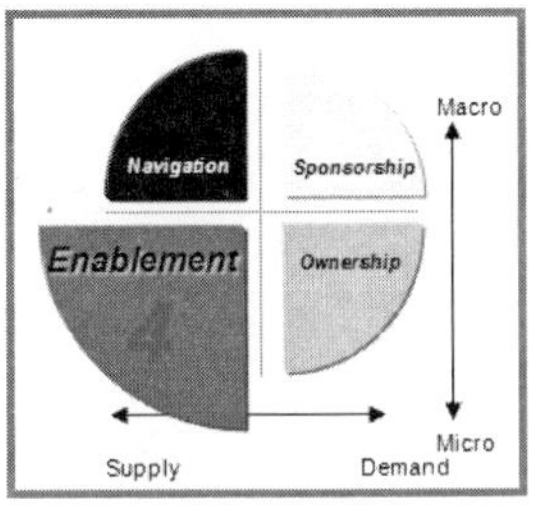

변화관리 교육 및 지원 체계 구축

- 변화관리 프로젝트에 대한 이해
- 프로젝트 단계별 변화관련 대상자 선정
- 체계적인 교육 프로그램의 기획 및 실행 추진
- Help Desk를 통한 변화관련사항 접수 및 처리

6. 정보시스템 구축

정보시스템 구축은 이전의 단계에서 설계된 내용을 바탕으로 정보시스템을 구체화하는 단계로 먼저, 개발환경을 설정하고 개발 tool을 설치한다. 개발자들은 이 개발 tool들을 활용하여 시스템을 구축하고 필요한 테스트를 실시한다.

그림 169는 정보시스템 구축 단계에서 이루어지는 세부 활동들을 도식화한 것이다.

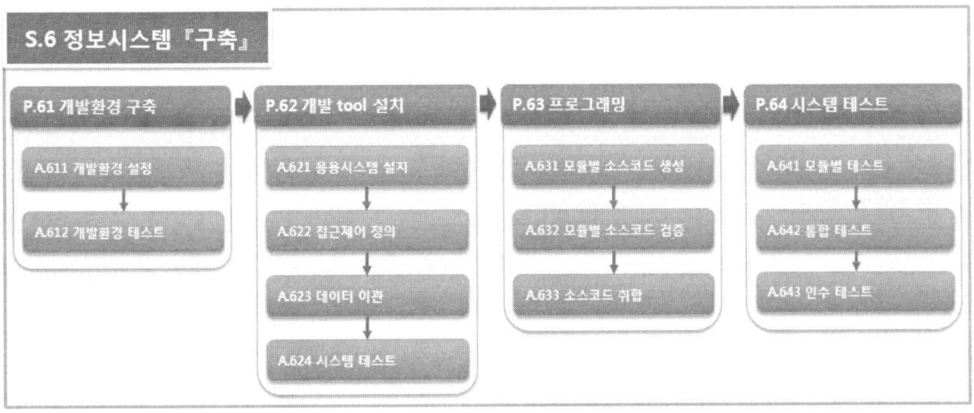

그림 169 Step.6 정보시스템 구축

표 31은 정보시스템 구축 단계의 세부 활동들을 Activity 수준에서 기술한 내용이다. 정보시스템 구축의 단계는 크게 개발환경 구축, 개발 tool 설치, 프로그래밍, 시스템 테스트의 4단계 phase로 구성된다.

표 31 :: Step.6 정보시스템 구축

<table>
<tr><th>Step</th><th>Phase</th><th>Activity</th><th>내용</th><th>출력물</th></tr>
<tr><td rowspan="13">S.6 정보시스템 구축</td><td rowspan="2">P.61 개발환경 구축</td><td>A.611 개발환경 설정</td><td>· 설계 단계에서 정의된 개발 환경의 구축</td><td>· 개발환경 도입 계획서
· 개발환경 설비 검수서</td></tr>
<tr><td>A.612 개발환경 테스트</td><td>· 구축된 개발환경의 기능 및 보안 테스트</td><td>· 개발환경 테스트 시나리오 및 결과 보고서</td></tr>
<tr><td rowspan="4">P.62 개발 tool 설치</td><td>A.621 응용시스템 설치</td><td>· 개발에 필요한 응용시스템 설치</td><td>· 응용시스템 설치보고서
· 시스템관리 저장소 목록</td></tr>
<tr><td>A.622 접근제어 정의</td><td>· 사용자의 접근 권한을 지정하고 보안을 위한 물리적 시스템 권한 지정</td><td>· 작업그룹 설정 내역서
· 시스템별 자원 접근 권한 정의서</td></tr>
<tr><td>A.623 데이터 이관</td><td>· 기존 데이터 이관 계획 수립 및 실행</td><td>· 데이터 이관 계획 및 지침서
· 데이터 이관 대상 목록</td></tr>
<tr><td>A.624 시스템 테스트</td><td>· 실제 데이터가 응용 시스템에서 원활히 운영되는지 테스트</td><td>· 테스트 결과 보고서</td></tr>
<tr><td rowspan="3">P.63 프로그래밍</td><td>A.631 모듈별 소스코드 생성</td><td>· 모듈별 프로그램 소스 코드 작업</td><td>· 이벤트 모델 구성도
· 공통 참조 모듈 정의서</td></tr>
<tr><td>A.632 모듈별 소스코드 검증</td><td>· 각 모듈의 정상 작동 확인을 위한 예비 시험 데이터 준비
· 프로그램 코드 검토 및 디버깅 작업</td><td>· 테스트 데이터 정의 및 목록
· 코드 안내서</td></tr>
<tr><td>A.633 소스코드 취합</td><td>· 작성되어진 모듈별 소스코드 취합</td><td>· 프로그램 소스코드</td></tr>
<tr><td rowspan="3">P.64 시스템 테스트</td><td>A.641 모듈별 테스트</td><td>· 준비된 시험 데이터로 단위 모듈 및 스트링 테스트 실시</td><td>· 단위 테스트 시나리오 및 결과 보고서</td></tr>
<tr><td>A.642 통합 테스트</td><td>· 기능 수행, 데이터 처리 테스트
· 시스템의 안정성 및 보안 테스트</td><td>· 통합 테스트 시나리오 및 결과보고서</td></tr>
<tr><td>A.643 인수 테스트</td><td>· 사용자와 관리자에게 시스템 인계 후 테스트 실시</td><td>· 요구사항 대비 기능 대비표
· 인수 테스트 시나리오 및 결과 보고서</td></tr>
</table>

1) 개발환경 구축

이 단계는 개발환경을 설정하는 단계로 설계 단계에서 정의된 개발 환경을 구축하고 관련된 각종 기능 및 보안 테스트를 수행한다. 그리고 이러한 개발환경의 설정이 완료되면, 개발에 필요한 응용시스템을 활용하여 구축 예정 시스템의 개발을 진행하게 된다.

2) 개발 tool 설치

이 단계에서는 개발에 필요한 하부 응용시스템들을 설치하고 개발자들 간의 작업 그룹과 자원 접근 권한 등을 정의한다. 또한, 기존 시스템 데이터를 이관하기 위한 작업계획을 수립한다.

이러한 설치, 정의, 이관 작업이 완료되면, 시스템 테스트를 통해 실제 데이터가 응용시스템에서 원활히 운영되는지 점검하고 그 결과를 취합하여 수정지침을 수립한다.

3) 프로그래밍

설계되어진 정보시스템의 내용에 근거하여 개발자가 모듈별 프로그램 소스 코드 작업을 통해 프로그램을 생성하는 단계이다. 소스 코드가 완료된 모듈은 개별적으로 정상 작동하는지 실제 데이터가 아닌 예비 시험 데이터를 준비하여 테스트를 진행한다. 또한 프로그램 코드 검토 및 디버깅 작업을 수행한다.

개별 소스코드 작성이 모두 완료되면 모듈별로 만들어진 소스코드를 취합하여 하나의 프로그램으로 만든다.

4) 시스템 테스트

준비된 시험 데이터로 단위 모듈 및 스트링 테스트를 실시한다. 모듈별 테스트가 완료되면 통합 테스트를 실시하는데, 통합 테스트는 기능 수행, 데이터 처리, 시스템 안정성, 그리고 보안 테스트 등을 포함한다. 이러한 일련의 테스트 과정이 성공적으로 완료되면, 구현된 정보시스템을 사용자 및 관리자에게 인계한 후에 최종적인 인수 테스트를 실시한다.

7. 정보시스템 운영

정보시스템 운영 단계에서는 개발된 정보시스템을 운영 관리하고 사용 현황을 모니터링한다. 또한, 주기적으로 라이브러리 관리를 실시하고 품질 보증 및 보안 활동을 수행한다.

그림 170은 정보시스템 운영 단계에서 이루어지는 세부 활동들을 도식화한 것이다.

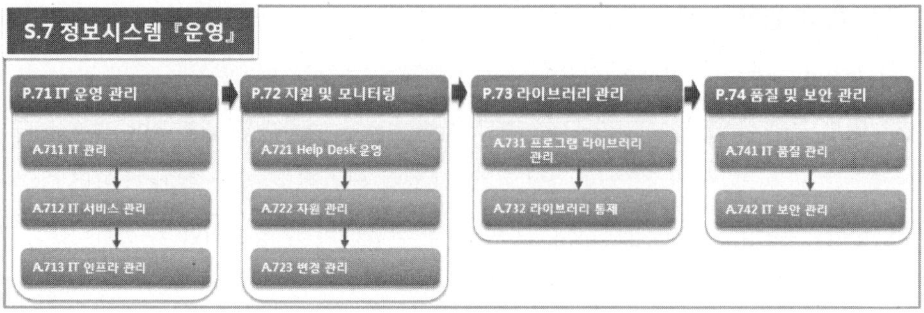

그림 170 :: Step.7 정보시스템 운영

표 32는 정보시스템 운영 단계의 세부 활동들을 Activity 수준에서 기술한 내용이다. 정보시스템 운영의 단계는 크게 IT 운영관리, 지원 및 모니터링, 라이브러리 관리, 그리고 품질 보증 및 보안의 4단계 phase로 구성된다.

1) IT 운영 관리

정보시스템의 효율적인 운영을 위해 인적, 물적 자원 관리와 더불어 각 IT 서비스의 수준 관리 및 가용성 관리를 수행한다. 또한 IT 인프라 관리를 통해 시스템의 기밀성, 가용성, 보안 관리 등에 관한 지침을 수립하고 실제 적용한다.

2) 지원 및 모니터링

시스템 사용자를 지원하는 지원 데스크(Help Desk)를 상시 운영하고 적극적으로 대응함으로써 시스템의 운영 효율을 높이고 또한 시스템 자원의 최적 배분을 위해 자원 사용 현황을 수시로 모니터링 한다. 더불어 업무 환경 변화에 맞추어 신속하게 시스템을 수정하고 적용 가능하도록 시스템 체계를 구축하고 시스템 수정에 대한 변경 관리를 수행한다.

표 32 :: Step.7 정보시스템 운영

Step	Phase	Activity	내용	출력물
S.7 정보시스템 운영	P.71 IT 운영 관리	A.711 IT 관리	· 정보시스템 운영을 위한 관리 지침 수립 및 적용	· 시스템 운영 지침서
		A.712 IT 서비스 관리	· IT 서비스의 수준 관리 및 가용성 관리	· IT 서비스 수준 관리서 · 시스템 용량 관리서
		A.713 IT 인프라 관리	· IT 인프라 운영, 장애, 그리고 보안 등에 관한 관리 지침 수립 및 적용	· 인프라 운영 지침서 · 장애처리 및 대응 절차 지침서 · 보안관리 지침서

	P.72 지원 및 모니터링	A.721 Help Desk 운영	· 시스템 사용자를 위한 지원 데스크 운영	· 지원 데스크 운영 계획서 · 지원 내역서
		A.722 자원 관리	· 시스템 자원의 최적 배분을 위한 자원 사용 현황 모니터링 및 관리	· 모니터링 계획서 · 일일/주간 결과 보고서 · 사고처리 내역서
		A.723 변경 관리	· 시스템의 수정 및 변경 관리	· 변경 및 릴리즈 관리서 · 변경승인 요청서
	P.73 라이브러리 관리	A.731 프로그램 라이브러리 관리	· 프로그램 소스 및 DB의 라이브러리 관리	· 라이브러리 목록 · 갱신 및 수정 요청 및 승인서
		A.732 라이브러리 통제	· 라이브러리의 보안 및 기밀성 관리	· 라이브러리 접근권한 목록 · 접근통제 내역 관리대장
	P.74 품질 및 보안관리	A.741 IT 품질 관리	· 구축된 시스템의 품질 유지 및 관리	· IT 품질 관리 계획서
		A.742 IT 보안 관리	· 시스템 전반의 보안 관리	· 시스템 보안 지침 · IT 보안 평가계획 및 결과보고서

3) 라이브러리 관리

프로그램 소스 및 DB의 라이브러리를 항시 관리하고 통제한다. 또한 라이브러리의 보안 및 기밀성을 유지한다.

4) 품질 및 보안 관리

구축된 시스템의 품질 유지 및 관리를 수행하고 더불어 시스템의 보안 관리를 통한 정보 및 데이터의 기밀성을 유지한다.

8. 정보시스템 평가

정보시스템 구축 이후 일정기간 동안의 시범 운영을 통해 안정화가 되면 해당 정보시스템을 활용하여 실제 업무를 처리하게 된다. 실 업무 적용 이후 정보시스템의 성공적인 도입 여부에 대한 평가가 필요한데 이를 위해 평가를 준비하고 평가 기준을 마련한다. 이를 기반으로 정보시스템 성과분석 등의 평가 작업을 실시하고 최종적으로 그 결과를 정리하고 공유한다.

정보시스템 평가 단계는 정보시스템 프로젝트 완료 후에 이루어지므로 사후평가라고 볼 수 있으며, 프로젝트 기대효과 대비 결과를 비교함으로써 프로젝트의 문제점을 파악하고 개선하는데 목적이 있다. 또한, 향후 유사 프로젝트 수행 시에 이전 프로젝트의 평가내용을 활용함으로써 체계적인 프로젝트의 관리 및 성공적인 추진에 크게 기여한다.

그림 171은 정보시스템 평가 단계에서 이루어지는 세부 활동들을 도식화한 것이다.

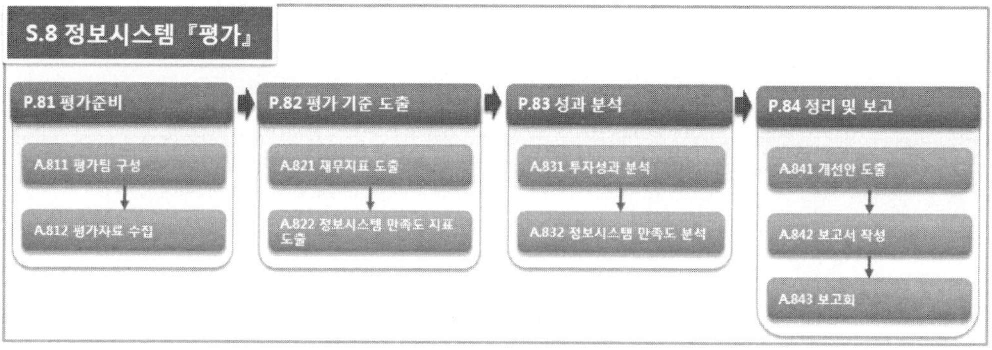

그림 171 :: Step.8 정보시스템 평가

표 33은 정보시스템 평가 단계의 세부 활동들을 Activity 수준에서 기술한 내용이다. 정보시스템 평가 단계는 크게 평가준비, 평가 기준 도출, 성과 분석, 그리고 정리 및 제언의 4단계 phase로 구성된다.

표 33 :: Step.8 정보시스템 평가

Step	Phase	Activity	내용	출력물
S.8 정보시스템 평가	P.81 평가준비	A.811 평가팀 구성	· 평가를 주도할 조직 구성	· 평가 팀 조직도
		A.812 평가자료 수집	· 평가를 위한 자료를 수집	· 평가 자료
	P.82 평가 기준 도출	A.821 재무지표 도출	· 재무관련 지표를 도출	· 재무지표
		A.822 정보시스템 만족도 지표 도출	· 정보시스템의 만족도 분석을 위한 지표를 도출	· 만족도 지표
	P.83 성과 분석	A.831 투자성과 분석	· 정보시스템의 투자성과를 분석	· 투자성과 분석서
		A.832 정보시스템 만족도 분석	· 사용자로부터 정보시스템의 만족도를 분석	· 만족도 분석 결과서
	P.84 정리 및 보고	A.841 개선안 도출	· 성과분석 결과를 바탕으로 개선안을 도출	· 개선안
		A.842 보고서 작성	· 최종 결과보고서를 작성	· 결과보고서
		A.843 보고회	· 보고회 개최	

1) 평가준비

정보시스템 프로젝트 평가를 위한 평가 팀을 구성하고 자료 수집 등의 평가를 위한 준비를 수행한다.

2) 평가 기준 도출

정보시스템 프로젝트 평가를 위한 평가기준으로 재무 지표와 정보시스템 만족도 지표를 도출한다. 표 34는 공공 부문의 정보시스템 만족도 지표의 예시이다.

표 34 :: 정보시스템(공공 부문) 만족도 지표 예시

측정영역	측정부문	측정그룹(문서)	측정지표
업무	업무	업무추진 용이성 달성	민원처리 공개 용이성
			부적당 신청 관리 용이성
			오류 추적 용이성
			정보 재활용 용이성
업무	업무	조직업무 효율성 달성	담당자 만족도
			문서회람 시간 절감(%)
			민원처리 시간 절감(%)
			보고 및 통계처리 시간 절감(%)
			사무비용 절감
			업무 영역 확장
			업무시간 단축(%)
			행정업무 시간 감축
			행정집행 시간 단축
			업무처리시간단축률
			대면 접촉 축소(%)
			업무처리의 정확성
			타기관과의 데이터 공유정도
		조직업무 투명성 달성	상조 분위기 혁신
			의사결정체계 간소화
			행정투명성 향상
			사용자 참여활성화 정도
고객	고객	고객서비스만족	민원인 행정 만족도
		고객혜택	고객방문비용절감

3) 성과 분석

투자성과와 정보시스템 만족도를 분석한다.

그림 172는 정보시스템의 효과 지표별 화폐가치 분석결과의 예시이다.

구분	세부 항목 내역	금액 (억원)
업무생산성 향상	• 생산부문 37FTE*	19
	• 영업부문 59FTE	29
	• 간접부문 54FTE	27
	소 계	75
재고비용 절감	• 제품재고감축	27
	• 재공품재고감축	13
	• 원재료재고감축	11
	소 계	51
IT 비용 절감	• IT 용역료 20% 감축	11
	• Host 사용료 100% 감축	24
	소 계	35
기 타	• 결품율감축을 통한 판매기회 증대 등	19
	소 계	19
	합 계	180

* FTE: Full Time Equivalent

그림 172 :: 효과 지표별 화폐가치 분석결과 예시

그림 173은 정보시스템 만족도 분석의 예시이다.

구분	사용안내 지원정도	사용자 편의성	유연성	데이터 정확성	정보 접근성	보안성	적시성	사용자 지원	신뢰성	응답속도
사용자만족도	3.6	3.6	3.4	4.0	3.8	4.1	3.8	4.5	4.5	3.7

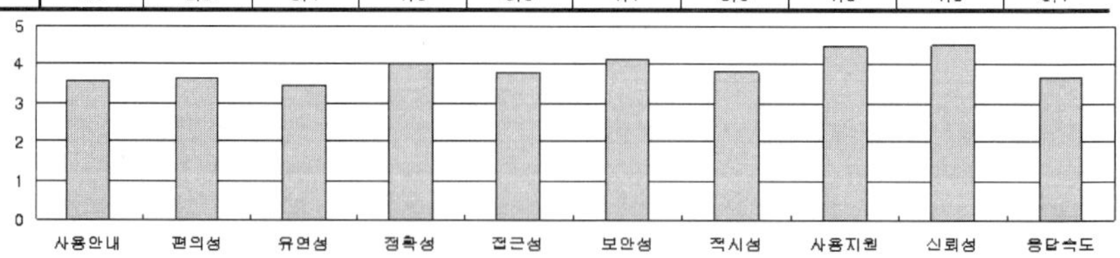

그림 173 :: 정보시스템 만족도 예시

4) 정리 및 보고

정보시스템의 평가 결과를 분석하여, 개선안을 도출하고 결과 보고서를 작성한다. 마지막으로 보고회 개최를 통해 평가 결과를 공유한다

4장
주요 컨설팅 분석도구 및 기법

다음은 정보화 컨설팅 과정에서 자주 적용되는 주요 컨설팅 분석도구 및 기법들에 대해 소개한다. 그림 174는 각 분석도구별 적용 단계에서의 범례를 나타낸다.

그림 174 :: 적용 단계 범례

1. 3C Analysis

1) 적용 현황

SWOT Analysis와 함께 정보화 전략계획(ISP; Information Strategic Planning)수립을 위한 기업의 사업환경 및 경영환경을 분석하기 위해 대표적으로 사용되는 기법이다.

- 고객사의 외부환경 분석 특히 시장경쟁환경 분석 시에 활용한다.
- 일반적인 환경요인을 제외한 고객, 경쟁사 등의 핵심적인 항목만을 빠르게 분석해야 할 때 사용한다.
- 기업의 외부환경 가치체계와 관련한 주요 경쟁이슈를 도출한다.

■ 기업의 특성을 이해하고, 올바른 경영 전략 및 정보화 전략의 방향을 설정한다.
■ 해당 프로젝트의 환경에 따라 5 Forces 분석을 대체해야 할 경우 활용한다.

2) 개념

■ 해당 기업이나 조직의 경쟁환경을 분석하기위한 도구로서, 다양한 산업 환경에서의 산업구조와 경쟁자 분석에 강조점을 둔 기법으로 5 Force 분석과 유사하다.
■ 3C는 고객(Customer), 자사(Company), 경쟁사(Competitor)를 의미한다.
■ 5 Forces 분석의 산업 매력도를 결정하는 다섯 가지 경쟁 요인 중 세 가지 요인을 중심으로 분석하는 체계적인 기법이다.
■ 기업을 포함하여 이를 둘러싸고 있는 고객 및 경쟁사를 분석함으로써 현재 기업의 내부 역량을 파악하고 앞으로 중점적으로 추구해야 할 부분에 대한 대응방안을 수립하는 방법이다.
■ 고객에게 최고의 만족과 감동을 제공하기 위해 경쟁사의 움직임, 강점·약점 등을 잘 파악하여 자사의 지속적인 경쟁우위를 지켜나가기 위한 현황분석의 한 방법이다.

그림 175는 3C 분석의 개념을 설명한다.

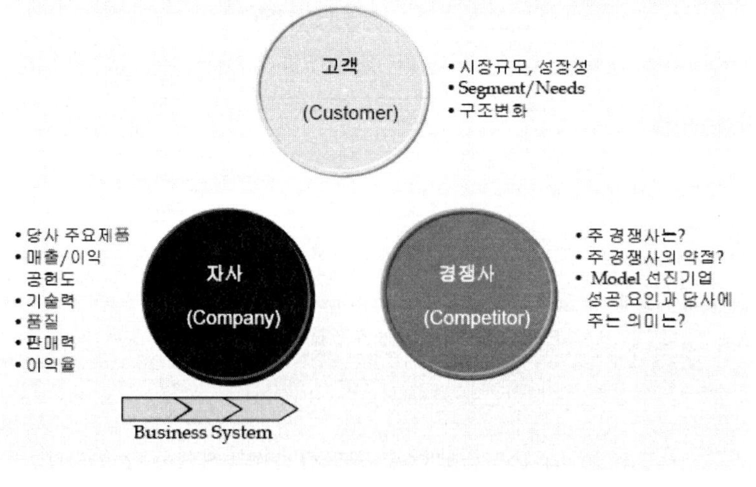

그림 175 :: 3C의 개념도

3) 적용 단계

그림 176은 3C 분석의 적용 절차를 나타낸다.

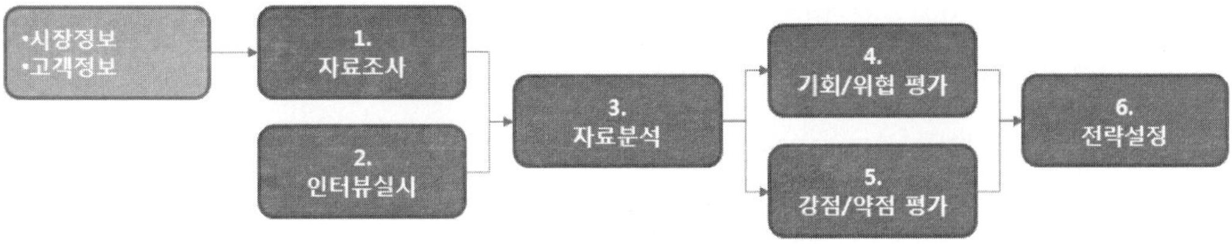

그림 176 :: 3C 분석 적용 절차

4) 단계별 내용

① 기업 내의 각종 기획 자료를 조사한다.

② 임원진과의 인터뷰 등을 통해 세 가지 경쟁 요인(고객, 자사, 경쟁사)에 대한 개념을 정의하고 이에 해당하는 대상 실체를 설정한다.

③ 대상 실체들에 대한 방문, 인터뷰, 설문 및 문헌 조사 등을 통하여 이들의 주요 특성별 자료를 수집하고 정리한다.

④ 세 가지 요인별로 이들의 변화 방향에 따른 기회 및 위험요인을 설정한다.

⑤ 산업 내에서 기업의 상대적 지위(강점과 약점)를 파악하고 시사점을 도출하여 경쟁우위 요인으로 작용할 수 있는 접근 전략을 설정한다.

5) 유의점

- 경쟁을 유발시키는 요인들의 중요도에는 차이가 있음으로 분석자는 그 해당 산업에서의 주요 경쟁 요인을 명확히 파악하는 것이 중요하다.
- 인터뷰의 대상은 최고경영자 및 경영진이며, 인터뷰 시 핵심성공요소와 연계하여 질의한다.
- 표현 방법
  - 세부 내역은 도표를 이용하여 기술토록 함
  - 도표에 포함될 주요 항목은 경쟁 요인 구분, 세부 영향 또는 결정 요인, 특성 및 변화 방향, 그리고 시사점 또는 전략 등임

6) 참조사항

▣ 고객

- 고객의 정의와 세분화를 통해 고객의 요구사항을 파악하고 그 요구사항에 따라

기업이 중점적으로 역점을 두어야 할 부분에 대해서 분석한다.

- 고객을 정의할 때 고객의 구성 현황, 고객의 특성과 속성은 어떠한지 명확히 해야 한다.
- 요구분석에서는 품질, 비용, 서비스 이외의 특별히 요구되는 대상도 반영하도록 한다.

▣ 경쟁사

- 주요 경쟁업체에 대한 사업 형태 및 강·약점을 분석하여 시장의 경쟁환경을 이해한 다.
- 경쟁사와의 비교는 전략, 비전, 최근 동향, 투자분야 등 다양한 관점에서 실시하여 다각도로 경쟁사의 강·약점을 파악한다.

▣ 자사

- 재무현황 및 생산성 현황을 토대로 성과지표들을 분석한다.
- 재무 및 생산성과 관련된 주요 문제점을 도출한 후 근본 원인을 분석하여 정리한다.

7) 적용 사례

A사 3개 주력 제품에 대한 3C 분석

	Customer	Competitors	Company	시사점
제품 가	• 범용부품으로 고객의 수가 다양해서 향후 수요전망은 무척 밝은 편이나 낮은 단가로 인해 마진이 높지 않을 전망임	• 일본이 세계 시장을 주도하고 있으며 A사는 일본업체와 대만 업체 사이에서 고군분투하고 있음	• 제품 경쟁력 강화 • 기술 역량 강화 • 마케팅 역량 강화	• 전문 기술인력 육성의 필요성 • 산업구조의 글로벌화 및 고도화 경향 • 원가/품질 경쟁력 확보의 필요성 • 미래 핵심 제품 개발 역량 확보의 필요성 • 고객 지향 영업 전략의 중요성
제품 나	• 이동전화와 같은 모바일 제품과 반도체 제품에서 사용되는 핵심필수 제품으로 시장전망이 밝음	• 기술 경쟁력측면에서는 미국과 일본에 뒤져있고 가격 경쟁력 측면에서는 중국과 대만에 뒤짐	• 2000년부터 대대적인 사업 구조 조정으로 원가경쟁력 확보 • 신규제품 개발 강화 • Package 기판사업 강화	
제품 다	• DVD, CDP의 주요 부품으로 DVD시장의 성장으로 지속적인 수요 증가 예상	• 일본 Sony, Sanyo에 이어 3위정도의 시장점유율을 가지고 있음	• 기술 역량 강화 • Global marketing 체제 구축 • 사업 경쟁력 강화	

그림 177 :: 3C 분석 적용 사례

2. 5 Forces Analysis

1) 적용 현황

3C Analysis와 함께 기업의 사업환경 및 경영환경을 분석하기 위해 대표적으로 사용되는 기법이다.

- 기업의 특성을 이해하고, 기업의 외부 환경 가치체계와 관련한 주요 경쟁 이슈를 도출한다.
- 경영환경에서의 모든 경쟁자들을 고려하여 해당 비즈니스의 추진 전략 및 방향을 설정하고자 적용한다.

2) 개념

- 해당 기업이나 조직의 경쟁환경을 분석하기 위한 도구로서, 다양한 산업환경에서의 산업구조와 경쟁자 분석에 강조점을 둔 기법이다.
- 산업 매력도를 결정하는 5가지 경쟁 요인들(Industry Competitors, Potential Entrants, Suppliers, Buyers, Substitutes)을 기반으로 경쟁 전략을 수립하기 위한 분석적인 체계를 제시한다.

그림 178은 5 Forces 분석의 개념을 나타낸다.

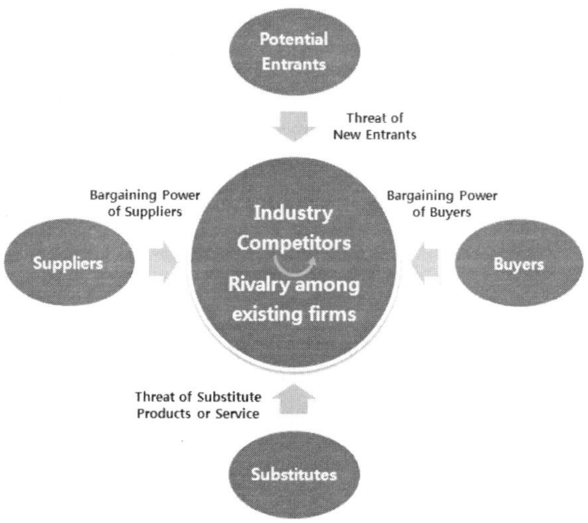

그림 178 :: 5 Forces 개념도

3) 적용 단계

그림 179는 5 Forces 분석의 적용 단계를 나타낸다.

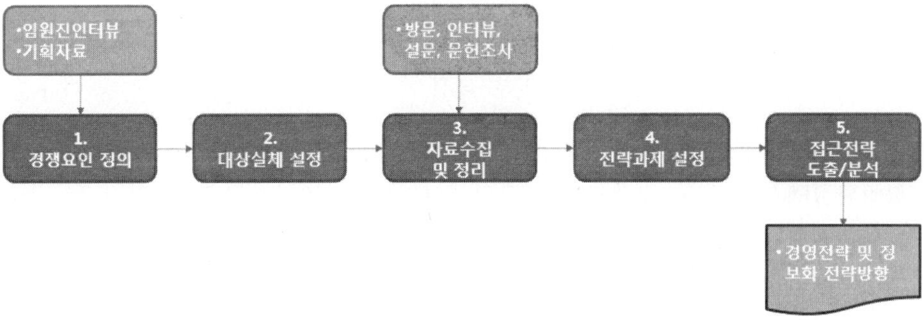

그림 179 :: 5 Forces 분석 적용 단계

4) 단계별 내용

① 먼저 분석 대상인 다섯 가지 경쟁 요인(Industry Competitors, Potential Entrants, Suppliers, Buyers, Substitutes)을 도출하기 위해 기업 내의 각종 기획 자료를 분석하고 임원진 인터뷰를 실시한다.

② 이를 기반으로 해당하는 대상 실체를 설정한다.

③ 대상 실체들에 대한 방문, 인터뷰, 설문 및 문헌 조사 등을 통하여 이들의 주요 특성별 자료를 수집하고 정리한다.

④ 다섯 가지 요인 별로 이들의 변화 방향과 산업 내에서 해당 기업의 상대적 지위(강점과 약점)를 파악한 후 경쟁우위 요인으로 작용할 수 있는 경쟁 전략 과제를 설정한다.

⑤ 마지막으로 도출된 경쟁 전략 과제를 토대로 다섯 가지 경쟁 요인들의 변화에 대응하기 위한 경영전략 및 정보화 전략을 도출한다.

5) 유의점

■ 각 요소 별 분석 시 고려 또는 포함되어야 할 주요 사항

- 새로운 기업의 위협 요인에 대해서는 먼저 소요 자본량, 규모의 경제, 제품 차별화, 교체 비용, 유통 경로의 확보, 절대적 원가 우위, 정부의 정책 등을 검토하여 그 결과를 서술하여야 함

- 기존 기업간의 경쟁 요인은 산업 성장률, 고정 비용/부가가치, 초과설비, 제품 차별성/상표 인지도, 교체 비용, 기업의 전략적 이해 관계 등을 검토하여 그 결과를 서술하여야 함
- 대체제의 위협 요인에 대해서는 대체품의 상대적 가격/성능, 대체품에 대한 구매자의 성향, 교체 비용 등을 검토하여 그 결과를 서술하여야 함
- 구매자의 교섭력은 구매 비중, 구매 물량/가격, 제품의 차별화 정도, 교체 비용, 구매자의 후방 통합 능력, 대체제의 존재 여부, 구매 제품이 품질에 미치는 영향, 구매자가 가진 정보, 구매자의 가격 민감도 등을 검토하여 그 결과를 서술하여야 함
- 공급자의 교섭력은 공급 물량의 비중, 원료(부품)의 차별화 정도, 교체 비용, 대체 원료(부품)의 존재 여부, 공급 제품의 중요성 정도, 공급자의 전방 통합 능력 등을 검토하여 그 결과를 서술하여야 함

6) 참조사항

▣ 산업의 매력도를 결정하는 제반 구조적 요인(Drivers of Industry Attractiveness)

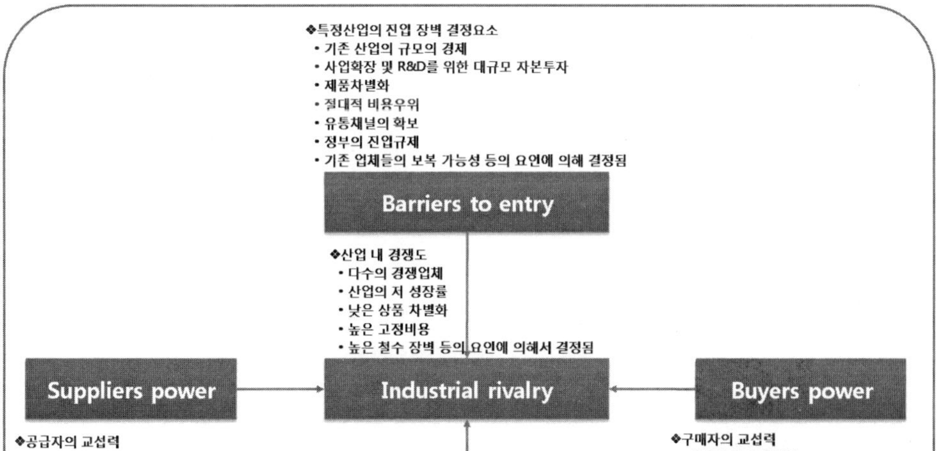

그림 180 :: 제반 구조적 요인

7) 적용 사례

▣ 건설 중장비 산업의 구조 분석

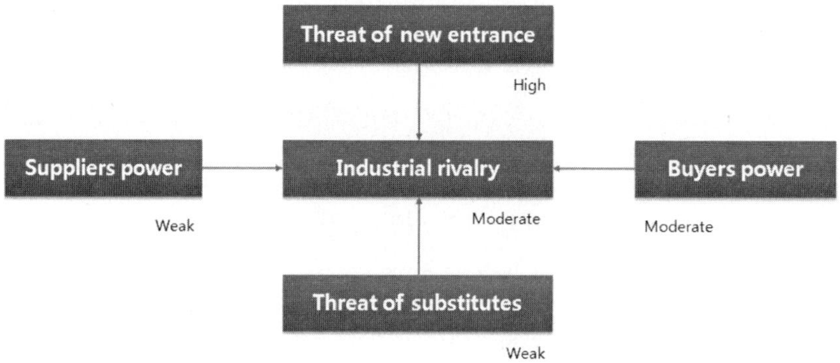

그림 181 :: 5 Forces Analysis 적용 사례

- 높은 진입장벽
  - -자본집약적 산업으로 많은 자본과 R&D 비용이 소요됨
  - -규모의 경제가 매우 크며 타 산업과의 연계성이 높음
  - -글로벌 공급체계와 서비스 망 구축을 위해 많은 투자가 요구됨
- 약한 공급자의 교섭력
  - -다수의 부품 공급자가 존재, 공급자와의 장기적인 관계 유지
  - -구매자 중심의 수직적 통합이 가능함
- 적정한 구매자의 교섭력
- 약한 대체제의 위협
- 약한 산업내의 경쟁 정도
  - -소수의 대형업체가 시장을 주도함
  - -산업 성장률이 상대적으로 낮음
  - -고정 비율의 부담이 큼
  - -품질, 서비스, 브랜드 인지도를 통한 상품 차별화가 중요함

3. 7S Model

1) 적용 현황

경영환경 분석의 [내부역량 분석], [비전/전략 분석] 단계와 업무현황 분석의 [조직/업무분석] 단계에 적용된다.

- 7S 모델은 정보화 컨설팅보다는 순수 기업전략 컨설팅에 주로 사용된다.

2) 개념

- 기업을 진단하고 전략을 수립, 실행, 평가하는 구조적 사고의 틀을 제공하기 위해 Thomas Peters 가 그의 저서 '초우량 기업의 7가지 요소'에서 제시한 internal analysis model(기업 내부 분석을 위한 도구)이다.
- 매킨지가 조직개발 측면에서 꼭 필요하다고 생각한 일곱 가지 요인, 즉 전략(Strategy), 기술(Skill), 공유가치(Shared Value), 구조(Structure), 시스템(System), 구성원(Staff), 스타일(Style) 등을 McKinsey's 7S Model이라고도 한다.
- 각 요소(요인)간의 원활한 연계를 중요시 한다.
- 순수한 전략 모델이라기보다는 조직 개발 또는 조직 변혁 모델이다.
- Shared Value를 중심으로 나머지 6가지 경영요소들이 상호 연결되어 있다.
- 기업의 변화대응 능력에 영향을 미치는 7가지 경영요소들이 거미줄처럼 연결되어 있어, 전략을 수립, 실행, 평가할 때 전체적인 시각에서 사고해야 함을 시사한다.

그림 182는 7S 모델의 개념을 나타낸다.

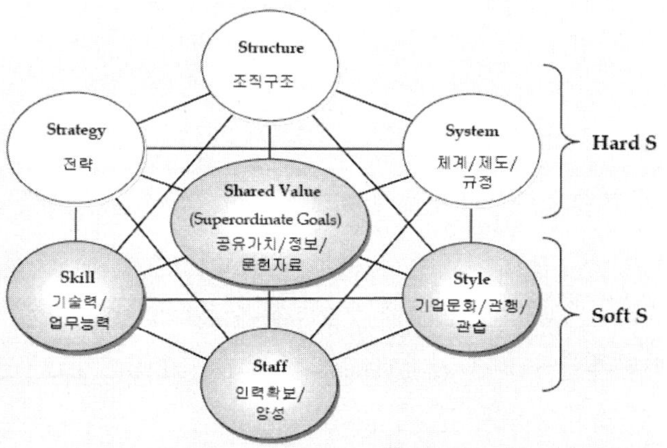

그림 182 :: 7S Model 개념도

3) 적용 단계

그림 183은 7S 모델의 적용 절차를 나타낸다.

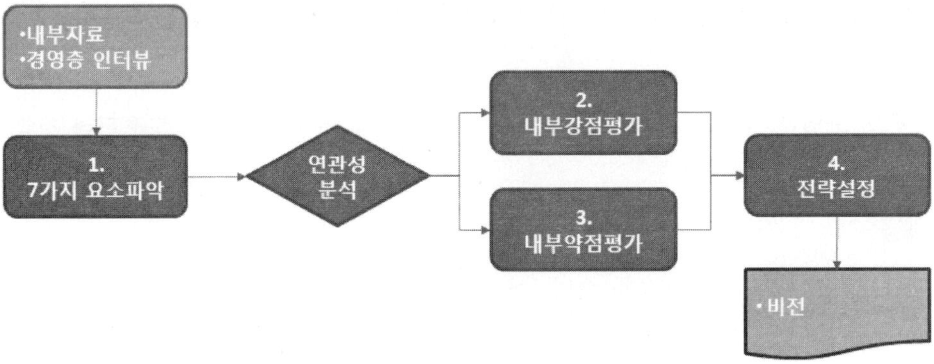

그림 183 :: 7S Model 적용 단계

4) 단계별 내용

① 경영층 인터뷰와 내부자료 등을 통하여 전략/조직/기술/시스템 등을 포함한 7가지 요소의 내용을 파악하고 정리한다.

② 파악된 7가지 요소 간의 상호 연관성을 분석하여 해당기업이 가지고 있는 강점과 약점을 이끌어 낸다. 7가지의 요소 중에 상호 연관성이 강하고 큰 영향을 미치는 요소가 있다면 그 기업이 가지고 있는 강점으로 파악될 수 있다.

③ 하지만, 상호 연관성이 약하고 시너지를 일으키지 못한다면 약점으로 분류될 수 있다.

④ 강점은 살리고 약점은 보완하는 방향으로 전략을 설정한다.

⑤ 이와 같이 7S 모델을 활용하여 기업의 내부 역량을 분석하고 향후 기업의 발전 모습을 전략적으로 보여줄 수 있다.

5) 유의점

- 조직 문화를 제대로 이해하기 위해서는 7S 각각의 요소들이 체계적으로 구성되어 있는지 그리고 7가지 요소들이 서로 어떻게 연결되어 있는지도 함께 살펴볼 필요가 있다.
- 7S 모델은 기업 전체적인 관점에서 문화를 이해하고, 바람직한 방향으로 조직을 개발하기 위한 중요한 틀을 제공한다는 측면에서 가치가 있다.

6) 참조사항

① 전략

-기업의 혁신을 위해서는 먼저 전략을 수립해야 한다. 그리고 그 전략을 실행할

수 있는 조직 및 관련 기술을 명확히 해야 한다. 다음으로 나머지 다섯 가지의 요인을 어떻게 바꾸어야 하는가를 정한다.

② **기술**

-기업의 전략이 수립되면 다음 단계는 새로운 전략이 요구하는 기술이 무엇인가를 정하는 것이다. 기업이 시장 환경에 어떻게 적응하여 능력을 발휘하는가 하는 것이 전략이라면, 기술은 전략을 어떻게 실행할 것인가 하는 문제이다.

③ **구조**

-기업의 구조는 조직 변혁에 관한 요소들 중에서 가장 중요한다. 이것은 사업 분야 및 사업 단위를 상호 관련 있는 그룹으로 나누는 방법이다. 조직 변혁은 기업 구조의 변화에서부터 시작해야 한다.

④ **시스템**

-시스템이란 구성원들이 해야 할 일이나 결정을 내려야 할 주요 문제를 판별하기 위한 양식 또는 과정이라고 정의한다.

⑤ **구성원**

-구성원은 기업이 필요로 하는 사람의 유형을 정의하고 있다. 개인의 능력보다는 조직 내 구성원들이 갖는 전체적 노하우를 보다 중요하게 고려한다.

⑥ **스타일**

-스타일은 무시되기 쉽지만 중요한 요소이다. 스타일에는 2가지 요소가 있는데, 하나는 행동으로 상징되는 개인의 스타일이고, 다른 하나는 조직의 일원으로서의 스타일을 말한다.

⑦ **공유가치**

-공유가치는 조직을 리드하는 한 가지 또는 그 이상의 것으로, 모든 구성원이 조직의 존속과 성공을 위해 결정적이라고 의식하는 것이다.

4. ABC Analysis

1) 적용 현황

- Pareto 법칙과 마찬가지로, 고려 대상 항목이 다양할 경우 그 중요성을 기준으로핵심 고려 항목을 선정하기 위해 사용한다.
- 제품, 고객믹스의 비율, 그리고 경영성과 간의 상관관계를 분석한다.
- 일반적으로 제품의 종류와 고객의 수가 많아질수록 복잡성이 증가하여 추가적인 관리비용이 발생하게 되는데, 이러한 복잡성 비용(Complexity Cost) 등을 고려하여 효율적인 관리수준을 설정하여야 한다.

2) 개념

- 중점적 관리라고도 하며, 재고 조사 및 자산 관리를 위한 방법이다.
- 미국 GE에서 시작된 기법으로서 제품과 자재 등의 재고품에 대하여 금액이 많고 생산에 큰 영향을 미치는 것부터 차례로 A, B, C의 순서를 정하고 A를 가장 중점적으로, 다음에 B, C의 순서로 관리하는 체계이다.

표 35는 ABC Analysis의 그룹별 특징을 설명한다.

표 35 :: ABC Analysis 그룹별 특징

그룹	특징
Group A	· 보통 전체의 10%를 차지 · 전체 가치의 70% 정도를 차지하며 지속적인 모니터링이 필요 · 엄밀한 관리가 필요(Q 모형)
Group B	· 전체 가치의 15%를 차지하는 20%의 아이템 · 주기적 재 주문 관리를 적용
Group C	· 나머지 70%의 제품 · 반기 또는 년1회 관리(P 모형)

그림 184는 ABC Analysis의 개념을 나타낸다.

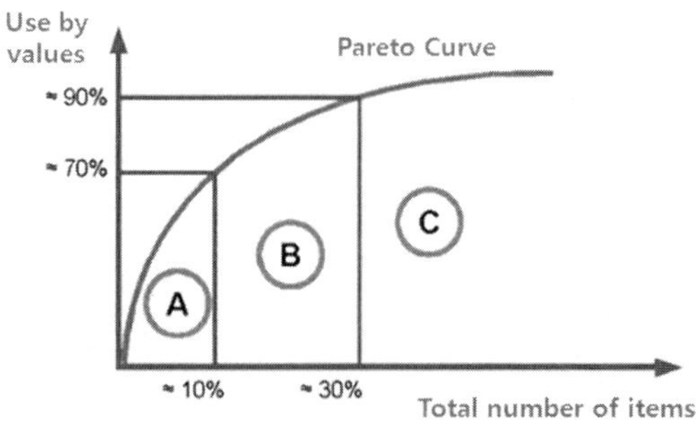

그림 184 :: ABC Analysis 개념도

3) 적용 단계

그림 185는 ABC Analysis의 적용 절차를 나타낸다.

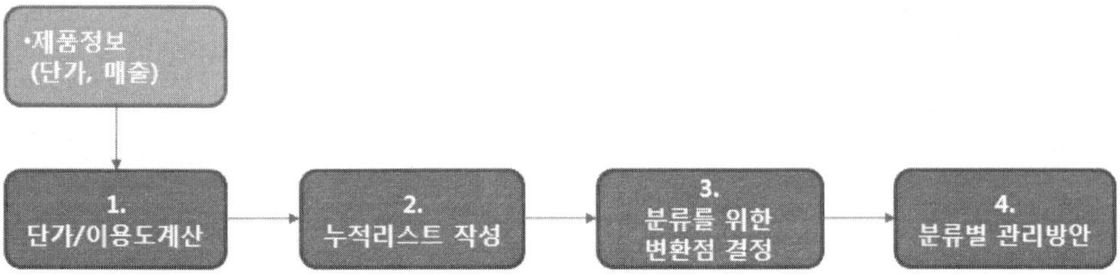

그림 185 :: ABC Analysis 적용 절차

4) 단계별 내용

① 제품별 단가를 산출하고 제품별 평균 이용도(회전율 등)를 재무 가치로 환산한다.

② 제품 리스트를 재무 가치에 따라 내림차순으로 정리한다.

③ 각 제품이 전체 가치에서 차지하는 비중을 %로 계산하고, 누적 % 리스트를 작성한다.

④ 누적 % 리스트를 평가하고 적절한 변환점을 결정하여 관리항목 및 항목별 관리방안을 결정한다.

※ 컨설팅 프로젝트에 적용할 경우 적절한 대응요소를 연계한다.

예) 제품 및 아이템 → 분석항목
단가 및 평균 이용도 → 해당 항목의 발생 빈도
전체 가치에서의 비중 → 해당항목의 중요도 또는 영향도

5) 유의점

- 재고관리에서 출발한 분석기법으로, 타 분야에는 Pareto 법칙의 변형된 형태로서 적용할 수 있다.

5. AHP(Analytic Hierarchy Process)

1) 적용 현황

- 우선순위 및 평가 항목별 가중치를 결정하기 위해 사용한다.

- 시간적으로 촉박한 경우 최고경영자의 의사결정지원에 활용된다.
- 문제의 속성을 체계적(Systematic), 그리고 계층적(Hierarchy)으로 규명하여 문제를 정형화하고 짧은 시간 내에 적합한 정책을 수립할 수 있다.

2) 개념

- 목표들 사이의 중요도(weight)를 계층적으로 나누어 파악하는 방법이다.
- 인간의 인지부하를 고려하여 대안간의 1:1비교(쌍대비교)를 통해 평가자의 의사 파악이 가능하다.
- 계층화를 통해 의사결정 단계를 세분화하고 각 계층 단계별로 요인들의 중요도를 산출하여 최종적으로 대안을 선택하게 되는데, 대안이 존재하는 경우는 의사결정 문제가 되지만 대안이 필요 없는 경우는 단계별 요인간 가중치 혹은 중요도 산정 자체가 목적이다.
- 계량적인 의사결정변수 뿐만 아니라 계량화하기 어려운 정성적 의사결정변수에 대해서도 비율척도로서 측정이 가능하다.

그림 186은 AHP의 개념을 나타낸다.

그림 186 :: AHP 개념도

3) 적용 단계

그림 187은 AHP의 적용 절차를 나타낸다.

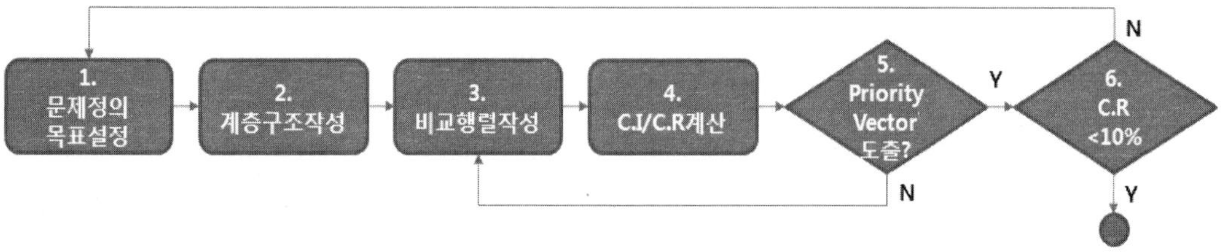

그림 187 :: AHP 적용 단계

4) 단계별 내용

① 문제를 정의하고 목적이나 목표를 결정한다.

② 계층구조를 만든다.

③ 각각의 비교행렬을 만든다.

④ 단계 3에서 만들어진 행렬들에 대한 n(n-1)/2회의 비교를 통해 상대적으로 중요도를 평가하고 이를 합산하여 C.I(Confidence Index)와 C.R(Confidence Ratio)을 계산한다.

⑤ 최고 수준의 Priority vector를 구할 때까지 단계 3, 4, 5를 반복한다.

⑥ 최종 단계에서 행렬의 C.R이 10%를 넘지 않으면 이 분석을 인정하고 그렇지 않으면 모든 과정을 다시 반복한다.

5) 유의점

- AHP를 수행하기 위해서는 문제분석 경험과 창의성, 문제 요소간 연관관계 분석, 그리고 경험적 판단 등의 능력이 기본적으로 요구된다.
- 부적절한 계층화의 위험성을 내포하고 있다.
- 가중치 산출에 대한 통일된 견해가 없다.(비선형적 관계를 갖는 특수한 문제를 제외하고는 고유치를 이용한 산정방법이 널리 사용됨)
- 수준의 수와 평가항목에 제한이 있다.
- 모든 의사결정기법의 공통된 문제이지만 의사결정자의 의도대로 조작될 가능성이 충분히 있다.

6) 적용 사례

- 정실장은 A 홈쇼핑에서 주최하는 이벤트에 당첨되어, 최신 IT 기기 5가지(컴퓨터, 노트북, DSLR, LCD, PDP) 중 한 제품을 받을 수 있게 되었다.
- 막상 마음에 드는 한 제품을 선택하고자 하자, 어떤 제품을 받아야할지 결정하기 힘든 상황에 처했다.
- 주사위를 던져 결정하고 싶으나, 중요한 의사결정을 주사위에 맡기기에는 너무 무대책인 것 같은 생각이 들었고, 그 결과에 승복할 수가 없을 것만 같았다.
- 내 잠재된 의견이 충분히 반영되면서, 논리적이고 체계적인 분석 방법이 없을까? 고민했다. 그래서 다음과 같이 AHP를 활용하여 의사결정을 하기로 했다.
- 받고자 하는 상품을 1:1로 비교한다.
- 선호하는 정도를 표기한다.
- 5개의 상품을 1:1비교하기 위해 10번(5C2) 평가한다.

그림 188은 AHP를 활용한 평가결과 예시이다. 결과에 따르면 DSLR의 만족도가 가장 높게 나타났다.

	컴퓨터	노트북	DSLR	LCD	PDP
컴퓨터	1.00	2.00	3.00	0.25	4.00
노트북	0.50	1.00	0.50	0.25	2.00
DSLR	0.33	2.00	1.00	0.33	1.00
LCD	4.00	4.00	3.0	1.00	4.00
PDP	0.25	0.50	0.50	0.20	1.00

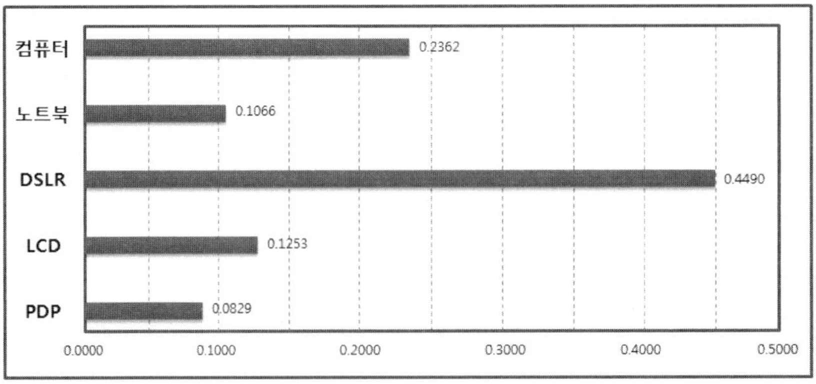

그림 188 :: AHP 적용사례 평가

6. BCG(Boston Consulting Group) Matrix

1) 적용 현황

일반적으로 사업의 포트폴리오와 포지셔닝을 분석할 때 사용한다.

- 다각화 기업의 사업구조를 분석하여 사업 단위간의 자원배분의 효율성을 도모하기 위해 사용된다.
- 사업 단위간 투자우선 순위와 자원배분의 효율성을 도모한다.
- 사업 단위의 전략목표 설정을 위한 합리적 기준을 제공한다.

2) 개념

그림 189는 BCG Matrix의 개념도이다.

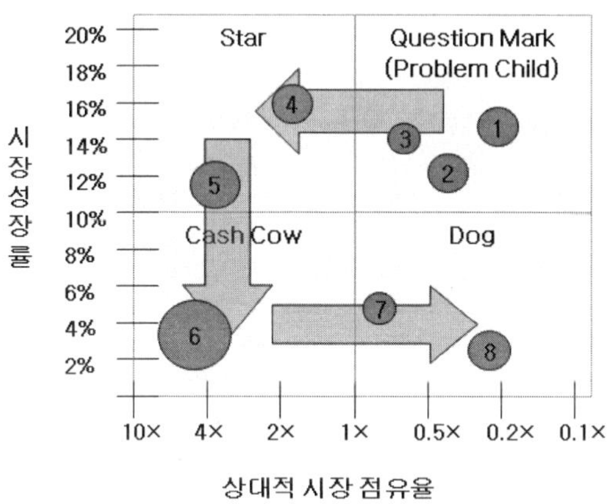

그림 189 :: BCG Matrix 개념도

- X축에 상대적 시장 점유율과 Y축에 시장 성장률을 두고 각 사업의 위치를 결정한 후 어느 정도의 자원을 배분할지 정한다.
- 단순한 두 개의 축으로 사업부들의 상황을 평가하고 전략을 제시하여 주기 때문에 관리자가 시장상황을 쉽게 이해할 수 있다.
- 기업의 사업 포트폴리오를 전략적 및 재무적 관점에서 객관적으로 평가할 수 있게 한다.
- 아래 오른쪽 사분면, 'Dog': 평균 산업 성장률 이하의 작은 시장점유율을 나타내며, 거의 전략적인 기회를 갖지 못한다.
- 위 오른쪽 사분면, 'Question Mark': 높은 시장 성장률과 낮은 시장점유율을 나타내

며, 'Star'로 사업을 진행시킬 것인가 하는 전략적 기회를 모색한다.

- 위 왼쪽 사분면, 'Star': 평균 산업 성장률 이상인 동시에 상대적으로 큰 시장점유율을 차지하는 부분으로, 좋은 전략적 기회를 내포하고 있다.
- 아래 왼쪽 사분면, 'Cash Cow': 성장률은 평균보다 낮지만 시장점유율이 높아, 비교우위의 위치에 있음으로 안정적인 현금창출이 가능하다. 그러나 전략적 기회는 별로 없음을 나타낸다. 효율화가 관건이다.

3) 적용 단계

그림 190은 BCG Matrix의 적용 절차이다.

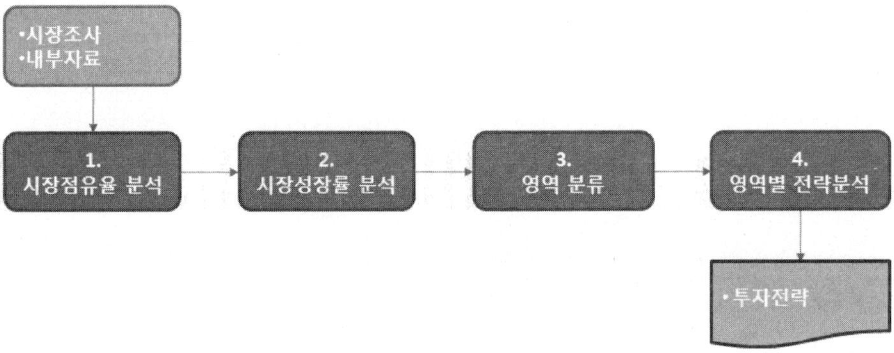

그림 190 :: BCG Matrix 적용단계

4) 단계별 내용

① 시장 조사와 내부자료(사업단위 연도별 판매실적 등)를 통하여 해당 사업단위의 시장 점유율을 분석한다.

② 해당 사업단위의 시장 성장률을 분석하여 계산한다.

③ 각 사업단위를 2축(시장 점유율과 시장 성장률)과 4영역(Dog, Question Mark, Star, and Cash Cow)으로 구성된 그래프에 배정한다. 배정 시 주어진 데이터 위치의 정확성에 너무 신경 쓰지 말고, 상대적인 위치에 집중한다.

④ 분류된 4영역에 따라 각 사업단위별 투자전략을 도출해 낸다.

5) 유의점

- 시장 점유율의 개념을 어떻게 하느냐에 따라 같은 사업단위가 Dog 혹은 Cash Cow로

정의되어질 수 있으며 점유율도 물량단위나 금액에 의해 계산되어질 수 있다.

- 시장 점유율과 현금 창출과의 관계가 항상 비례적으로 나타나지는 않는다. 어떤 사업들에 있어서는 높은 시장 점유율을 갖고 있으나 현금 창출이 되지 않는 경우도 있다.
- BCG Matrix는 사업단위간 상호 의존성을 고려하지 않고 또한 잠재적 시너지 효과도 등한시 한다.

그림 191은 BCG Matrix의 적용 사례(금융 부문)이다.

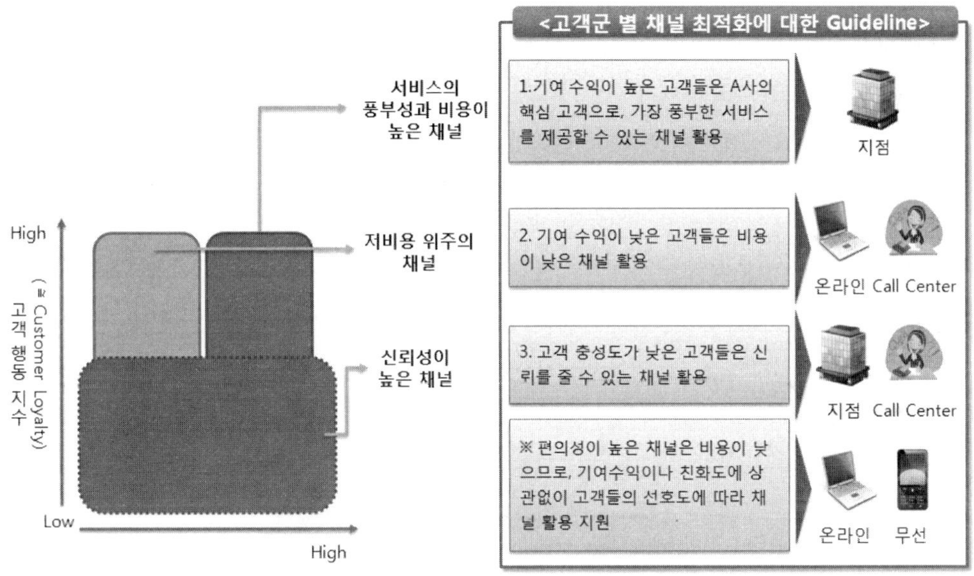

그림 191 :: BCG Matrix 적용 사례

7. Benchmarking

1) 적용 현황

환경분석과 현황분석을 통하여 도출된 개선과제의 해결방안을 수립하는 단계에서 활용된다. 우수한 선진사의 best practice 사례를 직·간접적으로 분석하여 참조함으로써 보다 효과적이고 실용적인 해결방안을 수립할 수 있다.

- 국내외 선진사들의 업무 프로세스 및 정보시스템 관련 정보를 분석한다.

2) 개념

- 관련 산업 최고 수준의 기술 혹은 업무 방식(프로세스 및 정보시스템)을 배워서 경영성과를 향상하려는 노력이다.
- 단순한 일회성의 개선기법이 아니라 학습조직을 창출하는데 필요한 수단으로서, Benchmarking이 조직에 미치는 다양한 영향력을 제대로 파악해야만 본연의 효과를 기대할 수 있다.
- 개인/기업/기관이 현재 위치에서 미래에 도달하기를 원하는 위치로 가기 위한 반복적인 과정이다.
- Benchmarking이 진정한 효과를 발휘하기 위해서는 Benchmarking 대상에 대한 충분한 검토, 그리고 비교분석의 결과를 가급적 정량화하기 위한 측정항목 및 측정지표의 도출이 반드시 선행되어야 한다.
- 측정항목별 비교분석만으로 종료되는 Benchmarking은 비용낭비이며, 이를 방지하기 위해서는 원인분석 및 이에 따른 개선계획이 수립되어야 된다.

그림 192은 Benchmarking의 기본 단계이다.

그림 192 :: Benchmarking 기본단계

그림 193는 Benchmarking의 개념이다.

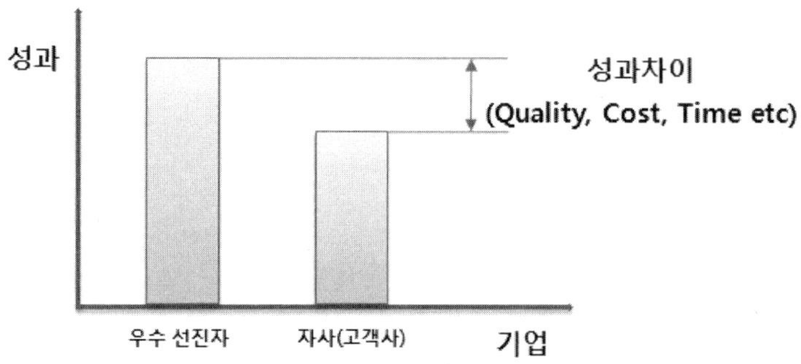

그림 193 :: Benchmarking 개념

3) 적용 단계

그림 194는 Benchmarking의 적용절차를 나타낸다.

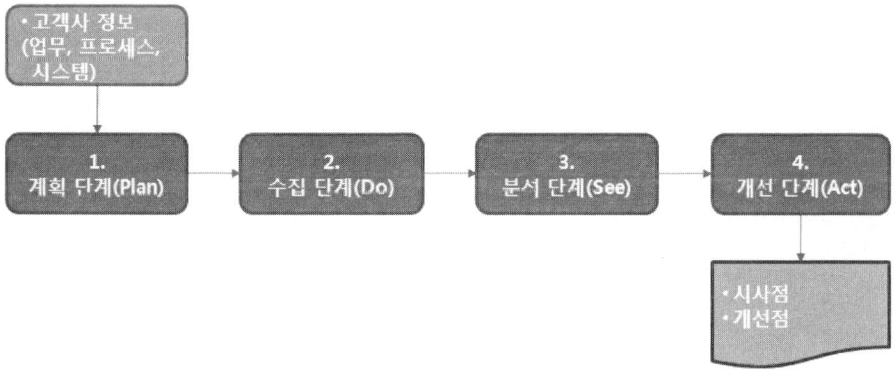

그림 194 :: Benchmarking 적용단계

4) 단계별 내용

① 벤치마킹 프로젝트 계획 단계

- 기업의 전략적 프로세스, 핵심 프로세스, 핵심 성공요소 등을 정의한다.
- 벤치마킹 수행대상 프로세스와 측정단위를 결정한다.
- 벤치마킹 파트너 선정을 위하여 정보를 수집하고 리스트를 작성한다.
- 벤치마킹 팀을 구성한다.

② 필요 정보 및 데이터 수집 단계

- 기업의 프로세스 데이터를 수집한다.
- 파트너 결정, 업무 협조 및 교류 협조를 획득한다.
- 자료 및 문헌조사, 설문지, 인터뷰 조사를 수행한다.
- 사이트를 직접 방문하여 검증한다.

③ 성과차이(Performance gap) 및 동인(enabler) 분석 단계

- 성과차이 분석을 위해 자료를 정리한다.
- 공통 측정단위를 기준으로 객관적인 성과분석을 실시한다.
- 현재 기업과 벤치마킹 대상기업의 성과를 비교한다.
- 차이 분석 및 요인 분석을 수행한다.

④ 개선단계

- 성과차이를 극복할 수 있는 목표를 설정한다.
- 최적의 업무수행 방안 및 동인(enabler)을 결정한다.
- 동인(enabler)의 적용 가능성을 평가한다.
- 개발된 동인을 프로세스에 접목한다.

5) 유의점

성공적인 벤치마킹을 위해서는 다음 사항들에 대한 사전 고민 및 준비가 절대적이다.

① 왜 벤치마킹을 해야 하고 어떻게 해야 벤치마킹 시 좋은 정보를 얻을 수 있는가?
② 벤치마킹의 목적이 무엇인가?
③ 내부적으로 측정치에 대하여 회사간 비교가 가능한가?
④ 조사자 자신이 수행한 결과에 대하여 잘 이해하고 있으며 검토한 적이 있는가?
⑤ 경쟁사중 선진기업은 어디이며 차별화 포인터는 무엇인가?
⑥ 벤치마킹 대상이 비관련 업무분야에서도 선도적인 기업인가?
⑦ 어떻게 하면 경쟁력 있고 가치 있는 정보를 얻을 수 있는가?
⑧ 타 기업에 대한 정보수집이 적절한가?

8. Brainstorming

1) 적용 현황

일반적으로 다음의 목적을 위해 브레인스토밍이 활용된다.

■ 문제의 해결책 도출

- 문제에 대한 존재 가능한 근본 원인을 모두 찾으려 할 때
- 문제의 해결책을 찾으려 할 때

■ 개선방안 도출

- 어떤 개선활동을 해야 할지를 결정할 때
- 공정이나 제품 또는 서비스에 대한 개선방안을 찾으려 할 때
- 프로젝트의 각 단계에 대한 계획을 세울 때

■ 팀활동 촉진

- 팀의 창조성을 촉진시키려 할 때
- 팀의 참여를 통해 공정, 제품, 그리고 서비스에서의 혁신을 시작하려 할 때

2) 개념

■ 브레인스토밍은 팀별로 사용되는 아이디어 창출 기법으로, 집단의 효과를 살리고 아이디어의 연쇄반응을 불러일으켜 자유분방하게 '질(質)'과 관계없이 가능한 한 많은 아이디어를 생성함으로써 문제에 대한 해결책이나 개선을 위한 기회를 찾기 위해 사용한다.

■ 이 기법은 아이디어의 발상과 평가를 철저히 분리하기 위한 방법으로 제안된 아이디어에 대한 비판 없이 '열린 마음' 혹은 '자유로운 사고'를 사용할 것을 강조한다.

그림 195는 Brainstorming의 개념이다.

그림 195 :: Brainstorming 개념

3) 적용 단계

그림 196은 Brainstorming의 적용 절차이다.

그림 196 :: Brainstorming 적용 단계

4) 단계별 내용

① 6~12명의 구성원으로 이루어지는 그룹을 선발한다.(구성원의 수가 많으면 아이디어를 모두 수용하기 어려우므로 13명 미만으로 구성)

② 리더와 기록원을 선발한다.

③ 브레인스토밍 회의를 시작하기 전에 리더가 문제를 정의, 기록원은 플립차트에 기록한다.

④ 리더는 브레인스토밍에 대한 개략적인 소개를 하고 규칙을 설명한다.
- 비판금지: 어떤 제안에 대해서도 평가를 해서는 안 됨
- 자유분방: 우스꽝스럽거나 현실적이지 않은 아이디어라 할지라도 모든 아이디어를 환영
- 수량추구: 아이디어는 많으면 많을수록 좋음
- 결합개선: 다른 사람의 아이디어를 더 좋은 아이디어로 바꾸거나 두세 개의 아이디어를 결합하여 훨씬 더 좋은 아이디어로 만듦

⑤ 그룹의 구성원들은 문제에 대한 해결책을 제시(위의 네 가지 규칙을 계속 준수)하고, 기록원은 아이디어가 나오는 즉시 플립차트에 기록한다.

⑥ 아이디어가 충분하면 휴식을 취한 뒤에 아이디어에 대한 평가를 실시한다.

5) 유의점

■ 리더의 역할
- 기록원의 역할을 병행하기도 함
- 해결하려고 하는 문제 및 브레인스토밍의 규칙을 설명
- 팀원이 문제에 집중하도록 독려
- 4가지 규칙이 잘 지켜지고 있는지 감독
- 아이디어 창출에 참여하지 않음
- 아이디어가 지엽적으로 흐를 때 그 방향을 전환하도록 유도하여 여러 방면의 아이디어를 내도록 함

■ 광범위하거나 복잡한 문제일 경우에는 사용하기에 적합하지 않다.

■ 시행착오를 거쳐야 하는 상황일 경우에는 적합하지 않다.

6) 적용 사례

문제: 일을 할 때 부서간 협력이 잘 되도록 하는 방법은?

※ 브레인스토밍을 통하여 다음과 같은 아이디어들이 나왔다.

① 목적의식을 조성한다.

② 훌륭한 관리자를 고용한다.

③ 요술방망이를 휘두른다.

④ 훌륭한 요정을 고용한다.

⑤ 사교적인 소풍을 장려한다. -예를 들면, 크리스마스 파티

⑥ 부서간의 전략적 결속을 추진한다.

⑦ 공동의 목표를 달성하는 방법을 토의한다.

⑧ 공동의 문제를 논의한다.

⑨ 타기관의 컨설턴트를 초빙한다.

⑩ 브레인스토밍 회의를 해서 아이디어를 낸다.

⑪ 모든 부서를 없애버리고 컴퓨터 한 대로 대체한다.

⑫ 컴퓨터를 없애버린다.

⑬ 인간관계 향상을 장려하고, 기계적 사고를 배격한다.

⑭ 부서간 업무를 분담한다.

⑮ 부서간 업무를 확대한다.

※ 참고: 어떻게 아이디어가 다른 아이디어로부터 발전되는지 주목할 것:

2 → 3 → 4 → 1,9 → 7 → 8

9. Business System Diamond

1) 적용 현황

- 기업을 이해하기 위한 분석 프레임(frame)의 하나로서, 현황분석 등의 업무수행 시 활용된다.
- 특히 BPR(Business Process Reengineering) 수행 시 자주 적용된다.

2) 개념

- BSD(Business System Diamond)는 마이클 해머가 그의 저서『Reengineering the Corporation』에서 기업을 이해하는 틀로써 소개했다.
- 일반적으로 기업은 비즈니스 프로세스(Business Process), 조직/업무구조(Job & Structure), 기업 문화(Value & Beliefs), 그리고 관리 및 평가체계(Management & Performance Measurement System)로 구성되어 있다고 정의하였다.

- 비즈니스 프로세스(Business Process): 관련된 업무활동의 집합
- 조직/업무구조(Job & Structure): 업무활동을 수행하기 위한 구성원의 관계 및 역할
- 기업 문화(Value & Beliefs): 업무활동을 위한 의사결정과 정보교환의 틀이 되는 신념, 가치체계, 성향 등
- 관리 및 평가체계(Management & Performance Measurement System): 정의된 역할 및 관계에 부합하도록 업무수행을 유도하고 수행된 결과에 대해 평가, 보상을 제공하는 기준

그림 197은 BSD의 개념이다.

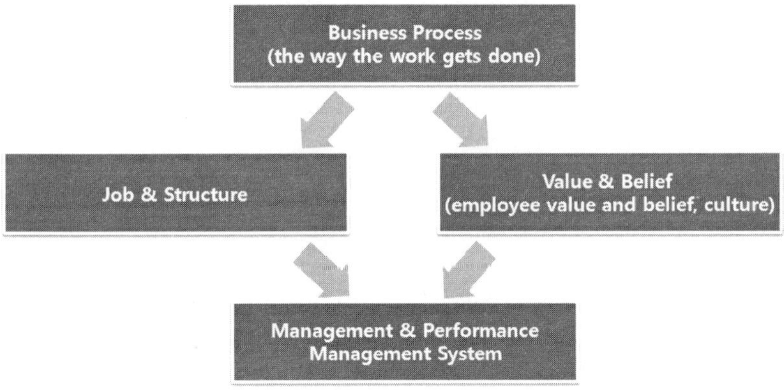

그림 197 :: Business System Diamond 개념도

3) 적용 단계

그림 198은 BSD의 적용 절차이다.

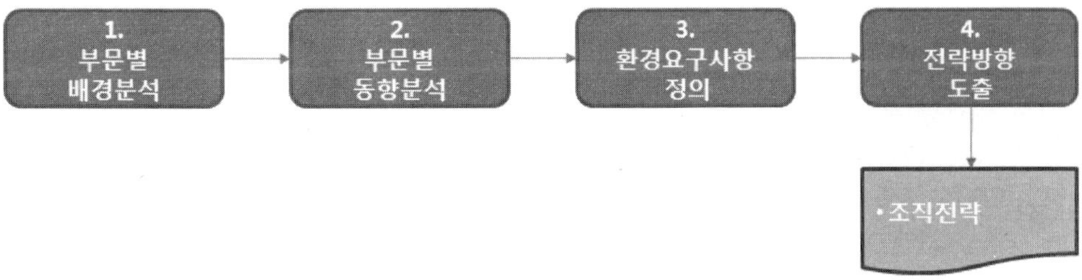

그림 198 :: Business System Diamond 적용 단계

4) 단계별 내용

① 각 부문별로 현재의 상황으로 발전하게 된 배경 및 여건을 각종 문헌자료나 담당자와의 인터뷰를 통하여 파악/정리한다.

② 각 부문별로 주요 변화와 동향을 담당자와의 인터뷰나 워크샵을 통하여 분석 및 정리한다.

③ 각 부문별로 환경 변화에 대응하기 위한 요구사항들을 정의한다.

④ 이에 맞는 전략적인 방향을 도출한다.

5) 유의점

- 표현되어야 할 내용은 각 부문별 현상 및 문제점, 발생 원인, 장소 등이다.
- 표현 방식은 서술식도 무방하나 가능한 도표 및 그림으로 표현하여 일목요연하게 이해할 수 있도록 하는 것이 좋다.

10. Cause & Effect Diagram

1) 적용 현황

일반적으로 정보화 프로젝트의 현황분석을 위해 주요 현안을 정의할 때 활용된다.

- 문제 및 상황에 대한 근본 원인(root cause) 분석을 한다.
  - 특정 효과, 문제, 상황에 대한 다양한 원인을 구조적 또는 논리적으로 배열하여 근본원인을 파악
  - 특정 효과, 문제, 상황에 영향을 미치는 요인간의 상호작용을 파악
  - 문제에 영향을 미치는 요인, 원인을 분석하여 문제를 해결하기 위한 근본적인 대책(corrective action)을 수립
- 팀원들의 참여 유도 및 이해도를 제고한다.
  - 문제를 분석하는 팀원들로 하여금 문제분석을 위한 시스템적인 사고를 가능하게 함
  - 팀원의 참여를 유도하고 문제가 발생하는 프로세스와 관련된 팀원의 지식을 활용하도록 함
  - 팀원들로 하여금 관련 업무의 요인들에 대한 이해를 제고시켜 업무 프로세스에 대한 지식을 증가시킴

2) 개념

- 특정 문제 또는 상황에 대한 가능한 원인을 파악, 분류, 표시하는 분석틀이다.
- 결과와 결과에 영향을 미치는 요인 사이의 관계를 도시적(圖示的)으로 표시한다.
- 다른 이름으로는 'Ishikawa Diagram' 또는 'Fishbone Diagram'으로 불린다.

그림 199는 Cause & Effect Diagram의 개념이다.

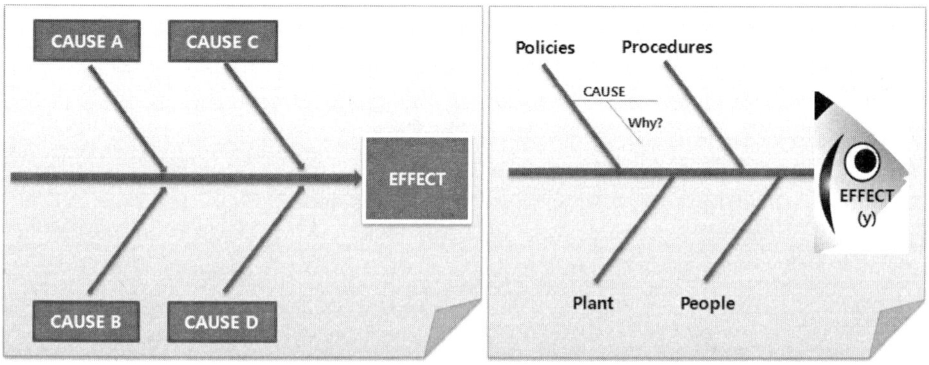

그림 199 :: Cause & Effect Diagram 개념도

3) 적용 단계

그림 200은 Cause & Effect Diagram의 적용 절차이다.

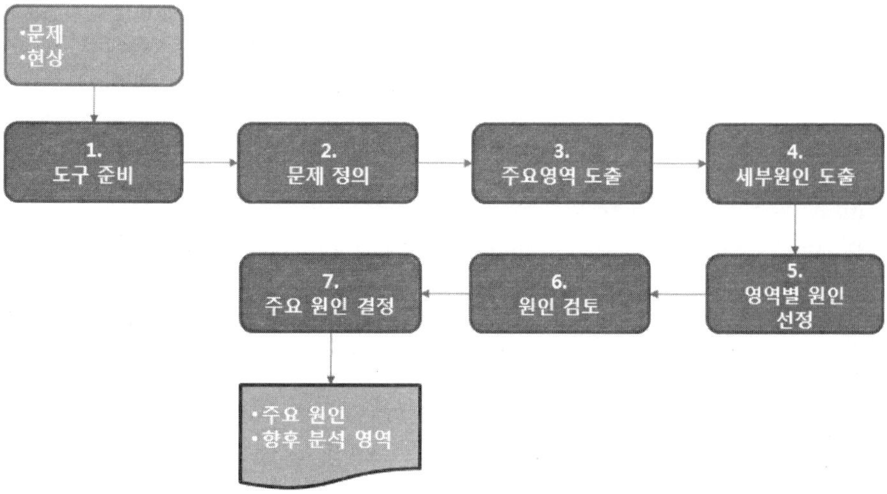

그림 200 :: Cause & Effect Diagram 적용 단계

4) 단계별 내용

① 플립챠트(flip chart)나 OHP를 준비한다.

② 분석을 위한 이슈사항(문제 또는 프로세스 상황)을 기입한다.

③ 주요 원인 영역을 도출하고(4개 이내), 이를 기입한다. 예) 장소(plants), 과정(procedures), 사람(people), 정책/제도(policies)

④ 문제에 대한 가능한 원인을 브레인스토밍을 통해 도출하고 이를 해당되는 항목의 아래에 기입한다.(여러 상위항목 아래에 배치해도 됨)

⑤ 각 주요 원인 영역을 검토하고 가장 가능성이 있는 원인 위에 원으로 표시한다.

⑥ 원으로 표시된 원인들을 다시 검토하고, "왜 이 항목이 원인인가?"에 대한 질문을 한다.

⑦ 가장 가능성이 있는 원인에 대한 합의를 도출한다.

5) 유의점

- 시작에 앞서 모든 참여자가 분석하고자 하는 문제 및 결과의 방향에 대하여 기본적으로 동의를 할 수 있어야 한다.
- 명확하게 표현한다.
- 각 문제 영역별로 무엇이 원인이 될 수 있는지 생각하고, 이를 해당 영역에 기입한다.
- 항목이 추가될 때마다 각 인과관계를 분석한다.
- 비어있는 영역의 경우 다른 영역에 떼어 붙이는 것을 검토한다.
- 너무 많은 항목이 몰려 있는 가지는 분할을 검토한다.

6) 적용 사례

그림 201은 업체선정 및 계약 단계의 발생 문제에 대한 원인 분석 사례이다.

11. Core Competence

1) 적용 현황

- 환경분석 및 현황분석 단계에서 내부역량의 강점과 약점을 파악하여 To-Be 모형 설정을 위한 시사점등을 제공하기 위해 활용된다.

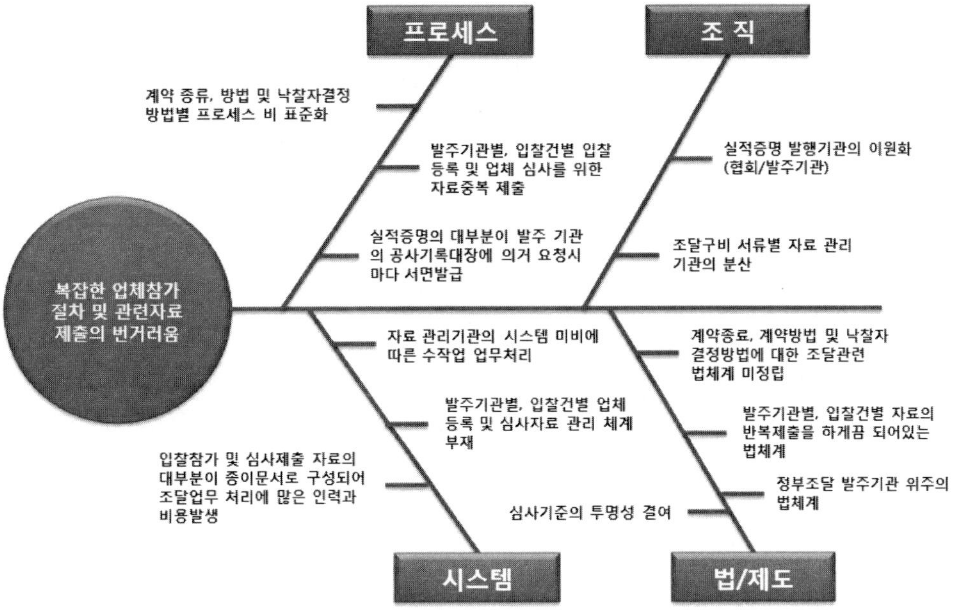

그림 201 :: Cause & Effect Diagram 적용사례

- 기업경쟁의 중추적 역할을 담당하는 핵심역량을 발견하고 이것을 제품화하여 타사와의 경쟁에 활용하거나, 혹은 기존 핵심역량에 새로운 기술이나 서비스 등을 연계시켜 새로운 성장분야로 다각화하는 데도 적용한다.

2) 개념

- 특정 기업이 보유하고 있는 독자적이고 우월적인 내부역량으로 타 경쟁사에 비해 우위를 지니는 능력의 집합이다.
- 다른 회사가 모방, 복제, 대체하기 어려운 해당 기업의 고유 자원과 능력을 의미한다.
- Core Competence를 파악하여 이를 통합 관리함으로써 기업의 성장과 발전을 이루는 것이 핵심 역량 경영이다.
- 급속한 환경의 변화로 시장에 대한 예측이 날로 어려워지면서 기존의 외부적 환경에 중점을 두던 경영방식을 지양하고 기업 내부에서 성공의 원천을 찾으려는 노력으로, 1999년 런던 비즈니스 스쿨의 게리 하멜(Gary Hamel)교수와 미시간 대학 비즈니스 스쿨의 프라할라드(C.K. Prahalad) 교수에 의하여 제창되었다.

그림 202는 Core Competence의 4가지 핵심요소를 나타낸다.

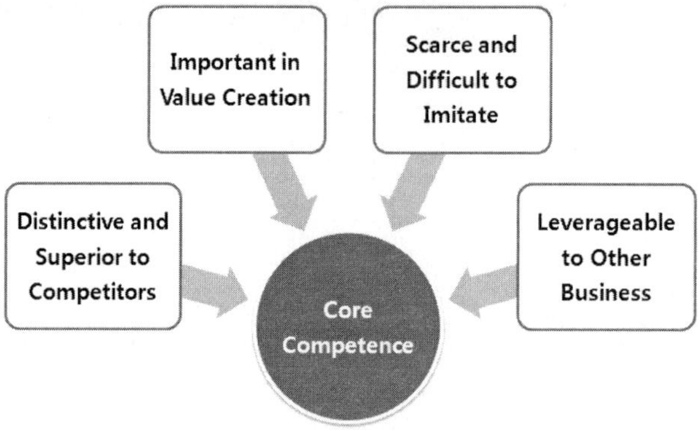

그림 202 :: Core Competence 개념도

3) 적용 단계

그림 203은 Core Competence의 적용 절차를 나타낸다.

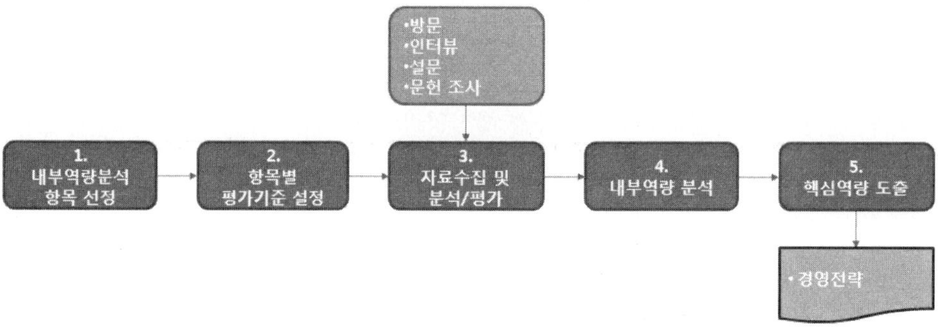

그림 203 :: Core Competence 적용 단계

4) 단계별 내용

① 내부역량 분석을 위한 세부 항목은 MECE(Mutually Exclusive Collectively Exhaustive) 기법을 활용하여 도출한다.

② 항목별 평가 기준은 상위의 Core Competence 측정 기준을 고려하여 설정하되, 항목에 따라 가중치가 다르게 설정하여 적용할 수 있다.

③ 항목별로 관련 자료를 수집 및 분석하여 측정 기준에 따라 평가한다. 이때, 객관적인 평균(average) 측정 기준을 제시한다.

④ 이러한 내부역량 분석을 통하여 해당 기업의 강점/약점을 도출한다.

⑤ 강점으로 파악된 내부역량들 중에서 예비 Core Competence를 도출하고, 이후 해당 기업 담당자와의 협의를 통해 최종적인 Core Competence를 결정한다.

5) 유의점

- 다양한 시장에의 접근 가능성(Potential Access)을 고려한다.
- 고객의 Perceived Benefits(예; 고객만족, 가격보다 높은 가치)을 고려한다.
- 경쟁사에 의한 모방의 어려움 정도도 고려한다.
  - 제품이나 기능이 아닌 능력이나 지식의 집합이어야 함
  - 한정된 부분에 초점을 맞추어야 함
  - 경쟁자들의 모방이 어려워야 함
  - 경쟁상대를 능가할 수 있는 분야이어야 함

6) 적용사례

▣ Case Study–Walmart의 핵심역량

- 월마트의 핵심역량은 크게 주요 입무 프로세스 및 경영 시스템을 통해 구축되었다.
- 월마트는 '적하차 교차시설(Cross-Docking System)'을 통해 재고비용과 운영비용을 최소화하면서 상품의 이동시간을 48시간 이내로 단축시켰다.
- 적하차 교차시설과 관련된 지원시스템에 광범위한 전략적 투자를 하여 경쟁사들이 쉽게 모방할 수 없는 핵심역량을 구축하였다.
- 월마트는 각 점포와 거래처, 물류센터 및 본사를 컴퓨터 통신 및 인공위성 통신시스템으로 연결하여, 소비자가 원하는 제품을 적시적소에 공급하고 물류비용을 대폭적으로 감축하였다.
- 핵심역량을 통한 비용절감은 매일매일 저가전략(Everyday Low Price)을 가능하게 하여 지속적인 매출 성장을 이루게 하였다.

▣ Case Study–Canon의 핵심역량

- Canon은 광학기술, 정밀 기계기술 및 첨단 전자기술 등의 기술적 핵심역량을 바탕으로 카메라, 의료기기, 복사기, 프린터, 팩시밀리 등 새로운 사업영역을 지속적으로 개척하였다.

- Canon은 핵심적인 기술역량을 개발하고 확충하면서 다양한 관련 사업부문으로 진출하였다.
- 이러한 새로운 사업부문으로의 진출은 새로운 핵심역량의 개발을 가능하게 하여 지속적인 성장을 이끌었다.

12. CSF & CIR

1) 적용 현황

- CSF(핵심성공요소, Critical Success Factor)와 CIR(핵심 정보화 요구사항, Critical Information Requirements)은 환경분석 단계에서 주로 활용되며, 미래모형수립 단계의 정보화 전략과 밀접한 연관성을 가지고 있다. 또한 CSF & CIR의 도출은 프로젝트의 특성에 따라 다음과 같이 정의될 수 있다.
  - 환경분석에서 전략적 이슈를 완성함: 환경요인/기존 전략/경영층 의견 등을 기초로 성공요소를 도출한다.
  - 환경 및 현황분석의 결과로 전략적 이슈를 완성함: 구체화된 개선과제/목표 등을 기초로 성공요소를 도출한다.
- CIR은 CSF를 전개(종속적)하여 정의됨: CIR은 CSF의 정보화 연계성을 기초로 정의한다.(상황에 따라 CIR의 도출은 생략 가능함)

2) 개념

- CSF는 John F. Rocket에 의해 최고 경영자의 정보 요구를 이해하기 위한 수단으로 개발되었으나, 이후 이 방법은 기업 전체에 적용되어 경영전략기획의 필수요소로 발전하였다.
- CSF는 조직의 성패, 성과 및 목표달성에 가장 큰 영향을 미치는 요인이다.
  - 강점: 임원들이 가장 중요한 활동에 집중할 수 있음, 시간 효율적, 복잡성, 회피
  - 약점: 비구조적/비포괄적 접근방법, 오류/누락 가능
- 경영자로 하여금 가장 중요한 활동에 초점을 맞출 수 있게 한다.
- CSF 원천은 다음과 같다.

해당 산업의 특성 : 산업 자체의 특성으로부터 도출

- 경쟁적 전략 또는 업계내의 위치
- 환경적 요인 : 환경적 변화 요인에 의해 도출
- 일시적 요인 : 단기적 위기 상황에 의해 도출
- 관리직의 특성 : 어떤 CSF는 특정 관리자와 관련되어 있음. 특정 업무는 특정 CSF를 가짐

그림 204는 CSF & CIR의 개념을 나타낸다.

그림 204 :: CSF & CIR 개념도

3) 적용 단계

그림 205는 CSF & CIR의 도출 절차를 나타낸다.

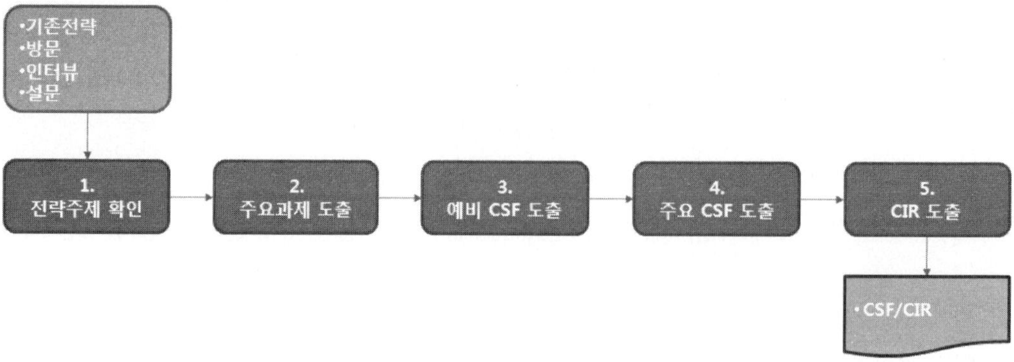

그림 205 :: CSF & CIR 도출 절차

4) 단계별 내용

① 최고 경영층 및 경영진과의 인터뷰를 통해 경영 목적 및 목표의 달성 수단이 될 수 있는 제반 성공요소를 선정한다.

② 경영 목표와 환경 변화 관련 자료를 분석하고 이를 토대로 주요과제를 도출한다.

③ 목표 달성과 과제 성공 등의 요소를 연계(mapping)하여 예비 CSF를 도출하고 정의한다. 이때 특정 CSF는 여러 경영 목표의 성공에 필요한 요인일 수 있고, 아울러 한 경영 목표를 달성하기 위해 여러 CSF가 필요할 수도 있다.

④ 예비 CSF로부터 최종 CSF를 선정하고 선정된 CSF에 대해 우선순위를 정한다.

⑤ CSF를 바탕으로 CIR을 도출한다.

5) 유의점

- 대개 8개 이하의 CSF를 도출하는 것이 바람직하다.
- 인터뷰 대상은 최고 경영자 및 경영진이며 인터뷰는 가능한 계층 별로 수행하는 것이 좋다. 또한 CSF만을 도출하기 위해 인터뷰를 실시하는 것은 바람직하지 않으며 다른 분석 기법(5 Force 모델 분석)에서 필요로 하는 항목을 포함하여 실시하여야 한다.
- 최종 CSF는 기능 업무 또는 단위 업무 수준보다는 기업 전반의 엔터프라이즈 수준에서 도출되도록 주의한다.
- CSF 정의서에 포함되어야 할 내용은 CSF, CSF 개요(목적, 주요내용), 측정계수(평가항목), 그리고 관련 경영 목적/경영 전략 등이다.
- CSF는 도표를 이용하거나 서술식으로 표현되어도 무방하나 가능한 일목요연하게

이해하기 쉽도록 표현하여야 한다.

13. 델파이법(Delphi Method)

1) 적용 현황

델파이법은 주로 불확실한 상황과 조건 하에서 전문가들의 도움을 받아 의사결정을 하기 위해 활용된다.

- 업무 프로세스와 정보시스템 등 주요 분석 영역의 이슈에 대하여 현업 실무전문가 의견을 청취 수렴한다.(현안 및 과제도출 등)
- 주요 개선항목, 사업과제, 프로젝트 등에 대한 우선순위 평가에 있어 비대면 접촉을 통해 합의를 도출한다.

2) 개념

- 이 기법은 어떤 문제에 대해 다수의 독립적인 전문가 아이디어를 우편으로 수집하고 제시된 아이디어를 분석 요약하여 응답자들에게 다시 제공한다. 그리고 아이디어에 대한 전반적인 합의가 이루어질 때까지 서로의 논평을 반복한다.
- 이 기법이 추구하는 주된 목표는 전문가 집단으로부터 신뢰성이 높은 합의를 얻어 내는 것이다.
- 일체의 대화 없이 반복적인 피드백에 의한 통계적 처리에 의하여 아이디어나 대안을 수립한다.

※ 전제조건으로 델파이법에 참여하는 사람들은 해당 주제에 정통한 전문가로 구성되어야 한다. 보통 ISP 프로젝트의 경우, 고객 측에 정보 시스템과 업무 프로세스에 정통한 인력이 적기 때문에 관련 부문의 문제점을 해결하기 위해 전문가들을 동원하여 이 기법을 사용할 수 있다.

그림 206은 델파이법의 개념을 나타낸다.

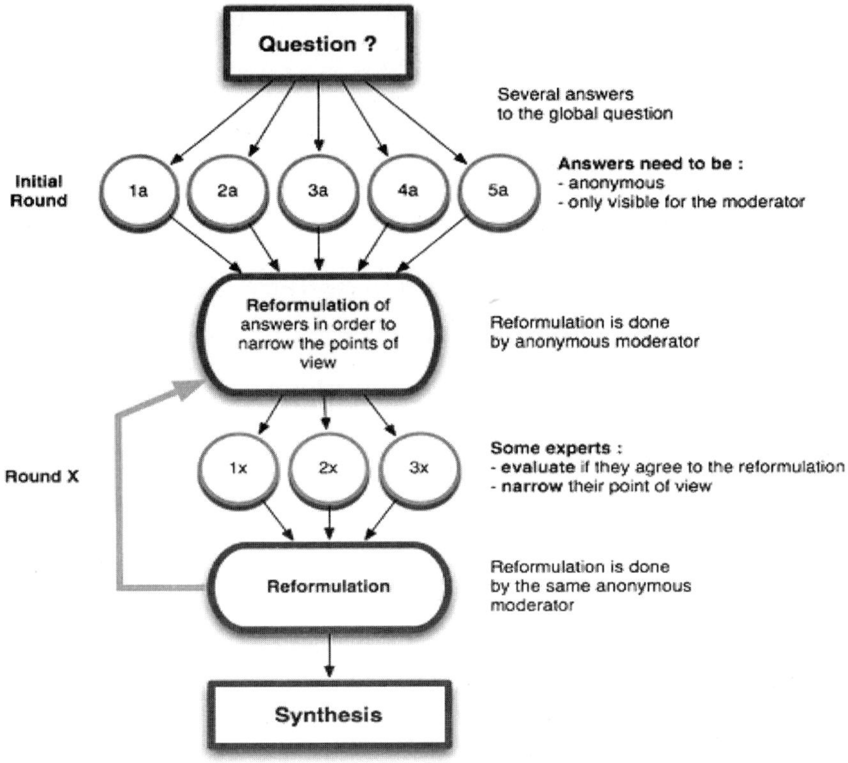

그림 206 :: 델파이법 개념도

3) 적용 단계

그림 207은 델파이법의 적용 절차를 나타낸다.

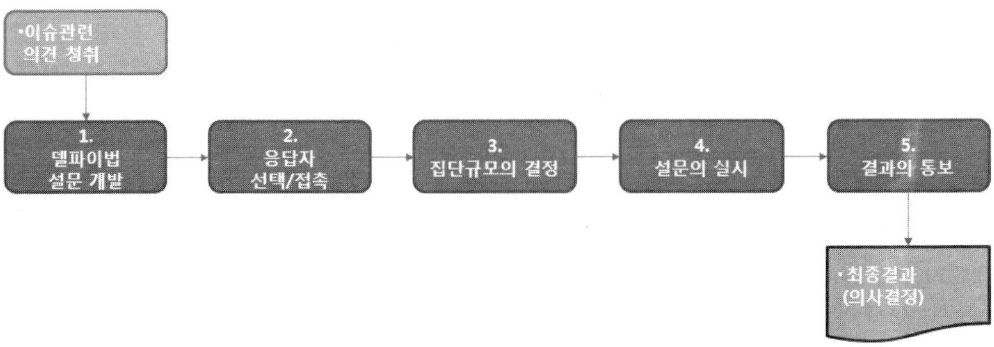

그림 207 :: 델파이법 적용 단계

4) 단계별 내용

우편방식에 의한 반복적인 아이디어 제시와 피드백이 이루어지는 델파이법은 다음과 같은 절차에 의해서 운영된다.

① 델파이법은 의사소통이 단지 우편에 의해서만 이루어지므로 의사결정 문제를 응답자가 명확히 파악하지 못하면 이후의 과정이 무의미해짐으로 응답자가 정확히 문제를 인식 및 규명할 수 있도록 정확한 표현과 정보의 제공이 요구된다.

② 델파이법을 운영하는 실무자는 응답자를 선정하는데 있어서 첫째, 개인적으로 의사결정 문제에 관심이 있는지, 해당 문제에 대한 지식을 갖고 있는지, 둘째, 일정기간에 걸친 델파이 과정을 기꺼이 수행할 의사가 있는지, 셋째, 집단의사결정과 관련된 정보에 대해 충분한 가치를 인정하는지의 여부 등을 고려한다. 응답자 선정 시 먼저 목표 집단을 선정하고 그 집단에서 개인을 지명하여 선정해 나간다. 전화나 개인적인 접촉에 의해서 응답자를 선정하는데 이 과정에서 제시된 문제, 델파이법의 과정, 그리고 소요기간에 대한 설명을 하여 참여의사를 확인한다.

③ 델파이법에 참여하는 전문가 규모는 10-15명이면 충분하다.

④ 델파이법의 운영 실무자는 설문지를 개발하고 이를 전문가들에게 발송한 뒤 1주일 후에 확인 편지나 전화로 응답을 독려하고 설문지가 회수되면 이를 분석, 정리한다. 그리고 응답자 상호간의 다른 아이디어와 자신의 아이디어를 재조정할 수 있도록 회수된 설문지의 분석 및 정리한 내용을 피드백(feedback)한다. 이 과정을 2회 내지 3회 반복하고, 마지막회의 응답을 종합하여 최종 의견으로 결정한다.

⑤ 최종 결론을 정리한 후 응답자들에게 통보하여 델파이법의 과정이 종결되었음을 알려 준다.

5) 유의점

효과적인 델파이법의 적용을 위해서는 정보요청과 수집과정에서의 전체 일정과 업무를 관리하는 조정자(coordinator)가 필요하다. 조정자는 참여자들과 밀접한 연락을 주고받기 위해 최선의 의사교환 수단을 활용하여야 한다.

표 36은 델파이법의 장단점을 정리한 내용이다.

표 36 :: 델파이법의 장단점

장점	단점
■ 익명을 유지하기 때문에 1인에 의한 지배나 집단사고 현상이 제거됨 ■ 광범위한 지역에서 다양한 전문가가 참여할 수 있으며, 동등한 조건에서 참여하게 됨 ■ 단계별로 진행되기 때문에 변화를 추적해 나갈 수 있음 ■ 응답자는 충분한 시간을 갖고 설문지에 응답을 할 수 있음 ■ 기록에 의한 정확한 자료를 남길 수 있음 ※ 델파이법이 추구하는 주된 목표는 전문가 집단으로부터 신뢰성이 높은 합의를 얻어내는 것임. 이 기법은 익명성, 피드백에 의한 반복성, 그리고 설문지의 통계적 처리라는 세 가지 특성을 갖고 있음	■ 운영 속도가 느리며 시간이 많이 소요됨 ■ 응답자 상호간에 대면이 아닌 서면에 전적으로 의존하기 때문에 의사소통의 제한성이 있음. 즉, 문제에 대한 잘못된 이해나 필답능력에 의해서 정확한 의사 전달이 안 될 수가 있음 ■ 응답자를 대면하여 인식할 수 없기 때문에 응답자에 대한 통제가 결여되어 있음 ■ 응답 도중 여러 가지 이유로 탈락하거나 회신이 누락될 수도 있음 ■ 의사결정이나 예측이 통계적 법칙에 의해서 이루어질 뿐 응답자 상호간에 아이디어가 상충될 경우 갈등이 해소되지 않을 수 있음 ※ 소수보다 다수가 우수하다는 원리에 기초하고 우편 방법에 의해서 전문가의 아이디어를 수렴하는 단점이 있음

14. DFD(Data Flow Diagram)

1) 적용 현황

- DFD(Data Flow Diagram)는 데이터가 소프트웨어 내의 각 프로세스를 따라 흐르면서 변환되는 모습을 나타낸 그림으로 소프트웨어 및 정보시스템의 분석과 설계에서 매우 유용하게 사용되고 있다.
- DFD는 시스템의 모형화 도구로서 가장 보편적으로 사용되며, 데이터에 비해 기능이 매우 복잡하고 중요할 경우에 매우 유용하게 사용될 수 있다.

2) 개념

- 데이터 흐름도 또는 자료 흐름도라고 불린다.
- 도형으로 그려지는 그림 중심의 표현이다.
- 다차원적(Multidimensional)이다.
- 데이터(자료)의 흐름에 중심을 두는 분석용 도구이다.
- 제어(control)의 흐름은 중요시 하지 않는다.

■ 현업 사용자의 업무 및 요구사항을 쉽게 문서화 할 수 있다.
■ 현업 사용자와 분석가(또는 개발자) 사이의 의사소통을 위한 공용어의 역할을 한다.

그림 208은 DFD의 적용 예시를 나타낸다.

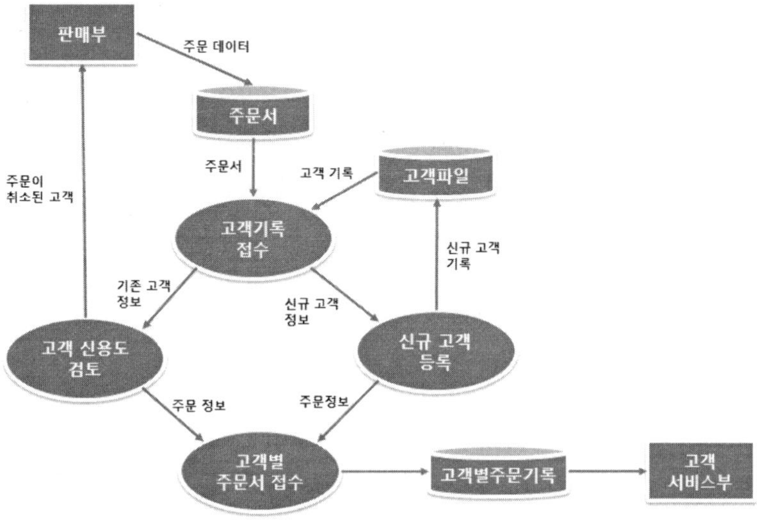

그림 208 :: DFD 적용 예시

3) 적용 단계

그림 209는 DFD의 적용 절차를 나타낸다.

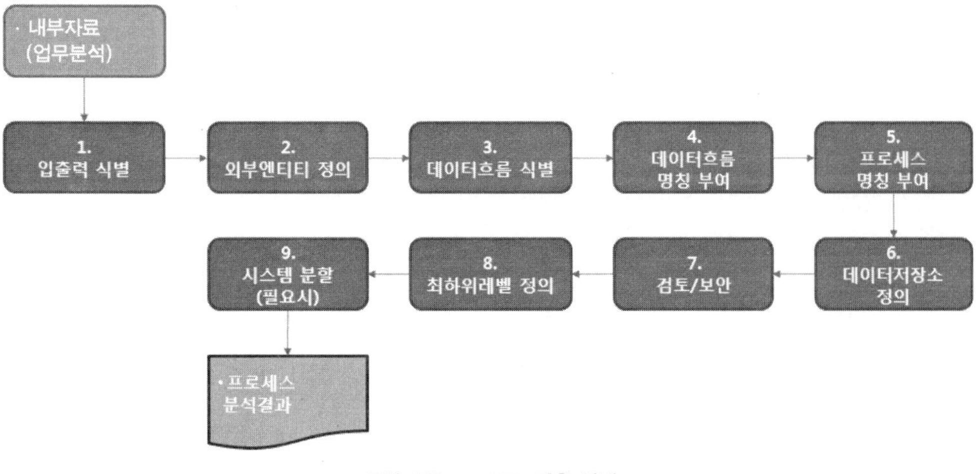

그림 209 :: DFD 적용 단계

4) 단계별 내용

① 업무를 분석하여 프로세스에 대한 모든 입출력 데이터 흐름을 식별하고 업무의 주변 경계에 그들을 표시한다.

② 데이터 흐름상 필요하거나 제공되어야 할 외부 엔티티를 정의한다.

③ 입력으로부터 출력으로, 출력으로부터 입력으로, 또는 중간 지점부터의 데이터흐름을 식별한다.

④ 모든 접속관계의 데이터 흐름에 주의 깊게 명칭(혹은 자료 내역)을 부여한다.

⑤ 입력 데이터 흐름과 출력 데이터 흐름의 명칭을 고려하여 프로세스에 대해 이름을 부여한다.

⑥ 프로세스와 관련된 데이터 저장소를 정의한다.

⑦ 검토하고 보완한다.

⑧ 상위레벨의 DFD 완성 이후 다음 하위 레벨의 DFD로 분할하고 계속적으로 최하위 레벨까지 정의한다.

⑨ 데이터 흐름도의 규모가 너무 커서 한 장의 종이에 그릴 수 없을 때는 시스템을 서브시스템(subsystem)들로 분할한다. 분할된 서브시스템들의 규모가 클 때는 다시 분할을 계속한다. 이렇게 세분화를 계속하여 최종적으로 데이터 흐름도를 단순한 기능들만으로 그릴 수 있는 단계까지 분할한다.(일반적으로 레벨3 정도면 적당함)

5) 유의점

- 최하위 단계의 DFD는 DFD 내의 모든 프로세스가 더 이상 하위 단계의 DFD로 분할되지 않는 데이터 흐름도를 말한다.
- 순서도와 혼동되면 혼란을 일으킬 수 있다.
- 프로세스 관련 요구사항들을 기술하기에는 미흡하여 자료 사전이나 프로세스 명세서 같은 설명문이 추가로 필요하다.
- 데이터가 어떻게 흘러 다니는지는 알 수 있지만 제어나 순서에 관한 정보는 알 수 없다.

6) 추가 설명

▣ DFD의 구성 요소

- DFD의 구성 요소로는 프로세스, 데이터 흐름, 데이터 저장소, 그리고 외부 엔티티

등이 있으며 표기법에 따라 표현하는 그림의 모양이 달라진다. 다음은 Yourdon과 DeMarco에 의해 소개된 표기법을 기준으로 설명한다.

■ 프로세스(Process)

- 프로세스는 입력 데이터를 원하는 데이터로 변환하여 출력시키기 위한 과정으로 도형적 표기 형태로는 원(bubble)과 원안의 이름으로 표현함
- 원안에 프로세스가 수행하는 일 또는 프로세스를 수행하는 행위자를 기술함
- 프로세스 자체적으로는 데이터를 생성할 수 없고 항상 입력되는 데이터가 있어야 함
- 프로세스는 항상 새로운 가치를 부가해야 함

■ 데이터 흐름(Data Flow)

- 데이터 흐름(Data Flow)은 DFD 구성 요소들 간의 인터페이스를 나타냄
- 대부분의 데이터 흐름은 프로세스 간의 데이터 흐름을 나타내지만, 데이터 저장소(Data Store)로부터의 데이터 흐름을 나타내기도 함
- 데이터 흐름은 명칭이 부여되거나 부여되지 않은 화살표로 표시함. 단, 후속작업들의 이해를 돕기 위해 되도록 명칭을 부여하는 것이 바람직함
- 서로 다른 데이터 흐름에는 동일한 이름을 부여하지 않음

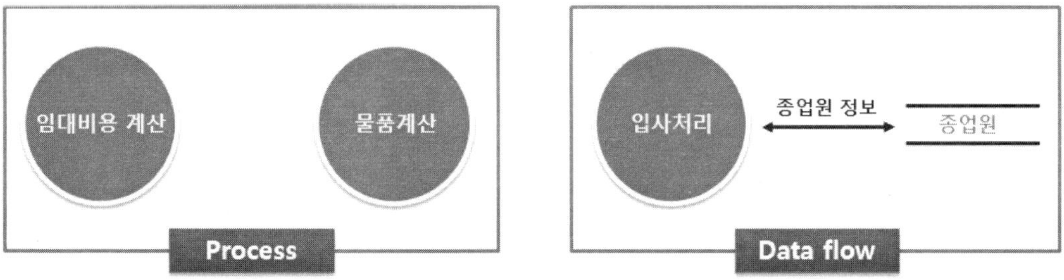

그림 210 :: 프로세스 & 데이터 흐름

■ 데이터 저장소(Data Store)

- 데이터 저장소(Data Store)는 정보를 저장하는 공간임
- 데이터 저장소는 테이프, 디스크, 카드 데이터, 캐비넷의 인덱스화일 등임
- 데이터 저장소는 단순한 데이터의 저장을 나타내는 것이지 데이터의 변동을 표시하는 것은 아님

- 데이터 흐름을 표시함으로써 데이터의 입출력을 나타냄
- 데이터 흐름도에서 데이터 저장소를 나타내는 표기법은 단순하게 두개의 직선 즉, 평행선으로 나타내고, 평행선 안에 데이터 저장소의 명칭을 부여함

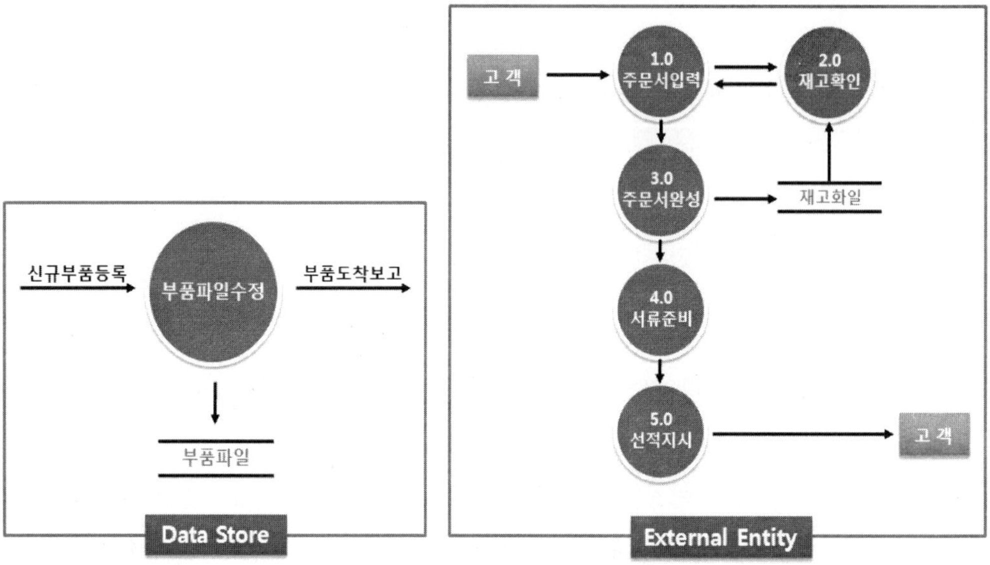

그림 211 :: 데이터 저장소 & 외부 엔티티

- 외부 엔티티(External Entity)
  - 외부 엔티티는 프로세스 처리 과정상에서 데이터 발생의 시작 및 종료를 나타냄
  - 기업의 내적(inside) 외부 엔티티는 부서, 기능, 내부시스템 등을 포함하며, 기업 외적(outside) 외부 엔티티는 고객, 거래처, 공공기관, 외부시스템 등을 포함함
  - 외부 엔티티는 데이터 흐름도 상에서 프로세스(Process)와의 상호 관련성을 표시하며, 일반적으로 DFD 범위 밖에 사각형 형태로 표시함

▣ DFD 작성방법

- 배경도(Context Diagram)
  - 배경도는 분석하고자 하는 시스템과 외부 세계와의 접속관계를 식별하기 위한 것으로 시스템 분석의 범위를 결정하게 됨

■ 최하위 단계의 데이터 흐름도

- 최하위 단계의 DFD는 DFD 내의 모든 프로세스가 더 이상 하위 단계의 DFD로 분할되지 않는 데이터 흐름도를 말하며, 모든 프로세스들이 명세서를 갖는 기본 단위임

■ 상하관계

- 그림 212는 분할된 데이터 흐름도의 상하관계를 나타내는데 상위 단계의 번호1로 표시된 프로세스가 다시 3개의 하위 단계의 프로세스들로 분할되는 것을 보여주고 있음.
- 하위 단계에서는 분할된 프로세스들과 그들 간의 접속관계를 보여주며 상위 단계의 프로세스와 데이터 흐름을 더욱 상세히 설명함. 하위단계의 데이터 흐름도에서는 프로세스 분할뿐만 아니라 데이터 흐름의 변환과정도 자세히 나타나는데, 그림 212에서는 상위 단계의 데이터 흐름 A가 B와 C로 변환되는 과정을 상세히 설명하고 있음.
- 상위 단계의 프로세스 1이 분할된 하위 단계의 프로세스들은 1.1, 1.2, 1.3 등과 같은 번호를 부여 받음. 마찬가지로 하위 단계의 프로세스 1.2가 다시 분할되면 그것의 하위 단계 데이터 흐름도에서는 1.2.1, 1.2.2, 1.2.3 등과 같이 표시됨

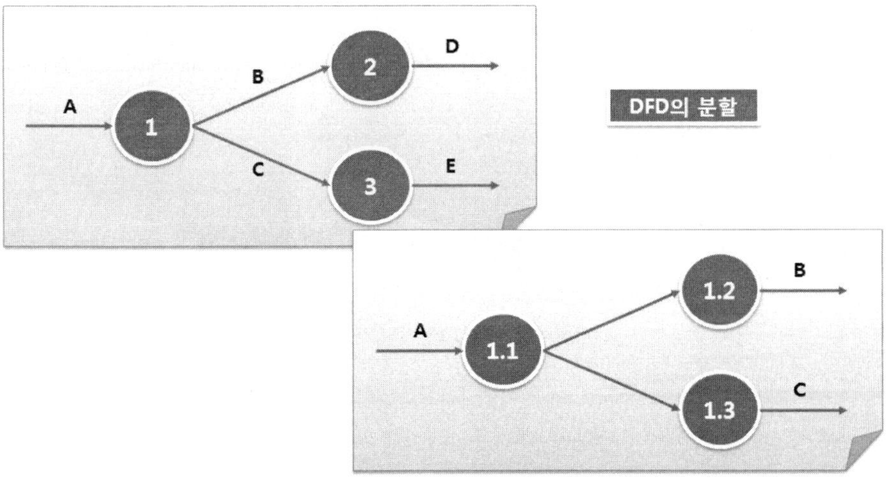

그림 212 :: DFD 작성법

15. Gap Analysis(차이 분석)

1) 적용 현황

- 주로 현황분석 단계에서 활용된다.
- 현황분석 결과(업무 프로세스 및 정보 시스템 관련)와 Benchmarking 결과를 비교하여 차이에 대한 분석을 수행하고 그 결과로부터 개선 요소 및 과제를 도출한다.

2) 개념

- 선진사 벤치마킹 결과를 바탕으로 해당 기업과의 차이(업무 프로세스, 정보 시스템, 조직, 그리고 전략 관련)를 분석하여 향후 개선 방향 및 세부 방안을 제시한다.

그림 213은 Gap Analysis의 개요를 나타낸다.

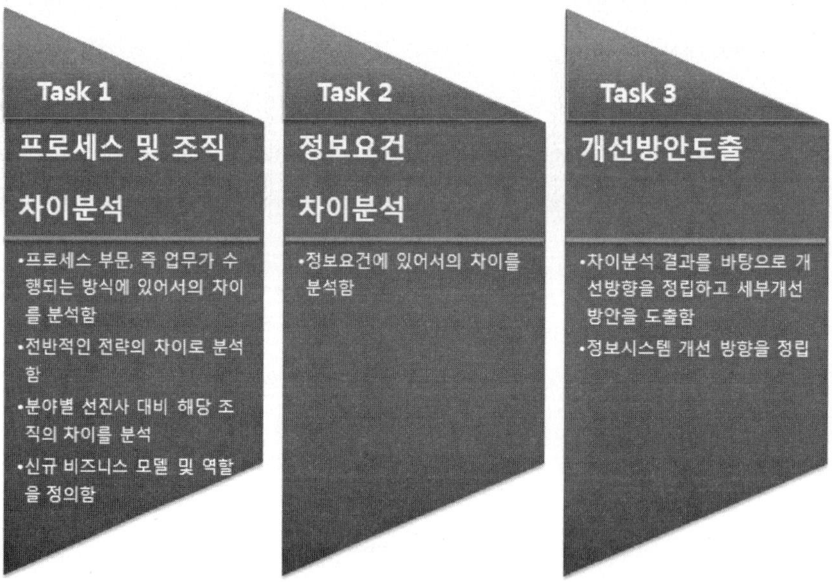

그림 213 :: Gap Analysis 개요

3) 적용 단계

그림 214는 Gap Analysis의 적용 절차를 나타낸다.

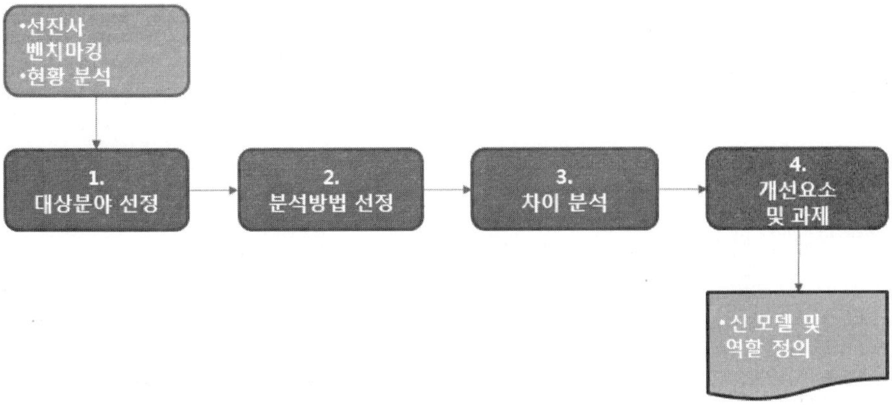

그림 214 :: Gap Analysis 적용 단계

4) 단계별 내용

① 각기 다른 조직 간의 수준을 비교하기 위해서는 상대적 비교 분석이 가능하도록 분석 대상 분야를 선정하여야 한다.

② 차이분석의 종류 및 방법을 결정한다.

③ 분석 대상 분야별로 핵심적인 차이를 분석하여 제시한다.

④ 차이분석 결과를 토대로 신 비즈니스 모델을 정립하고 필요한 개선 과제를 정의한다.

- 차이분석은 표 37과 같이 크게 정량적 분석과 정성적 분석으로 나눌 수 있다.

표 37 :: Gap Analysis 종류

구분	정량적 분석	정성적 분석
목적	수준 차이 정도를 파악	수준차가 생긴 원인 분석
분석 대상	▪ 성과지표 ▪ 성과 측정치 ▪ 목표 수준	▪ 실행 동인(driver) ▪ 사용기법 ▪ 조직/체계 ▪ 시스템 ▪ 기업문화 ▪ 기업환경 및 정부 규제

5) 유의점

- 절대 비교에 집착하지 말아야 한다.
- 비교 가능한 상태로 환원시킨 후 비교하여야 한다.

6) 적용 사례

그림 215는 Gap Analysis의 적용 예시를 나타낸다.

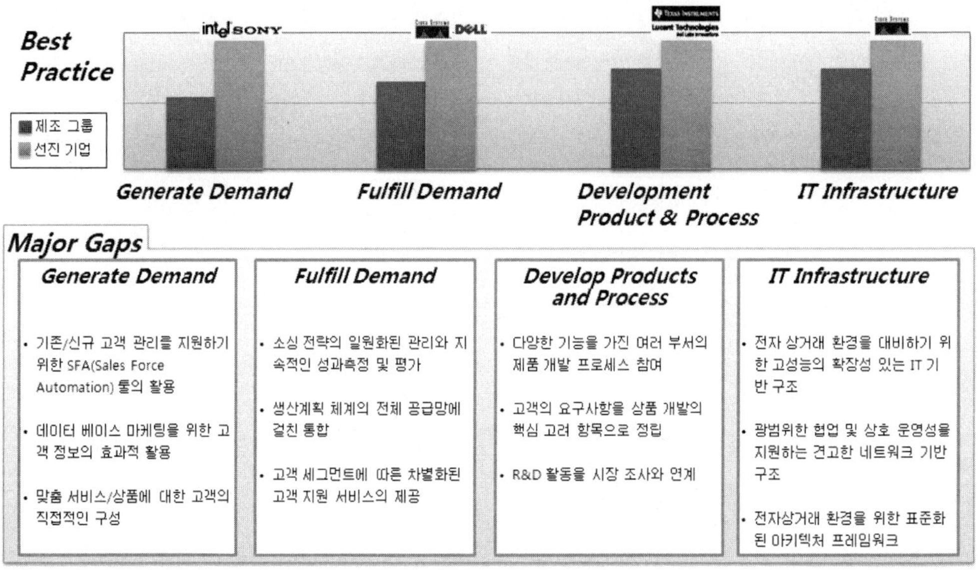

그림 215 :: Gap Analysis 적용 사례

16. IDEF Diagram

1) 적용 현황

- 현황 분석과 신 기업 모형 정립 단계에서 업무 프로세스 및 관련 정보/데이터의 기술을 위해 적용된다.
- UML(Unified Modeling Language)과 함께 업무 프로세스 모델링을 위해 많이 활용되고 있는 기법중의 하나이다.
- 개발사업과 연계하여 주요한 부분의 분석 및 설계를 위해 활용 가능하다.

2) 개념

- IDEF(Integrated Definition) diagram은 1981년 미국 공군의 ICAM(Integrated Computer-Aided Manufacturing) project를 통해 처음 소개되었다.
- 업무 프로세스의 모델링을 위해서 주로 IDEF0와 IDEF3가 사용된다.

- IDEF0는 주로 액티비티 중심의 기능 모형화에 활용된다.
- IDEF3는 업무 프로세스의 흐름(시간적, 논리적)을 포함하는 프로세스 기술(description)을 위해 쓰이며, 또한 시스템 동작에 대한 전문 지식(domain experts' knowledge)을 표현하기 위해서도 활용된다.

그림 216은 IDEF의 개념을 나타낸다.

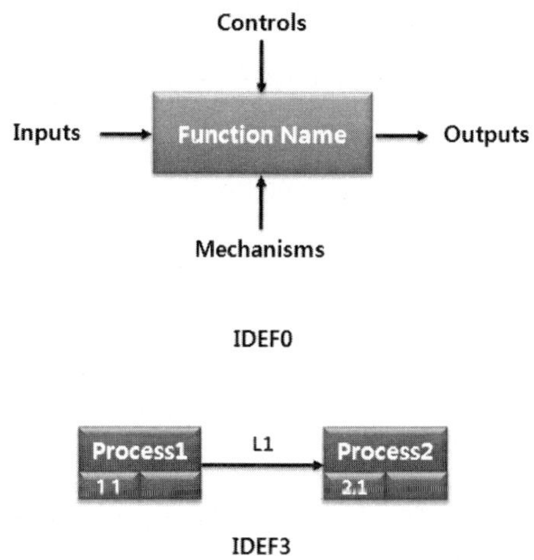

그림 216 :: IDEF 개념도

3) 적용 단계

그림 217은 IDEF의 적용 절차를 나타낸다.

그림 217 :: IDEF 적용 단계.

4) 단계별 내용

① 각 활동 간의 정보 흐름을 표현한다.

② 각 활동과 관련된 현실 세계의 실물 흐름을 표현한다.

③ 각 활동의 수행을 제어(시작, 종료, 트리거)하는 사항을 추가한다.

④ 이 활동들의 수행 주체를 명시한다.

⑤ 필요에 따라 기능적 분해(Functional Decomposition, 프로세스 상세화)를 수행한다.

5) 참조사항

- IDEF3 diagram은 다음과 같은 네 가지의 요소로 구성된다.
  - 행동단위(UOB; Units of Behavior): 박스 형태로 표현되는 행동단위
  - 연결(Links): 화살표로 표현되는 UOB의 선후 연관관계
  - 접속(Junctions): UOB의 분기 및 결합시 사용되는 시간, 논리적 관계
  - 참조사항(References): UOB와 관련된 부가적 내용을 도형적으로 표현하는 박스

- 관련된 UOB간의 분기와 결합에 있어서 논리적 관계 및 시간적 동기/비동기성 관계를 도형으로 표현하기 위하여 IDEF3에서는 발생 가능한 순차적인 모델로서 다음과 같은 5개의 논리적 타입을 지원한다.
  - Asynchronous 'AND'
  - Synchronous 'AND'
  - Asynchronous 'OR'
  - Synchronous 'OR'
  - 'XOR'

표 38은 IDEF0과 IDEF3를 비교한 내용이다.

표 38 :: Comparison of IDEF0 & IDEF3 elements

Elements	IDEF0 diagram	IDEF3 diagram
Process	Yes (connections of models in a network)	Yes(connections of models in a network)
Activity	Yes(box)	Yes(box)
Entity	Yes, simplicity (data flow through activity network)	Yes, simplicity(data flow and elaboration description)
Resource	Yes(bottom arrow)	Yes(bottom arrow, elaboration)
Queue	No	No
Start/End	No	No
Event	No	Implicit
Control	Yes(top arrow)	Yes(top arrow and logic junction)
Dynamics	No	Limited(temporal relation links and junction)

6) 적용 사례

그림 218은 IDEF의 적용 사례를 나타낸다.

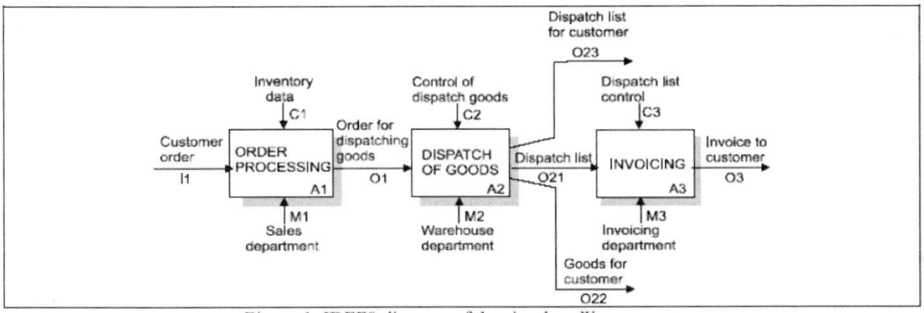

Figure 1: IDEF0 diagram of the simple selling process

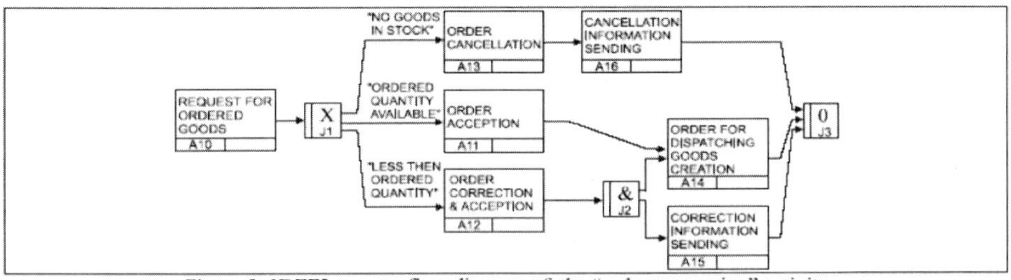

Figure 2: IDEF3 process flow diagram of the "order processing" activity

그림 218 :: IDEF 적용 사례

17. Industry(Product) Life Cycle

1) 적용 현황

- 환경 분석에서 활용되는 기법으로, 산업 또는 제품의 일반적인 진화 단계를 파악하고 이 단계상에서의 해당 제품(혹은 산업)의 위치(position)를 분석함으로써 기업이 취할 수 있는 전략 방안을 제시할 수 있다.

2) 개념

- 각 제품이 수명주기(life-cycle)가 있는 것처럼 산업도 진화적 과정을 경험하게 된다.
- 산업 또는 제품의 수명주기에 따라서 수요는 고소득층 위주에서 점차 대중화되며, 기술은 점차 표준화되고 확산된다.
- 산업이 성장함에 따라 신규 진입업체가 많아지고, 경쟁이 심화되면서 경쟁력이 없

는 기업 및 제품들은 시장에서 탈락되고, 궁극적으로는 산업의 재편이 이루어진다.

- 산업 또는 제품의 진화과정은 새로운 전략적 기회를 창출할 수 있다.
- 산업 또는 제품 간의 상대적 경쟁우위는 밀물/썰물과 같다는 사실에서 고안된 개념이다.

그림 219는 Industry(Product) Life Cycle의 기본 개념을 나타낸다.

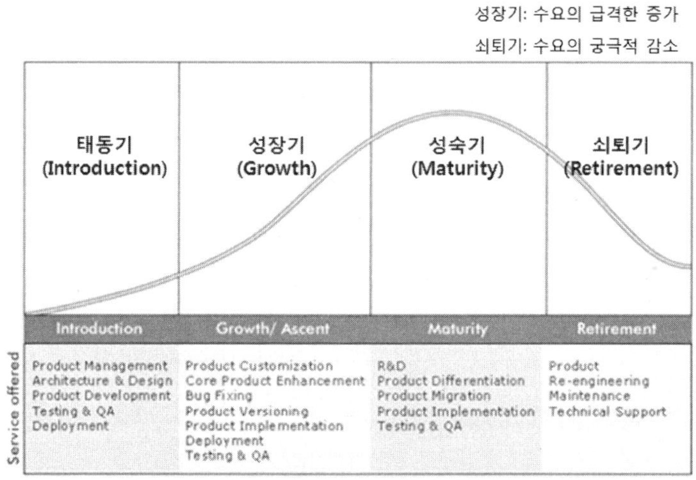

그림 219 :: Industry(Product) Life Cycle 개념도

3) 적용 단계

그림 220은 Industry(Product) Life Cycle의 적용 절차를 나타낸다.

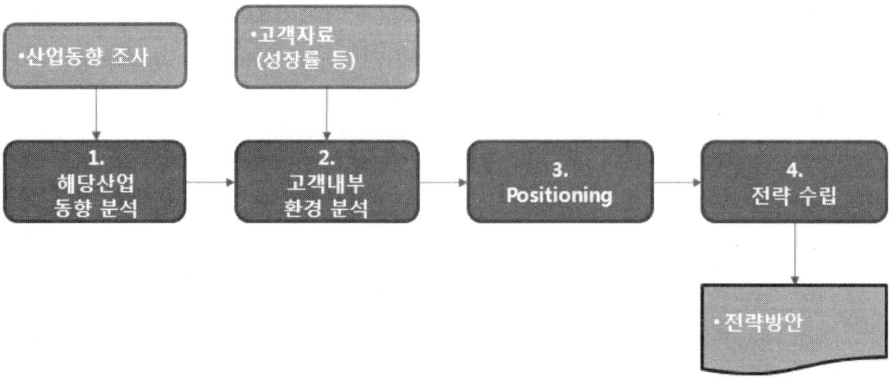

그림 220 :: Industry(Product) Life Cycle 적용 단계

4) 단계별 내용

① 해당 산업의 평균 성장률 등을 포함한 변화 추이를 분석함으로써 해당 산업의 Life Cycle을 도출한다.

② 고객의 내부 자료를 토대로 내부 환경을 조사한다. 조사 자료는 고객이 추진하고 있는 사업의 경영실적(판매 성장률, 이익률, market share 성장률 등)이다.

③ 정리된 해당 산업의 Life Cycle(태동기, 성장기, 성숙기, 그리고 쇠퇴기) 상에서 고객의 위치(positioning)를 파악한다.

④ 고객의 위치에 따른 경영 전략과 방안을 수립한다.

- 산업의 태동기에서는 기술 표준의 주도적 설정, 전략적 자산의 선점, 미래 유망사업에 대한 option 구축 등을 생각할 수 있다.
- 성숙기에서는 제품/고객 믹스(mix)의 합리화, 서비스의 차별화, 해외시장 개척 등을 추진할 수 있다.
- 쇠퇴기에서는 M&A를 통한 산업구조 조정, 틈새시장에서의 지위 강화, 전략적 철수 등 경영자원의 재배치를 통해 새로운 전략적 기회를 창출할 수 있다.

5) 유의점

- 많은 데이터에 집착하여 분석하는 것보다 이론적으로 접근하는 것이 더 효율적이다.

6) 적용 사례

그림 221은 Industry(Product) Life Cycle의 적용 사례이다.

18. Market Segmentation

1) 적용 현황

- 환경분석 단계에서 활용되는 기법으로, 시장 또는 고객의 특성을 고려하여 이를 세분화하고 특정 시장(혹은 고객)을 대상으로 자사의 역량과 자원을 집중하기 위한 경영전략 수립을 지원한다.

2) 개념

- 전체 시장을 일정한 기준에 의해 동질적인 세분시장(homogeneous segmentation)으로 분류하는 과정이다. 마케팅에서 일반적으로 활용되는 기법이다.

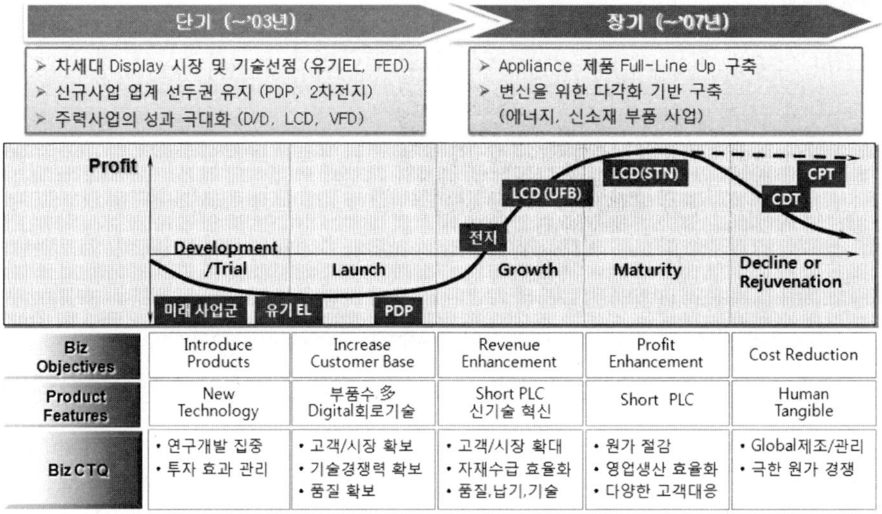

그림 221 :: Industry(Product) Life Cycle 적용사례

- 다양한 소비자의 욕구를 파악해 이를 충족시키고 또한 소비자의 새로운 욕구와 새로운 시장 기회에 적극 대응하기 위함이다.
- 시장 세분화(market segmentation)의 기준에는 product characteristics, customer type, customer behavior 등이 있다.

그림 222는 Market Segmentation의 개념을 나타낸다.

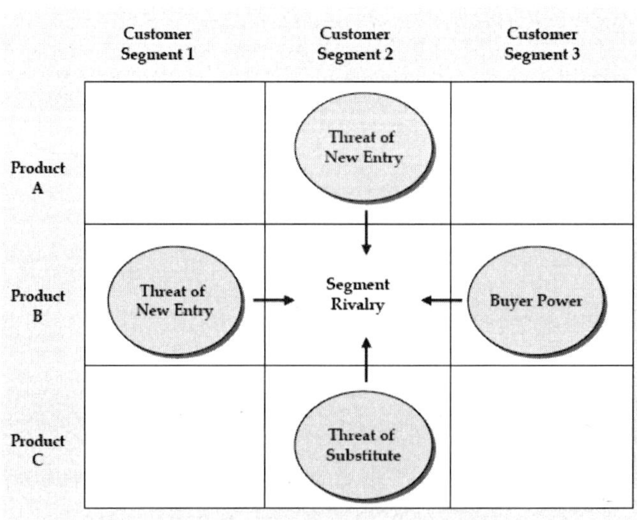

그림 222 :: Market Segmentation 개념도

3) 적용 단계

그림 223은 Market Segmentation의 적용 절차를 나타낸다.

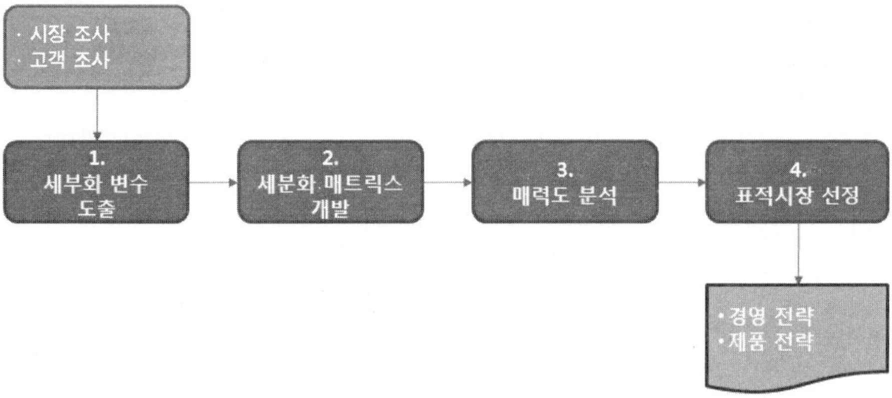

그림 223 :: Market Segmentation 적용 단계

4) 단계별 내용

① 시장 세분화 변수 도출: 시장 세분화(segmentation) 변수는 제품의 특성, 고객의 유형, 고객의 구매 행위 등 다양한 기준에 따라 정의될 수 있는데, 어떤 시장 세분화 기준을 선택할 것인가는 전략 방향과 분석의 목적에 따라 달라질 수 있다.

② 시장 세분화 매트릭스 개발: 세분 시장(segment)의 특성과 매력도를 평가하고 가장 매력적인 target segment를 선정하기 위해 시장 세분화 매트릭스는 유용하게 이용될 수 있다.

③ 세분 시장별 매력도 분석: 각 세분 시장별 시장 규모, 성장성, 수익성 및 성공요인을 분석한다.

④ 표적 시장 선정: 세분 시장별 매력도 분석의 결과를 토대로 자사의 마케팅 목적에 가장 적합한 세분 시장을 선정한다.

5) 적용 사례

표 39는 국내의 인구 통계적 변수를 이용한 Market Segmentation의 적용 사례를 나타낸다.

표 39 :: 인구 통계적 변수를 이용한 세분화 사례

변 수	세분화의 예
성별	남, 여
연령	유아, 취학 전, 초등학생, 중고등학생, 10대 후반~24세, 20대 후반, 30대, 40~50대, 60대 이상
학력	중졸 이하, 고졸 이하, 대졸 이하, 대학원 이상
가족의 소득 월평균 총소득	100만원 미만, 100~200만원 미만, 200~300만원 미만, 300~500만원 미만, 500만원 이상
혼인상태	미혼, 기혼, 기타
직업	자영업, 판매업, 기능직, 공무원 및 사무직, 고급 공무원 및 기업체 간부, 전문, 자유직, 농림·수산업, 대학(원)생, 중고등학생, 주부
가족생활주기	미혼, 신혼, 젊은 부부, 중년부부, 장년부부, 노년부부, 사별 후 독신
주거형태	아파트, 연립주택, 단독주택, 상가주택

- 소비자의 연령: 우리나라의 인구 구성에서 가장 비중이 큰 연령대는 20~30대 이다.
- 소비자의 소득: 구매력을 결정하고 생활 방식의 차이를 가져오는 중요한 요인이다.
  예) 엔젤산업: 절대적인 인구수는 줄었으나 1인당 소비지출 증대

다음은 미국 자전거 제조 산업의 Market Segmentation 적용 사례이다.

▣ 세분시장 별 매력도 분석(미국 자전거 제조 산업)

미국 자전거 시장을 제품의 유형과 가격 수준에 따라 3개의 segment로 나누고, 각 segment 별로 시장 규모, 성장성, 수익성, 그리고 성공요인을 분석한 결과는 다음과 같았다.

- 저가 자전거 세분 시장은 시장 규모면에서는 제일 크나, 시장의 성장성 및 수익성은 상대적으로 낮으며, 글로벌 sourcing을 통해 저비용 생산체제를 구축한 것이 사업의 주요 성공요인이다.
- 중가 자전거 세분 시장은 시장 규모, 성장성 및 수익성이 모두 중간이며, 이 시장에서의 성공요인은 공장 자동화를 통한 품질 및 비용 상의 경쟁우위를 구축하는 것이다.
- 고가 자전거 세분 시장은 시장 규모는 작으나, 시장의 성장성 및 수익성이 매우 높은 시장으로서 혁신적인 디자인을 통한 차별화 및 브랜드 관리를 통한 인지도확보가 필수이다.

표 40은 본 적용 사례의 결과를 정리한 것이다.

표 40 :: 세분시장(미국 자전거 제조 산업) 별 매력도 분석 적용사례

세분시장	시장 규모	시장성장률	수익성	주요성공요인(CSF)
저가 자전거 세분 시장	$500 million	5%	낮음	▪ 글로벌 sourcing을 통한 낮은 생산원가 유지
중가 자전거 세분 시장	$200 million	7%	중간	▪ 대량 생산 체계를 통한 품질, 비용 우위 확보
고가 자전거 세분 시장	$100 million	10%	높음	▪ 혁신적인 디자인 ▪ 브랜드 관리를 통한 높은 인지도

19. MECE

1) 적용 현황

문제 상황을 철저히 분석하여 전개하거나 혹은 이슈를 종합하여 정리하기 위한 합리적 사고의 기초 도구로 활용된다.

- 환경분석의 [분석 항목 설정] 단계, 현황분석의 [주요현안 및 개선과제 도출] 단계 등에서 세부 항목과 과제의 그룹화를 위해 활용된다.
- IT 기술동향 분석에서는 IT 구성요소를 10개의 MECE 영역으로 구분하고 프로젝트 진행 시 기본 틀로 사용하고 있다.
- 고객들의 다양한 요구 사항을 파악한 뒤 무엇에 관한 요구사항인지 그룹핑(grouping)하고 동일 레벨(level)의 문제인지 확인할 때 MECE 방법을 사용할 수 있다.

2) 개념

MECE는 'Mutually Exclusive and Collectively Exhaustive'를 의미한다.

- 어떤 사항과 개념을 중복 없이, 그리고 전체로도 누락 없는 부분집합으로 파악하는 것이다.
- MECE는 정형화된 기법이라기보다는 '논리적 사고의 기본적인 틀'이라고 볼 수 있다.
- 3C와 7S 등의 분석기법은 MECE 사고를 위한 정형화된 분류 기준의 하나로 볼 수 있다.

■ MECE의 적용 시 누락과 중복이 없고 동일 레벨인 분류 기준의 설정이 매우 중요하다. 그림 224는 MECE의 개념을 설명한다.

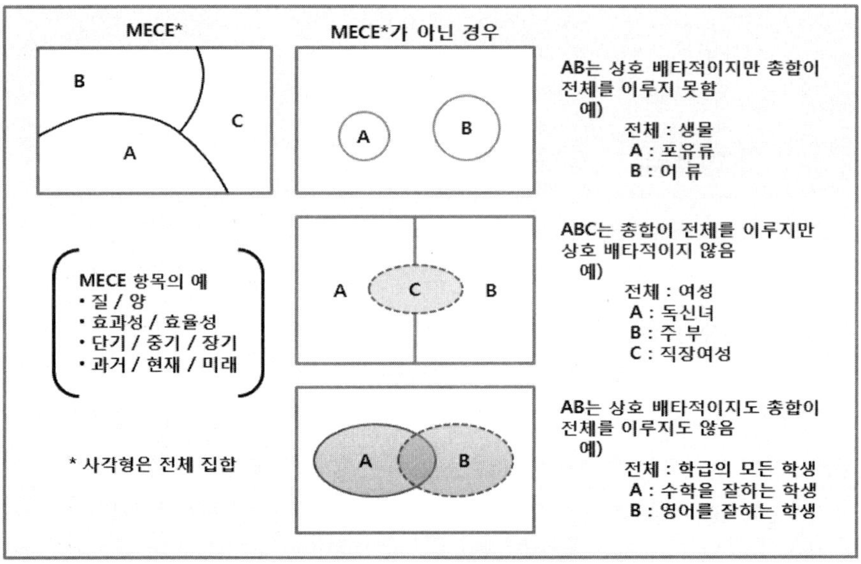

그림 224 :: MECE 개념

3) 적용 단계

그림 225는 MECE의 적용 절차를 나타낸다.

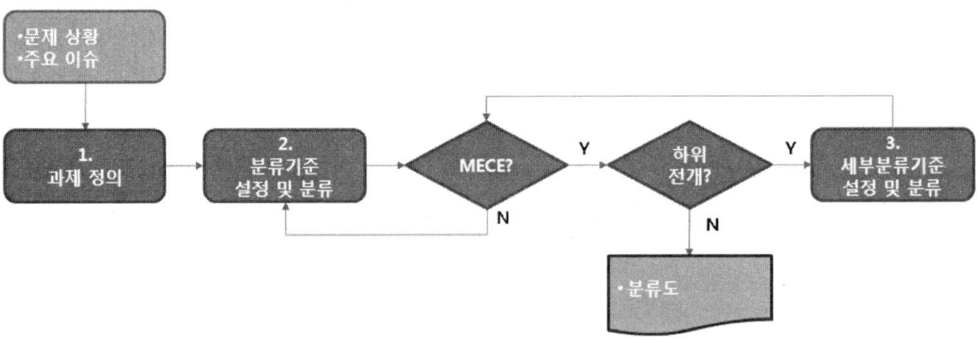

그림 225 :: MECE 적용 단계

4) 단계별 내용

▣ **대상을 세부적으로 분류해 나갈 때**

① 주어진 과제가 무엇이지 확인하고 분류 과정을 통해 얻으려고 하는 것이 무엇인지 명확히 한다.

② 과제를 해결할 수 있는 분류 기준을 설정하고 이에 따라 대상을 1차 분류한다.

- 대상을 분류할 수 있는 기준은 다양할 수 있으므로, 과제에 따라 분류기준을 선택해야 함
- 분류 기준에 포함되지 못하는 부분이 있거나 분류 기준에 따라 명확히 구분되지 못하는 부분이 있으면, 그 분류 기준은 잘못된 것으로, 새로운 분류 기준을 설정해야 함
- 분류 기준이 동일 레벨인지 확인함

③ 1차로 분류된 대상들 내에서 세부 분류 기준을 설정할 수 있는지 살피고, 있으면 세부적으로 계속 분류해 나간다.

- 1차 분류 대상들을 같은 기준으로 분류할 수도 있고, 대상마다 세부 분류 기준을 다르게 설정하여 분류할 수도 있음
- 세부 분류 도중, 타 분류에 포함되거나 겹치는 부분이 나타나면 잘못된 분류이므로 1차 분류부터 다시 확인함

▣ 여러 정보를 그룹핑해 나갈 때

① 주어진 과제가 무엇이지 확인하고 분류 과정을 통해 얻으려고 하는 것이 무엇인지 명확히 한다.

② 각 정보들에 담긴 keyword 중 과제와 관련이 있는 것이 무엇인지 파악하여 분류 기준을 삼고, 분류 기준에 따라 그룹핑 한다.

- 그룹핑 레벨이 동일한지 확인함
- 분류 기준에 해당하지 않는 것이 있는지 확인함

③ 그룹핑을 한 항목이 세부적으로 분류될 수 있는지, 또는 재 그룹핑이 될 수 있는지 확인한다.

5) 적용 사례

그림 226은 MECE의 적용 사례를 나타낸다.

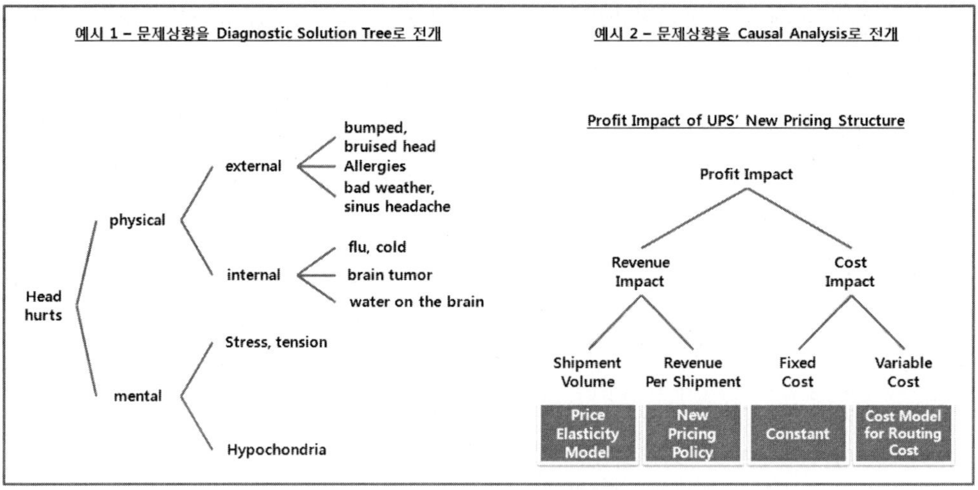

그림 226 MECE 적용 사례

20. Multivoting & Nominal Group Technique

1) 적용 현황

집단의 의사결정 방법으로 활용되는 다중 투표법(Multivoting)과 명목 그룹 이용법(Nominal Group Technique)은 브레인스토밍을 활용하여 가능한 다수의 의견을 청취한 후 중요한 소수를 선별하거나 우선순위를 결정하는데 활용된다.

- 팀 혹은 집단의 의사결정 상황에 적용한다. 더불어 다수의 의견과 대안에 대하여 우선순위를 결정한다.
- "모든 의사결정이 집단적 합의에 기초하는 것은 아니다"라는 전제가 있다.

2) 개념

- 다중 투표법은 팀별로 긴 길이의 항목 목록을 줄여서 가장 중요하다고 인식되는 몇 개의 항목만 남도록 한다.
- 다중 투표법은 가장 좋은 항목들이 모든 참가자들에 의해 지지된다는 점에서 선호되는 목록 축소 방법인데, 이것은 참가자들의 투표가 직접적으로 최종 목록의 결정에 기여하기 때문이다.
- 다중 투표법은 모든 사람에게 선호되는 항목들을 선정할 수 있으므로 단수 투표

(Straight voting)보다 선호도가 높다.

- Nominal Group Technique은 델파이법과 마찬가지로 토론은 없으나, 참여자들이 한자리에 모여서 의사결정을 한다는 점이 다르다.

그림 227은 Multivoting과 Nominal Group Technique의 개념을 나타낸다.

그림 227 :: Multivoting & Nominal Group Technique 개념도

3) 적용 단계

그림 228은 Multivoting과 Nominal Group Technique의 적용 절차를 나타낸다.

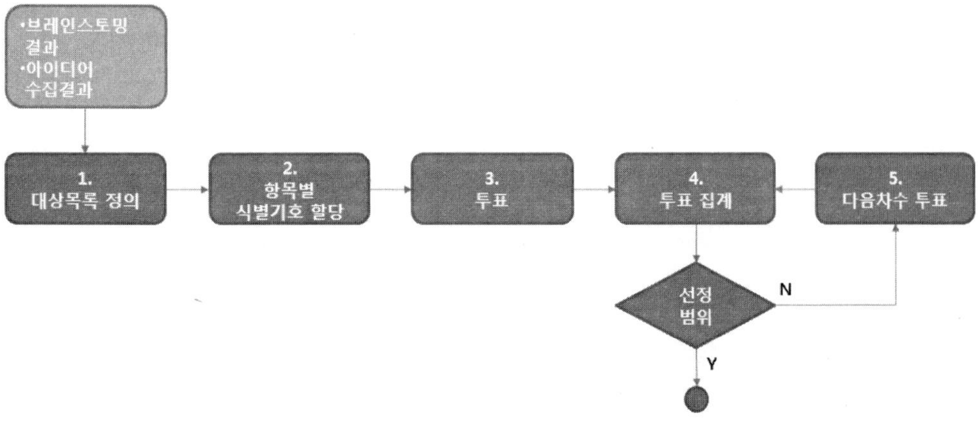

그림 228 :: Multivoting & Nominal Group Technique 적용 단계

4) 단계별 내용

① 브레인스토밍 혹은 다른 아이디어 수집 방법을 통해 다수의 아이디어를 수집하여 목록화 한다.(특히, 아이디어의 수가 많을 경우 적용에 유리함)

② 각 항목별로 적당한 문자 등의 식별기호를 할당하여 투표 점수의 배정에 혼동이 발생하지 않도록 한다.

③ 각 참여자는 전체 목록 중 중요하다고 판단되는 1/3(1/2을 초과하지 않도록 함)의 항목들을 선택한다. 가령 목록이 60개의 항목이라면 각자 20개를 선택한다.

-각 참여자는 개별 항목(아이디어)에 한 표만 투표할 수 있으며 배정된 수만큼의 투표를 해야 한다.

-상호 독립적 입장(기밀성)이 유지된다면 투표 방식으로 거수, 기표 등도 가능하다.

④ 각자의 투표 결과를 반영하여 각 항목에 표시한다. 다음 차수의 투표를 위하여 득표 순으로 선정된 항목들의 목록을 게시한다.

⑤ 각자는 다시 상위 1/3의 항목들을 선정한다. 이 과정을 원하는 소수의 항목들이 선정될 때까지 반복한다.

5) 유의점

- 선정 과정에서 제외되었던 항목들은 예비용 혹은 향후 부가적인 분석 등을 위해 참고 될 수 있도록 한다.
- 다음의 일반적 규칙을 적용하여 각 차수에서 얼마만큼 줄여나갈지를 정한다.
  -참여자 수가 5명 이하인 경우, 2표 이하를 받은 항목은 제거함
  -참여자 수가 6~15명인 경우, 3표 이하를 받은 항목은 제거함
  -참여자 수가 15명 이상인 경우, 4표 이하를 받은 항목은 제거함
- 적정한 수의 아이디어, 문제, 이슈 등을 생성하고 분류하여 평가할 수 있도록 한다.
- 목록의 항목들에 대하여 중요도를 매긴다.

6) 적용 사례

A 프로젝트팀은 여러 번에 걸쳐 회의를 진행해 보았지만 원하는 만큼의 생산적인 성과를 얻지 못하였다. 그래서 PM(project manager)은 회의의 성과가 좋지 못한 이유를 밝히고자 별도의 회의를 소집하고 brainstorming을 통해 주요 원인의 목록을 수집하였다.

주요 원인 목록을 축소하기 위해 다중 투표법(Multivoting)을 적용하였다.

그림 229는 본 사례의 구체적인 내용이다.

First Vote Tally

\\	A. Ineffective organizational structure
\	B. Poor communications outside the office
\\\\	C. Lack of training
\\\	D. Poor communications within the office
\\	E. Unclear mission and objectives
卌 \\	F. Poor distribution of office mail
卌	G. Lack of feedback on reports to management

Second Vote Tally

\\	C. Lack of training
\	D. Poor communications within the office
卌	F. Poor distribution of office mail
\\\\	G. Lack of feedback on reports to management

그림 229 :: Multivoting 적용 사례

- 6명의 팀원은 각자 4개의 투표권(목록수의 절반 수준인 4개를 선택)을 배정 받았다.
- 투표가 집계된 후 선정된 4개를 대상으로 2차 투표(2개의 투표권)를 실시하였다.
- 4표 이상을 획득한 주요 원인은 F와 G였다. 따라서 팀원이 생각하는 낮은 생산성의 주요 원인은 F와 G인 것으로 결정되었다.

21. QFD(Quality Function Deployment)

1) 적용 현황

고객의 요구사항(VOC; Voice of Customer)을 제품의 품질 기능에 체계적으로 반영하는 기업으로, 컨설팅 업무에서는 대안 목록의 선정, 목표 대비 대안의 우선순위 결정, 그리고 성과지표 선정 등에 활용한다.

2) 개념

그림 230은 QFD의 개념을 나타낸다.

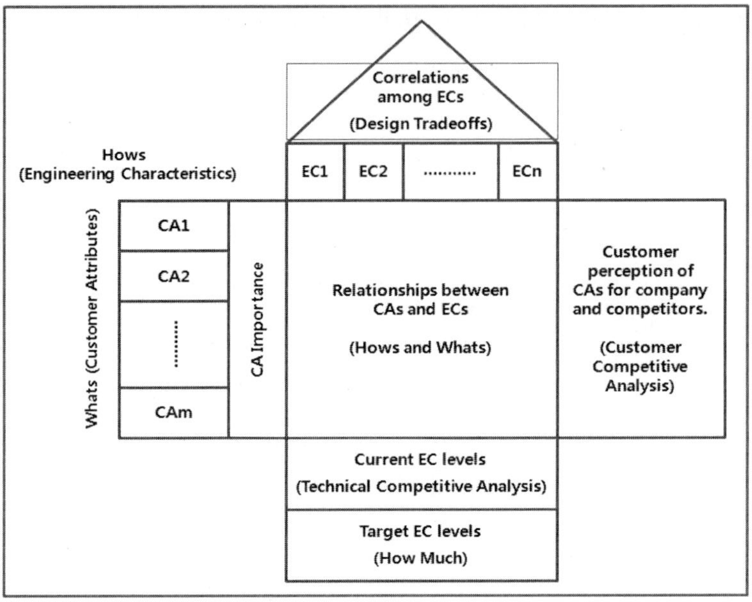

그림 230 :: QFD 개념도

- 1970년대에 일본 Mitsubishi를 시작으로 여러 기업에서 활용되었고 또한 다양한 방법론과 연계되어 적용되고 있다.
- 마케팅, 기획, 개발, 생산 등 다양한 부서 간의 상호 연관성을 유지하며 정확하게 커뮤니케이션하기 위한 목적으로 개발된 '개념적 지도'(conceptual map)이다.
- 인자들 간의 상관 관계를 정의하고 중요도를 바탕으로 인자들의 우선순위를 식별한다.

3) 적용 단계

그림 231은 QFD의 적용 절차를 나타낸다.

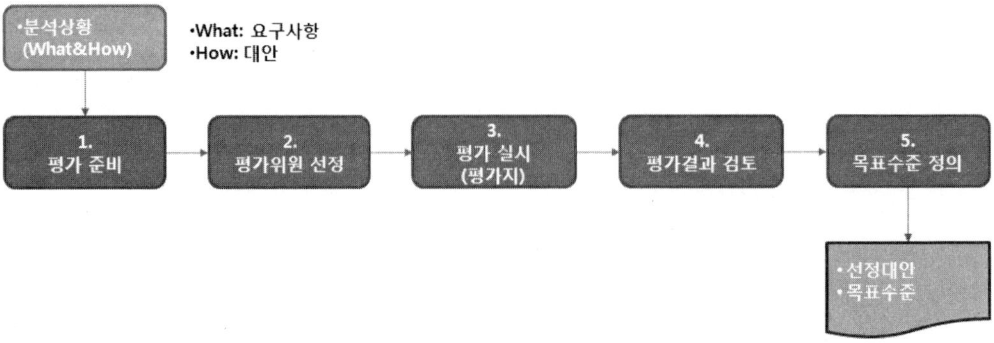

그림 231 :: QFD 적용 단계

4) 단계별 내용

① 평가에 앞서 분석 상황을 기초로 필요한 데이터 항목을 정리한다.

- What & How의 구조화: 각 가로/세로축의 목록에 대하여 계층화 하거나, 논리적으로 잘 구성되어 있는지를 점검한다.
- What의 각 항목에 대한 가중치를 결정한다.
- 평가 결과의 평준화 방법을 결정한다.
- 비교대상 집단을 선정한다.(비교우위 판단 필요 시)

② 객관적이며, 전문성을 가진 평가위원들을 선정한다.

- 고객 측의 전문가를 활용할 수 있음

③ 적용 사례의 '평가표 작성 가이드'를 참조한다.

④ 평가 결과지를 취합하여 정리하고 평가 결과의 시사점을 도출한다.

⑤ 고객과의 합의적 절차를 통해 대안의 달성목표를 결정한다.

5) 적용 사례

그림 232는 QFD의 적용 사례이다.

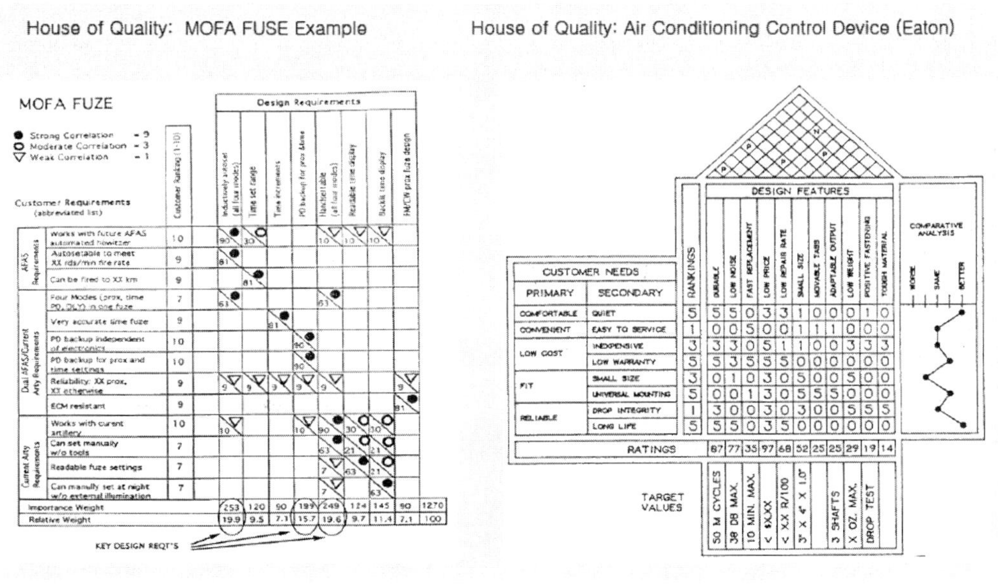

그림 232 :: QFD 적용 사례

22. Stakeholder Analysis

1) 적용 현황

다양한 이해 관계자들의 이익이 서로 충돌하거나 한정된 자원 하에서 기업이 이해관계자들의 needs를 적절하게 조절해야 할 필요가 있는 다음의 경우에 사용한다.

- 기업과 내부 및 외부 이해관계자와의 관계를 분석하여 고객 만족도 제고를 위한 방안을 도출해야 하는 경우
- 전략적인 제휴를 위한 대상 선정 방안이나 기업 활동에 대한 외부의 저항을 최소하기 위한 방안 등을 마련해야 할 경우
- 기업이 국제적인 기업 활동을 계획하고 제휴를 위한 적정한 기업/개인을 선택해야 할 경우
- 경쟁자와 협력/보완이 되는 대상을 분석해야 할 경우 더불어 컨설팅 프로젝트 수행시 다음의 경우에 활용된다.
- 프로젝트의 문제점과 목적에 대해 이해 관계자들의 관심을 이끌어 낼 때
- 이해 관계자간의 이해 충돌 현황을 파악해야 할 때
- 프로젝트의 성공을 위해 도움을 줄 수 있는 주요 이해 관계자들을 파악해야 할 때
- 프로젝트 수행 단계별로 각기 다른 이해관계자들의 적절한 참여 형태를 정해야 할 때

2) 개념

- 기업의 전략을 '관계'라는 관점에서 바라보는 경영분석 기법의 일종으로, 기업과 내부 및 외부 이해관계자와의 관계를 분석하여 이미지 개선, 고객의 만족도 제고, 그리고 경쟁력 강화를 위한 방안 및 이슈를 도출하는 것이다.
- 기업과 경쟁사에게 상당한 영향력을 행사할 수 있는 집단 또는 개인을 체계적으로 파악할 수 있다.
- 기업 및 조직이 취하는 각종 전략 및 의사결정, 그리고 외부의 환경 변화 등이 이해관계자에 미치는 영향을 분석한다.

그림 233은 Stakeholder Analysis의 기본 틀을 나타낸다.

이해관계자	연결채널	주요 이해관계	전략적 의미	중요도

그림 233 :: Stakeholder Analysis 기본 틀

3) 적용 단계

그림 234는 Stakeholder Analysis의 적용 절차를 나타낸다.

그림 234 :: Stakeholder Analysis 적용 단계

4) 단계별 내용

① 기업 및 기관과 관련된 이해 관계자를 파악한다.

- 이해 관계자는 기업 내/외부의 관련이 있는 모든 사람, 기관, 기업을 지칭한다.
- 중복이나 혼돈을 피한다. 이해관계가 다르면 서로 다른 이해 관계자이다.
- 일반적인 이해 관계자 집단(고객/종업원/이익단체/주주 등)과 특정 이해관계자 집단(기업의 당면 이슈(issue) 및 잠재적인 이슈에 실질적인 이해관계를 갖는 범주의 집단)으로 나누어 이들 모두를 파악해야 한다.
- 이해 관계자는 보다 구체적으로 표현한다. 예를 들어 '정부'보다는 해당 이슈와 관련이 있는 부서나 부처를 도출해야 한다.
- 이해 관계자 목록을 작성한다.
- 계속적으로 새로이 등장하는 이해 관계자가 있음으로 지속적이고 폭넓은 분석(environmental scanning)이 필요하다.

② 이해관계를 파악하여 이해관계의 본질, 적법성, 이슈 등을 정리하고 이해 관계자들의 기업에 대한 영향력을 분석한다.

- 이해 관계자의 기대는 무엇인지, 그것을 통해 얻는 이익은 무엇인지, 기업 활동을 위해 제공 또는 제공을 회피하는 요소(resource)는 무엇이며, 기업 활동과 상충되는 다른 이해관계는 무엇인지, 특정 이해 관계자가 다른 이해 관계자를 어떻게 생각하는지를 인터뷰 등을 통해 도출해 낸다.

③ 이해관계로 인한 기업의 기회 또는 위협 정도를 측정한다.

- 영향의 방향, 중요도, 긴급도 및 해결 가능성 등을 통해 이해 관계자 환경을 평가한다.
- 이해관계 matrix를 작성한다.
- 항목별로 점수 등급(5 scale)을 부여할 수도 있고 주관적 판단을 통해 항목을 평가할 수 있다.

④ 관리될 잠재적 요소와 리스크를 식별하기 위해 영향력과 중요도를 기준으로 이해 관계자를 다양한 집단으로 구분한다.

- 이해 관계자 영향력/중요도 matrix를 작성한다.(적용 사례 참조)

⑤ 핵심 이해 관계자에 대한 현재의 대응형태를 파악하고, 향후 개선방향을 정립한다.

- 타이밍, 테크닉, 매개체, 스타일 등의 요소를 고려하여 이해 관계자에 대한 기업의 대응 전략을 수립한다.

5) 적용 사례

표 41은 신규 공장 설립을 위한 이해 관계자 분석 matrix의 적용 예시이다.

표 41 :: 이해 관계자 분석 matrix 예시(신규 공장 설립 건)

	기업으로부터의 의사전달	이해관계자로부터의 의사전달	중요도	개입 가능성	이해관계자의 목표	이해관계자의 영향력
종업원	인적자원 관리정책 및 감독 방안	노조의 요구	높음	기존 종업원에 대한 영향력에 달려있음	근무환경개선, 임금향상, 책임과 함께 승진 제고	기업의 생존을 위해 꼭 필요한 요소
투자자	Annual report, IR(Investor Relations)	주식매매, 주총	중간	공장 신설이 위험하다고 느끼지 않는 한 낮음	수익창출, 긍정적인 미래 전망	회사 성장을 위한 필요자금의 제공 및 회수를 결정할 수 있음
…	…	…	…	…	…	…

그림 235는 이해 관계자 영향력/중요도 matrix의 예시이고 표 42는 이에 따른 전략을 설명한다.

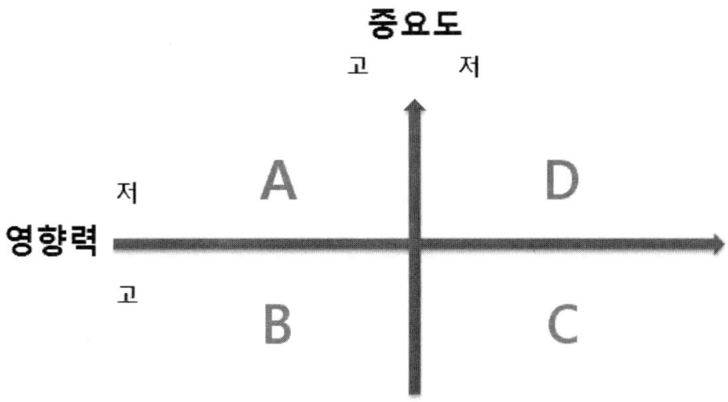

그림 235 :: 이해 관계자 영향력/중요도 matrix 예시

표 42 :: 이해 관계자 영향력/중요도에 따른 전략

▪기업의 활동(또는 프로젝트 수행)에 대단히 중요하지만 영향력은 낮음 ▪이익 보호를 위한 조치가 필요함	▪제한적인 모니터링이나 평가가 필요하나 우선순위가 낮음 ▪관리 대상이 될 가능성은 낮음
▪기업의 활동(또는 프로젝트 수행)에 대해 중요도/영향력 모두 높아 이들의 지지 확보를 위한 호의적인 관계 구축이 필요함 ▪이들과의 연계를 통해 기업 활동 지원 및 파트너쉽 구축이 가능함	▪기업의 활동(또는 프로젝트 수행)에 큰 영향을 끼칠 수 있지만 기업 이익과 일치하지 않을 수 있음 ▪잠재적인 위협요인이 될 수 있으므로 모니터링 및 외부 자문 또는 정보제공을 통한 관리가 필요함

23. SWOT

1) 적용 현황

일반적으로 경영목표를 달성하기 위한 기본 전략과제를 설정(정의)하여야 할 때 또는 현 이슈에 영향을 미치는 가장 중요한 요소를 도출할 때 사용된다.

■ 환경/현황분석을 통해 발견된 사실들을 분류하기 위한 프레임워크(framework)로서 자주 이용된다.
■ Logic Tree 전개의 시작점으로 활용된다.

2) 개념

■ 기업 내부 역량과 주요 환경요인을 체계적으로 분석하여 전략적 과제 및 방향성을 찾기 위한 기법이다.
■ 기업의 경영 환경과 관련된 이슈를 크게 강점(Strengths), 약점(Weaknesses), 기회(Opportunities), 그리고 위협(Threats)으로 구분하여 파악함으로서 전략 방향을 유도하고 가장 경쟁력이 있는 전략적 포지션을 설정하는 방법이다.
■ 기업의 현재적 경영환경을 분석하고, 미래의 환경변화 추세를 예측하면 어떠한 환경요인이 성공의 기회가 될지, 위협이 될지를 알 수 있고 또한 이들을 전략적 관점에서 기업 내부의 강·약점과 결합시키면 바람직한 전략안을 유도할 수 있다.

그림 236은 SWOT의 구성 요소를 나타낸다.

그림 236 :: SWOT 구성 요소

3) 적용 단계

그림 237은 SWOT의 적용 절차를 나타낸다.

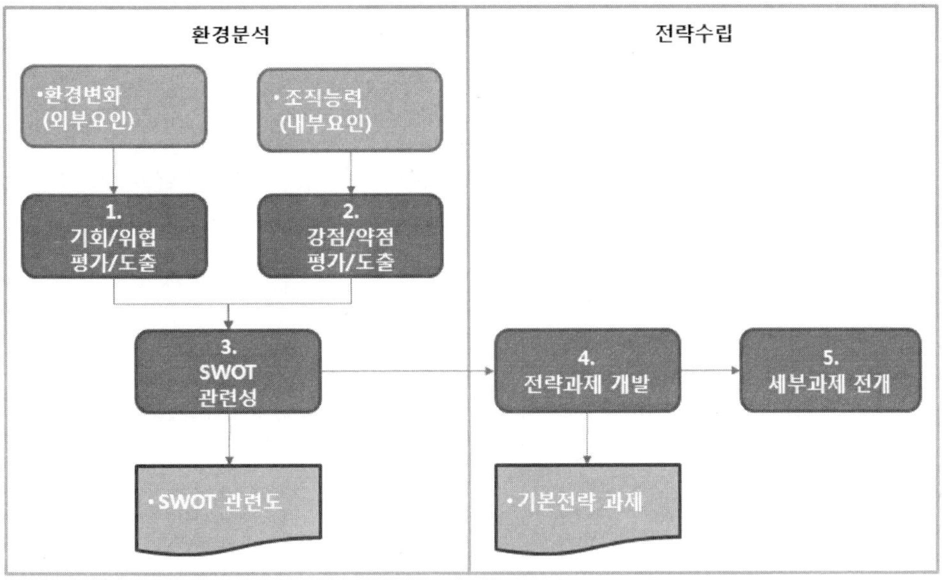

그림 237 :: SWOT 적용 단계

4) 단계별 내용

① 환경의 변화(외부 요인)를 분석하여 기회와 위협 요인을 작성한다.

- 시장 동향, 정부 정책, 경제 상황, 사회적 수준, 기술 발전, 5-Force(경쟁 환경) 요소 등 외부 환경과 밀접한 요인들을 기회/위협 요소로 구분한다.

② 해당 기업의 능력(내부 요인)을 분석하여 강점과 약점을 작성한다.

- 기업 자원, 시스템, 문화, 인사, 경영자 개인적 가치 등 기업 내부와 관련된 요인들을 강점/약점으로 구분한다.

③ 기회, 위협, 강점, 약점의 관련성을 검토하여 SWOT 관련도(matrix)를 작성한다.

④ 경영목표 달성을 위한 기본 전략 과제를 설정한다.

- 기본 전략 과제: 경영목표 달성을 위해 반드시 추진해야 할 과제이다.

⑤ 기본 전략 과제를 실현하기 위한 2차 과제를 전개한다.

- 기본 전략 과제를 실현하기 위한 세부과제를 작성한다.

5) 유의점

■ 기업의 통제력이 약하면 외부 요인으로, 반대로 강하면 내부 요인으로 분류되지만 대부분의 이슈는 강점이자 약점이며 기회이자 위협이다.

- 지속적인 수정(revision)이 필요하다.
- 일반적으로 외부 환경과 관련된 전제 조건 등을 기반으로 기회와 위협 요인을 우선 파악하고 이를 바탕으로 강·약점을 검토한다.
- 조직의 강점을 파악하기 위하여 기회를 충분히 살릴 수 있는 요인과 다가올 위협을 물리치거나 회피할 수 있는 요인이 무엇인지에 대해 생각해 본다.
- 약점은 기회를 충분히 활용하지 못하게 하는 요인과 위협에 대해 적절히 대응하지 못하게 하는 요인이 된다.
- 외부의 시각에서 해당 기업의 강·약점을 발견하는 것도 한 방법이다.

6) 참조

그림 238은 SWOT의 요소별 특징을 나타낸다.

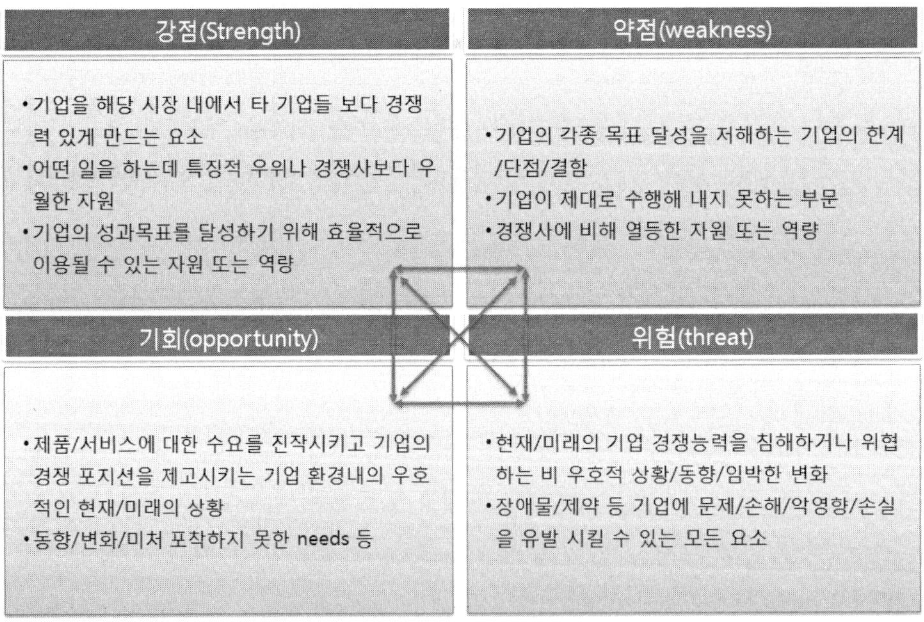

그림 238 :: SWOT 요소별 특징

그림 239는 SWOT matrix의 생성 과정을 설명한다.

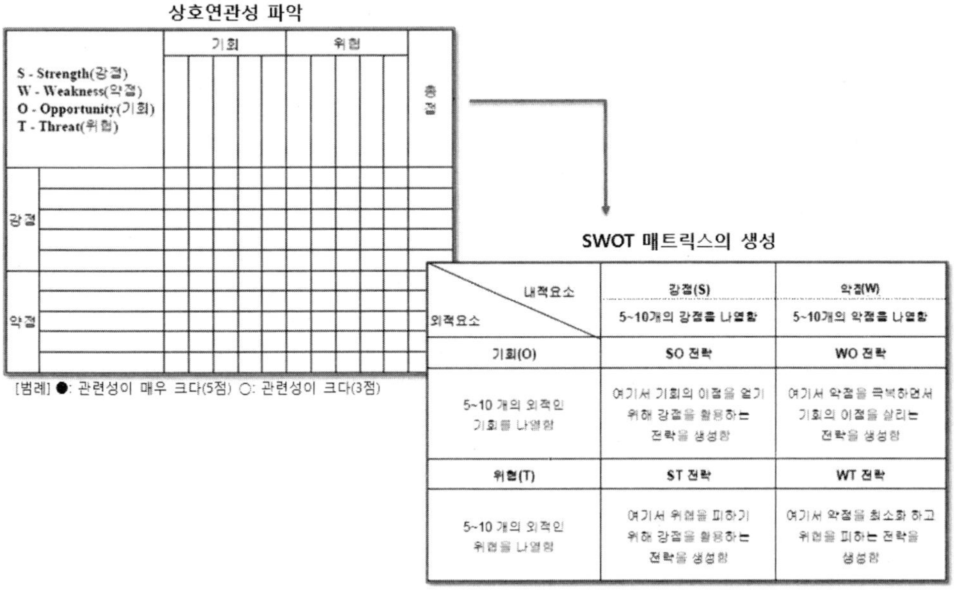

그림 239 :: SWOT matrix 생성 과정

7) 적용 사례

그림 240은 SWOT의 적용 사례이다.

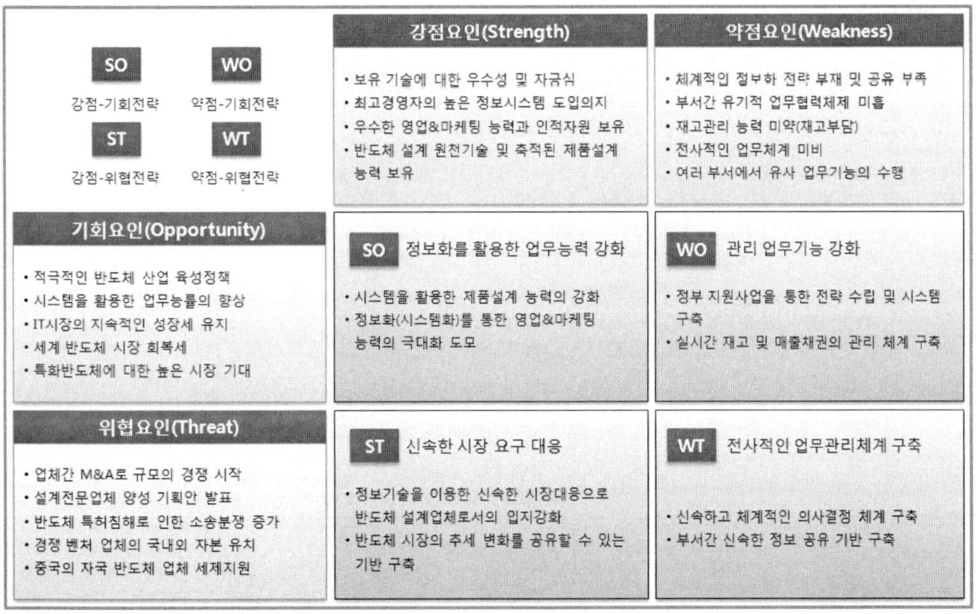

그림 240 :: SWOT 적용사례

24. TBB(Technical Building Block)

1) 적용 현황

- 정보환경 분석 단계에서 주요 정보기술의 동향을 파악하고 정보기술의 적용 가능성에 대한 분석을 위해 사용되는 기법이다.
- 정보환경 분석을 위해 정보기술 기반 구조의 영역을 크게 사용자 인터페이스, 사무환경, 어플리케이션 서비스, 어플리케이션 지원 서비스, 데이터 서비스, 개발환경, 시스템 플랫폼, 네트워크, 보안 및 시스템관리, 그리고 외부 접속환경 등의 10개 영역으로 분류하고, 상호 관련성 있는 기술 요소들을 집단화하고 평면화하여 정보 시스템의 기술 구조를 정의하는데 사용한다.

2) 개념

- TBB(Technical Building Block)는 어플리케이션과 데이터의 운용을 지원하는 기술 구조(H/W, S/W, N/W 등) 간의 상호 관련성을 고려하여 논리적으로 block화한 개념이다.
- TBB의 기본 개념은 OSI 7th Layer에 근거하며 Application, Data, Network 등의 기반 구조를 표현한다.

그림 241은 TBB의 기본 구조를 나타낸다.

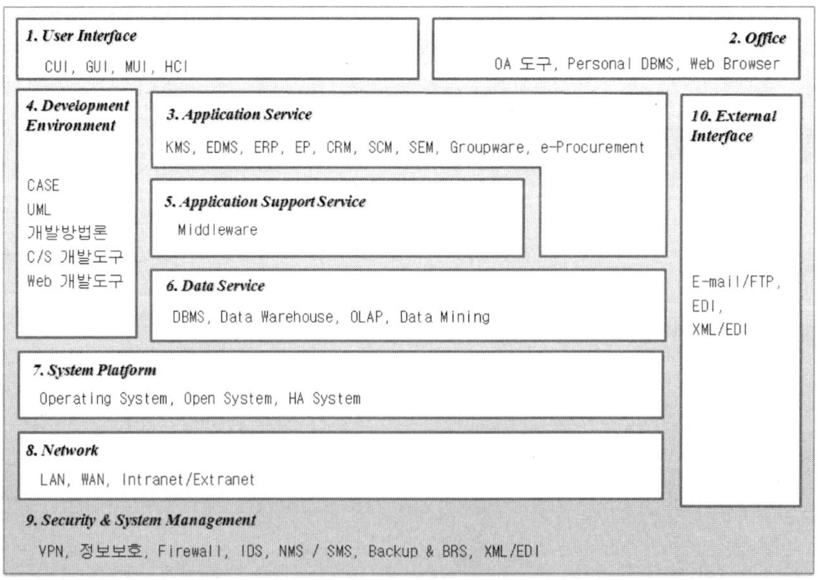

그림 241 :: TBB 기본 구조

3) 적용 단계

그림 242는 TBB의 적용 절차를 나타낸다.

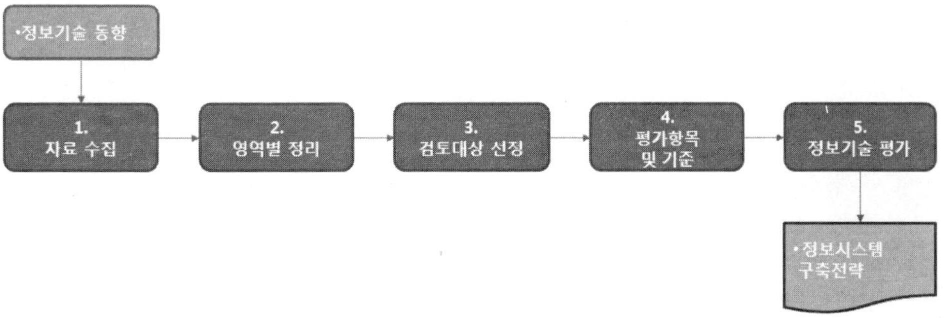

그림 242 :: TBB 적용 단계

4) 단계별 내용

① 문헌과 정보기술 전문 업체 등을 활용하여 정보처리 구조 및 정보기술 요소별 추세와 동향에 관련된 자료를 수집한다.

② 정보시스템 구축 시 요구되는 정보기술을 TBB에서 제시된 10개의 영역을 기준으로 정리한다.

③ 정리된 정보기술 중에서 도입 여부를 검토할 대상 정보기술을 TBB 프레임워크 형태로 정리한다.

④ 정보기술 적용 가능성에 대한 평가 항목 및 기준을 마련한다. 예로 기술 성숙도, 표준화 정도, 현장 검증도, 개발/운영 수월성, 투자 비용 등이다.

⑤ 각 영역별 기술 요소들에 대해 정보기술 평가를 실시하여 적용 가능성을 분석한다.

5) 유의점

- 국제 표준을 수용하는 정보기술을 채택하여 향후 확장 및 상호 인터페이스가 가능하고 환경변화에 유연하게 대처할 수 있는 정보기술 기반구조를 구성해야 하며, 정보기술의 활용측면에 있어 현실성과 가용성이 확보되어야 한다.
- 응용시스템 및 서비스를 구현할 때 특정 정보기술 요소에만 주목할 것이 아니라 전체적인 정보기술 기반구조의 구성요소로서 각각의 정보기술 요소들을 통합해 나가는 접근방식을 취해야 성공적인 정보시스템을 구축할 수 있다.

6) 적용 사례

그림 243은 TBB를 활용한 정보기술 기반구조 영역 분석의 예시이다.

부문	정의	발전방향	기술요소	적용방향
사용자 인터페이스	컴퓨터 조작(활용)의 편의성을 제공하는 기술요소의 집합	• 멀티미디어 환경의 수용	• CUI, GUI, MUI	• 사용자에게 편리한 인터페이스 사용
사무환경	개인의 사무환경을 지원하는 기술요소의 집합	• 정보의 획득, 분석 및 제공 환경 지원	• Groupware • OA 도구 • 개인환경 DBMS • Web Browser	• 개인업무 효율성 • 향상을 위한 정보제공 및 가공
어플리케이션 서비스	사용자의 업무수행에 필요한 직접적인 기능을 다른 정보기술요소를 사용해서 구현하는 응용프로그램 및 서비스의 집합	• 웹 기반 기술을 활용하여 모든 자원을 효율적으로 관리하는 방향으로 진행	• CRM • SCM • KMS • ERP • EUC • EDMS • 전자지불 • 원격교육시스템	• 사용자 중심의 어플리케이션 • 정보의 공유 및 가용성 제고
어플리케이션 지원 서비스	분산처리 및 원격 데이터 접근 등의 어플리케이션이 필요로 하는 기능들을 일관성 있게 통합적으로 지원함으로써 어플리케이션의 수행 효율을 증가시키고 개발 및 유비보수를 용이하게 해주는 기술요소의 집합	• 이질적인 환경의 정보시스템의 상호 운영을 보장 • 웹 기반의 분산시스템 개발을 지원하고 안정적인 웹 트랜잭션을 보장	• Middleware • Object Web	• 어플리케이션 서비스의 안정성, 확장성 및 성능 확보 • 개발 및 유지보수의 용이성 제고

그림 243 :: TBB 적용 사례 1

구 분	기술요소	분석여부		사 유
		선정	제외	
사용자 인터페이스	CUI		●	• 컴퓨터 조작을 위해 기존에는 문자 명령어를 통해 제어하는 CUI가 사용되었으나 1990년대 이후에는 그래픽을 사용하여 사용자에게 Control을 제공하는 GUI 가 기본이 되고 있으며 호적정보 특성상 멀티미디어 수용과는 관계가 없어 GUI만을 고려하여 시스템을 구축하면 되는 상황이므로 사용자 인터페이스에 대한 분석을 생략함
	GUI			
	MUI			
사무환경	Groupware		●	• 개인 업무효율성을 위한 워드, 엑셀 등 OA 도구와 Access, Easybase 등 개인용 DBMS, 인터넷 검색을 위한 Web Browser 등 사무환경 개선은 기본적으로 조직 내에서 구축된 기술영역으로 분석대상에서 제외함
	OA 도구			
	개인환경 DBMS			
	Web Browser			
어플리케이션 서비스	CRM		●	• 기업내부의 데이터를 활용하여 고객을 관리하는 요소로 호적과 무관
	SCM		●	• 원재료 수급에서 고객에게 제품을 전달하는 프로세스를 관리하는 시스템
	KMS	●		• 기재례 검색 등 법률지식관리를 위한 시스템으로 도입 고려 기술
	ERP		●	• 생산, 구매 등 기업의 전사적자원관리를 위한 시스템으로 분석대상 제외
	EUC	●		• 전산전문가가 아닌 일반사용자가 스스로 정보처리를 수행할 수 있는 기술
	EDMS		●	• 모든 자료를 디지털화하여 관리하는 전자도서관 기술로서 호적과 무관
	전자지불	●		• 인터넷을 통한 민원서비스 수행시 호적 등·초본 발급 등 수수료 결제 기술
	원격교육시스템	●		• 법원 및 호적관서 업무담당자의 전문지식 습득을 위한 인터넷 교육

그림 244 :: TBB 적용사례 2

그림 244는 TBB를 활용한 분석대상 정보기술 선정의 예시이다. 제반 정보기술 요소 중에서 호적 정보화와 관련된 정보기술을 선정하기 위해 호적 업무와의 관련성을 파악하여 분석 여부를 결정하는 사례이다.

25. UML(Unified Model Language)

1) 적용 현황

- 정보시스템의 복잡성이 증가하고 있는 현 시점에서 시각적 모델링은 더욱 필수가 되고 있다. 이런 이유로 UML은 정보시스템 분석 및 설계 시 널리 활용되고 있다.
  - 표기법: 모델 요소의 시각적 표현
  - 지침: 업무에 맞춘 사용법
- Object Oriented, Components 기반의 시스템을 구축하는 시각적 모델링 언어이다.

2) 개념

- 소프트웨어 시스템, 업무 프로세스 모델링, 그리고 기타 소프트웨어가 아닌 시스템의 산출물을 규정하고 시각화하고 구현하며 문서화하는 언어이다.
- 복잡한 대형 시스템의 모델링에 성공적으로 적용된 공학적 기법들을 모아 제시한 것이다.
- Booch, OMT(Object Modeling Technique), OOSE(Object-Oriented Software Engineering)의 개념을 융합하여 널리 사용될 수 있는 공통된 단일 모델링 언어로 만든 것이다.
- 객체지향 공동체의 일치된 의견을 핵심 모델링 개념에 통합한 모델링 언어이다. 그 확장 메커니즘에 따라 문제영역에 맞게 재단하여 사용할 수 있다.

그림 245는 UML의 구성 요소를 나타낸다.

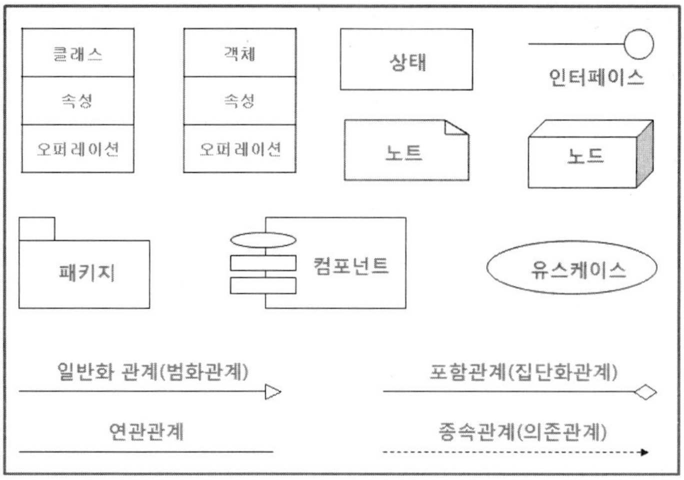

그림 245 :: UML 구성 요소

3) 적용 단계

그림 246은 UML의 적용 절차를 나타낸다.

그림 246 :: UML 적용 단계

4) 단계별 내용

① 각 활동과 활동 간의 정보 흐름을 표현한다.

② 각 활동과 관련된 현실 세계의 실물 흐름을 표현한다.

③ 각 활동의 수행을 제어(시작, 종료, 트리거)하는 사항을 추가한다.

④ 이들 활동의 수행이 무엇에 의해 수행되는가를 명시한다.

⑤ 필요에 따라 기능적 분해(Functional Decomposition, 프로세스 상세화)를 수행한다.

5) 유의점

- UML은 크게 Use Case Diagram(시스템의 요구사항을 actor와 use case의 관계를 활용하여 시각적으로 표현한 것임), Class Diagram(시스템을 구성하는 객체들의 타입들과 그들 간에 존재하는 다양한 정적 관계들을 기술한 것임), Object Diagram(Class

Diagram의 변형으로 Class Diagram과 거의 같은 표기법을 사용함), Interaction Diagram (여러 객체들이 어떤 일을 처리하기 위해 필요한 연계 행동 양식을 기술하는 모델 요소임), Sequence Diagram(객체들의 상호작용을 나타내는 기법으로 객체를 수직 쇄선 위에 상자 모양으로 표시함), Collaboration Diagram(Sequence Diagram과 같이 객체들의 상호작용을 나타내는 또 다른 표현 기법임), State Diagram(시스템의 행동양식 즉 객체들의 상호작용을 기술하는 한 기법임), Activity Diagram(작업 흐름과 연계되어 병행 처리가 많은 행동양식을 기술하기에 특히 유용한 여러 기법들을 조합한 것임), Component Diagram(시스템을 구성하는 실제 소프트웨어 컴포넌트간의 구성 체계를 기술하므로 아키텍처를 표현하기에 좋음), Deployment Diagram(인도될 시스템의 소프트웨어와 하드웨어 컴포넌트간의 물리적 관계를 표현함) 등으로 구성된다.

- Interaction Diagram은 하나의 사용 사례 안에서 객체들의 행동 양식을 표현할 때 사용한다.
- 행동 양식에 대한 상세한 정의를 표현하기에는 적절하지 않다.
- 여러 사용 사례에 걸친 한 객체의 행동 양식을 표현할 때에는 State Diagram을 사용한다.
- 여러 사용 사례에 걸쳐 있거나 스레드(thread)가 많은 행동 양식을 표현할 때에는 Activity Diagram을 사용한다.

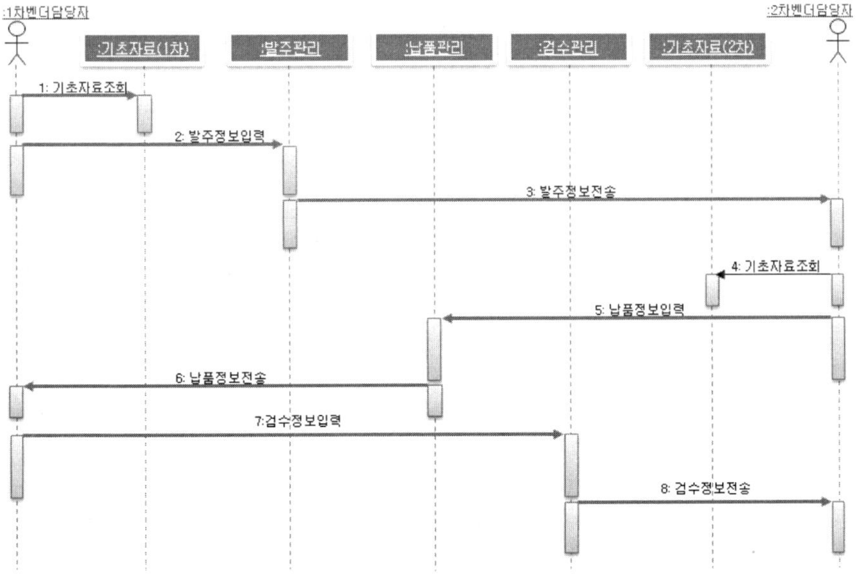

그림 247 :: UML 적용 사례

6) 적용 사례

그림 247은 UML의 적용 예시(Sequence Diagram)를 나타낸다.

26. Value Chain

1) 적용 현황

환경분석 단계에서 기업의 핵심역량을 파악하고 그에 따른 경영전략을 수립하기 위해 활용된다.

- 기업의 각 생산 활동 영역에서 비용이 얼마나 발생하고 얼마나 많은 부가가치를 창출하는지 보다 정교하게 분석할 수 있다.
- 비용 우위를 확보하기 위한 방안과 product/service 차별화를 위한 방안 등의 도출을 주목적으로 한다.
- 경쟁 우위의 원천을 분석하기 위해 개별 기업(조직)이 수행하는 모든 활동을 점검해보고 이러한 제반 활동들이 어떻게 상호작용 하는가를 체계적으로 분석할 수 있다.
- 기업의 내부역량과 외부 경쟁환경이 요구하는 역량과의 전략적 차이(gap)를 파악하고 그것을 메우기 위한 매우 유용한 기법이다.

2) 개념

- Mckinsey의 'Business System'과 유사한 개념이다.
- 모든 조직(기업)에서 수행하는 활동을 주활동(primary activity)과 지원활동(support activity)으로 나눈다.
- 주활동은 Inbound Logistics, Operations, Outbound Logistics, Marketing & Sales, 그리고 Service의 순차적 흐름으로 구성되며 각 과정을 거치면서 새로운 가치가 창출된다.
- 이러한 주활동은 기업의 기반구조, 인적자원 관리, 기술개발, 그리고 구매조달 등의 지원활동들로부터 체계적으로 지원을 받는다.

그림 248은 Value Chain의 개념을 나타낸다.

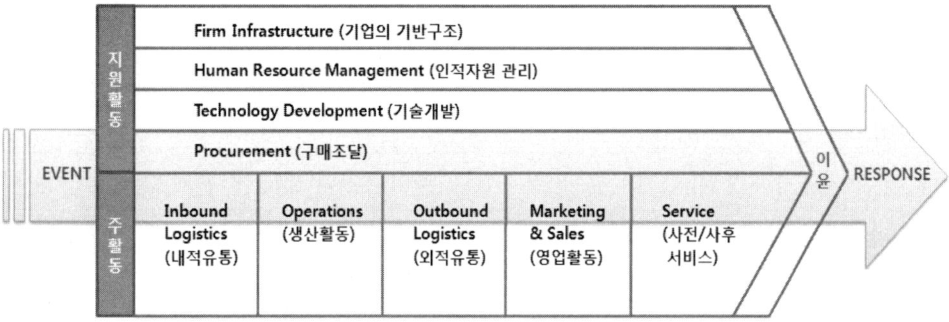

그림 248 :: Value Chain 개념도

3) 적용 단계

그림 249는 Value Chain의 적용 절차를 나타낸다.

그림 249 :: Value Chain 적용 단계

4) 단계별 내용

기업 가치사슬에 대한 내부 분석과 외부 경쟁환경 분석을 통합적으로 진행한다.

① 먼저 영업 단계에서부터 최종 고객에게 서비스를 전달하는 단계에 이르기까지 해당되는 모든 기능을 발굴하고 이들을 가치사슬 모델을 이용하여 사업 영역, 기능 영역, 세부 기능으로 정의한다.

② 정의된 가치사슬 모델을 토대로 현행 수행조직을 연계시켜 가치사슬의 역할자를 도출한다.

③ 도출된 역할자들의 역할을 정의하고, 고객 가치를 창조 및 부가하기 위한 상호간의 필수 요건에 대해 인터뷰나 설문조사를 실시하여 정의한다.

④ 역할자들의 역할과 필수 요건의 재조정을 통해 보다 가치 부가를 증대시킬 수 있는 방안과 개선점을 찾아낸다.

⑤ 마지막으로 도출된 개선방안을 실행하기 위한 비즈니스 측면이나 정보기술 측면에서의 접근 전략을 수립한다.

5) 유의점

- 일반적으로 기업의 조직 구조나 회계 시스템은 사업단위를 SBU(Strategic Business Unit)로 분류하지 않는다.
- 이로 인해 2가지 기준(SBU를 독립적으로 정의하거나 SBU를 전체 가치사슬을 지원하는 개별 능력에 따라 정의하거나)이 충돌을 일으키는 경우 후자를 선택하는 것이 바람직하다.

6) 적용 사례

그림 250은 Value Chain의 적용 사례(전자 산업)이다.

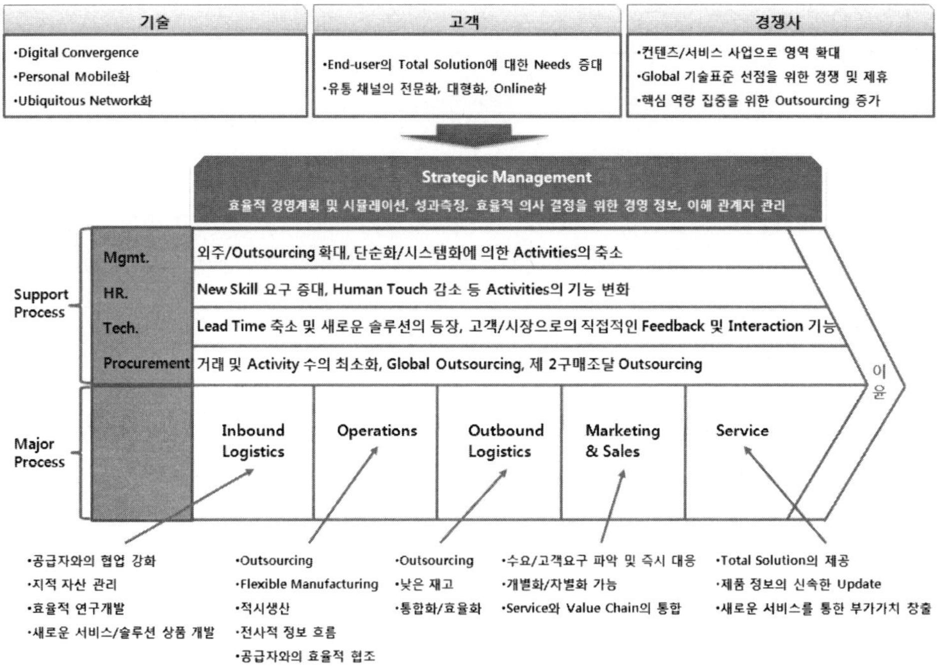

그림 250 :: Value Chain 적용 사례

27. Why-Why Diagram

1) 적용 현황

겉으로 드러난 피상적인 원인보다는 그 배후에 있는 진정한 원인을 찾아내기 위해 사용한다.

2) 개념

- 특정 문제에 대해 다섯 번 또는 그 이상 '왜 그럴까?'라고 반복해서 생각하면 문제의 진정한 원인을 찾기 마련이라는 '5 Whys'의 접근 방법을 체계적으로 적용한 기법이다.
- '5 Whys'의 접근 방법은 문제의 근본 원인(root cause)을 찾기 위해 '왜(Why)'라는 질문을 반복하여 계통도 형태로 계속 전개하고 더 이상 전개되지 않을 때까지 '왜(Why)'라는 질문을 반복하게 되면 배후에 숨어있는 진정한 원인을 찾게 된다는 개념이다.
- 카이젠(改善)의 중요한 사상 중의 하나로서 산업계에서 오랫동안 사용되어 왔다.

그림 251은 Why-Why Diagram의 개념이다.

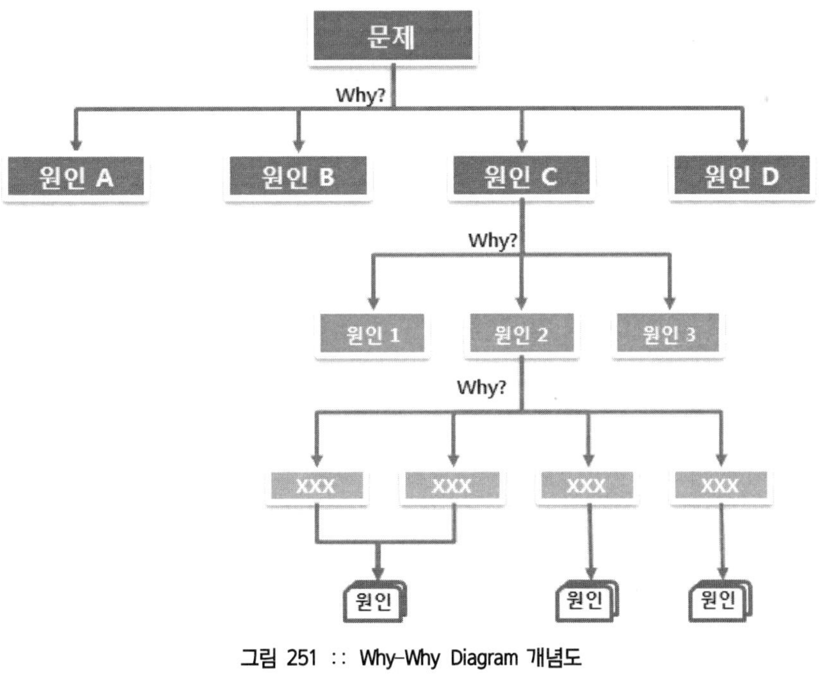

그림 251 :: Why-Why Diagram 개념도

3) 적용 단계

그림 252는 Why-Why Diagram의 적용 절차를 나타낸다.

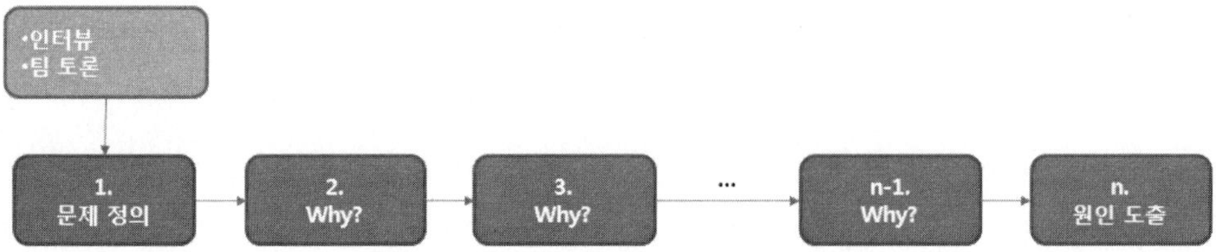

그림 252 :: Why-Why Diagram 적용 단계

4) 단계별 내용

① 문제를 정의한다.

② '왜(Why)'라는 질문을 반복한다.

③ 계통도 형태로 계속 전개한다.

④ 더 이상 전개되지 않을 때까지 '왜(Why)'라는 질문을 반복한다.

⑤ 배후의 원인을 밝혀낸다.

5) 적용 사례

다음은 미국 위스컨신주 매디슨 시청의 시영 자동차 정비소 문제에 Why-Why Diagram을 적용한 사례이다.

① 첫 번째 Why-시영정비소에 입고된 차량의 정비대기 시간이 왜 그렇게 긴가? → 필요한 정비부품이 제대로 구비되어 있지 않기 때문이다.

② 두 번째 Why-필요한 정비부품이 왜 제대로 구비되지 못했는가? → 시청의 보유차량이 각양각색으로서 무려 440종이나 되기 때문이다.

③ 세 번째 Why-시청에서 보유하고 있는 차량이 왜 각양각색인가? → 구매 시 가격이 가장 싼 차량을 구입하기 때문이다.

④ 네 번째 Why-구매 담당자는 왜 차량 가격만을 구매 기준으로 삼고 있는가? → 그것은 시청 구매본부의 방침이다.

⑤ 다섯 번째 Why-구매본부는 왜 가격을 유일한 구매 기준으로 삼고 있는가? → 그렇게 하지 않으면 감사에서 문제가 생긴다.

⑥ 여섯 번째 Why-감사원은 왜 구매 가격만을 문제로 삼는가? → 시 법무관이 다른

것을 허용하지 않기 때문이다.

⑦ 일곱 번째 Why-시 법무관은 왜 구매 가격에만 집착하도록 하는가? → 그렇게 요구한 사실이 없다. 객관적으로 납득할만한 합당한 이유가 있다면 구매기준은 무엇이든 상관이 없다. 우리는 시 당국이 가장 합당한 기준에 따라 구매하고 있는 것으로 생각해 왔다.

* 원인 도출: 정비대기 시간이 지나치게 길다는 문제의 원인이 정비 부품의 재고관리에 있는 것이 아니라, 차량의 구매 결정 기준에 있었다.

그림 253은 본 문제에 Why-Why Diagram을 적용하여 해결책을 찾는 과정을 정리한 것이다.

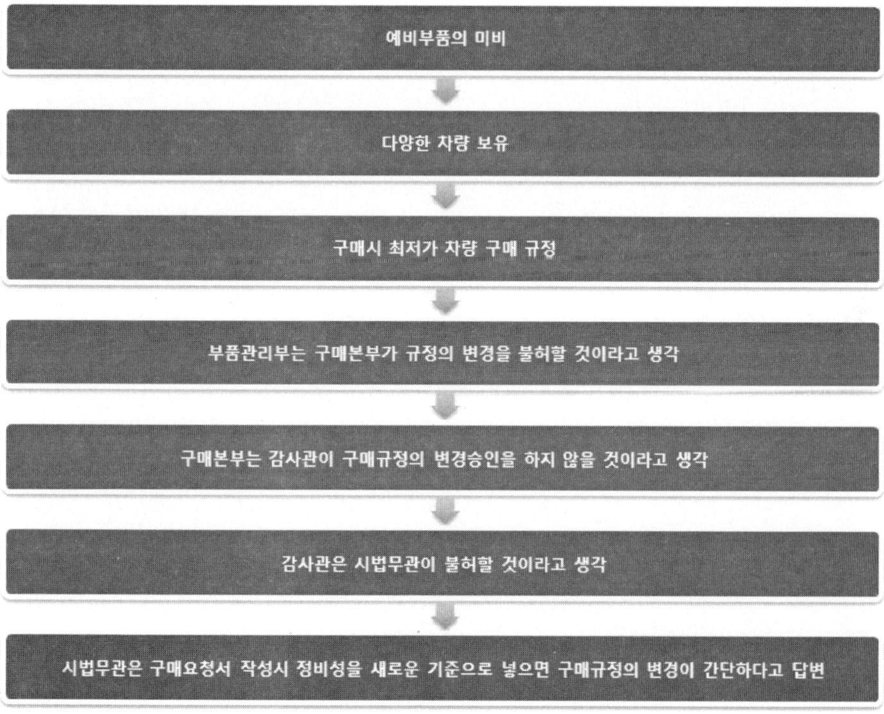

그림 253 :: Why-Why Diagram 적용 사례

5장
IT 컨설팅 사례

1. 제조 분야

1) 프로젝트 기획

(1) 목적

A사의 주요 메가 프로세스(경영관리, 영업/마케팅, 구매/생산/물류, 연구개발)와 ERP 시스템 영역에 대한 현황 분석 및 현업 인터뷰를 통해 주요 현안 및 문제점들을 도출하고, 프로세스 효율 극대화 측면에서의 개선과제를 설정한다. 이를 바탕으로 개선 과제별 정보화 추진 계획을 수립한다.

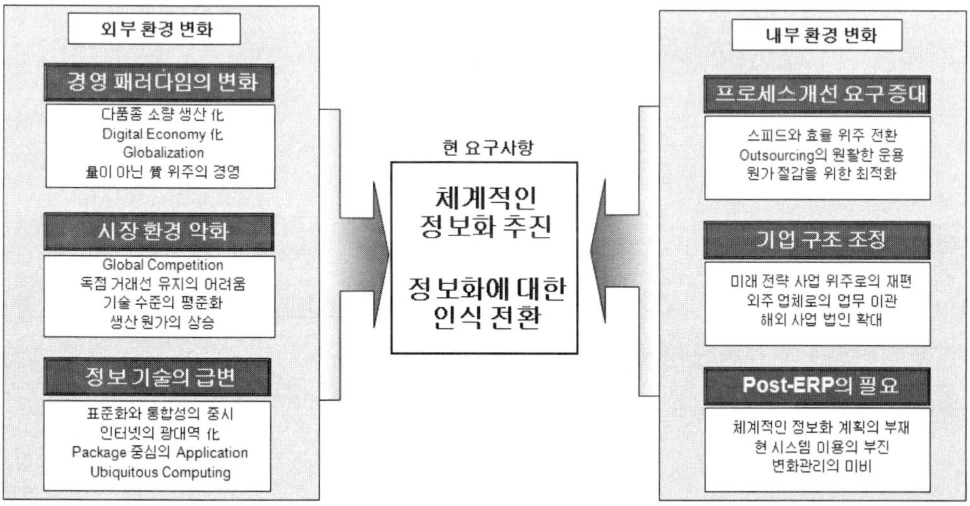

그림 254 :: 추진배경

(2) 추진 배경

경영 패러다임의 변화, 정보 기술의 급변, 그리고 시장 환경의 악화 등의 외부적 환경 변화와 기업 구조 조정 및 스피드와 효율 위주의 프로세스 개선 등에 대한 내부적인 요구가 증가하고 있고, 1997년 ERP 구축 시 체계적이지 못한 추진으로 시스템 이용도 저하 등의 문제가 발생하여 '정보화에 대한 인식의 전환' 및 '체계적인 정보화 추진'이 요구되었다. 본 정보화 컨설팅 프로젝트는 2002년에 3개월간 진행되었고 그림 254는 이러한 추진 배경을 정리한 것이다.

(3) 추진 방법

A사의 현황과 현업 요구사항을 최대한 반영하여 최종 산출물을 제공하기 위해 그림 255와 같은 논리적 접근 방법으로 정보화 전략 및 계획을 수립하였다.

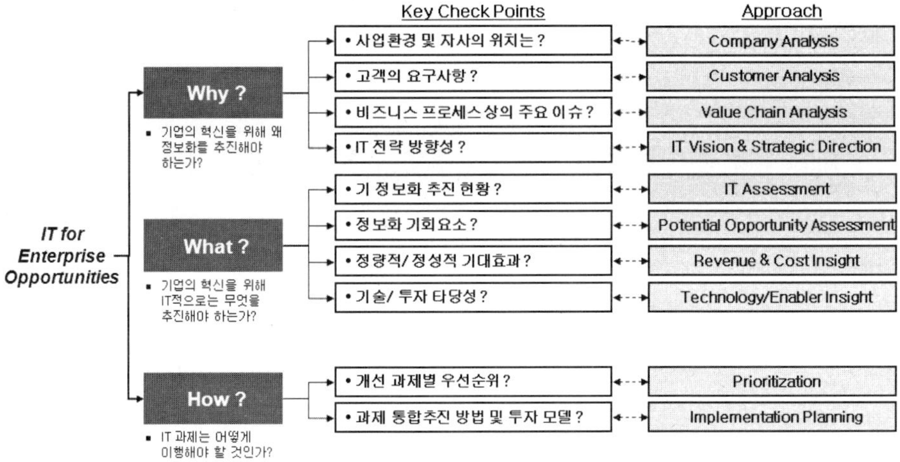

그림 255 :: 추진방법

(4) 추진 단계

단기간의 ISP(정보화 전략 계획 수립, Information Strategic Planning)임을 감안하여 기존 보고서 및 인터뷰를 최대한 활용하여 정보화 과제 정의를 조속히 마무리하였고, 개별 과제의 상세 추진 방안 및 이행 계획 수립 등의 구체화 작업에 역량을 집중하였다. 그림 256은 본 ISP의 추진 단계를 설명한다. 추진 단계는 크게 IT Direction(환경 분석), Assessment(현황 분석), Modeling(신 기업 모형 정립), 그리고 Planning(실행계획 수립) 으로 구성되었다.

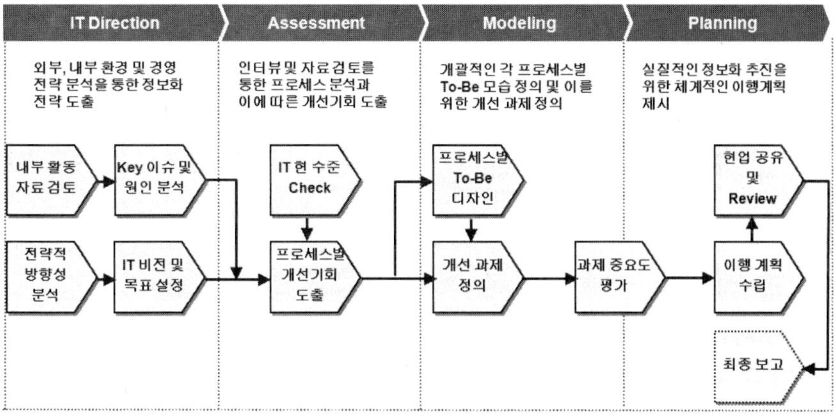

그림 256 :: 추진 단계

2) IT Direction(환경 분석)

(1) 경영환경 분석

❑ Paradigm Shift

A사의 전략 육성 분야인 반도체 생산 장비 등의 세계적인 업체들(Applied Materials, TEL, Shinko, Nikon 등)은 2000년대의 경영환경 변화를 'Paradigm Shift in Manufacturing'이라 표현하고, 이를 극복하기 위해 그림 257과 같은 다양한 경영 전략들을 제시하고 있다.

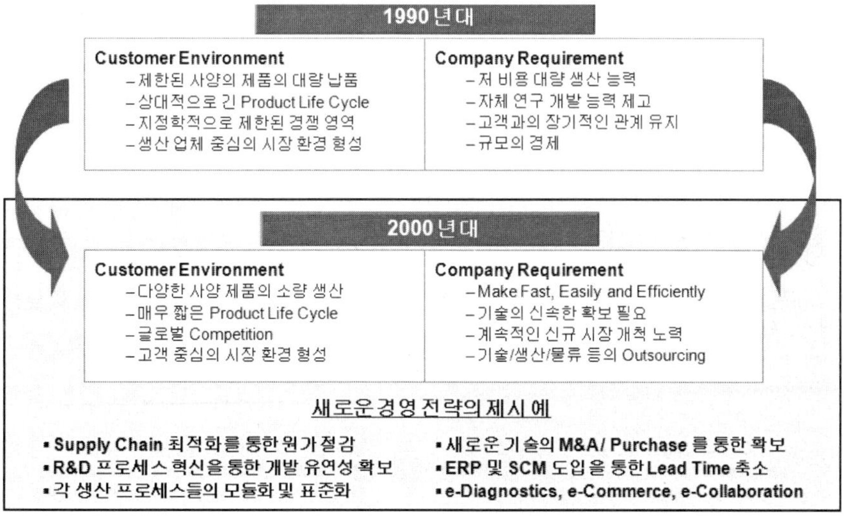

그림 257 :: Paradigm Shift

❑3C 분석

A사에 대한 3C(Customer, Competitor, Company) 분석을 실시하였으며, 이 결과 도출된 시사점들은 앞에서 살펴본 Electronics Manufacturing 분야의 Paradigm Shift와 일치하고 있음을 보여주고 있다. 그림 258은 3C 분석의 결과이다.

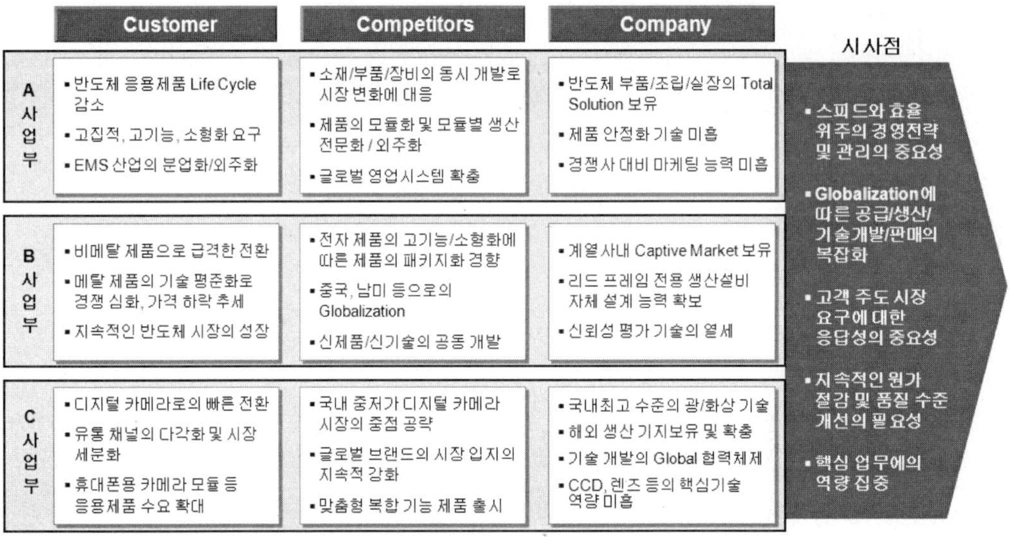

그림 258 :: 3C 분석

(2) 경영전략 분석

A사의 경영전략을 크게 Corporate Strategies, Business Unit Strategies, 그리고 Functional Strategies 등으로 계층화하여 분석하였다. 그림 259는 경영전략 분석의 결과이다.

(3) 정보환경 분석

제조업, 특히 부가가치가 높고 첨단 기술이 요구되는 전자산업 분야에서의 정보시스템의 역할은 단순한 생산성 향상의 차원을 넘어 기업의 민첩성(Agility)과 효율(Efficiency)을 위해 매우 중요하다.

A사의 개략적인 정보화 수준은 Process Excellence와 Integration 단계의 중간 정도 이며, 다른 전자/제조 관련 기업들보다는 뒤쳐진 상태라고 판단되었다. 그림 260은 A사의 정보화 수준을 나타낸다.

그림 259 :: 경영 전략 분석

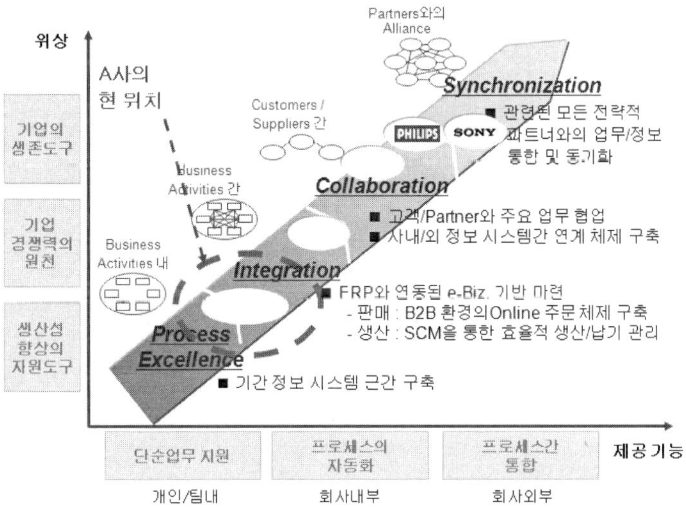

그림 260 :: 정보화 수준

3) Assessment(현황 분석)

(1) 업무 분석 절차

대내외 Report와 인터뷰 및 설문 분석을 토대로, A사의 현 업무 프로세스와 관련된 주요 이슈 및 문제점, 그리고 개선 방향을 도출하였다. 그림 261은 업무 프로세스 분석 절차를 나타낸다.

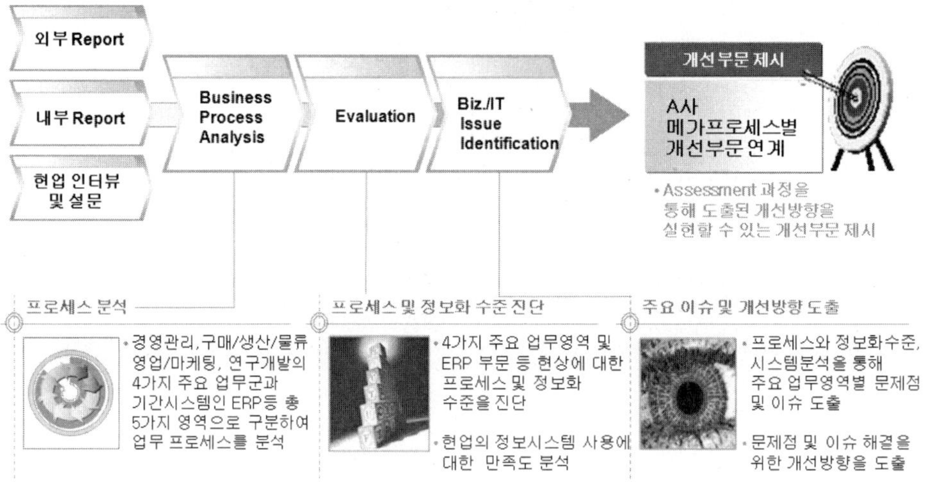

그림 261 :: 업무 프로세스 분석 절차

(2) 업무 분석 범위

업무 분석 범위는 크게 4가지 주요 업무군(영업/마케팅/서비스, 연구개발, 구매/생산/물류, 경영관리)의 업무 프로세스 및 관련 IT시스템과 A사 정보시스템의 근간이 되는 ERP부문으로 구분된다. 그림 262는 업무 분석 범위를 나타낸다.

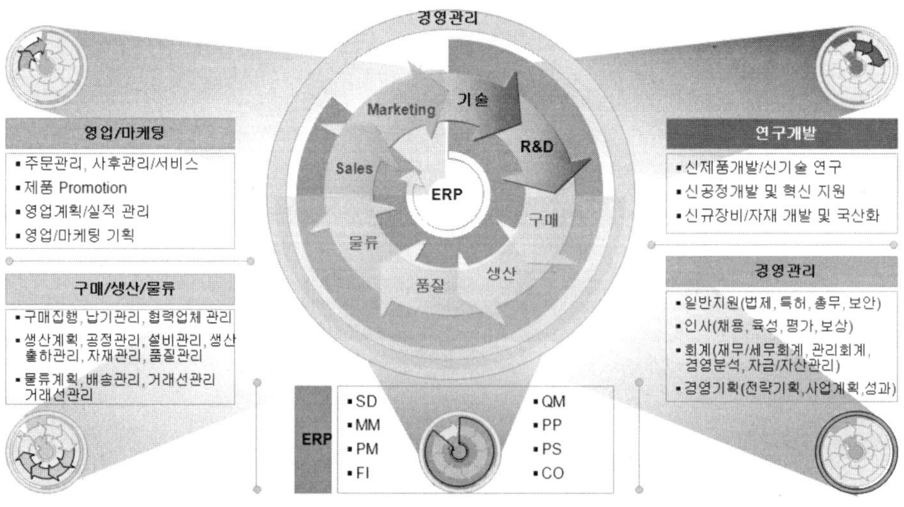

그림 262 :: 업무 분석 범위

(3) 업무 분석

❑주요 내용

A사의 업무 영역별 성숙도 수준을 4가지 주요 업무군 및 ERP 부문 등의 5가지 영역으로 구분하여 분석하여 그림 263과 같은 영역별 취약점 및 개선 방향을 도출하였다.

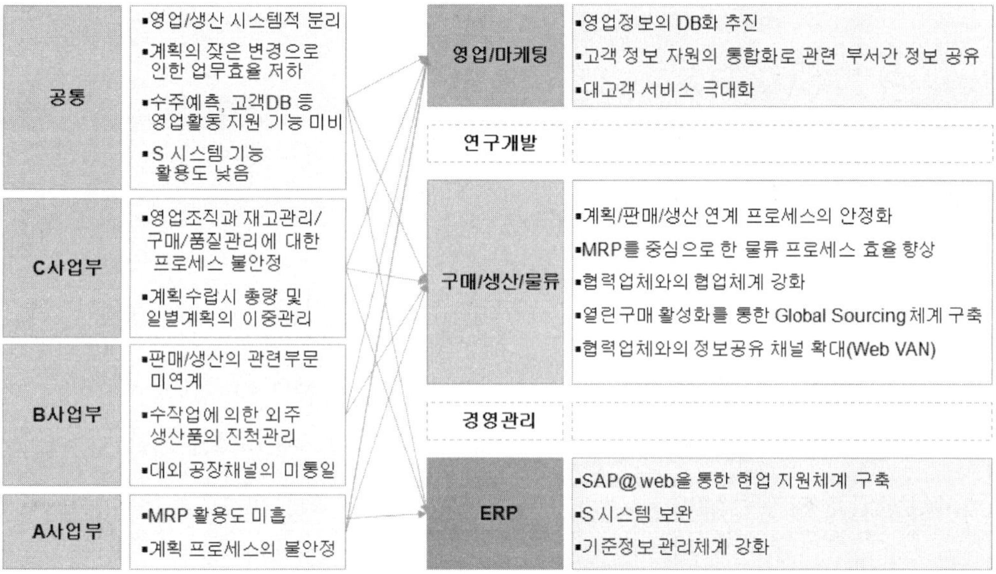

그림 263 :: 주요 업무 분석 내용

❑영역별 분석 내용

▪ 영업/마케팅/서비스 영역

영업/마케팅/서비스 영역에 대한 A사의 공통된 문제점들로 각 사업부별 특화된 고객관계관리 전략 수립 미흡, 고객 및 영업정보의 통합에 대한 시스템 지원 미흡, 영업/마케팅/생산 정보 연계기능 미흡 등이 도출되었으며, 이에 따라 고객 중심의 현장 영업지원 및 마케팅 체제의 확립이 요구되었다. 그림 264는 분석 내용을 정리한 것이다.

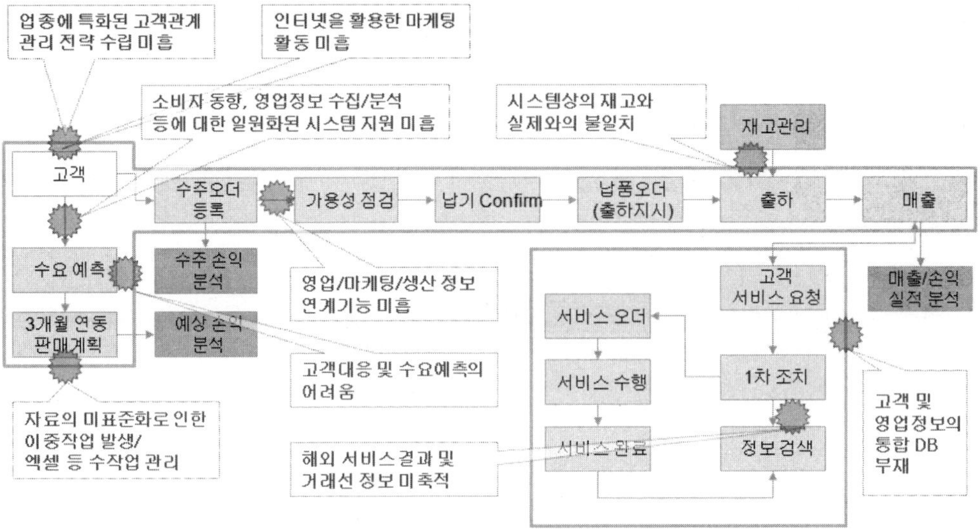

그림 264 :: 프로세스 분석(영업/마케팅/서비스 영역)

■ ERP 영역

A사의 기간시스템인 ERP 영역에서의 주요 문제점으로 영역간 연계를 위한 프로세스의 미비, 표준원가의 미정착, MRP 기능의 미활용 등이 도출되었으며, 전반적인 ERP 개선 및 안정화가 시급히 요구되고 있었다. 그림 265는 분석 내용을 정리 한 것이다.

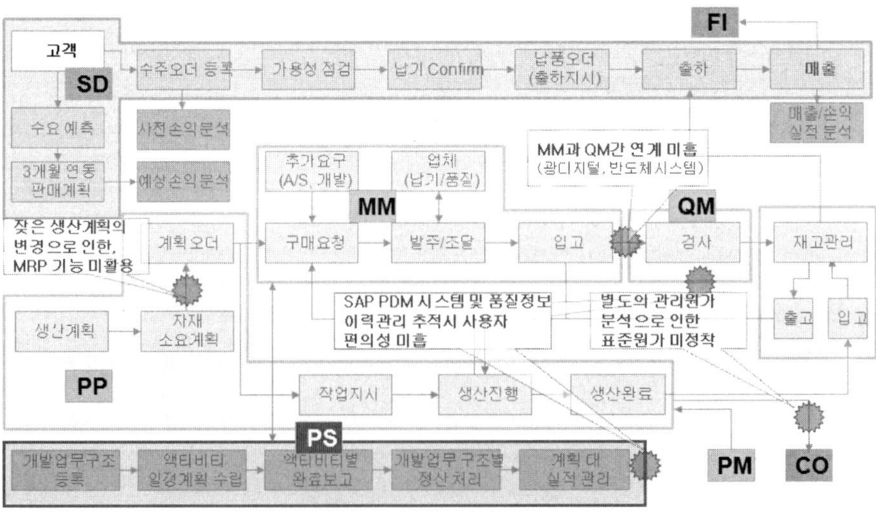

그림 265 :: ERP 영역 분석

(4) 프로세스 및 정보화 수준 진단

❑ 수준 진단 체계

각 사업부별 메가 프로세스의 현 수준을 진단하기 위해 주요 업무 영역별로 '현업의 IT 만족도' 등 총 13개 항목을 기준으로 평가하였다. 그림 266은 '현업의 IT 만족도'를 기준으로 평가하는 체계를 나타낸다.

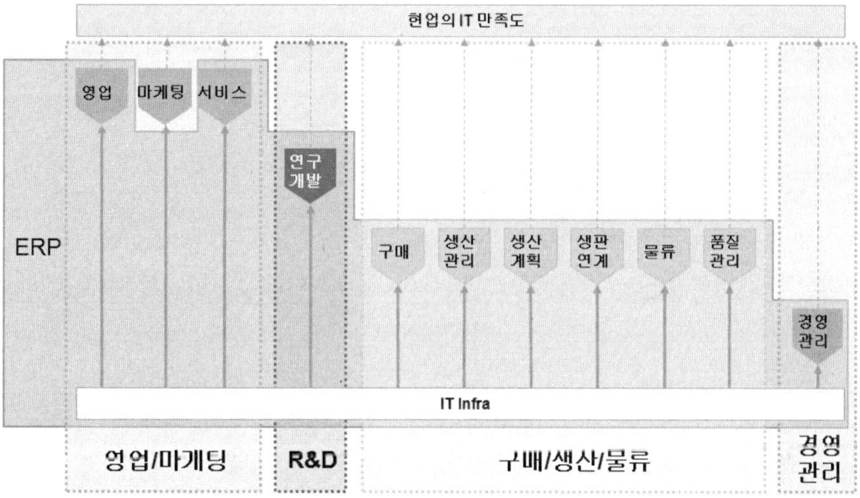

그림 266 :: 수준 진단 체계 예시(현업의 IT 만족도 기준)

다음은 영업 부문의 업무 프로세스 수준을 진단한 결과이다.

❑ 업무 프로세스 수준 진단(영업)

각 사업부별 영업 부문 업무 프로세스들의 수준을 크게 효과적인 영업활동 전개 능력, 효율적인 주문처리 능력, 거래처관계 관리 능력, 그리고 실적 정보수집 및 분석 능력 등의 측면에서 진단하였다. 그림 267은 영업부문의 업무 프로세스 수준 진단 결과이다.

A사 총괄 차원의 평가 결과는 2.6점이었고 전반적으로 미흡한 수준으로 진단되었다. 세부적으로는 실적정보 수집 및 분석 기능이 2.52점, 거래처 데이터 통합 및 분석 등의 거래처관계 관리 기능이 2.60점으로 미흡하였고, 특히 B 사업부의 실적정보 수집 및 분석 기능이 2.20점 수준으로 가장 취약한 것으로 진단되었다.

(1 : 저조, 2 : 미흡, 3 : 보통, 4 : 양호, 5 : 우수)

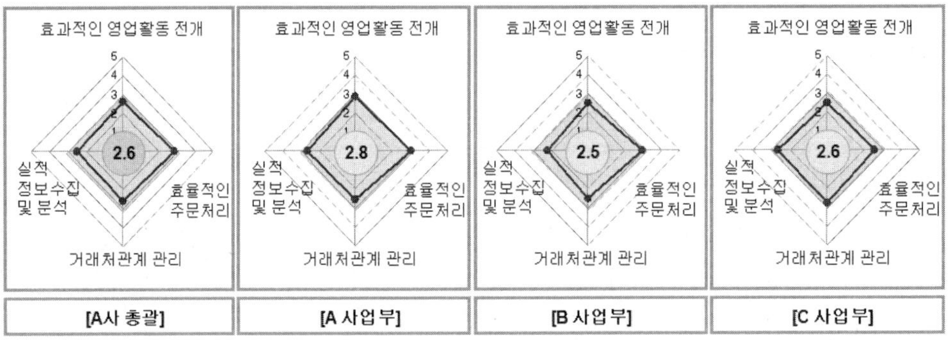

그림 267 :: 영업부문 수준 진단

(5) 벤치마킹

업무 프로세스 및 정보화 수준 진단을 포함한 현황분석 결과를 토대로 선진 기업인 Applied Materials, TEL, Shinko, 그리고 Nikon 등을 대상으로 벤치마킹을 실시하였다.

❑ Applied Materials사

Applied Materials 사는 급변하는 비즈니스 환경에 능동적으로 대응하기 위해 Supply Chain Management(SCM)를 최우선 정보화 과제로 삼고 크게 SCM 구축을 통한 Assembly Outsourcing, International Supplier Base 구축, Supplier Collaboration, 그리고 전사 ERP와의 Integration 등의 4대 과제를 추진하고 있었다. 그림 268은 Applied Materials 사를 대상으로 수행한 벤치마킹의 결과이다.

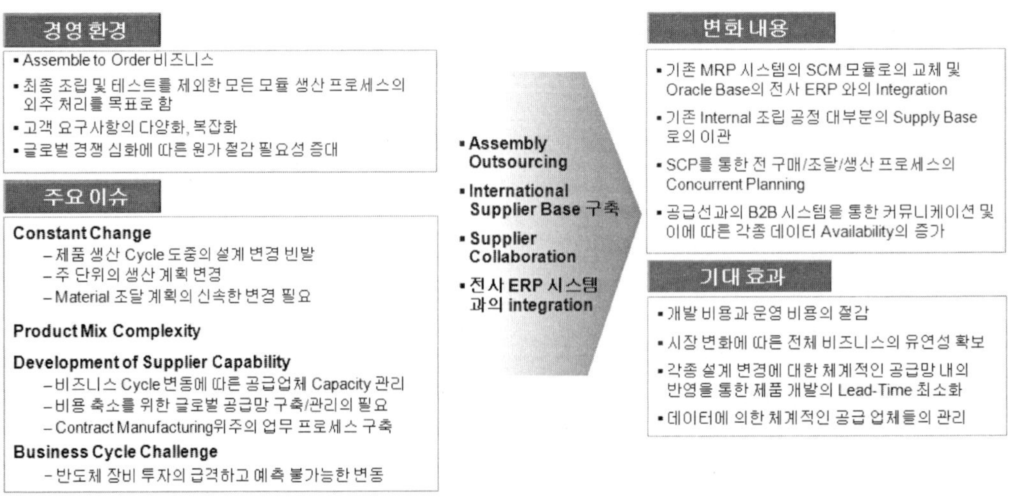

그림 268 :: 벤치마킹

(6) 개선 방향 도출

대내/외 자료 분석, 인터뷰, 프로세스 및 정보화 수준 진단, 그리고 벤치마킹 등의 과정을 통해 도출된 각 메가 프로세스별 주요 문제점과 이에 따른 개선 방향은 그림 269와 같이 정리되었다.

그림 269 :: 문제점과 개선 방향

(7) 정보화 전략 수립

현황분석을 통해 도출된 개선 방향 등을 체계적으로 지원할 수 있도록 정보화 전략을 수립하고 또한 수립된 정보화 전략과 환경분석에서 도출되어진 CSF(핵심성공요소, Critical Success Factor)와의 연계성을 그림 270과 같이 평가한다.

CSF's	정보화 전략: 경영 관리의 시스템화	공급망 관리의 통합화	연구 개발의 협업화	마케팅/세일즈 의 Market Driven 화
Rule 중심의 업무처리 체계	3	2	3	2
시장과 고객의 요구사항 변화에 대한 적응력	2	3	2	3
효율적인 업체간 협업 및 Outsourcing	1	3	2	1
기술력 확보를 통한 연구 개발 능력 제고	1	1	3	2
글로벌 공급 / 생산/ 판매 체계의 확립	2	3	1	2
생산 효율 제고를 통한 원가 경쟁력 확보	3	3	2	1

Index – 지원 관계도 1: 보통, 2: 높음, 3: 매우 높음

그림 270 :: 정보화 전략과 CSF 연계성 평가

4) Modeling(신 기업모형 정립)

(1) 개선부문 도출

현황분석을 통해 도출된 각 업무 영역별 주요 개선 방향들을 기반으로 ERP 프로세스 개선 및 고도화, 협업기반의 공급망 관리 체계 달성 등과 같은 6개의 핵심 개선 부문을 도출하였다. 그림 271은 도출된 6개의 핵심 개선부문을 정리한 것이다.

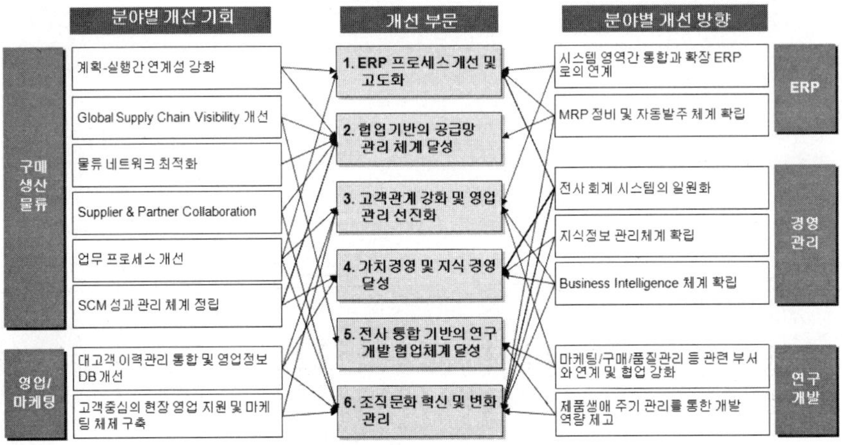

그림 271 :: 개선부문

(2) 개선부문과 정보화 전략 Mapping(연계성 확인)

각 영역별로 도출된 개선부문들과 현황분석에서 수립된 정보화 전략 간의 연계성을 확인한다. 그림 272는 개선부문들과 정보화 전략 간의 Mapping 결과이다.

(3) 영역별 To-Be 모델

❑ 구매/생산/물류 분야

Supply 및 Delivery Chain상에서의 업무들을 시스템을 통해 실시간으로 처리 및 모니터링 할 수 있도록 지원하고 또한 고객 수요와 주문에 대한 능동적인 대응 체계의 구축을 돕는 SCM(Supply Chain Management)의 도입을 권고한다. 그림 273은 구매/생산/물류 분야의 To-Be 모델을 나타낸다.

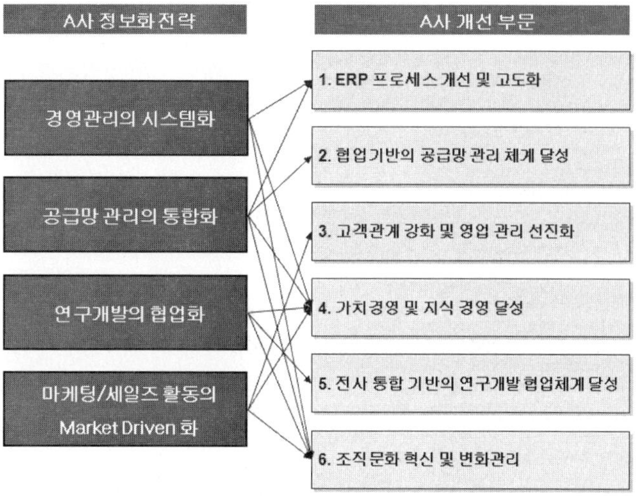

그림 272 :: 개선부문과 정보화 전략 Mapping

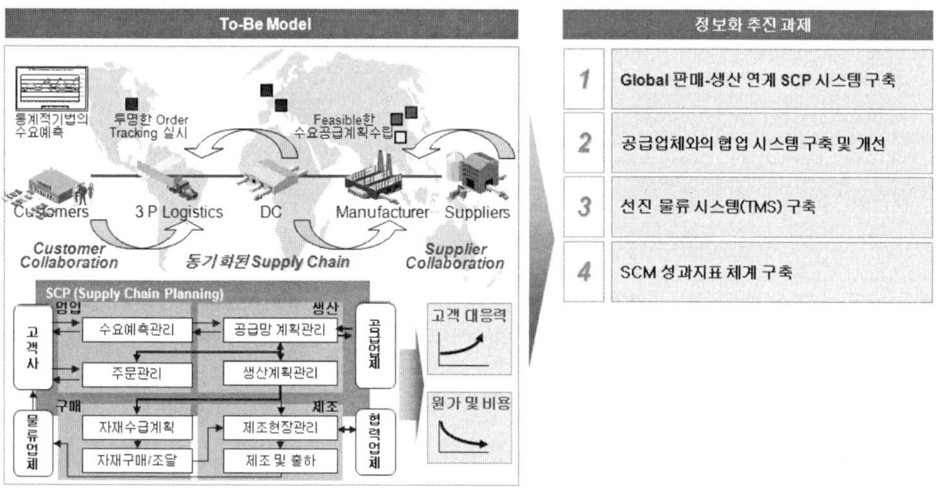

그림 273 :: To-Be 모델(구매/생산/물류 분야)

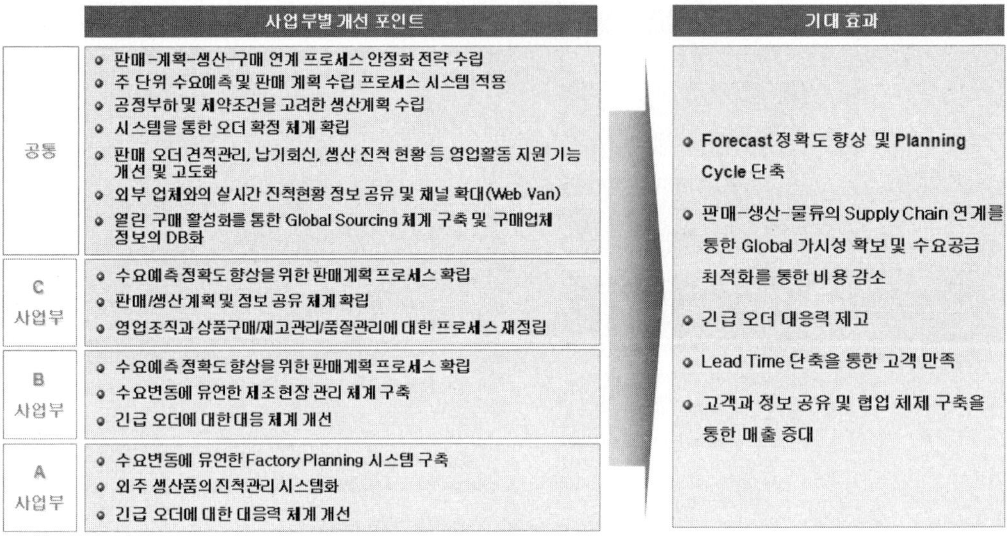

그림 274 개선 포인트와 기대효과 (구매/생산/물류 분야)

그림 274는 구매/생산/물류 분야의 To-Be 모델과 관련된 개선 포인트와 그에 따른 기대효과를 정리한 것이다.

❑ERP 시스템 분야

현재 ERP내의 기준 정보와 기존 프로세스를 정비/개선하여 기간 시스템의 효용성을 증가시키고 또한 6σ 달성을 위해서 ERP 시스템의 고도화 작업이 필요하다. 그림 275는 ERP 시스템 분야의 To-Be 모델을 나타낸다.

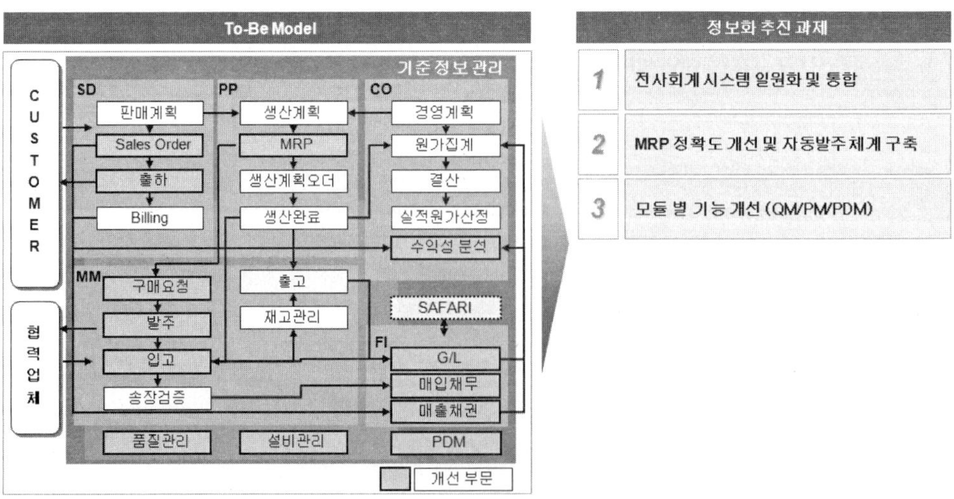

그림 275 :: To-Be 모델(ERP 시스템 분야)

구분	사업부별 개선 포인트	기대 효과
공통	◦ 업종에 특화된 전사적 CRM 전략 수립 ◦ 고객정보 및 영업정보 수집 및 축적 프로세스 확립 ◦ 시장품질 정보 및 서비스 이력의 체계적인 통합 관리 ◦ 해외법인과의 정보 공유 체계 확립 ◦ 해외영업 대응력 제고를 위한 현지인 교육훈련 체계화 ◦ 국내외 A/S 모니터링 및 이력 관리 체계 구축 및 부서간 정보 공유 ◦ 연구개발/마케팅/생산 협업을 통한 신제품 개발 역량 제고 ◦ 고객사와 서비스용 자재 재고 정보 및 생산진척현황 정보 공유	◦ 통합된 고객 및 영업 정보를 통한 일관된 고객대응 및 고객만족 실현 ◦ 영업 Intelligence 부여로 인한 영업 효율성 증대 및 매출 기회 증가 ◦ 핵심고객 중심의 마케팅 역량 집중 및 효율성 제고 ◦ 대고객 서비스 자동화를 통한 비용 절감 및 고객 만족
C 사업부	◦ 마케팅 기획 역량강화 ◦ 해외법인과의 ERP 정보 공유 자동화 및 시스템화 ◦ 고객 서비스 개선을 위한 Call Center 구축 및 Internet Service 확산	
B 사업부	◦ 고객사 및 파트너와의 협업을 통한 판매계획 수립 ◦ 고객사와의 긴밀한 정보 공유 및 시장 변화 공동 대응 ◦ 해외 지역별 특화된 A/S 전략 수립	
A 사업부	◦ 고객사 및 파트너와의 협업을 통한 판매계획 수립 ◦ 고객사와의 협업 포탈 구축 및 상호 시너지 효과 달성 필요 ◦ 고객반응 및 개선 사항에 대한 관련 부서간 상호 협조	

그림 276 :: 개선 포인트와 기대효과(ERP 시스템 분야)

그림 276은 ERP 시스템 분야의 To-Be 모델과 관련된 개선 포인트와 그에 따른 기대효과를 정리한 것이다.

(4) 정보화 미래모형

A사의 중장기 정보화 미래모형은 기간 시스템(ERP)의 고도화 그리고 Post-ERP 시스템의 구축 등을 통한 고객 및 파트너와의 전략적 협업 기반의 전사 시스템 통합으로 정리될 수 있다. 그림 277은 A사의 중장기 정보화 모형을 정리 한 것이다.

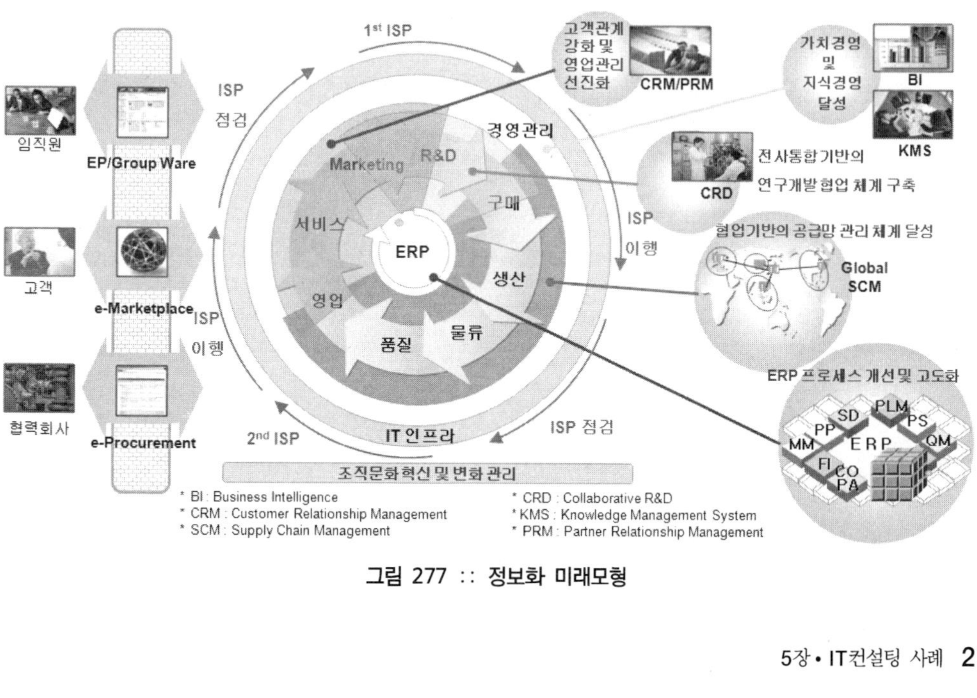

그림 277 :: 정보화 미래모형

5) Planning(실행계획 수립)

(1) 수행 우선순위 결정

과제 수행의 우선순위는 업무상 요구 시급성, 투자대비 효과, 전략적 중요도, 투자규모, 기술적 구현 가능성, 조직/문화적 수용도 등을 기반으로 평가하였으며, 과제별 선/후행관계를 고려하여 최종 이행 우선순위를 결정하였다. 그림 278은 수행 우선순위 결정을 위한 기준을 설명한다.

최종적인 과제 수행의 우선순위 결정을 위해 각 IT domain별 전문가 인터뷰 및 설문 조사를 근거로 과제의 중요도를 평가하였다. 그림 279는 수행 과제별 우선순위 평가 결과를 나타낸다.

도출 과제

IT Domain	과제수
Reform ISP	1
ERP 개선	3
SCM	4
CRM	4
CRD	2
VBM	5
IT Infra	3
Total	22

SCM : Supply Chain Management
CRM : Customer Relationship Management
CRD : Collaborative R&D
VBM : Value Based Management

평가 지표

	Criteria	평가 방법
중요도	1. 업무상 요구 시급성	• 현업 설문조사
	2. 투자대비 효과	• 예상투자규모 산정 및 효과 분석 결과
	3. 경영 전략상의 중요성	• 기업 외부 및 내부환경 분석 결과 • 현업 설문조사
실현가능성	4. 투자 규모	• 예상투자규모 산정 결과 • IT 투자이력 분석결과
	5. 기술적 구현 가능성	• 기술적 요구사항 분석결과
	6. 조직 / 문화적 수용도	• 고객 및 이해관계자 IT 성향 분석결과 • 현업 설문조사

최종 우선순위결정

과제별 선/후행 관계 고려

최종적인 과제의 이행 우선순위결정

그림 278 :: 수행 우선순위 결정 기준

Domain	과제명	시급성	투자대비 효과	전략적 중요성	투자 규모	기술적 가능성	조직/문화 수용성
R-ISP	ISP – 1. 정보화 전략 수립	5	5	5	4	5	4
ERP 개선	ERP – 1. 전사 회계 시스템 일원화 및 통합	4	4	4	4	5	5
	ERP – 2. MRP 정확도 개선 및 자동발주 체계 구축	5	4	5	5	4	4
	ERP – 3. 모듈별 기능 개선(품질관리 설비관리 PDM)	4	5	4	4	5	4
SCM	SCM – 1. Global 판매-생산 연계 SCP 시스템 구축	5	5	5	3	5	4
	SCM – 2. 공급업체와의 협업시스템 구축 및 개선	4	4	5	4	3	4
	SCM – 3. 선진 물류 시스템(TMS) 구축	3	3	2	2	3	3
	SCM – 4. SCM 성과지표 체계 구축	4	4	4	4	4	4
CRM	CRM – 1. 고객 및 영업정보의 통합 DB 구축	4	4	5	3	4	4
	CRM – 2. SFA (Sales Force Automation) 시스템 구축	3	3	3	2	2	3
	CRM – 3. Customer Service 시스템 구축(Call Center 등)	4	3	4	2	3	4
	CRM – 4. PRM 시스템 구축	3	3	2	2	2	3
CRD	CRD – 1. 연구개발 협업 체계 구축(PLM)	3	3	3	2	4	3
	CRD – 2. 연구개발 지식공유 시스템 구축	3	3	3	3	3	3

* Weights: 업무상 요구 시급성(0.4), 투자대비효과(0.4), 전략적 중요도(0.2) : 투자규모(0.4), 기술적 가능성(0.3), 조직/문화적 수용도(0.3)

그림 279 :: 과제별 우선순위 평가 결과

(2) 단계별 수행 계획 수립

과제의 우선순위 평가 결과를 바탕으로 단계별 과제 수행 계획을 그림 280과 같이 수립하였다.

Domain	1단계 : 내부업무의 효율화 (2003년 중 Start)	2단계 : Global 경영시스템 구축 (2004년 중 Start)	3단계 : 고객중심 모델로의 전환 (2005년 중 Start)
Reform-ISP	▪ 정보화 전략 수립		
ERP 개선	▪ 전사 회계 시스템 일원화 및 통합 ▪ MRP 정확도 개선 및 자동발주 체계 구축 ▪ 모듈별기능개선(품질관리/설비관리/PDM)		
SCM	▪ Global 판매-생산 연계 SCP 시스템 구축 ▪ 공급업체와의 협업시스템 구축 및 개선 ▪ SCM 성과지표 체계 구축		▪ 선진 물류시스템(TMS) 구축
CRM		▪ 고객 및 영업정보의 통합 DB 구축 ▪ Customer Service 시스템 구축	▪ SFA (Sales Force Automation) 시스템 구축 ▪ PRM 시스템 구축
CRD			▪ 연구개발 협업 체계 구축(PLM) ▪ 연구개발 지식공유 시스템 구축
VBM		▪ 전사통합 경영자 정보 시스템(EIS) 구축 ▪ 의사결정 지원 시스템(DSS) 구축 ▪ 전략적 성과지표 관리 시스템 구축 ▪ 지식관리프로세스 및 Knowledge DB 구축	▪ Enterprise Knowledge Portal 구축
IT Infra	▪ Communication 및 N/W 성능 개선	▪ 보안체계 강화	▪ 기간시스템 연동 Enterprise Portal 구축

그림 280 :: 단계별 과제 수행 계획

2. 건설 분야

1) 프로젝트 기획

(1) 프로젝트 개요

건설업은 일반적으로 여러 작업 현장과 본사가 먼 거리에 위치해 있고 프로젝트별로 많을 경우 수십여 개에 달하는 여러 회사(이해 관계자)들이 얽혀있다는 특성으로 인해 정보화 기반의 업무 프로세스 관리의 필요성이 더욱 절실한 분야중의 하나이다. 더불어 최근 경영환경이 급변함에 따라 건설 산업의 전반적인 체계변화를 필요로 하게 되었고 정보화가 이를 위한 핵심적인 요소로 자리매김하고 있다. 이에 B사는 경쟁력 확보를 위해서 무엇보다 업무 프로세스의 표준화 및 정보시스템의 개선 등이 시급하다는 공감대를 형성하였다.

이를 위해 ISP 프로젝트를 수행하여 5개의 주요 핵심 개선방향(Reform 5대 과제)과 세부 추진계획을 수립하였다.

(2) 수행단계

본 ISP 프로젝트는 크게 As-Is 분석, Benchmarking & 환경 분석, To-Be 설계, 그리고 관리모델 최적화 방안 제시 단계 등으로 진행되었다. 일반적인 ISP 프로젝트에서는 환경 분석 이후에 As-Is 분석과 Benchmarking이 수행되나, 본 프로젝트에서는 B사의 현 업무 프로세스 및 정보화 수준을 사전 진단한 후 정보화를 추진하기 위해 As-Is 분석을 우선 진행하였다. 그림 281은 프로젝트의 수행단계 및 주요 산출물을 설명한다.

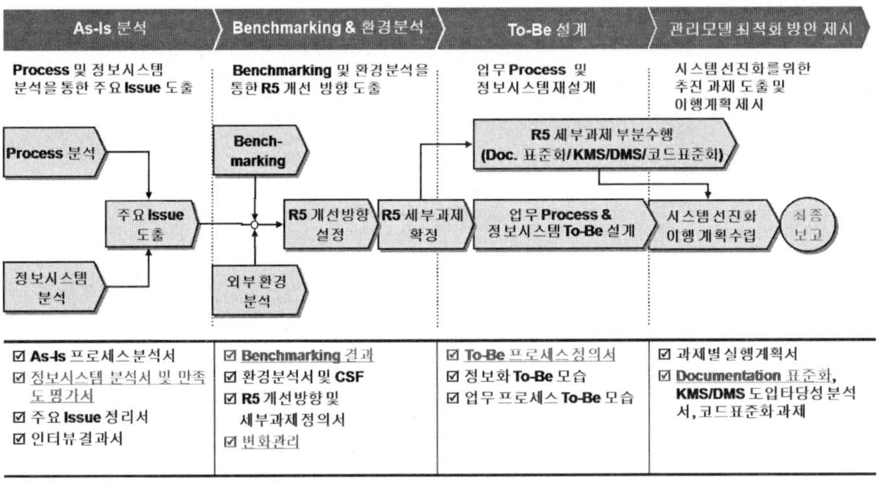

그림 281 :: 수행단계 및 산출물

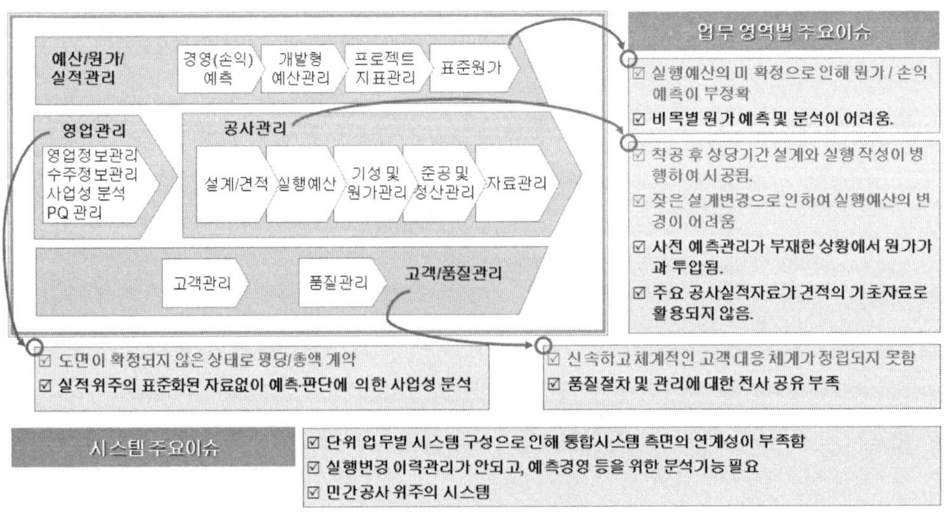

그림 282 :: 현 관리모델 분석

2) As-Is 분석

(1) 관리모델 분석

B사는 특히 전체 매출에서 portion이 점진적으로 증가하고 있는 개발형 공사의 진행을 위한 체계적인 프로세스와 시스템 등이 미비한 상황이었다. 그림 282는 B사의 업무 프로세스 및 정보시스템의 수준을 정리한 것이다.

(2) 주요 이슈(issues) 도출

업무 프로세스 및 정보시스템에 대한 현황분석 결과를 토대로 Strategy, Process, Organization, 그리고 Technology 측면에서 4가지 주요 이슈를 도출하였다. 그림 283은 주요 이슈들을 정리한 것이다.

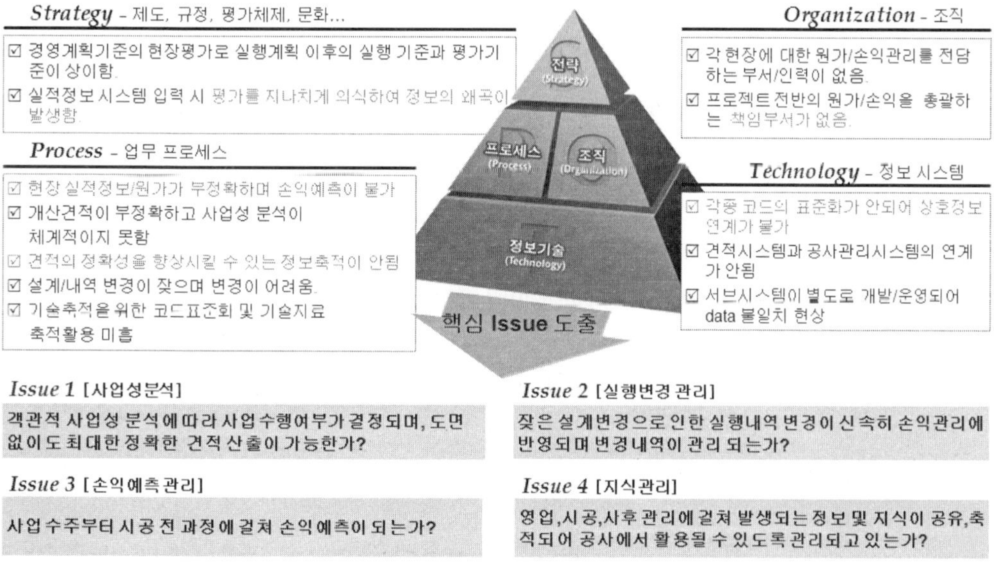

그림 283 :: 주요 이슈

3) 환경 분석

(1) 외부환경 분석

건설 환경의 급격한 변화로 인해 B사에 많은 기회와 위협요소가 존재하고 있으며, 이와 관련된 기본 전략방향은 그림 284와 같다.

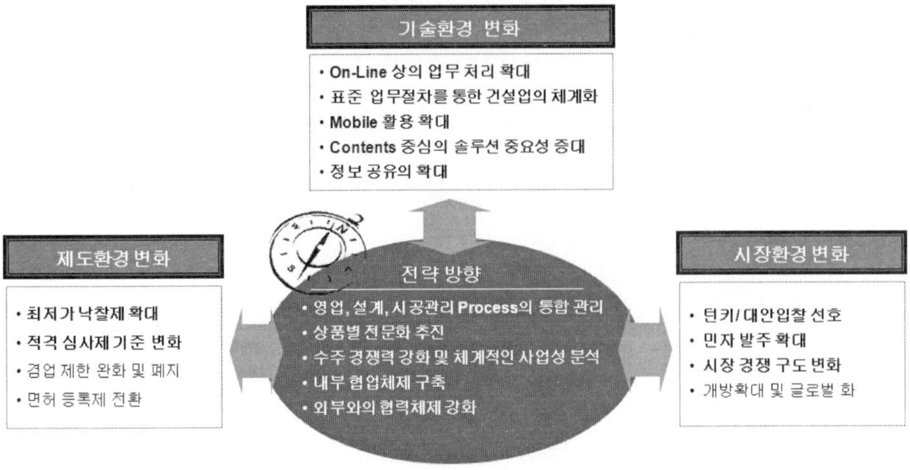

그림 284 :: 외부환경 분석

(2) 이해관계자 및 업무흐름 분석

건설업에는 복잡한 이해당사자간의 관계가 형성되어있어 각 이해 당사자들과의 협업 및 정보 관리/공유가 중요한 이슈이다. 그림 285는 이러한 이해관계와 관련 이슈를 나타낸다.

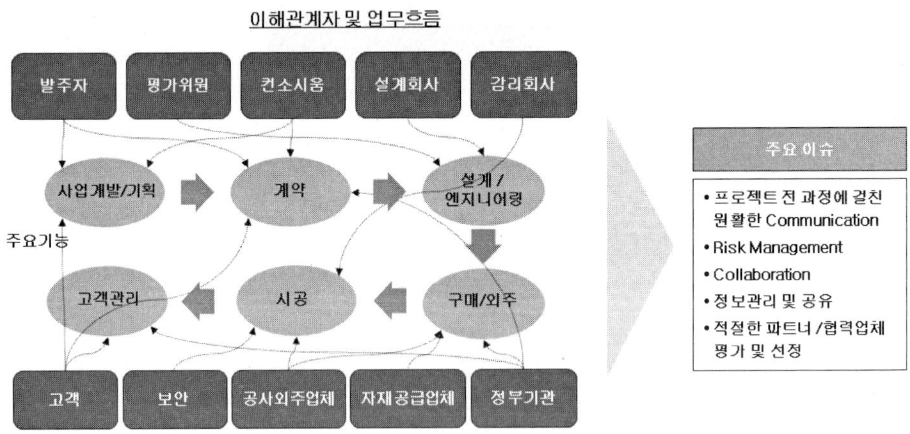

그림 285 :: 이해관계 및 이슈

(3) 가치사슬 분석

건설업의 Value Chain Analysis에서 구매 및 외주 부문의 비중이 상대적으로 높았다. 따라서 이 부문에 대한 효율성 제고 및 업무 개선 노력이 필요하다. 그림 286은 가치사슬 분석의 결과를 나타낸다.

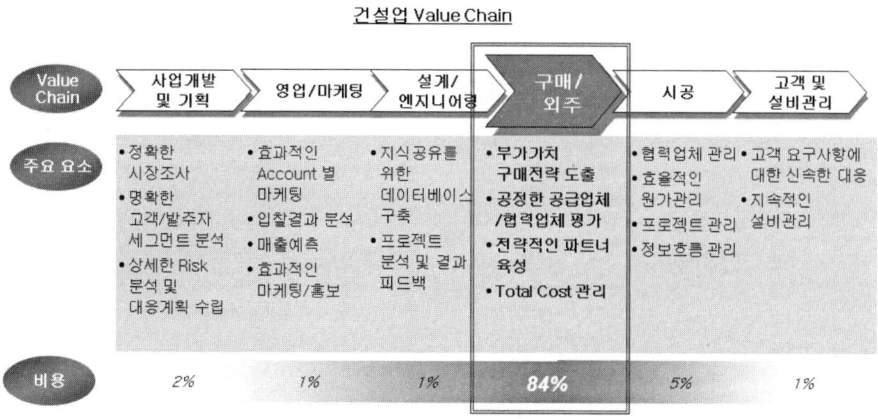

그림 286 :: 가치사슬 분석

(4) 내부역량 분석

내부역량 분석을 위하여 Balanced Scorecard(BSC) 모델에 기반한 8가지 분석 요소에 추가로 경영 전략 및 정보화 요소를 반영하여 전체 10개 요소를 고려하였다. 그림 287은 평가보상과 정보화 요소에 대한 내부역량 분석의 결과를 나타낸다.

분석요소	+ 요소	- 요소	비 고
평가보상	•해당사항 없음	•공사 유형별로 공정하고 객관적인 평가시스템 및 기준 미흡 •원가계산 및 분석/평가체계의 취약 •지식의 축적과 보상, 활용체계 미흡	•객관성 및 공감대를 형성할 수 있는 평가체계 확립 •인센티브 제도 활용
정보화 기반	•정보화 추진의 필요성에 대한 공감대 형성	•전체 프로세스의 관점에서 기능간 연계가 취약해서 이중작업 및 업무효율 저하 •경영 의사결정을 위한 정보 제공 기능 취약 •현장업무의 지원보다는 관리/통제 측면의 기능이 강함 •사용자 편의성 결여 •체계적인 Master Plan에 의한 정보화 추진 미흡	•기업 경쟁력 강화측면에서 정보화의 중요성에 대한 인식 전환 •정보화 비전/전략/계획 대한 공감대 형성 •각 부서와 정보화 관련 부서간의 유기적인 협업체계 구축

그림 287 :: 내부역량 분석

(5) SWOT Analysis

외부환경 및 내부역량 분석 결과를 토대로 그림 288과 같은 SWOT Analysis 결과를 도출하였다.

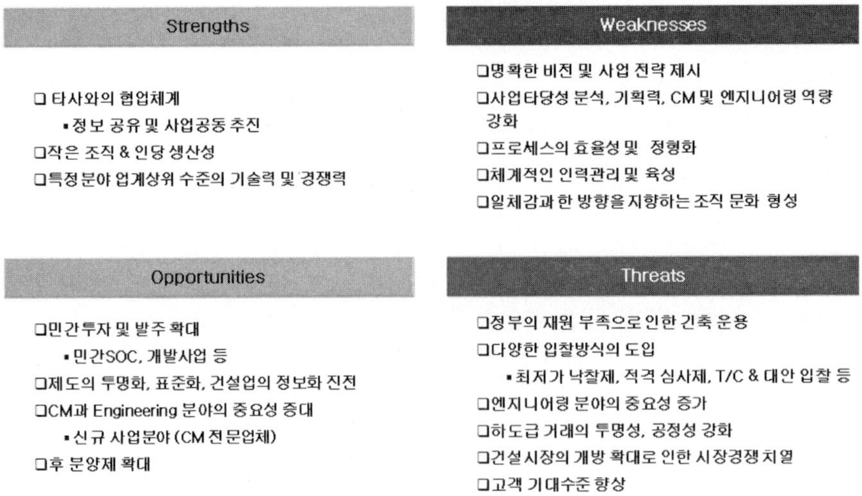

그림 288 :: SWOT Analysis

(6) CSF 도출

외부환경 분석, 내부역량 분석, 건설업의 정보화 추진방향 및 Benchmarking 결과 등을 토대로 B사의 핵심성공요소(CSF; Critical Success Factor)를 그림 289와 같이 도출하였다.

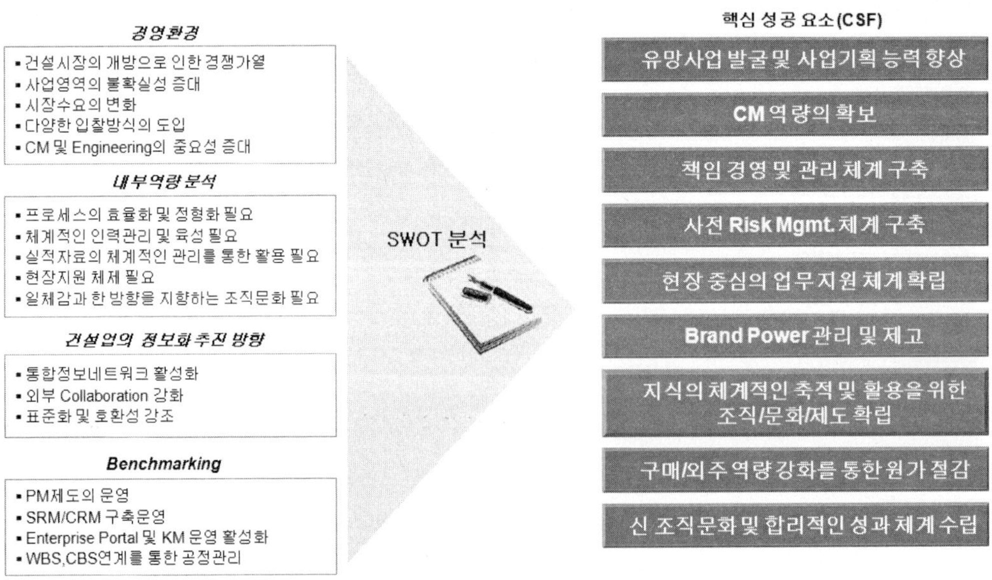

그림 289 :: 핵심성공요소

4) To-Be 설계

(1) 개선방향 도출

As-Is 분석과 환경 분석의 결과를 토대로 그림 290과 같은 5가지 개선방향(Reform 5)을 도출하였다.

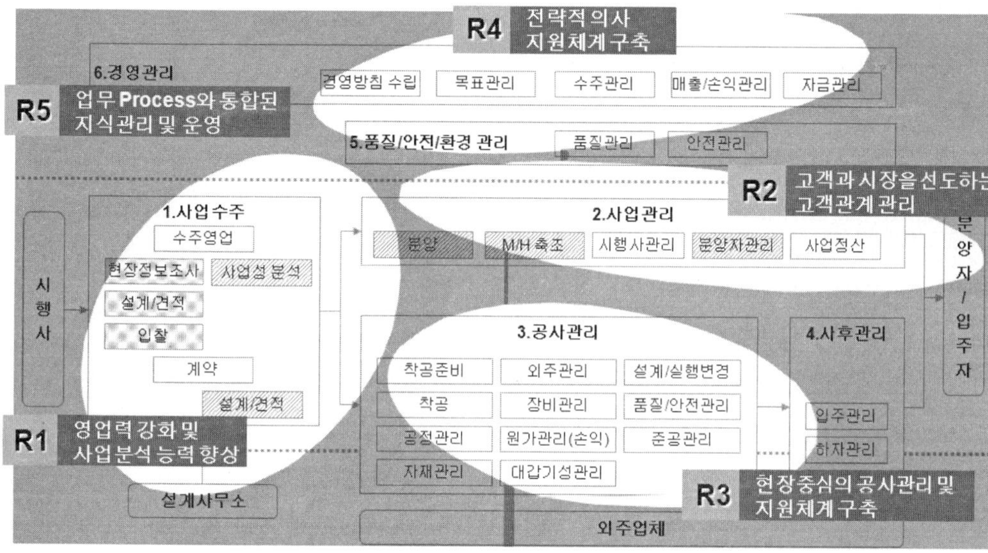

그림 290 :: 5대 개선방향

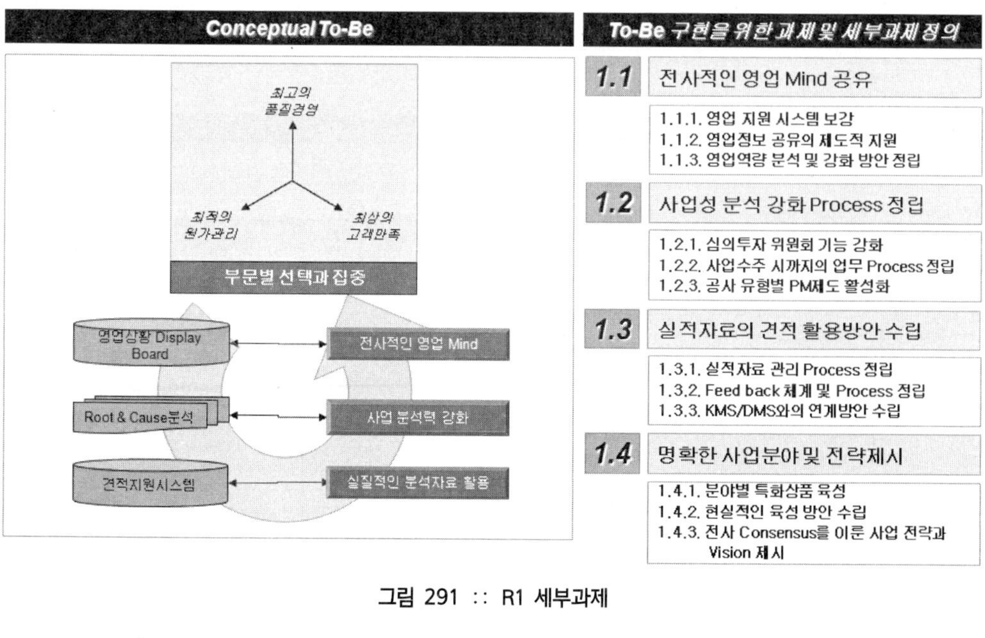

그림 291 :: R1 세부과제

❑R1: 영업력 강화 및 사업분석 능력 향상

전사적인 영업 및 수주 지원 체계를 구축하고 영업력 강화를 위한 process를 정립하여 수주 경쟁력을 제고하고자 한다. 그림 291은 영업력 강화 및 사업분석 능력 향상을 위한 세부과제 내용이다.

❑R1 제시 근거

Issue 1: 객관적인 사업성 분석이 이루어지지 못한 상태에서 위험(risk)을 안고 공사에 착수하고 있다. 그림 292는 R1의 제시 근거에 대한 내용이다.

구분	내용
경쟁업체 상황	✦유관부서 담당자의 전원합의를 통한 사업성 분석 ✦사업성 분석단계에서 표준정보에 의한 물량산출, 보정계수의 적용 ✦표준화된 마감재(6Level)에 따른 견적을 산출하여 발주사와 사전 협의/확정 ✦Web base로 영업정보를 저장/조회 할 수 있는 시스템 구축 및 지원
주요 문제점 및 요청사항 (인터뷰)	• 탄력적 간접비 적용 필요에 대한 유관부서(관리/견적)의 협조가 미약함. →부서간 open mind 및 정보공유필요 • Risk가 될 불리한 조건을 너무 쉽게 떠안음. →수주 시 기술진이 더 관여해야 할 것임. • 계약 단계에서 불리한 계약사항이 많음. →위험요소를 사전에 예측 할 수 있는 T/F구성필요 • 마감재 등급별 가격에 대한 시스템화가 미비함. • 수주단계에서부터 history 관리가 되지 않음. →업무 history에 대한 체계적 DB화 필요 • Fast-track 방식의 프로젝트를 기획,관리하는 system이 전혀 없음. →위험요소를 사전에 예측할 수 있는 T/F 구성 필요 • 영업활동에 대한 체계적인 DB화가 되어있지 않음. • 계약단계에서 불리한 계약사항이 많음. →위험요소를 사전에 예측할 수 있는 T/F 구성 필요 • 공사 시작 후 상당한 기간이 지난 뒤 원실행이 확정됨 →공사유형별 표준내역을 DB화하여 원실행없이도 부분가실행을 가지고 실행을 할 수 있는 자료의 표준내역이 필요함.
내부역량 분석	☑ 사업개발 및 추진력 미흡 ☑ Project Risk Management 기능 취약
개선 Point	☑ 객관적이고 체계적인 사업성 분석을 토대로 영업력을 향상시키고 추후 발생의 소지가있는 risk에 대한 예측 및 관리가 필요

그림 292 :: R1 제시 근거

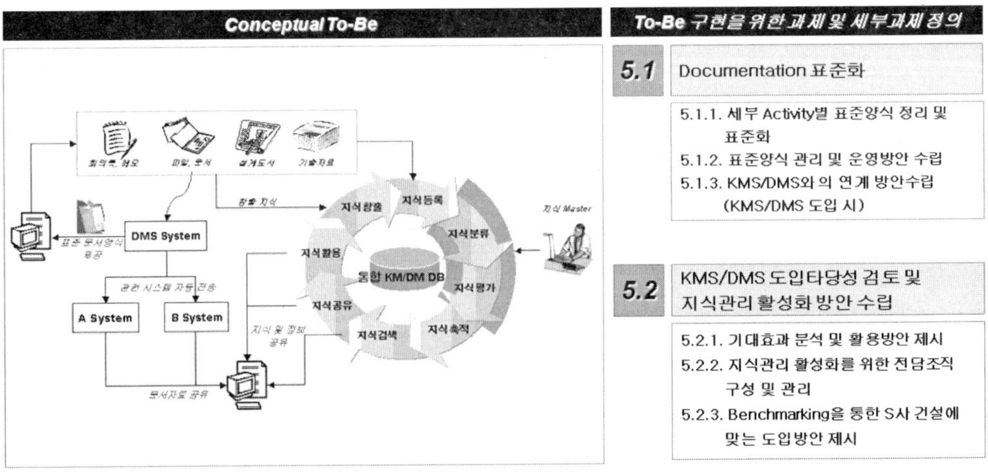

그림 293 :: R5 세부과제

❑R5: 업무 process와 통합된 지식 관리 및 운영

현재 체계적으로 관리되지 못하고 있는 기존 자료들을 KMS(Knowledge Management System)를 통해 관리하고 각 업무부서 별로 사용 중인 다양한 문서의 양식을 통합하여 전사의 지적 자산을 증대시키고 업무 부담을 감소시키기 위함이다. 그림 293은 업무 프로세스와 통합된 지식 관리 및 운영을 위한 세부과제 내용이다.

❑R5 제시 근거

Issue 6: 기술 축적의 필요성에 대해서는 공감하고 있으나 실제로 각 부서의 업무 자료와 기술 문서 등에 대한 명확한 공유 및 관리 체제가 없어 개별적으로 관리 혹은 사장되고 있다. 그림 294는 R5의 제시 근거에 대한 내용이다.

구분	내용
경쟁업체 상황	✦약 8만 여건의 Category를 가지고 KM을 운영하고 있으며 자료의 업데이트와 활용이 활발히 이루어지고 있음. ✦KM 활용을 장려하기 위한 평가 및 인센티브 제도 활용중임. ✦EP System을 활용한 정보공유가 활발히 이루어짐.
주요 문제점 및 요청사항 (인터뷰)	• 영업인력 변동 발생시 개인정보 자산과 조직정보 자산에 대한 구분이 없이 사장 혹은 이동됨.
	• 수주단에서부터 history 관리가 되지 않음.
	• 영업에서 계약단계까지의 이력을 알 수 없음.
	• 분양 계획단에서 사전조사, 분석자료를 위한 시스템적인 DB화가 미비함.(현재로서는 off-line상으로 단지 참조용임)
	• 영업으로부터 계약 인수시 서류정리가 미비하여 시행사 대응에 문제가 있음. 고객과의 회의록 등이 보관 안됨.
	• 각종 보고, 회의자료 양식이 통일되지 않아 회의자료, 보고서 작성에 총 업무 수행 시간의 30% 이상 투입하고 있음.
	• 시공실패 사례에 대한 정보 공유가 안되고 있음.
	• 정산자료가 견적에서 활용되지 못하고 있음.
	• 준공정산 자료가 체계적으로 관리되지 않아 참조 시 어려움.
	• 공사 완료 이선에 남당자늘이 신생현장으로 발령되어 책임지고 자료 관리를 맡을 사람이 없음.
	• 서류양식에 대한 통일된 표준이 없음.
	• 사전 업무 수행부서로부터 체계적인 업무 이력을 전달 받지 못함.
	• 기술사고 사례분석 및 지침서에 대한 정예화된 D/B가 없음.
내부역량 분석	☑부서간 협업 체계 미흡 ☑지식의 축적과 보상, 활용체계 미흡
개선 Point	**☑각 업무 단계에서 발생하는 기술 자료 및 업무 정보를 공유할 수 있는 체제 및 시스템의 구축** **☑Knowledge Management System, Document Management System 도입**

그림 294 :: R5 제시 근거

(2) 개선방향의 실현 방안 수립

선진 건설업체로의 도약을 위해서 Reform ISP의 개선방향을 토대로 정보화 전략을 수립하고, R5 개선방향과 정보화 전략에 기반한 Process Innovation 활동과 그것을 지원하기 위한 정보시스템의 구축이 필요하다. 그림 295는 R5 개선방향의 실현 방안을 나타낸다.

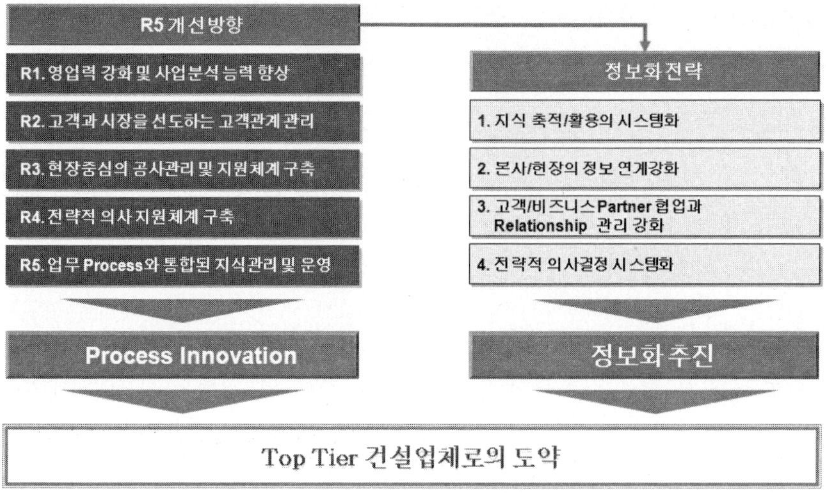

그림 295 :: R5 개선방향의 실현 방안

구체적인 정보화 추진을 위해 그림 296과 같은 6대 정보화 과제가 선정되었고 구축 후의 기대 가치와 구축 용이성을 감안하여 6대 정보화 과제의 우선순위를 결정하였다.

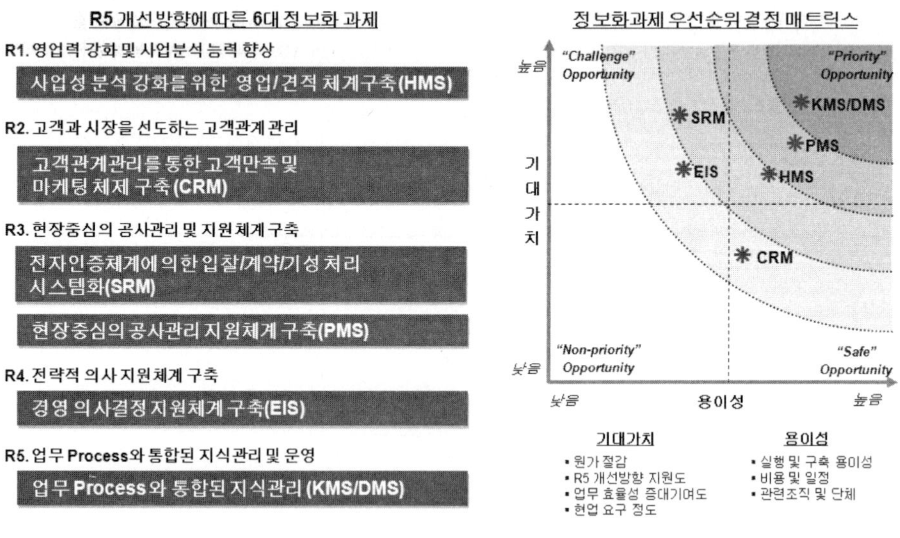

그림 296 :: 정보화 과제

(3) 추진 일정계획 수립

Reform 5와 관련된 프로세스 개선(Process Innovation) 과제의 수행 일정을 반영한 정보시스템 과제의 수행 계획은 그림 297과 같다.

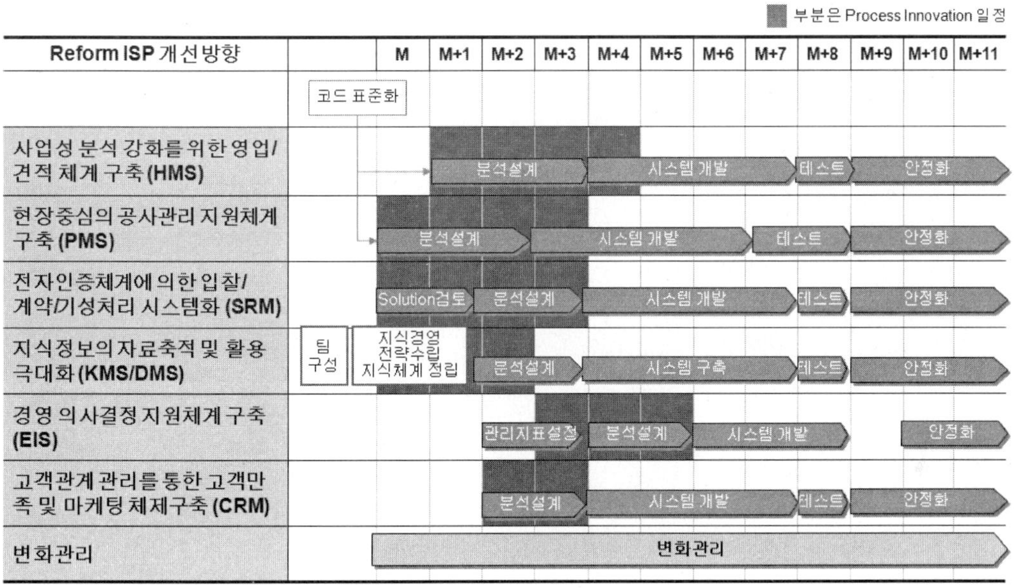

그림 297 :: 정보화 과제별 추진 일정계획

6부
컨설턴트 기본 역량

1. 이미지 메이킹

1) 이미지의 개념

일반적으로 이미지(image)란 마음속에 그려지는 상, 심상, 표상, 영상 등을 뜻하며, 개인에 대한 이미지는 그 사람의 독특하고 고유하며 특유한 느낌이다. 우리는 흔히 특정한 사람을 보았을 때 '저 사람은 차가운 것 같아', '저 사람은 착할 것 같아' 등의 느낌을 받는다. 그것이 바로 그 사람의 이미지인 것이다.

사람을 보았을 때 그 사람의 행동, 말투, 자세, 외모가 풍기는 느낌이 그 사람 고유의 이미지이다. 또한, 이미지는 실체가 아니고 상상되는 것이다. 이것은 이미지가 실체적인 것이 아니라 어떠한 대상에 관한 경험에서 생기는 것으로, 개인의 지각을 통해서 의미화되고 형상화되고 각인되는 것이라는 것을 보여주고 있다.

연예인이나 정치인의 경우, 우리들은 실질적인 그들에 대해서는 알지 못한다. 하지만 언론매체에서 보여지는 그들의 이미지만으로 우리들은 그들의 성격이나 배경을 짐작한다. 이것으로 보아 세상의 많은 부분이 이미지 지향적이고 사회라는 거울은 우리가 누군가에 대한 자아의식 형성에 막대한 영향을 미친다는 것을 알 수 있다.

결론적으로 이미지는 어떠한 사물이나 대상에 대해 주관적으로 지각되고 형성된 실상과 허상의 집합체라고 할 수 있다. 또한 실체에 대한 상징이 되기도 하나 어느 한 요소가 아닌 그에 관련된 전체를 포괄하는 개념이라고 할 수 있다[1].

다음은 이미지의 세 가지 요소이다.

(1) 내적 이미지

개인의 내면에 형성되어 있는 의식과 정서를 포함한 본질적인 이미지를 의미한다.

인간의 내적 이미지는 외적인 이미지로 나타나게 되고 이것은 곧 사회적인 이미지로 형성된다.

본질이 없는 현상은 있을 수가 없다. 이 시대가 다른 사람을 평가하는 기준으로 외모를 중시하지만 그 외모를 가꾸어 내는 것은 내면적인 가치이다. 아무리 자신이 아름다워지고 싶다고 하더라도 내면이 그만큼 아름다워지지 않으면 그것은 금방 다시 변하게 되어 있다. 외모는 내면에 의해서 조종된다. 따라서 내면의 생각과 마음가짐이 무엇보다 중요하며 겉으로 드러나는 개인의 이미지는 내면에서 창조된다. 즉 외형은 내부를 비추어 주는 거울이다.

(2) 외적 이미지

내면의 본질이 종합적으로 외부로 표출되어 나타나는 현상적인 이미지를 의미한다. 자신의 본질과 진가를 오해 없이 표현하려면 적절한 현상 경영이 요구된다. 외적 이미지는 자신의 신분과 역할에 따라 각각 다르게 표현되어야 한다.

'같은 값이면 다홍치마' 그리고 '보기 좋은 떡이 맛도 있고 비싸더라' 라는 말이 있다. 몇 초만에 결정되어지는 개인의 첫 인상에 외적 이미지는 결코 무시 못 할 요소일 것이다. 그러기 위해서는 우선 만나게 될 대상이 결정되어야 하고 자신의 총체적 외모에 대한 객관적인 전략이 확보되어야만 한다. 즉 외모로 자신의 가치를 높이려는 노력이 필요하다.

(3) 사회적 이미지

개인의 본질과 현상이 대인관계에서 상대적 교류로 나타나고 형성되는 관계적인 이미지를 의미한다. 개인 이미지의 관점에서 볼 때 대인관계란 독특한 개체간의 현상적 충돌에서 오고가는 정서적 물리적 교류를 의미한다. 이러한 의미에서 대인관계는 교류경영이라고 할 수 있다.

인간은 살아가면서 많은 사람들을 만나게 된다. 이러한 관계 속에서 서로 좋은 느낌으로 지내는 사람에 대해서는 좋은 이미지를 당연히 갖고 있다. 내가 함께하여 특별히 친근감이 있고 편한 사람은 분명 나의 존재를 생각하고 존중해 주는 사람일 것이다. 즉 대인관계에서 다른 사람에게 내가 그를 배려하고 존중하고 있다는 마음이 전달되도록 노력해야 한다.

2) 이미지 메이킹

이미지 메이킹(Image Making)이란 개인이 추구하고자 하는 목표에 도달하기 위해 자신의 이미지를 통합적으로 관리하는 행위로서 대인관계능력 향상 및 자기성취를 위한 노력을 통칭하는 용어이다. 아울러 개인 이미지의 브랜드화(PI(Personal Identity) Branding)의 의미를 포함하고 있으며, 이미지 빌딩(Image Building)으로 칭하기도 한다. 따라서 항상 고객과의 접점에서 서비스를 제공하고 고객으로부터의 신뢰가 생명인 컨설턴트에게 이미지 메이킹은 매우 중요한 역량 중의 하나이다.

이미지 메이킹은 다음의 세 가지 관점에서 의미를 찾을 수 있다.

첫째, 참자아와 왜곡된 자아의 인식 차이를 축소하거나 제거하는 것과 관련이 있다. 인간은 자신의 참자아를 제대로 인식하지 못하는 경우가 많다. 그로 인하여 불필요한 열등감을 가지거나 자신을 무가치한 존재로 전락시킨다. 인간의 참자아는 나름대로의 개성과 가치를 가지고 있기 때문에 우월하다거나 열등하도고 평가할 수 없다. 그러나 이것을 바로 알지 못하면 자신에 대해 부정적 이미지를 가지게 되고, 그것은 다시 자신이 처한 환경에 부적응하게 만드는 악순환을 반복하게 한다.

둘째, 주관적 자아와 객관적 자아 간의 인식 차이를 축소하거나 제거하는 것과 관련이 있다. 인간은 '자신이 보는 나'와 '타인이 보는 나'의 차이를 인식하지 못하는 경우가 비일비재하다. 그것은 자신의 참자아를 제대로 파악하지 못했거나 타인의 오해와 편견에서 비롯되는 현상일 수 있다. 이러한 인식의 오류는 자아의 인식을 타인도 동감할 것이라고 여기거나 타인의 잘못된 인식을 방치하는 결과로 이어지게 된다. 그것은 자신의 진가를 오해 없이 전달하는데 무리가 따르게 되고 서로의 인식 차이가 깊어지는 결과를 초래한다.

셋째, 현실적 자아 상태를 이상적 자아 상태로 끌어올리는 것과 관련이 있다. 인간은 자신의 신분과 역할에 어울리는 최상의 이미지가 무엇인가에 대해 무지한 경우가 많다. 무한경쟁 사회에서의 생존과 자기성취를 위해서는 자신의 특성과 진가를 신분과 역할에 맞도록 최적화된 가치로 브랜드화(branding) 해야 한다. 그렇지 못하면 자신의 가치를 충분히 평가받지 못하여 직장생활에서 두각을 나타내기가 어렵다.

결론적으로 이미지 메이킹이 중요한 이유는 인간관계, 나아가 사회생활과 밀접한 관련이 있기 때문이다. 더불어 살아가는 인간 사회의 구조 속에서 바람직한 인간관계는 개인의 행복과 삶의 질을 향상시키는 데 직접 기여한다. 이것은 직장에서 구성원에게 요구하는 능력들 중의 하나로 곧바로 직장인으로서의 자기성취나 생산성으로 연결된다.

3) 이미지 메이킹의 내용

그림 298은 이미지 메이킹의 개념, 내용 및 방법, 그리고 결과를 도식화한 것이다. 체계적인 이미지 메이킹을 통해 자아 존중감, 자신감, 효능감, 그리고 대인관계 능력을 향상시키고 참자아를 발견할 수 있다.

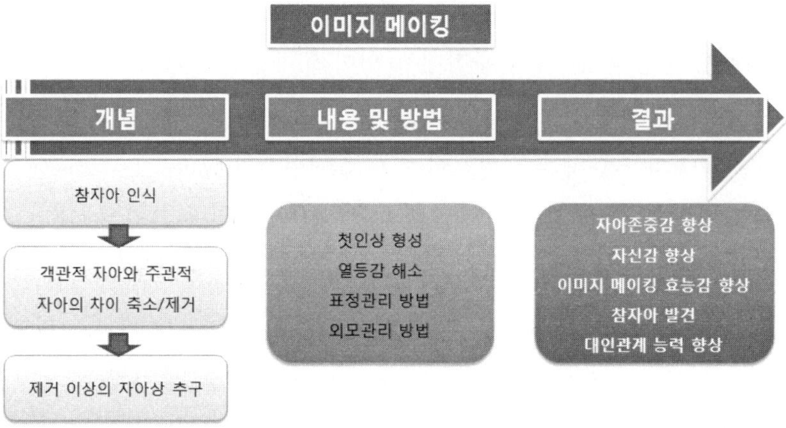

그림 298 :: 이미지 메이킹

이미지 메이킹은 내적 이미지(본질적 요소), 외적 이미지(현상적 요소), 그리고 사회적 이미지(관계 지향적 요소) 등의 세 가지 요소에 여러 가지 세부 항목들이 포함된다.

이전 절에서 언급되었듯이 내적 이미지란 인간의 심리적, 정신적, 정서적인 특성 등이 고유하고 독특하게 형성되어 있는 상태로서, 심성, 생각, 습관, 욕구, 감정 등의 유기적인 결합체를 의미한다. 따라서 내적 이미지는 한 사람의 이미지를 구축하고 형성해내는 근간이며 본질이다.

외적 이미지란 인간의 외부로부터 나타나는 종합적인 이미지로서 내적 이미지가 외모(생김새), 언행, 자세, 태도, 제스처, 음성, 말씨, 행동, 옷차림, 걸음걸이, 매너 등을 통해 외부로 나타나는 외면적인 특성이 혼합되어 있는 개인에 대한 총체적인 모습이다.

이미지 메이킹을 하게 되면 자아 존중감이 향상되고, 열등감 극복과 자신감이 제고되며, 궁극적으로 대인관계 능력이 향상되는 등의 효과가 있게 된다. 이것은 이미지 메이킹을 통하여 자신이 이미지 메이킹의 효능감을 스스로 습득하고 참자아를 인식하게 되기 때문이다. 이를 위해 평소 이미지 메이킹에 대해 관심을 갖고 여유가 있으면 전문기관의 도움을 받는 것도 빠른 시간에 효과를 볼 수 있는 방법일 수 있다.

4) 이미지 메이킹의 역할

자기 이미지란 단순히 겉으로 보여지는 외적 이미지뿐만 아니라, 내적, 그리고 사회적인 이미지가 서로 결합되어 나타나는 것이다. 다시 말해 자신에 대해 지각하는 모든 것과 인간 행동을 결정짓는 태도나 느낌의 총체라고 할 수 있다. 그러므로 자신의 이미지를 향상(upgrade)시키기 위해서는 외향적인 부분만 바꿀 것이 아니라 총괄적인 부분에 있어서 관심을 가지고 관리를 해야 할 것이다.

인간이 자신에 대해 가지는 자기 이미지는 긍정적이거나 부정적일 수 있다. 자기 이미지가 긍정적인 사람은 대인관계도 원만하기 때문에 직장에서 문제가 별로 없게 되고, 그로 인하여 직장에서의 자기 성취나 업무 생산성 향상을 수반하게 된다. 그러나 자기 이미지가 부정적인 사람은 대인관계가 원만하지 못해 직장 동료나 상사와의 관계에서 협력을 기대하기 어렵고, 의사소통에도 문제가 생기기 쉽다. 이것은 결국 부정적인 자기 이미지를 가진 개인은 직장에서 고립되거나 실패할 확률이 높다는 것을 의미한다.

그림 299는 자기 이미지의 중요성을 나타낸다.

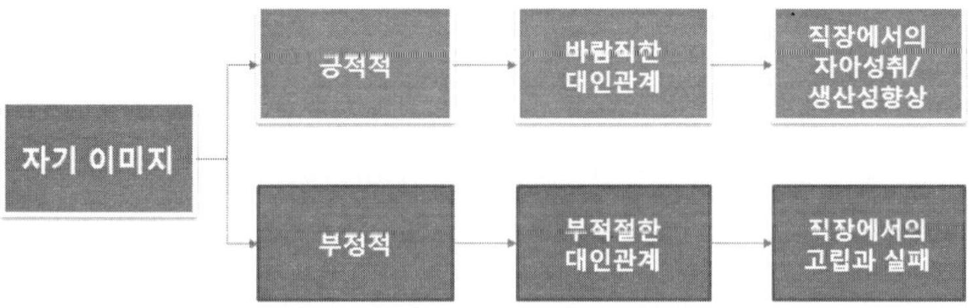

그림 299 :: 자기 이미지가 개인에게 미치는 영향

이미지 메이킹은 부정적인 자기 이미지를 개선하고 직장에서 자기성취를 이루도록 도와준다. 그림 300은 이미지 메이킹의 역할을 나타낸다.

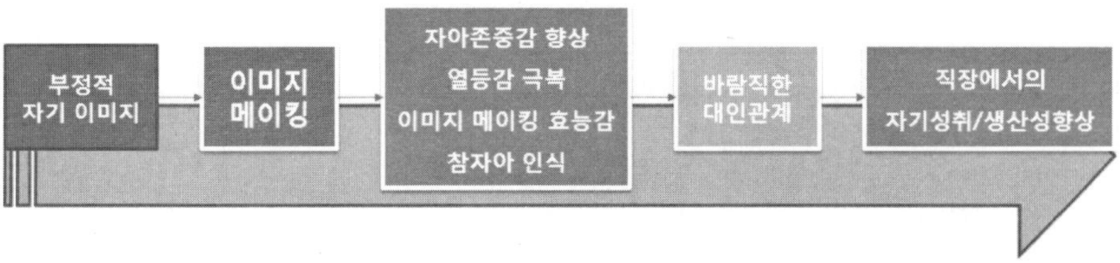

그림 300 :: 이미지 메이킹의 역할

이미지 메이킹은 부정적인 자기 이미지를 긍정적으로 변화시킨다. 결과적으로 개인에게 자아 존중감 향상, 열등감 극복, 이미지 메이킹의 효능감 향상, 그리고 참자아 인식 등의 효과를 제공하고 이를 통해 바람직한 대인관계를 형성하도록 도와주며, 직장에서의 자기성취와 생산성을 향상하여 경쟁력 있는 직장인으로 성장하는 데 기여한다.

이미지 메이킹을 통하여 얻을 수 있는 효과는 크게 다음의 세 가지와 같다.

첫째, 자아 존중감이 향상된다.

정확한 자기 자신 즉 참자아를 인식하고 자신에 대해 가지는 이미지가 긍정적이라면 그것을 통해 자기 자신의 존중감이 향상되고 이것은 자신의 경쟁력을 높이기 위해 무엇보다도 중요한 요소로 자리 잡을 것이다. 자기 자신이 자신을 존중하지 않고 사랑하지 않는다면 과연 누가 자신을 존중하고 사랑해주겠는가.

둘째, 열등감 극복으로 자신감이 제고된다.

개성이 있는 각 개인의 자아에는 옳고 그름이 없다. 하지만, 타인의 편견과 오해는 당사자로 하여금 점점 열등감을 느끼게 하고 자신감을 감소시킨다. 반면에 그런 자아의식에 대한 개념을 제대로 알고 깨닫는다면 열등감을 극복하고 자신감을 제고하여 결과적으로 더 나은 이미지를 형성할 수 있을 것이다.

셋째, 대인관계 능력의 향상 효과가 있게 된다.

이것은 이미지 메이킹이 자신의 이미지를 인식하고 개선할 수 있는 기회를 제공함으로써 원만한 대인관계를 가능하게 한다. 따라서 이미지 메이킹은 대인관계에 있어서 '호감의 법칙'이라고 할 수 있다.

그림 301은 이미지 메이킹의 기대효과이다.

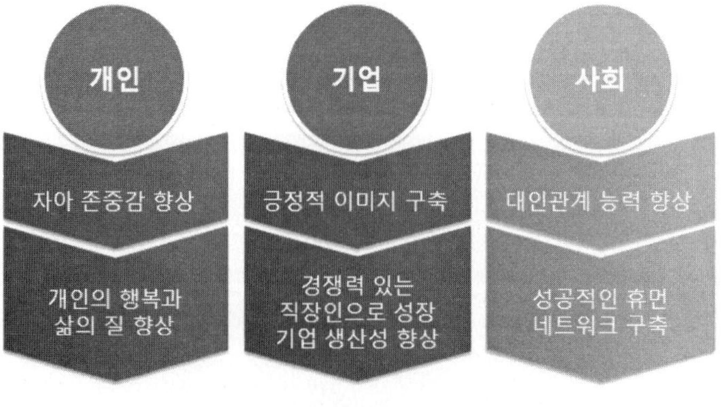

그림 301 :: 이미지 메이킹의 기대효과

5) 대학생 이미지 메이킹의 필요성

우리는 자기 PR(public relations)의 시대에 살고 있고 따라서 자신을 제대로 표현하지 못한다면 남보다 뒤처지게 된다. 대학생활에서 환영 받는 나를 위한, 특별할 날을 위한, 중요한 자리를 위한 이미지 메이킹은 한걸음 앞서 나갈 수 있는 자신만의 전략이 될 것이다. 상황과 목적에 맞는 이미지 메이킹의 연출을 통하여 타인에게 신뢰와 호감을 줄 수 있고 상대방에게 기억될 수 있으며, 또한 대인관계에서 환영 받는 존재가 될 수 있을 것이다. 더불어 자신의 내적 이미지와 외적 이미지를 기업의 인재상에 맞도록 변화시켜 취업에 성공할 수도 있을 것이다.

그림 302는 대학생 이미지 메이킹의 내용이다. 자신의 내적/외적 이미지에 대한 변화와 함께 컬러 이미지 연출, 메이크업, 헤어 등 구체적인 자신만의 차별화된 이미지를 연출하도록 노력해야 한다[18].

그림 302 :: 대학생 이미지 메이킹 요소

요소별 대학생 이미지 메이킹의 전략은 다음과 같다.

(1) 패션 이미지 메이킹

타인에게 자신을 인지시킬 뿐만 아니라 자신의 이미지를 부각시키는 중요한 요소가 바로 패션이다. 따라서 자신에게 맞는 패션 전략을 통해 자신만의 스타일을 연출하여 신뢰감과 호감도를 상승시킬 수 있도록 한다.

(2) 외적 이미지 메이킹

얼굴은 사람의 신체 가운데 가장 표현력이 있고 눈에 띄는 부분으로 상대방으로부터 호감의 유무를 결정짓는 중요한 요소가 된다. 현재의 얼굴 표정을 진단하여 매력적인 인상을 유지할 수 있는 얼굴 표정으로 변화시키고 가장 어울리는 메이크업과 헤어를 연출하여 누구에게나 환영 받을 수 있도록 한다. 또한, 말하지 않아도 상대의 생각과 평소 가치관 등을 짐작하게 하는 중요한 요소가 바로 자세이므로 올바른 자세를 유지한다.

(3) 스피치 메이킹

말은 지위나 권력을 얻는 데만 필요한 것이 아니라 사교생활이나 취업에도 많은 영향을 끼친다. 효과적인 커뮤니케이션을 위해 음성, 발음, 바디랭귀지, 어투, 화법, 대화매너 등의 요소를 이미지 메이킹하여 성공적으로 자신을 표현할 수 있도록 한다.

6) TPO 전략

TPO는 Time(시간), Place(장소), Occasion(상황 또는 경우) 이 3가지의 합성어이다. TPO 전략은 이미지 메이킹을 위한 올바른 패션의 연출과 마케팅에서 고객, 시장의 세분화 작업(segmentation) 시 유용하게 활용된다.

TPO의 관점에서 패션이란, 생각하는 옷차림을 의미하며 패션은 때, 장소, 그리고 상황 등에 맞게 구별되어야 한다. 즉 여러 조건(TPO)에 맞게끔 자신의 모습을 연출할 수 있는 것이 현대인의 성공조건이라고 할 수 있다. 예로 매력적인 사람의 비밀은 시간, 장소, 상황에 맞게 향수를 뿌릴 줄 안다는 것이다. 나를 대표하는 향수를 찾으려면 먼저 자신의 직업과 패션 스타일, 나이를 고려해야 한다. 향수를 '이미지 메이킹'의 수단으로 활용하는 여성 조향 전문가 K씨. 그녀는 비즈니스 파트너와 만날 때 도전적이고 지적인 느낌을 주는 남성 향수를 뿌린다. 하지만 그를 '남성적 이미지'로만 그려선 곤란하다. 봄날엔 플로랄 계열의 화사한 향수를, 파티에 갈 땐 섹시한 향수를 뿌려 화려하게 변신을 시도하기 때문이다. 마릴린 먼로가 잠자리에 들 때 '샤넬 No. 5'만 뿌린다고 말한 일화는 하나의 전설로 남아 있다. 이것이 TPO 분석 및 적용의 예이다

그림 303은 TPO 이미지 스타일링 과정을 나타낸다. TPO에 맞는 패션, 메이크업, 헤어 이

미지 연출의 중요성을 강조한다.

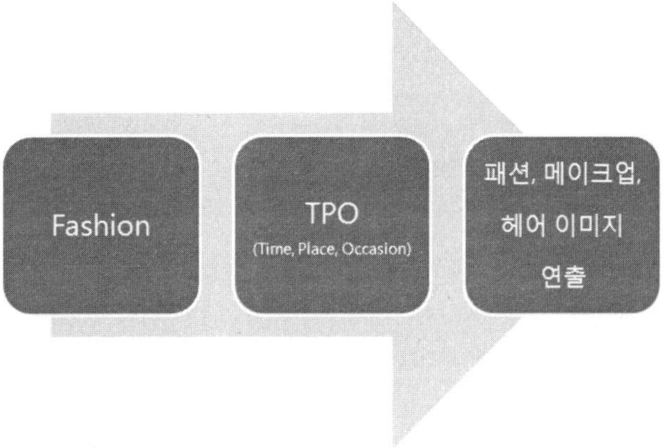

그림 303 :: TPO 이미지 스타일링 과정

신입사원의 경우 무엇보다도 자신을 잘 표현하고 주위 환경과 쉽고 빠르게 적응하기 위한 옷차림이 필요하다.

(1) 남성의 옷차림

- 너무 강한 색상의 컬러셔츠는 피한다.(신뢰감을 주지 못하므로)
- 자기 색을 나타내기보다는 융합할 수 있는 이미지를 선보이는 것이 좋다.
- 신선하면서도 확신에 찬 모습을 연출하기 위해서는 진한 감색의 싱글 정장을 고른다. (조끼까지 갖춰 입는 것은 융통성이 없어 보임)
- 중간색이나 밝은 색 정장은 아마추어가 입기에는 약해 보이는 색이다.
- 흰색셔츠나 사선의 줄무늬 넥타이는 사회 초년생에게는 필수 아이템이다.

(2) 여성의 옷차림

- 팬츠 정장, 스커트 정장을 구분하지는 않지만 강조하고 싶은 것은 '단정함'이다. 이제부터는 옷차림에 의해 자신의 역량을 판단 받을 수 있다고 생각해야한다. 쉽게 말하면 청바지 차림의 여성에게는 청바지에 맞는 일을, 스커트 정장을 입는 여성에게는 스커트 정장에 어울리는 일이 주어진다는 뜻이다.
- 옷을 갖춰 입는데 자신이 없는 여성은 '셔츠'를 입는 것이 무난하다. 잘 다려진 '흰색셔츠'는 그 어느 옷보다도 세련되고 감각적으로 보인다.
- 투명한 메이크업과 금속 액세서리만 피하면 반은 성공적인 옷차림이 될 수 있다.

2. 협상 스킬

1) 협상의 개념

협상이란 자신이 협상 상대로부터 무엇을 얻고자 하거나 상대가 자신으로부터 무엇을 얻고자 할 때 발생하는 상호 작용적인 의사소통 과정이다. 따라서 다양한 이해관계자와 의견을 조율해야 하는 컨설턴트에게 협상 스킬은 매우 중요한 역량이다.

그림 304는 협상과 설득의 관계를 도식화한 것이다.

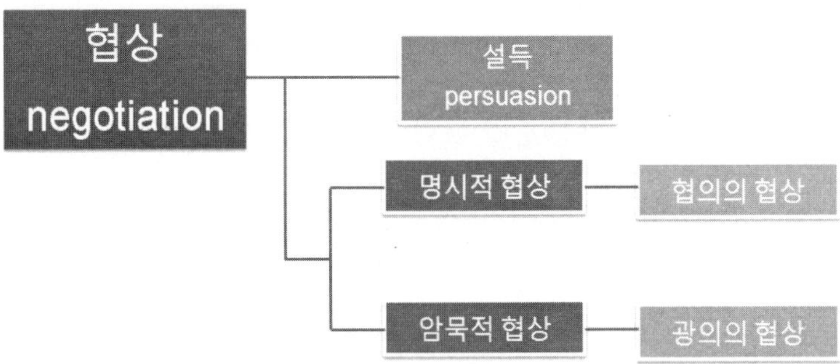

그림 304 :: 협상과 설득의 관계

설득(persuasion)이란 화자(speaker)가 청자(listener)의 행동과 태도를 변화시키려는 일방향적 커뮤니케이션(one-way communication)이다. 그리고 협상(negotiation)이란 화자가 청자와의 상호작용을 통해 청자의 행동과 태도를 변화시키려는 양방향적 커뮤니케이션(two-way communication)이다.

이러한 협상의 개념은 크게 두 가지로 나눌 수 있다.

① 명시적 협상(explicit negotiation): 공통적이지만 상반되는 이해관계를 조율하기 위해 개인이나 조직, 그리고 국가가 명시적으로 상호 작용하는 과정이나 행태-협의의 협상

② 묵시적 협상(implicit negotiation): 암묵적 흥정(tacit bargaining)이나 갈등을 묵시적으로 통제하는 여타의 행동으로, 갈등 해소를 위한 조건들을 명백하게 제시하지 않고 우회적으로 정보를 유출한다든가 상대방의 의도를 추정한 간접적인 조치들을 통하여 이해관계의 변화를 시도함-광의의 협의

성공적인 협상을 위한 핵심적인 요소는 다음과 같다.

① 협상 목표(goal setting): 협상의 목표를 명확히 한다.

② 협상력(bargaining power): 협상자의 지위, 상호 의존 정도, 시간 제약, 내부 이해관계자의 반발 등이 협상력을 결정한다.

③ 관계(relationship): 신뢰, 공통점, 존경, 상호 관심, 호의적 감정 등이 관계 형성에 중요하다.

④ BATNA(Best Alternative to Negotiated Agreement): 협상테이블에서 상대를 압박할 카드를 가지고 있어야 이를 바탕으로 최선의 협상 결과를 얻어낼 수 있다는 말이다. 마지막에 꺼낼 카드가 없다거나 미리 다 내보여준 협상에서는 상대로부터 필요한 것을 얻어내는 것이 어렵고 내가 불필요하게 많은 것을 내주는 일이 생기는 법이다. BATNA는 협상 시 이런 카드를 가지고 있어야 함을 말하는 것이며 협상력 강화, poor deal 회피, walk away 위협 전략으로 사용한다.

⑤ 정보(Information): 사전에 파악된 상대방과 협상 관련 정보의 양, 정보의 질, 그리고 상호간의 정보 교환이 중요하다.

2) 협상의 상황과 전략

협상 대상자의 특징을 살펴보면, 협상이 완전히 경쟁적일 수 없는 것과 마찬가지로 완전히 협조적일 수도 없다. 다음은 협상 대상자의 특징이다.

① 강경한 적대자(strident antagonist): 악의적이고 신뢰할 수 없으며 수단 방법을 가리지 않아 고의적인지 아니면 비정상적인지를 구별하기 어렵다. 예) 인질범, 술수외교(parlor diplomacy)

② 완전한 협조자(fully cooperative partner): 당사자 간의 가치 지향이나 견해에서는 차이가 있을 수 있지만 상호간에 자신의 의사를 개방하고 정직하게 갈등 문제에 접근하려고 한다. 모두에게 정의로운 결과인가에 관심을 둔다. 예) 행복한 부부, 사이좋은 동업자, 진지한 과학자 팀

③ 협조적 경쟁자(cooperative antagonist): 양극단의 중간에 위치하고 어떤 국면에 대해서는 서로 보완적이고 협조적이지만 동시에 또 다른 국면에서는 경쟁적이거나 심지어 적대적인 입장을 견지하는 갈등 당사자를 의미한다.

더불어 협상의 참여자, 환경, 주제, 내용 등 다양한 상황에 따라 협상의 모습이 달라질 수 있다. 다음은 다양한 협상 상황에 대해 설명한다.

① 관계 상황(relationship situation): 상대와의 관계 형성이 상당히 중요하다고 예상되나, 협상으로부터 얻어 낼 성과는 그리 크지 않다고 생각하는 경우

② 거래적 상황(transactional situation): 당장 협상으로부터 얻을 것으로 기대되는 성과는 큰 반면 상대와의 관계 형성은 그다지 중요치 않다고 판단되는 상황

③ 무관심 상황(indifferent situation): 상대와의 관계도 기대되는 협상 성과도 별로 크지 않을 경우

④ Win-Win 상황(pizza-cooking situation): 상대와의 관계도 중요하고 기대되는 협상 성과도 클 경우

⑤ 절충 상황(compromise situation): 4가지 협상 상황의 중간에 위치한 경우

이런 다양한 협상 상황에 따라 적절한 협상 전략이 필요하다. 다음은 대표적인 협상전략을 설명한다.

① 수용협상 전략(accommodation strategy)-lose to win

:관계 상황에서의 협상 전략으로, 수용협상 전략이 성공하려면 협상 상대와 rule of exchange이 형성되어야 한다. 수용협상 전략은 관계 지향적 협상을 선호하는 한국, 중국 등 동양의 협상가가 주로 활용하는 전략임.

② 경쟁협상 전략(competitive strategy)-win to lose

:거래적 상황에서의 협상 전략으로, 가능한 큰 성과를 얻기 위해 수단 방법을 가리지 않는다.

③ 회피협상 전략(avoiding strategy)-lose to lose

:무관심 상황에서의 협상 전략으로, 협상 자체를 하지 않으려는 전략인데 세부적으로는 암시적 회피 전략, 명시적 협상 거부, 협상 철수 등의 방법이 있다.

④ 협동협상 전략(collaborative strategy)-win-win game

:Win-Win 상황에서의 협상 전략으로, 서로 간의 정보와 의중을 공개하고 상호 신뢰의 바탕 하에 협상을 하는 전략이다.

⑤ 타협협상 전략(compromise strategy)-split the difference

:현실적으로 가장 많이 채택되는 협상 전략이다. 타협협상 전략을 선호하는 이유는 서로 공평하다고 느끼며, 이해하기 쉽고, 빠르고 간편하게 의사결정을 할 수 있기 때문이다.

그림 305는 관계의 중요성과 기대되는 성과 측면에서 개별 협상 상황에 맞는 협상 전략을 정리한 것이다.

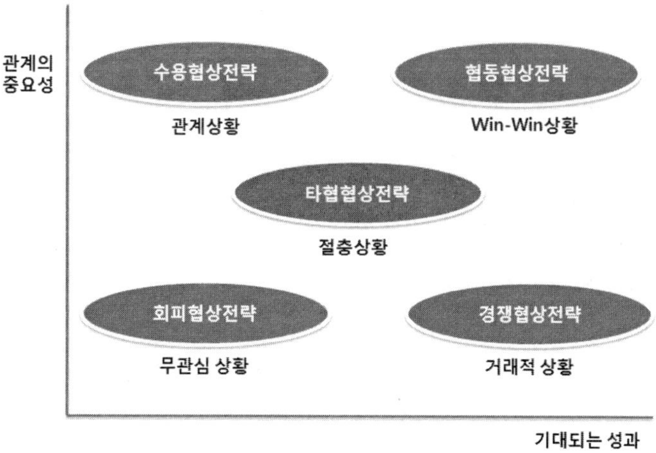

그림 305 :: 협상 상황별 협상 전략

그림 306 :: 협상의 접근 방법

3) 협상의 접근 방법(관련 연구결과 기준)

기존 연구에서 제시되어진 협상을 위한 구체적인 접근 방법들은 그림 306과 같이 다양하게 존재한다.

① 역사적 접근법(historical approach): 협상 결과가 나오게 된 배경을 특정한 역사적 요소

로서 설명하고 협상의 전 과정을 시대사적인 맥락과 당시의 사건들로 기술하는 방법으로서 정확한 정보와 사실 규명 작업이 중요하다.

② 구조적 접근법(structural approach): 협상 당사자들 간의 관계나 그들이 가지고 있는 상위 및 하위 목표들 간의 관계에서 협상 결과를 설명하려는 방법으로 협상 주체들의 상호 관계나 구조에 초점을 두는 것이다.

③ 전략적 접근법(strategic approach): 상대방의 행동 대안을 사전에 고려하여 자신의 입장에서 최적안을 모색하는 구도로 협상을 이끄는 방법으로서 게임 이론을 활용한 접근법이다. 상대방의 선택 유형(행동 대안)과 가치 구조(이익의 크기)를 독립 변수로 놓고 협상 결과를 종속변수로 본다.

④ 과정변수적 접근법(process variable approach): 상호작용 과정을 중시하며 협상을 학습과정으로 보아 협상 과정상의 변화에 초점을 두는 접근법이다. 협상을 크게 제의(offer)나 행마의 수순(move), 그에 따른 응수(counter offer)로 파악하고 이러한 과정의 발전단계에 초점을 맞춘다. 초기 분석보다는 과정에 초점을 두는 도전과 응전(challenge and response encounter)의 접근법이다.

⑤ 행동적-기술적 접근법(behavioral-skill approach): 협상 당사자들이 취하는 행태나 협상 기법 등이 협상 과정과 협상 결과에 중요한 영향을 미친다고 보는 접근법으로 성품, 개성, 사회화 과정, 기술, 태도, 혹은 행동 준칙 등이 주요 분석 대상이다. 외교관 교육훈련에서 훈계(admonition)용으로 사용하거나 사기업에서 영업 직원의 행태 변화를 유도하는 데 활용된다.

4) 협상을 위한 조언

호의적이고 성공적인 협상을 위한 10가지 요소는 다음과 같다.

① 상대방을 물 흐르듯이 배려하라.
② 밝은 분위기를 만들어라. -밝은 표정과 유머, 옷차림
③ 4:6의 비율로 말하고 들어라.
④ 솔직하게 있는 그대로 말하라. -양보 시기, 마감 시간 제시 신중

⑤ 먼저 말문을 열어라.

⑥ 상대방의 말에 호응하는 방법을 연습하라. –'yes, but'

⑦ 무조건적인 방어(defense) 자세를 지양하라. –눈 맞춤, 테이블 배치

⑧ 지나친 자기 노출을 삼가라.

⑨ 목표를 잊지 마라.

⑩ 상대방에 따라 알맞은 언어와 표현을 연구하라.

그리고 호의적이고 성공적인 협상을 방해하는 10가지 요소는 다음과 같다.

① 상대방을 배려하지 않는다.

② 6:4의 비율로 말하고 듣는다.

③ 목적 이외의 것에 관심을 갖는다.

④ 상대방을 분석하지 않고 협상한다.

⑤ 감정적으로 반응한다. –협상, 토론, 논쟁

⑥ 집단 적대감을 가지고 접근한다. –고정관념, 편견, 지역감정, 차별대우

⑦ 우월 의식과 power를 과시한다.

⑧ 자신의 이익만을 고집한다.

⑨ 상대방의 기분을 상하게 한다.

⑩ 협상을 경쟁과 게임으로만 생각한다.

3. 문제 분석 및 해결

분석 및 해결 과정은 크게 문제 해결의 이해와 문제 해결 프로세스, 그리고 문제 해결을 위한 의사소통 등의 2가지 모듈로 구성되어 있다. 컨설턴트는 이런 다양한 문제 분석 및 해결 방법론들을 잘 숙지하고 있어야 한다.

그림 307은 문제 분석 및 해결 과정 프로세스를 도식화한 것이다.

문제 분석 및 해결 과정에서 문제 해결의 이해 및 문제 해결 프로세스를 ProACT 과정이라고 하며, 각 단계별 세부 활동들은 다음과 같다.

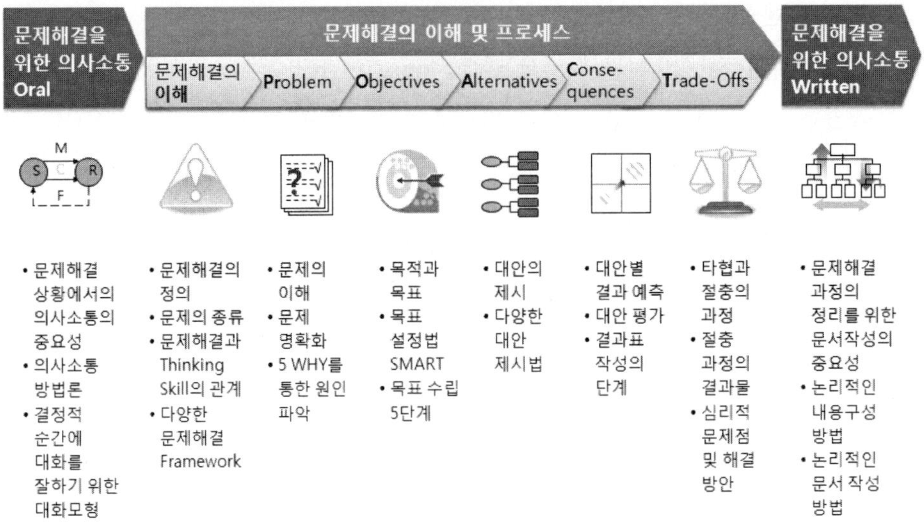

그림 307 :: 문제 분석 및 해결 과정

1) 문제의 인식(Problem)

정확한 문제 인식을 위해 문제를 바라보는 다양한 시각, 그 문제를 기회로 전환할 줄 아는 태도, 명확한 문제의 정의, 그리고 충분한 시간 투자 등의 네 가지 관점 등을 고려하는 것이 성공적인 문제해결의 중요한 요인이다. 이러한 네 가지 관점의 주요 내용은 그림 308과 같다.

문제를 바라보는 다양한 시각

- 문제 설정 시 가장 큰 위험 요소인 나태함 방지
- 지속적으로 창의적인 사고의 연습

문제를 기회로 전환할 줄 아는 태도

- 이 상황에서 무엇을 얻을 것인가?
- 이 문제는 내게 어떤 기회를 제공할까? 라는 식의 문제에 대한 보다 적극적인 시각의 요구

명확한 문제의 정의

- 원인 파악
- 문제의 구성요소 파악
- 문제의 본질적인 요소 파악
- 결정이 미칠 영향 파악
- 넓은 시각으로의 접근
- 다양한 의견의 수용

충분한 시간의 투자

- 한번에 좋은 생각이 날것이다라는 기대는 금물
- 문제에 대한 올바른 정의는 거기에 필요한 시간과 중요성에 대한 인식, 감성적 에너지의 안정과 균형 속에서 이루어짐

그림 308 :: 문제 인식의 4가지 관점

2) 목표의 구체화(Objectives)

목적(goal)은 궁극적으로 도달하거나 이루려고 하는 전반적인 상태를 나타내며, 목표(objective)는 목적을 이루기 위해 달성하고자 하는 구체적인 대상을 말한다. 그림 309는 이러

한 목적과 목표의 관계를 도식화한 것이다.

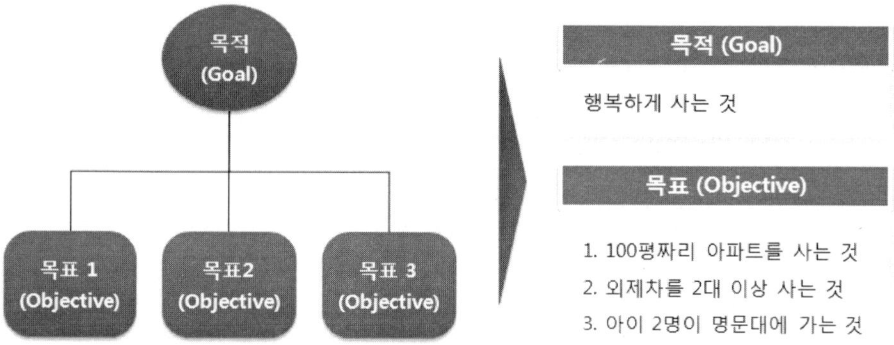

그림 309 :: 목적과 목표

그림 310은 최선의 목표를 찾기 위한 5단계를 나타낸다.

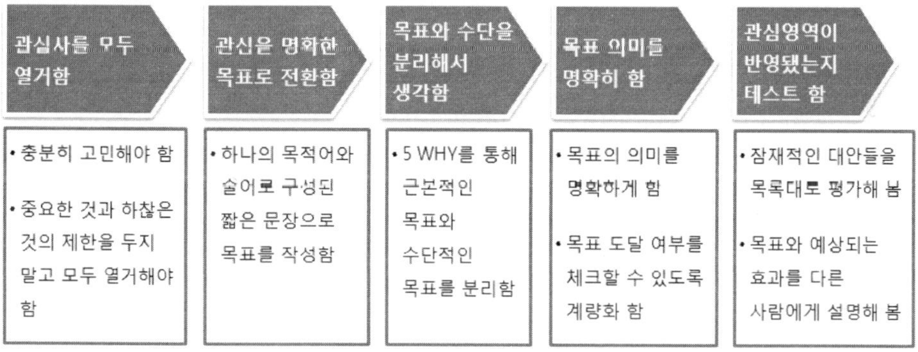

그림 310 :: 목표를 찾기 위한 5단계

3) 대안의 제시(Alternatives)

다양한 대안을 고려치 않은 선택과 결정은 미약한 결과를 초래할 수 있으므로 대안을 설정함에 있어 열린 사고와 다양한 시각을 반영하여야 한다. 그림 311은 최선의 대안을 선택하기 위한 방안이다.

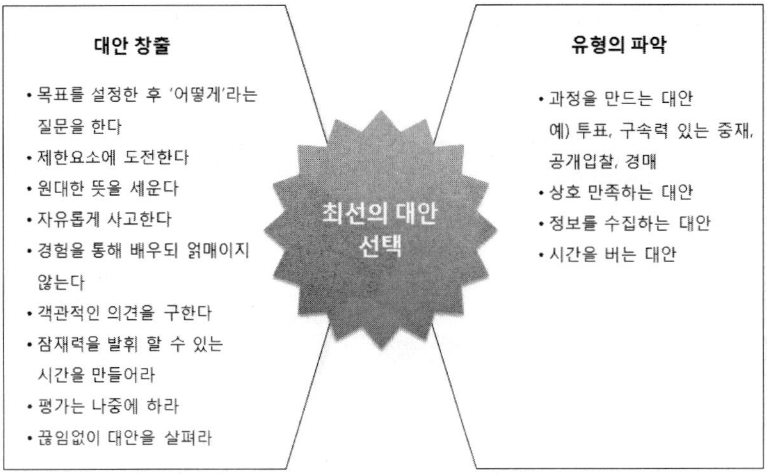

그림 311 :: 대안 선택 방안

4) 각 대안별 결과의 예측(Consequences)

문제를 효율적으로 해결하기 위해서는 최종 선택에 앞서 대안이 가져올 결과에 대한 가설을 설정하고 그 가설 하에서 일어날 결과를 정확히 예측하는 능력이 필요하다.

그림 312에서는 대안별 예측 결과의 정확성과 완전성이 높아야 한다는 것을 강조하고 있다.

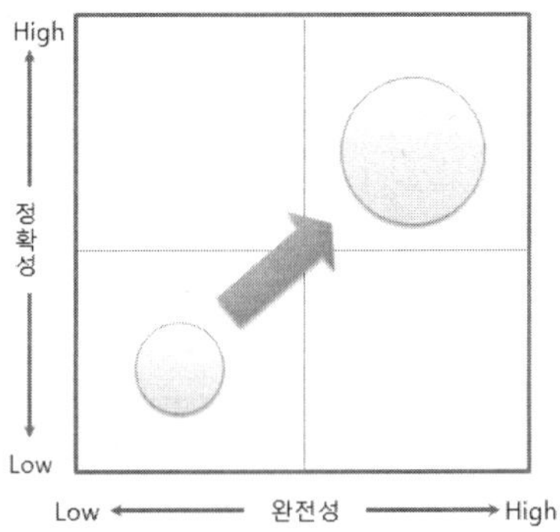

그림 312 :: 대안별 예측 결과의 품질

더불어 결과 예측을 위한 가설을 기술함에 있어서 부정확함과 불완전함이라는 2가지의 함정에 빠지면 잘못된 선택을 할 가능성이 높아 자신이 바라는 결과를 얻지 못한다. 결과 예측 시 이러한 함정에 빠지지 않기 위해서는 예상되는 결과들을 체계적으로 정리하고 효과적으로 판단할 수 있는 방법론이 필요하다.

5) 타협과 절충(Trade-Offs)

중요한 문제해결 과정에서 개입되는 여러 가지의 목표가 모두 동시에 만족될 수는 없기 때문에 목표를 절충하고 균형을 잡는 과정이 요구된다. 그림 313은 타협과 절충의 과정을 나타낸다.

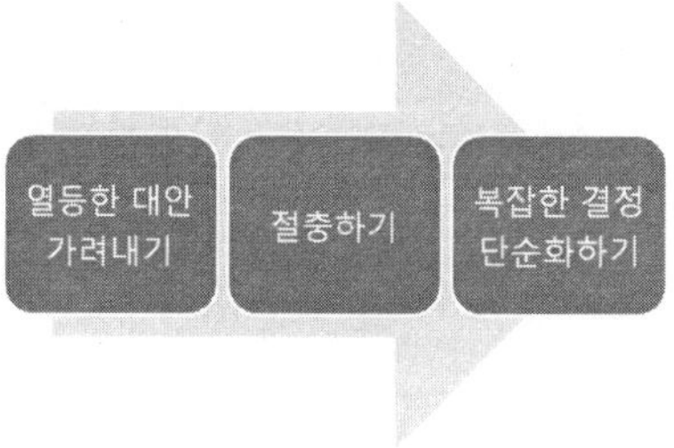

그림 313 :: 타협과 절충의 과정

일반적인 타협과 절충의 과정은 다음과 같다.

첫째, 여러 개의 대안 중 가장 열등한 대안을 제거한다.

대안 사이의 우열 관계를 고려할 때 너무 이론적인 틀에 얽매일 필요는 없다. 우열 관계를 쉽게 파악하기 위해 각 대안에 따른 결과 내용을 기준으로 순위를 정해 표로 작성한다.

둘째, 대등한 대안이 한 가지 이상일 때 절충 과정이 필요하다. 벤저민 프랭클린에 의해 제안된 맞교환법(even swap method)을 이용한다.

① 한 가지 목표를 제외시키기 위해 필요한 차이값을 구함

② 결과를 변경할 때 다른 목표를 어떻게 변경해야 상쇄할 수 있는지 평가

③ 맞교환을 실행함

셋째, 최종 선택에 영향을 미치지 않는 목표를 제외하고, 관련된 열등한 대안을 제거한다.

6) Problem Solver를 위한 조언

그림 314는 현명한 해결사(problem solver)가 되기 위한 10 가지의 조언들을 정리한 것이다.

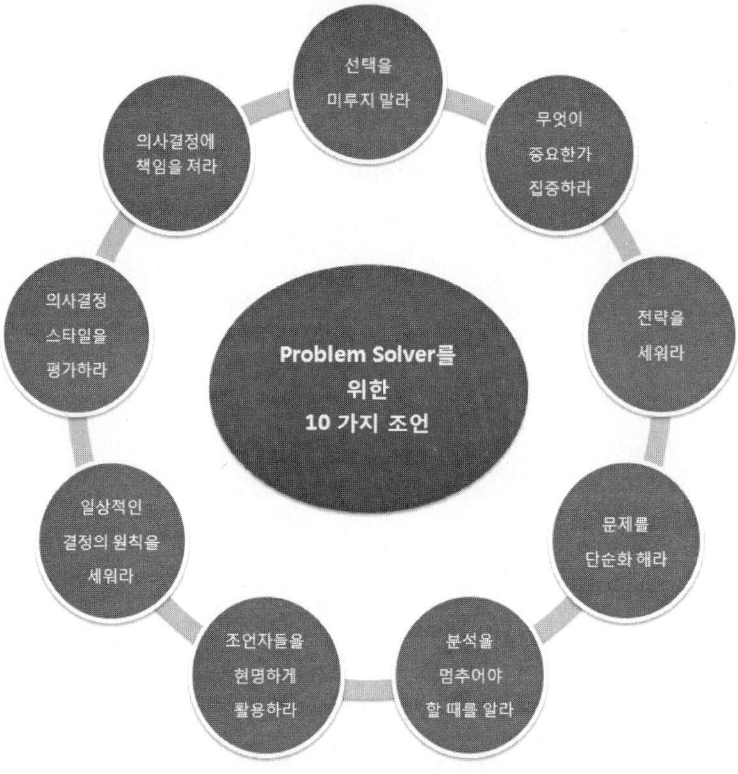

그림 314 :: Problem Solver를 위한 조언

4. 논리적 글쓰기

1) 논리적 글쓰기의 핵심 10가지

컨설턴트는 도출된 문제의 분석 내용과 컨설팅 결과를 고객에게 명확하고 효과적으로 정리하여 제공하여야 한다. 이를 위해서 논리적인 글쓰기는 컨설턴트에게 요구되는 매우 중요한 역량이다. 다음은 이를 위한 핵심적인 10가지 요소를 설명한다[5].

(1) 문제의 파악

문제의 파악이란 곧 문제가 원하는 내용이 무엇인가를 정확하게 포착해서 그 내용을 차근차근 살펴 풀어내야 한다는 것을 의미한다. 문제가 어느 것이 옳은지를 묻고 있다면 옳은 것을 가려내고, 원인을 밝히라고 하면 왜 그렇게 되었는지 인과 관계를 살필 수 있어야 한다.

(2) 사실의 이해

사실이란 논의하고자 하는 대상이 지닌 모든 것을 말한다. 논의하고자 하는 대상은 늘 여러 가지 다른 측면을 지니기 때문에 이러한 다양한 측면을 포괄적으로 살필 수 있어야 제대로 된 컨설팅 보고서를 쓸 수 있다. 사실에 대한 이해는 구체적이고 정확한 이해여야 한다는 점을 잊어서는 안 된다.

(3) 해결의 능력

어떤 문제를 해결하기 위해 사실과 논리에 맞춰 타당한 해결 방안을 찾아내는 것이다. 보통의 문제는 설명이나 선택, 규명, 권고 등의 모습 혹은 비교나 대조 또는 인과 관계의 양상 등으로 해결책을 갖고 있다. 문제가 어떤 방향의 해결책을 요구하고 있는지 파악하고 거기에 맞는 절차를 찾는 것이 관건이다.

(4) 논지의 적절성

의견이나 주장은 남들이 수긍할 만큼 타당한 것이어야 하는데, 그러기 위해서는 사실에 근거해야 하고 적절한 논지를 갖추어야 한다. 논지의 적절성은 과정과 결과 모두에 관계된다. 글쓰기의 가치를 높이기 위해서는 창의성이 필요하고 타당성을 확보하기 위해서는 보편성을 지녀야 한다.

(5) 논의의 일관성

논점을 일관되게 유지하는 것은 매우 중요하다. 처음에 화제로 삼은 주제가 샛길로 빠지는 것은 대체로 개요 짜기가 부실한 경우에 발생한다. 일관성은 단순히 주제와 내용뿐만 아니라, 표기법이나, 용어의 사용에 있어서도 해당된다.

(6) 논거 제시의 적합성

논거란 자신의 견해를 밝히기 위해 제시하는 근거로 논리적 글쓰기의 기본 자료라고 할 수 있다. 논거는 우선 확실한 사실이어야 하며 풍부해야 하고 대표성이 있어야 한다. 논거 없는 주장은 허공을 향해 내지르는 외침이나, 현수막에 걸려 있는 구호와 다름이 없다.

(7) 논증 방식의 타당성

논증 방식의 타당성이란 규칙과 절차를 얼마나 잘 지키는가에 달려 있다. 논증은 추론의 과정을 통해서 완성된다. 즉, 연역, 귀납, 유추, 귀류법 등을 잘 이용해야만 타당하고 논리적인 논증이 이루어진다.

(8) 어휘의 정확성과 풍부성

어휘는 문맥에 관계없이 그 자체로 정확해야 한다. 각 개념에 대해 정확히 알아야 함은 물론 정확한 표현을 뒷받침하는 정확한 표기 능력도 길러야 한다. 정확한 표현은 풍부한 어휘력에 크게 의존함을 유념하여 항상 국어사전을 가까이 하는 습관을 길러야 한다.

(9) 문장의 정확성과 효율성

의미를 정확하게 전달하려면 올바른 문장을 쓰는 것이 중요하다. 정확한 문장이란, 표기가 정확하고 그 뜻이 명료하게 전달되는 문장을 말한다. 또한 문장은 효율성을 지니고 있어야 하는데, 이런 효율성을 확보하기 위해서는 우선 논리적인 사고 과정이 명쾌하게 드러나도록 문장을 써야 한다. 불필요한 감탄문이나 의문문의 빈번한 사용과 구어체로 적당히 넘어가려는 문장은 효율성을 저해하는 요소이다.

(10) 글의 단위성과 유기성

한 편의 글을 이루는 각 부분들은 그 글에 있어서 꼭 필요한 역할을 하고 있어야 한다. 문단은 하나의 소주제를 갖는 단위로서 여러 문장들이 소주제를 중심으로 단단히 결집되어 있어야 한다. 또한 각 문단은 유기적으로 긴밀한 관계를 맺고 있어야 한다. 그리고 문단이 하나씩 추가되어 글이 전개되어 나갈수록 결론을 향해 접근할 수 있어야 한다.

2) 바바라민토의 논리적 글쓰기

세계적인 컨설팅 회사인 맥킨지(McKinsey) 최초의 여성 컨설턴트였고 현재는 민토 인터내셔널 사를 설립하여 보고서와 프리젠테이션 등에 관한 교육 프로그램을 운영하고 있는 바바라 민토(Barbara Minto)가 제시한 'The Minto Pyramid Principle'은 효율적인 컨설팅 보고서 작성을 위한 매우 유용한 원칙으로 활용되고 있다. 또한 많은 컨설팅 회사에서 이를 신입 컨설턴트에게 교육하고 있다.

다음은 바바라 민토의 논리적 글쓰기의 기본 원칙을 설명한다. 바바라 민토가 제시한 '민토 피라미드 원칙'의 핵심은 전달하고자 하는 내용을 계층화하여 피라미드 형태로 분류하고 관련 있는 것끼리 묶어서 논리를 전개하는 것이다[8].

(1) 피라미드 구조의 이해

표 43은 논리적 글쓰기를 위한 피라미드 구조에 대해 설명하고 있다.

표 43 :: 피라미드 구조

피라미드 구조의 기본 개념	▪ 독자가 쉽게 전체 글의 의미를 이해할 수 있도록 글의 논리를 전개하는 기본 구조임 ▪ 관련성 있는 정보와 생각들끼리 그룹으로 묶어서 표현함
피라미드를 구성하는 원칙	▪ 어떤 계층에 있는 메시지든 하위 그룹의 메시지를 요약함 ▪ 그룹 내의 메시지는 논리적으로 동일한 종류여야 함 ▪ 그룹 내의 메시지는 항상 논리적 순서로 배열됨
위에서 아래로 배열하기	▪ 일반적으로 위에서 아래로 글의 논리를 전개함 ▪ 글을 쓸 때는 핵심을 먼저 말한 후에 부수적인 사항을 거론하는 형태로 전개함
아래에서 위로 생각하기	▪ 글의 구성은 하위 정보와 생각부터 그루핑해서 올라가면서 전체 글을 완성함

그림 315는 바바라 민토가 제시한 피라미드 구조의 기본 틀(frame)이다.

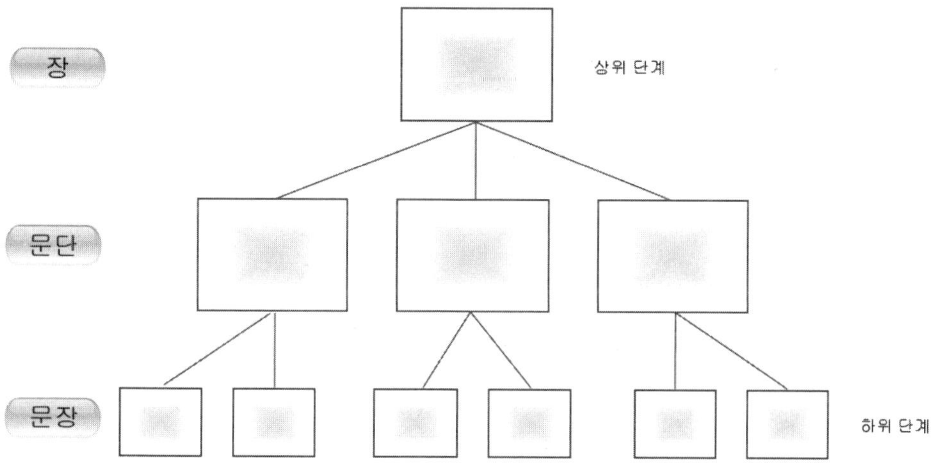

그림 315 :: 바바라 민토의 피라미드 구조

(2) 논리의 구조화

표 44는 논리적 글쓰기를 위한 논리의 구조화에 대한 설명이다.

그림 316은 논리를 구조화시키는 피라미드 구조이다. 이 구조는 수직적으로는 독자와 질의응답 형식으로 대화하고, 수평적으로는 연역적 또는 귀납적으로 해당 질의에 대해 답변하는 형식이다.

표 44 :: 논리의 구조화

논리 구조화 시키기	■ 피라미드 구조는 수평적, 수직적 논리가 모두 포함되어 있기 때문에 자신의 생각을 정리할 때 매우 유용함 ■ 수직적 논리는 질의응답 형식으로 구성되어야 함 ■ 수평적 논리는 해당 질문에 대해 연역적이나 귀납적으로 답변해야 함
수직/수평적 관계 정의	■ 연역적 추론 - 일반적인 논리 전개 유형 '그러므로' 라는 결론이 도출된 경우에는 연역적 관계가 성립함 ■ 귀납적 추론 - 창의적인 사고를 요함, 연역적 추론에 비해 구성에 어려움이 있음
논리적으로 추론하기	■ 연역법은 일반적인 지식이나 보편적 원리에서 구체적인 사실이나 명제를 이끌어내며 가장 대표적인 것으로 삼단 논법을 들 수 있음 ■ 귀납법은 구체적인 사실에서 일반적인 명제나 원리를 이끌어내며 일반화와 유추 등의 두 가지 방식이 있음 ■ 일반화는 충분한 수의 개별적인 사례에 비추어 같은 종류의 나머지 모든 사례도 동일하리라는 결론에 이르는 방법이고, 유추는 두 대상의 일련의 속성이 동일하다는 사실에 근거하여 그것들의 기타 속성들도 동일하리라는 결론을 이끌어내는 방식임 ■ 핵심단계에서는 연역법보다 귀납법이 바람직함

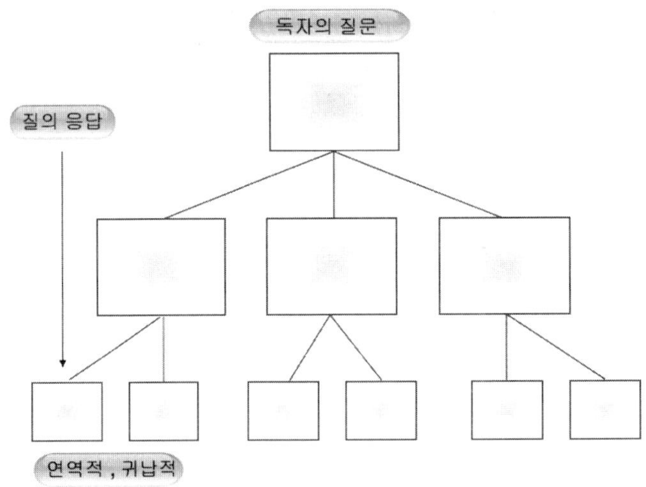

그림 316 :: 논리의 구조화

추가적인 바바라 민토의 '민토 피라미드 원칙'에 관한 내용은 관련 문헌과 교육 프로그램을 참조하기 바란다.

5. 프리젠테이션

1) 프리젠테이션의 개요

(1) 프리젠테이션의 정의

프리젠테이션(presentation)은 한정된 시간 내에 자신의 의사를 정확하게 전달하여 상대방(고객)을 자신이 원하는 방향으로 유도 및 설득하는 일련의 과정이다. 컨설턴트에게 프리젠테이션 능력은 매우 중요하다. 특히 프리젠테이션 능력은 단 시간에 향상될 수 없음으로 꾸준한 연습과 관심이 필요하다. 여러 동료 컨설턴트들이 장시간에 걸쳐 노력한 결과가 잘못된 한 번의 프리젠테이션으로 인해 수포로 돌아갈 수 있기 때문이다.

성공적인 프리젠테이션을 위한 핵심 요소는 그림 317과 같다. 프리젠테이션의 내용구성, 자료 제작, 그리고 발표의 세 가지 요소가 모두 충족되어야만 프리젠테이션의 목적을 달성할 수 있다.

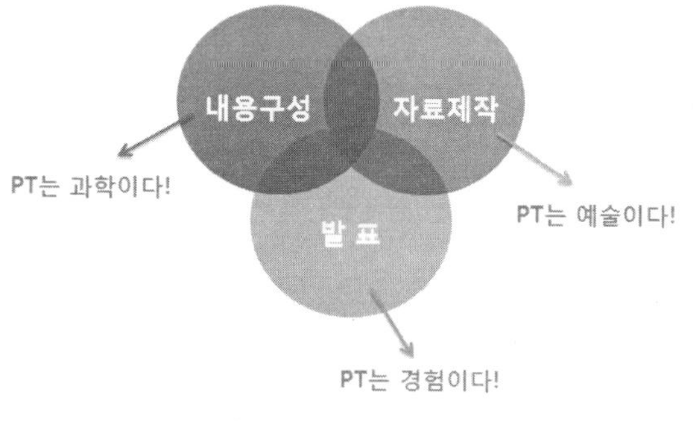

그림 317 :: 프리젠테이션의 핵심 요소

(2) 프리젠테이션의 목적

최근 들어 기업 간 경쟁은 점점 치열해지고, 정보는 넘치고, 고객은 바쁘고, 그리고 고객의 요구 조건은 점점 까다로워지고 있다. 결국, 이러한 환경 속에서 고객으로부터 선택을 받기 위해서는 고객을 감동시키는 혁신적인 프리젠테이션이 필요하다.

프리젠테이션의 목적별 분류는 다음과 같다.

- 대외 프리젠테이션의 경우: 자신의 상품에 대한 장점을 효과적으로 전달하여 상품가치에 대한 인식을 극대화하고 궁극적으로 발표자가 원하는 것(제품 판매, 프로젝트 수주,

기업 홍보 등)을 달성하는 것

Key Point: 자신의 장점을 최대한 부각시키는 것

■ 내부 프리젠테이션의 경우: 상사나 동료들에게 어떠한 사실이나 사건, 의견 등을 정확하게 전달하고 대안을 제시함으로써 정보를 공유하거나 정확한 의사 결정을 내릴 수 있게 하는 것

Key Point: 사실 그대로를 정확하고 효율적으로 전달하는 것

(3) 프리젠테이션 스킬

성공적인 프리젠테이션을 위해서는 적절한 프로젠테이션 스킬이 필요하며 그림 318은 프로젠테이션 스킬의 필요성을 나타낸다.

그림 318 :: 프로젠테이션 스킬의 필요성

비즈니스 성공요소 중의 하나는 '고객을 효과적으로 설득하는 것'이며 이를 위해 프리젠테이션 능력은 매우 중요하다. 특히 컨설팅 영역에서의 프리젠테이션은 컨설턴트가 갖추어야 하는 필수 역량이다. 현란한 발표만이 능사는 아니며 진실하고 성실한 자세로 행해지는 프리젠테이션에 고객은 감동한다.

이와 같이 고객을 사로잡는 프리젠테이션을 위하여 다음 사항들에 대해 고민해야 한다. 프리젠테이션 내용이 설득력 있게 구성되어 있는가?, 프리젠테이션 자료가 설득력 있게 제작되어 있는가, 그리고 설득력 있는 프리젠테이션을 실시하고 있는가? 등이다.

더불어 프리젠테이션을 잘하는 7가지 비결은 다음과 같다.

① 전략이 없으면 상대에게 설득은커녕 오히려 당하기 십상이다.

→ 구체적인 전략을 세워라!

② 상대방을 설득할만한 내용적 파워를 갖춰라.

→ 프리젠테이션의 기본이다.

③ 자신감과 열정을 길러라.

→ 불안한 프리젠터의 말을 믿을 고객은 하나도 없다.

④ 말 잘하는 사람이 역시 프리젠테이션도 잘한다.

→ 몇 가지 테크닉을 배워라!

⑤ 상대방이 지루하지 않게 적절한 유머와 바디랭귀지를 활용하라!

⑥ 상대는 눈에 보이는 것을 통하여 당신과 이야기하기를 원한다.

→ 보여줄 자료를 기차게 만들어라!

⑦ 상대는 항상 허를 찌른다.

→ 리허설을 반드시 실시하고 예상 질문에 대한 답을 철저하게 준비하라!

2) PT는 과학이다

성공적인 PT(프리젠테이션)를 위한 첫 번째 비결은 전략 수립이다. 그림 319에서는 프리젠테이션을 위한 전략 수립의 필요성을 강조하고 있다.

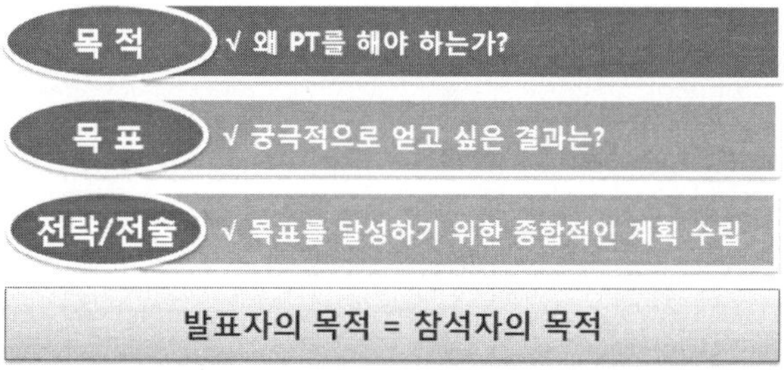

그림 319 :: 프리젠테이션 전략의 중요성

더불어 그림 320은 사전 프리젠테이션 제약 조건 확인의 중요성을 강조하고 있다.

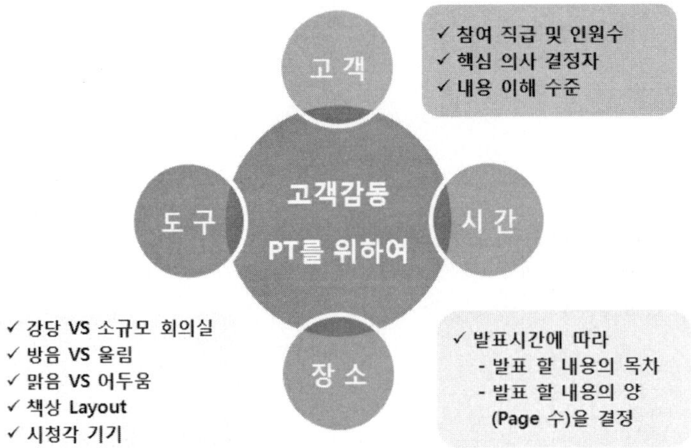

그림 320 :: 프리젠테이션 제약 조건

미국의 대중연설가이자 저명작가인 George Plimton은 프리젠테이션의 시간적 제약조건을 강조하기위해 다음과 같은 말을 하였다.

"연설을 들어본 적이 있는 사람은 누구나 알듯이, 간결함은 가치가 있다. 20분이 이상적이다. 한 시간은 청중이 편안하게 경청할 수 있는 시간의 한계다."

또한 효과적인 프리젠테이션을 위해서는 프리젠테이션 대상을 사전에 파악하는 것이 무엇보다 중요하다. 그림 321은 프리젠테이션 대상과 관련하여 사전에 파악해야 할 내용을 나타낸다.

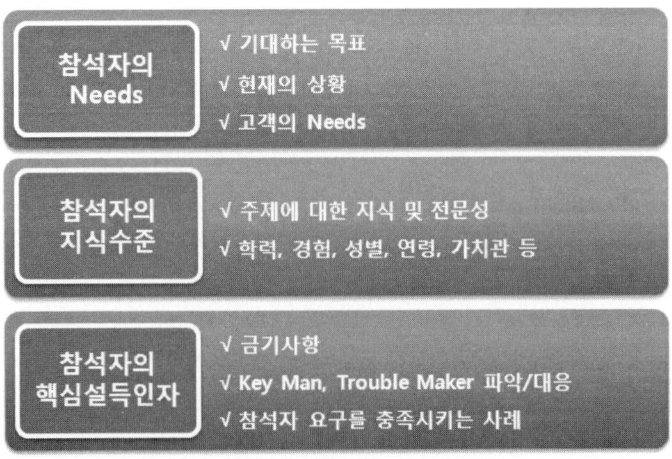

그림 321 :: 프리젠테이션 대상 분석

또한 성공적인 프리젠테이션을 위해서는 프리젠테이션의 내용을 체계적으로 구성하는 것이 중요하다. 일반적으로 전체 장표를 염두에 두고 크게 3 부분으로 구성하며 전체 내용은 트리(tree) 구조로 작성하는 것이 효과적이다.

그림 322는 프리젠테이션의 체계적 구성에 대해 설명한다.

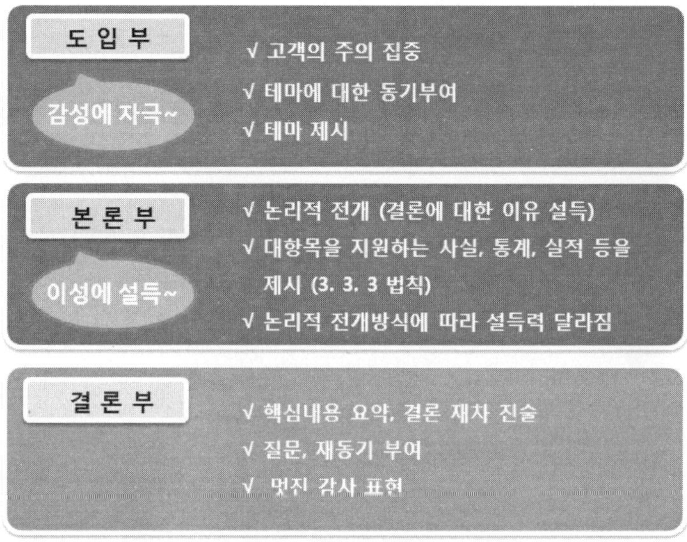

그림 322 :: 프리젠테이션의 구성

그림 323은 프리젠테이션의 내용 작성을 위한 트리 구조에 대해 설명한다.

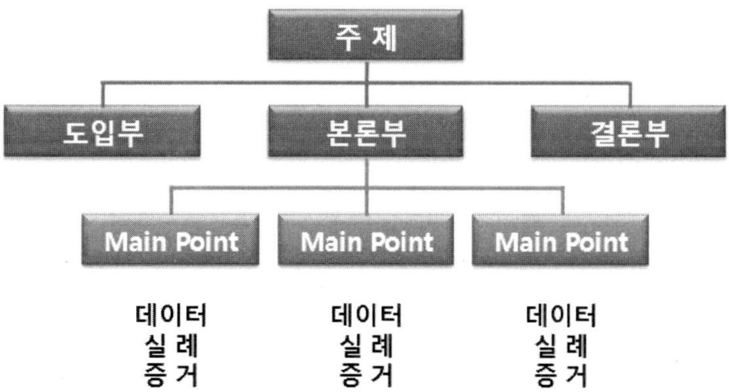

그림 323 :: 프리젠테이션의 트리 구조

마지막으로 실제 프리젠테이션은 크게 도입, 전개, 그리고 종결 단계 등을 거쳐 자연스러운 흐름에 따라 진행한다. 각 단계별 핵심 포인트는 그림 324와 같다.

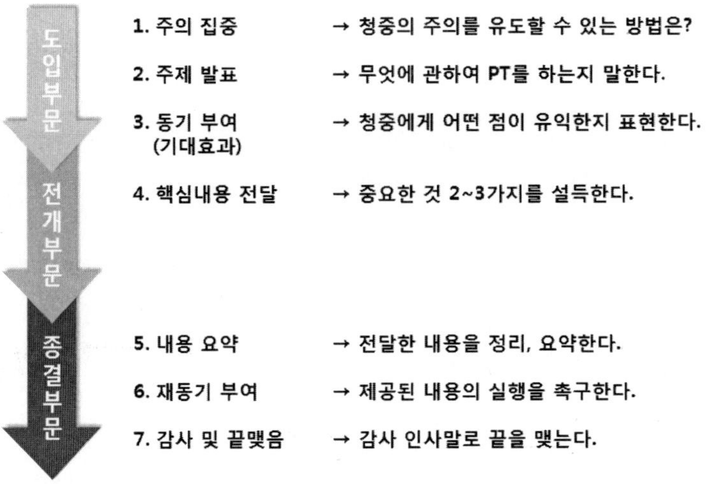

그림 324 :: 프리젠테이션의 발표 전개

3) PT는 경험이다

프리젠테이션 현장에서는 다음 사항들에 주의하여 성실히 그리고 자신감 있게 임해야만 좋은 결과를 얻을 수 있다.

(1) 자세

- 자세는 바르게
- 몸가짐은 자연스럽게
- 표정은 밝게
- 복장은 단정하게
- 눈과 입은 미소를

(2) Eye Contact

- Look-Smile-Talk
- 1 : 1 법(개인별로)
- 특히 key man과 눈 맞추기

■ 가슴과 눈의 방향 간의 일체감 유지

■ 질문에 답할 경우, 청중 전체를 주시할 것

■ 주의할 점: 시선 회피, 스크린만 주시, 마음에 드는 특정인에게만 집중

(3) 제스처

■ 크게! 확실하게! 자연스럽게!

■ 적극적으로(힘있게)

■ 내용과 일치된 제스처

■ 의식적으로

■ 제스처 범위: 코 아래에서 허리까지

■ 주의할 점: 말보다 느린 제스처, 단조로운 제스처, 자신감이 없는 제스처, 움직임이 빠른 제스처, 손가락으로 지명

(4) 말하기

■ 천천히 여유롭게 말하라

■ 낮은 목소리로 시작하라

■ 가장 듣기 좋은 말의 속도는 270~280자/분 임

■ 억지로 바꾸지 말고 조금 다듬은 목소리로

■ 배에 힘을 주고 말하기

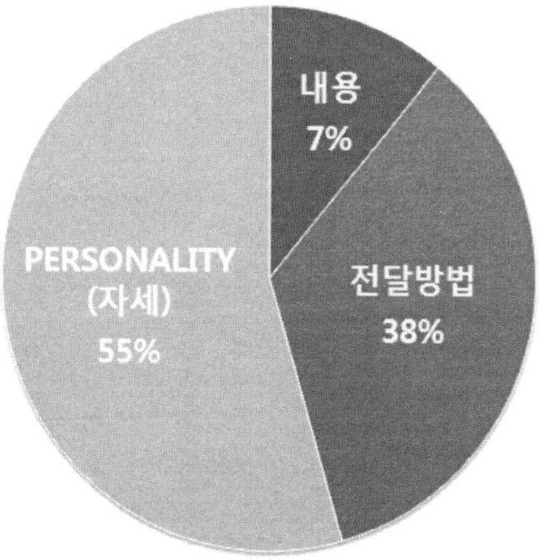

Source : Albert Mehrabian 박사의 저서 "Silent Message"

그림 325 :: 프리젠테이션 결과에 영향을 주는 요소

이상의 프리젠테이션 전달 스킬들 중에서 발표자의 자세는 특히 중요하다. 한 문헌에 의하면 그림 325와 같이 프로젠테이션의 결과에 발표자의 자세가 약 55% 정도 영향을 미치는 것으로 나타났다. 즉 프리젠테이션의 내용이나 전달 방법에 비해 발표자의 자세가 특히 중요함을 알 수 있다.

4) PT는 예술이다

프리젠테이션의 구성과 내용에 못지않게 중요한 것이 그것의 포장(decoration)이다. 같은 내용도 어떻게 꾸미느냐에 따라 고객의 관심과 평가가 달라질 수 있기 때문이다. 따라서 평소 좋은 평가를 받은 프리젠테이션 자료들을 분석하여 자신의 스타일과 패턴을 개선하고 더불어 프리젠테이션 디자인에도 관심을 가질 필요가 있다.

[1] 김경호, "이미지메이킹의 개념 정립과 프로그램의 효과성 분석 연구", 명지대학교, 2008
[2] 김민선 외, "IT 거버넌스 의사결정 영역에 대한 CEO와 CIO의 지식공유 정도가 정보시스템 효과성에 미치는 영향에 관한 연구", 한국정보시스템학회 정보시스템연구 제17권 제4호 pp.129~156, 2008
[3] 김영철, "협상상황 분석과 협상전략", 부산외국어대 설득과 협상전략 강의자료, 2007
[4] 경영기술컨설턴트협회(http://www.kmtca.or.kr/about/consulting_1.htm)
[5] 곽원효, "논리적 글쓰기의 핵심 10가지", http://maehok.tistory.com/420
[6] 구자면 외, "IT 컨설팅 서비스 품질 요인 선정과 고객 만족에 미치는 영향에 관한 연구 : 사용자, 제공자 비교 분석", 한국소비자보호원 소비자문제연구 제31호 pp.101~131, 2007
[7] 명윤희, "음양오행사상과 사계절 컬러론을 바탕으로 한 이미지스타일링에 관한 연구", 조선대학교, 2004
[8] 바바라 민토, "논리의 기술", 더난출판, 2004
[9] 송희준, "공공부문 IT 아웃소싱의 효과평가 방법론", 지역정보화조합 지역정보화 통권 제26호 pp.33~37, 2004
[10] 이선정, "IT 컨설팅 방법론에 관한 연구", 광운대학교 경영대학원 석사학위, 2002
[11] 이정훈, "계획한 다음 쓰기 방식을 위한 10가지 조언", http://maehok.tistory.com/147
[12] 이태희, "설득과 협상전략", seri 벤치마킹 DB(http://www.seri.org), 2008
[13] 임철홍, "SOA를 실현하는 ESB", 경영과 컴퓨터, 2005
[14] 임춘성, "기업정보화 방법론", 커뮤니케이션 북스, 2007
[15] 조민호, "컨설팅 프로세스", 새로운제안, 1999
[16] 존 하몬드, "스마트 초이스", 21세기북스, 2001
[17] 김영훈, "한국 경영컨설팅 협동조합을 위한 논리적 문제 해결력 향상 과정", 한국컨설턴트협동조합 보수교육 강의자료, 2005
[18] 한국이미지메이킹교육원(http://www.goimage.co.kr)
[19] 홍성수, "다가오는 유비쿼터스 컴퓨팅, 어떻게 이해할 것인가?", Oracle Korea Magazine 제35호 2003년 여름호, 2003
[20] Adya, M. and K. M. Kaiser, "Early determinants of women in the IT workforce: a model of girls' career choices", Vol.18, No.3, pp.230-259, Information Technology and People, 2005
[21] Agarwal, R., T. W. Ferratt, and P. De, "An experimental investigation of turnover intentions among new entrants in IT", Vol.38, No.1, pp.8-28, The Data Base for Advances in Information Systems, 2007
[22] Ambler, A. R., "How do you view your role as consultant", Vol.17, No.2, pp. 53-54, Consulting To Management, 2006
[23] Andreu, R., J. E. Ricart, and J. Valor, "Information systems strategic planning : a

source of competitive advantage", NCC Blackwell, 1992

[24] Bassellier, G. and I. Benbasat, "Business competence of information technology professionals: conceptual development and influence on IT-business partnerships", Vol.28, No.4, pp.673-694, MIT Quarterly, 2004

[25] Cash, E., P. Yoong, and S. Huff, "The impact of e-commerce on the role of IT professionals", Vol.35, No.3, pp.50-63, The Data Base for Advances in Information Systems, 2004

[26] Cho, C. W. and N. W. Cho, "Design of a BPR-based information strategic planning(ISP) framework", Vol. 3482, pp.1297-1305, Lecture Notes in Computer Science, 2005

[27] Datamonitor, "Global IT consulting and other services", pp.1-17, 2007

[28] Gallivan, M. J., D. P. Truex III, and L. Kvasny, "Changing patterns in IT skill sets 1988~2003: a content analysis of classified advertising", Vol.35, No.3, pp.64-87, The Data Base for Advances in Information Systems, 2004

[29] Grabski, S. V., J. H. Reneau, and S. G. West, "A comparison of judgment, skills, and prompting effects between auditors and systems analysts", pp.151-161, MIT Quarterly, 1987

[30] Green, C. H., "Create trust, gain a client", Vol.17, No.2, pp.27-36, Consulting To Management, 2006

[31] Green, G. I., "Perceived importance of systems analysts' job skills, roles, and non-salary incentives", Vol.13, No.2, pp.115-133, MIT Quarterly, 1989

[32] Guzman, I. R., K. R. Stam, and J. M. Stanton, "The occupational culture of IT/IT personnel within organizations", Vol.39, No.1, pp.33-50, The Data Base for Advances in Information Systems, 2008

[33] Igbaria, M., S. Parasuraman, and M. K. Badawy, "Work experiences, job involvement, and quality of work life among information systems personnel", pp. 175-201, MIT Quarterly, 1994

[34] Joseph, D., K. Y. Ng, C. Koh, and S. Ang, "Turnover of information technology professionals: a narrative review, meta-analytic structural equation modeling, and model development", Vol.31, No.3, pp.547-577, MIT Quarterly, 2007

[35] Joshi, K. D. and K. M. Kuhn, "What it takes to succeed in information technology consulting: exploring the gender typing of critical attributes", Vol.20, No.4, pp.400-424, Information Technology and People, 2007

[36] Joshi, K. D. and N. L. Schmidt, "IT the information systems profession gendered? characterization of IT professionals and IT career", Vol.37, No.4, pp.26-41, The Data Base for Advances in Information Systems, 2006

[37] Kubr, M., "Management consulting", ILO, 1997

[38] Lee, S., S. Koh, D. C. Yen, and H. L. Tang, "Perception gaps between IT academics and IT practitioners: as exploratory study", Vol.40, pp.51-61, Information and Management, 2002

[39] Markham, C., "Developing consulting skills", Vol.16, No.4, pp.33-37, Consulting To Management, 2005
[40] Sam, W., Barcus, and J. W. Wilkinson, "Handbook of management consulting service", McGraw-Hill, 1994
[41] Silver, I., "The karma of success: reflections on 20years of consulting", Vol.16, No.3, pp.38-40, Consulting To Management, 2005
[42] Simon, A. R. "How to be a successful computer consultant", McGraw-hill, 1994
[43] Tesch, D., R. Miller, J. J. Jiang, and G. Klein, "Perception and expectation gaps of information systems provider skills: the impact on user satisfaction", Vol.15, pp. 343-355, Information Systems Journal, 2005
[44] todd, P. A., J. D. Mckeen, and R. B. Gallupe, "The evolution of IT job skills: a content analysis of IT job advertisements from 1970 to 1990", Vol.19, No.1, pp.1-27, MIT Quarterly, 1995
[45] Toppin, G. and F. Czerniawska. "Business consulting a guide to how it works and how it works and how to make it work", Vol.17, No.1, pp.60-62, Consulting To Management, 2006
[46] Trauth, E. M. and D. Howcroft, "Critical empirical research in IT: and example of gender and the IT workforce", Vol.19, No.3, pp.272-292, Information Technology and People, 2006
[47] Trauth, E. M., D. W. Farwell, and D. Lee, "The IT expectation gap: industry expectations versus academic preparation", Vol.17, No.3, pp.293-307, MIT Quarterly, 1993
[48] Vogel, L., "Prospecting for the sale of consulting services", Vol.16, No.4, pp. 47-52, Consulting To Management, 2005
[49] Williams, A. P. and S. Woodward, "The competitive consultant : a client-oriented approach for achieving superior performance", 1997

부록

부록 A. IT Health Check

1. 평가항목 예시
2. 평가결과 예시

부록 B. 정보화 수준 진단

1. KMS 평가 예시
2. 정보시스템 평가 예시

부록 C. 벤치마킹

부록 D. 주요 IT 용어

부록 A. IT Health Check

1. 평가항목 예시

Score Model

Score	성숙단계
1.00 ~ 1.99	업무기능 정보화
2.00 ~ 2.99	기업내 정보화
3.00 ~ 3.99	기업간 정보화
4.00 ~ 5.00	지식 정보화

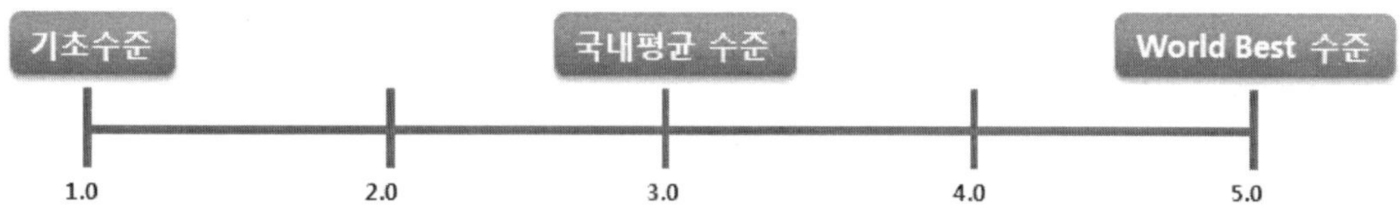

· 업무기능 정보화 : 개인 업무에 초점을 맞춘 기능 정보화가 추진되는 단계

· 기업내 정보화 : 재무, 마케팅, 인사, 생산 등 개별 시스템간의 통합과 의사결정을 위한 정보화가 추진되는 단계

· 기업간 정보화 : 기업내 정보화를 기반으로 B2Bi 등의 형태를 통하여 business chain 상의 유관 기업과의 통합을 추진되는 단계

· 지식 정보화 : 축적된 정보를 활용하여 새로운 비즈니스를 창출하고 지속적으로 기업의 업무 프로세스 개선 및 실행에 활용되도록 정보화를 추진하는 단계

영역별 평가항목 예시

다음 체크항목들에 대하여 현재 어떤 수준입니까?

(1 : 매우 저조함 2 : 미흡 3 : 보통임 4 : 양호 5 : 매우 우수함)

(1) 영업(Sales)

영역	세부 영역	체크 항목	답변 결과				
1. 프로세스	1.1 표준성	영업활동(영업사원 판매 목표치 할당)	①	②	③	④	⑤
		영업활동(영업 영역 설정)	①	②	③	④	⑤
		영업활동(영업능력 향상 프로그램)	①	②	③	④	⑤
		영업활동(판매활동 성과분석 및 관리)	①	②	③	④	⑤
		주문처리(주문처리사항 정의)	①	②	③	④	⑤
		거래처 관계 관리(거래처 분석/평가)	①	②	③	④	⑤
		거래처 관계 관리(거래처 신용관리 및 수금관리)	①	②	③	④	⑤
		거래처 관계 관리(신규 거래처 개척)	①	②	③	④	⑤
	1.2 효율성	영업활동(영업활동의 효율성)	①	②	③	④	⑤
		주문처리(주문 처리시간 표준/예측 가능성)	①	②	③	④	⑤
		주문처리(주문 처리 Tracking)	①	②	③	④	⑤
	1.3 통합성	영업활동(영업과 마케팅 활동 연계)	①	②	③	④	⑤
		영업활동(영업과 타 사업부 영업 활동 연계)	①	②	③	④	⑤
2. IT 인프라	2.1 기능성	영업활동(고객 정보 관리)	①	②	③	④	⑤
		영업활동(영업활동 관리 지원 기능)	①	②	③	④	⑤
		영업활동(제품 및 서비스 정보 제공)	①	②	③	④	⑤
		영업활동(판매예측/판매계획/판매할당)	①	②	③	④	⑤
		영업활동(판매기회 관리 지원)	①	②	③	④	⑤
		영업활동(영업 성과분석)	①	②	③	④	⑤
		영업활동(영업사원 성과분석)	①	②	③	④	⑤
		영업활동(영업사원 보상 시스템)	①	②	③	④	⑤
		주문처리(주문관련 고객 정보 관리)	①	②	③	④	⑤
		주문처리(주문입력 기능)	①	②	③	④	⑤
		주문처리(납기가능 조회)	①	②	③	④	⑤
		주문처리(가격 산출 및 관리)	①	②	③	④	⑤
		주문처리(출하 및 운송관리)	①	②	③	④	⑤
		주문처리(수금 및 신용관리)	①	②	③	④	⑤
		거래처 관계 관리(거래처 데이터 관리)	①	②	③	④	⑤
	2.2 활용성	영업활동(영업시스템 접속방법)	①	②	③	④	⑤
		영업활동(영업지식 관리 활용성)	①	②	③	④	⑤
		영업활동(인터넷을 활용한 거래처 영업 자동화)	①	②	③	④	⑤
		거래처 관계 관리(거래처 정보 활용도)	①	②	③	④	⑤
	2.3 통합성	주문처리(재고관리시스템과의 연계)	①	②	③	④	⑤
		주문처리(생산관리시스템과의 연계)	①	②	③	④	⑤
		주문처리(물류관리시스템과의 연계)	①	②	③	④	⑤
		거래처 관계 관리(거래처 데이터 통합)	①	②	③	④	⑤

(2) 생산 및 판매 연계

영역	세부 영역	체크 항목	답변 결과				
1. 프로세스	1.1 표준성	생판연계 협의 빈도	①	②	③	④	⑤
		정보공유 체계	①	②	③	④	⑤
		Time Fence 관리	①	②	③	④	⑤
		계획대비 실적의 분석/조치	①	②	③	④	⑤
		판매계획 차이 분석/조치	①	②	③	④	⑤
		계획준수 관리를 위한 척도	①	②	③	④	⑤
	1.2 효율성	신뢰성 있는 판매자료의 수집	①	②	③	④	⑤
		수요예측 기법	①	②	③	④	⑤
		제품군 구성 방법	①	②	③	④	⑤
		생산계획 수립 방법	①	②	③	④	⑤
		판매계획/실적의 분석단위	①	②	③	④	⑤
	1.3 통합성	공급망관련 협업 정도	①	②	③	④	⑤
		도입자재 구매계획과의 연계	①	②	③	④	⑤
		생산 및 판매 프로세스의 안정화 정도	①	②	③	④	⑤
		관련계획과의 연계	①	②	③	④	⑤
2. IT 인프라	2.1 기능성	생판연계 시스템	①	②	③	④	⑤
		수요예측 모형의 점검	①	②	③	④	⑤
		수요예측 모형 선택을 위한 의사결정지원	①	②	③	④	⑤
		판매계획 집계 방법	①	②	③	④	⑤
		생산계획 작성 룰	①	②	③	④	⑤
		생산능력제약 반영	①	②	③	④	⑤
	2.2 활용성	정보공유 수단	①	②	③	④	⑤
		사용자 편이성	①	②	③	④	⑤
		의사결정 지원	①	②	③	④	⑤
	2.3 통합성	관련 시스템간 Interface	①	②	③	④	⑤

(3) 마케팅(Marketing)

영역	세부 영역	체크 항목	답변 결과				
1. 프로세스	1,1 표준성	마케팅 전개능력(시장환경 분석 지표)	①	②	③	④	⑤
		마케팅 전개능력(고객환경 분석)	①	②	③	④	⑤
		마케팅 전개능력(경쟁사 분석)	①	②	③	④	⑤
		마케팅 전개능력(전략 설정)	①	②	③	④	⑤
		마케팅 전개능력(포지셔닝 평가)	①	②	③	④	⑤

		마케팅 전개능력(상품 및 서비스 기획에 대한 평가)	①	②	③	④	⑤
		마케팅 전개능력(성과분석 및 평가)	①	②	③	④	⑤
		채널개발(제품 유통 채널 개발)	①	②	③	④	⑤
		채널개발(채널의 효율적인 관리)	①	②	③	④	⑤
		판촉활동(판촉활동 분석/평가)	①	②	③	④	⑤
		판촉활동(해외판촉활동 분석/평가)	①	②	③	④	⑤
		고객관계관리(고객관계 강화 노력)	①	②	③	④	⑤
	1.2 효율성	마케팅 전개능력(기초데이터 확보 방법)	①	②	③	④	⑤
		마케팅 전개능력(기초데이터 분석/활용)	①	②	③	④	⑤
		마케팅 전개능력(고객요구의 연구개발 반영)	①	②	③	④	⑤
		판촉활동(광고/홍보활동 효율성)	①	②	③	④	⑤
		고객관계관리(고객 확인 방법)	①	②	③	④	⑤
	1.3 통합성	마케팅 전개능력(영업과 마케팅 연계)	①	②	③	④	⑤
		마케팅 전개능력(마케팅과 연구개발 연계)	①	②	③	④	⑤
2. IT 인프라	1.1 기능성	마케팅 전개능력(기초데이터 관리)	①	②	③	④	⑤
		마케팅 전개능력(고객 및 시장동향 분석 지원기능)	①	②	③	④	⑤
		마케팅 전개능력(시장 수요예측 기능)	①	②	③	④	⑤
		마케팅 전개능력(상품 및 서비스 기획 지원 기능)	①	②	③	④	⑤
		마케팅 전개능력(가격설정 지원 기능)	①	②	③	④	⑤
		마케팅 전개능력(성과분석 지원 기능)	①	②	③	④	⑤
		채널개발(판매채널 정보관리)	①	②	③	④	⑤
		채널개발(판매채널 설정 지원 기능)	①	②	③	④	⑤
		판촉활동(고객가치 종합 평가)	①	②	③	④	⑤
		고객관계관리(고객 DB 관리)	①	②	③	④	⑤
	1.2 활용성	판촉활동(고객관계 강화 노력)	①	②	③	④	⑤
		판촉활동(인터넷 마케팅 활동)	①	②	③	④	⑤
	1.3 통합성	마케팅 전개능력(영업지원시스템과 연계)	①	②	③	④	⑤
		마케팅 전개능력(회계시스템과 연계)	①	②	③	④	⑤
		마케팅 전개능력(판매관리시스템과 연계)	①	②	③	④	⑤
		마케팅 전개능력(서비스관리시스템과 연계)	①	②	③	④	⑤
		고객관계관리(고객정보 통합)	①	②	③	④	⑤

(4) 연구개발(R&D)

영역	세부 영역	체크 항목	답변 결과				
1. 프로세스	1.1 표준성	프로젝트 관리 규정	①	②	③	④	⑤
		프로젝트 계획	①	②	③	④	⑤
		프로젝트 실행	①	②	③	④	⑤
		프로젝트 평가	①	②	③	④	⑤
		문서관리 절차(규정)	①	②	③	④	⑤
		연구/개발(품) 테스트	①	②	③	④	⑤
	1.2 효율성	업무 배분의 적절성	①	②	③	④	⑤
		프로젝트 관리에 대한 인식	①	②	③	④	⑤
		프로젝트 진척/진도 관리	①	②	③	④	⑤
		프로젝트 납기준수율	①	②	③	④	⑤
		연구 인력에 대한 평가	①	②	③	④	⑤
		문서관리 수행	①	②	③	④	⑤
		프로젝트 산출물 등록/보관	①	②	③	④	⑤
		연구기술정보 검색시간	①	②	③	④	⑤
		프로젝트 정보 공유 체계	①	②	③	④	⑤
	3.3 통합성	자료공유의 열의	①	②	③	④	⑤
		부서/팀간 지식공유	①	②	③	④	⑤
		부서/팀간 협력빈도	①	②	③	④	⑤
		부서/팀간 협력 가능성	①	②	③	④	⑤
		개발정보의 공유/관리	①	②	③	④	⑤
2. IT 인프라	2.1 기능성	프로젝트 관리시스템 기능	①	②	③	④	⑤
		문서관리시스템 기능	①	②	③	④	⑤
		특허관리시스템 기능	①	②	③	④	⑤
		일반정보관리시스템 기능	①	②	③	④	⑤
		그룹웨어시스템 기능	①	②	③	④	⑤
		평가관리시스템 기능	①	②	③	④	⑤
	2.2 활용성	프로젝트관리시스템 활용성	①	②	③	④	⑤
		문서관리시스템 활용성	①	②	③	④	⑤
		특허관리시스템 활용성	①	②	③	④	⑤
		일반정보관리시스템 활용성	①	②	③	④	⑤
		그룹웨어시스템 활용성	①	②	③	④	⑤
		평가관리시스템 활용성	①	②	③	④	⑤
	2.3 통합성	시스템 기능 포함/연계/통합	①	②	③	④	⑤

(5) 구매(Procurement)

영역	세부 영역	체크 항목	답변 결과				
1. 프로세스	1.1 표준성	업무절차의 표준화 정도	①	②	③	④	⑤
		문서의 표준화 정도	①	②	③	④	⑤
		공급업체 정보의 표준화 정도	①	②	③	④	⑤
		구매품목 정보의 표준화 정도	①	②	③	④	⑤
		Lot 관리의 표준화 정도	①	②	③	④	⑤
		구매액에 따른 승인 절차	①	②	③	④	⑤
		공급업체 평가	①	②	③	④	⑤
		구매 프로세스 전반의 평가지표 체계	①	②	③	④	⑤
		시장/가격/공급업체 조사 체계	①	②	③	④	⑤
	1.2 효율성	관련부서와의 협력 체계	①	②	③	④	⑤
		업무 프로세스 혁신 정도	①	②	③	④	⑤
		품질 및 납기준수 현황	①	②	③	④	⑤
		정보의 신뢰성	①	②	③	④	⑤
		BOM 정확도	①	②	③	④	⑤
		재고정보의 정확도	①	②	③	④	⑤
		발주 주기의 적합화 정도	①	②	③	④	⑤
		주문 프로세스의 효율성	①	②	③	④	⑤
		구매량/구매시점 결정 방법	①	②	③	④	⑤
		안전재고/리드타임 관리	①	②	③	④	⑤
		구매단가 결정	①	②	③	④	⑤
		품질수준 관리	①	②	③	④	⑤
		구매대금 결제 프로세스	①	②	③	④	⑤
		구매오더 진척 관리	①	②	③	④	⑤
		시장/가격/공급업체 정보의 활용	①	②	③	④	⑤
	1.3 통합성	도입자재의 수급 계획	①	②	③	④	⑤
		개발부서와의 협력	①	②	③	④	⑤
2. IT 인프라	2.1 기능성	Partner와의 정보 교환	①	②	③	④	⑤
		견적요청서 관리	①	②	③	④	⑤
		견적관리	①	②	③	④	⑤
		구매요청 처리	①	②	③	④	⑤
		발주서 관리	①	②	③	④	⑤
	2.2 활용성	인터넷 구매의 활용도	①	②	③	④	⑤
		보고서 생성	①	②	③	④	⑤
	2.3 통합성	관련시스템과의 연계/통합	①	②	③	④	⑤

(6) 생산관리(Production Control)

영역	세부 영역	체크 항목	답변 결과				
1. 프로세스	1.1 표준성	제품별 Recipe, BOM	①	②	③	④	⑤
		공정처리시간 모델	①	②	③	④	⑤
		공정 Routing 정보	①	②	③	④	⑤
		공정수율 예측 모델	①	②	③	④	⑤
		작업지도서	①	②	③	④	⑤
		재공품/반제품 정보	①	②	③	④	⑤
		공정/라인 운영계획 내용	①	②	③	④	⑤
		원부자재 수급계획(내수용)	①	②	③	④	⑤
		원부자재 수급계획(외자용)	①	②	③	④	⑤
	1.2 효율성	Line Balancing	①	②	③	④	⑤
		긴급주문의 허용 여부	①	②	③	④	⑤
		생산실적 집계	①	②	③	④	⑤
		설비이상 대처	①	②	③	④	⑤
		작업반 교대	①	②	③	④	⑤
		공정 개선 노력	①	②	③	④	⑤
	1.3 통합성	원가정보 연계성	①	②	③	④	⑤
		재고정보 연계성	①	②	③	④	⑤
		품질정보 연계성	①	②	③	④	⑤
2. IT 인프라	2.1 기능성	일정계획 수립 기능	①	②	③	④	⑤
		공정관리 기능	①	②	③	④	⑤
		공정/라인 운영계획 수립 기능	①	②	③	④	⑤
		제어/자동화 시스템의 형태	①	②	③	④	⑤
		생산실적 집계 방식	①	②	③	④	⑤
		Event의 집계 기능	①	②	③	④	⑤
	2.2 통합성	자동화시스템과의 연계	①	②	③	④	⑤
		설비정보시스템과의 연계	①	②	③	④	⑤
		연구/설계시스템과의 연계	①	②	③	④	⑤
		판매 및 영업시스템과의 연계	①	②	③	④	⑤

(7) 물류(Logistics)

영역	세부 영역	체크 항목	답변 결과				
1. 프로세스	1.1 표준성	물류지표 관리	①	②	③	④	⑤
		운영 프로세스	①	②	③	④	⑤
		물류비 관리	①	②	③	④	⑤
		중점관리 품목	①	②	③	④	⑤
		안전재고 설정	①	②	③	④	⑤
		악성재고 관리	①	②	③	④	⑤
	1.2 효율성	재고관리	①	②	③	④	⑤
		수주방식	①	②	③	④	⑤
		입고검사	①	②	③	④	⑤
		출고작업 방법	①	②	③	④	⑤
		배송경로 설계	①	②	③	④	⑤
		반품처리	①	②	③	④	⑤
		납기관리	①	②	③	④	⑤
		결품율 관리	①	②	③	④	⑤
		공급자 재고 관리	①	②	③	④	⑤
	1.3 통합성	유관부서 업무 연계성	①	②	③	④	⑤
2. IT 인프라	2.1 기능성	정보시스템 기능	①	②	③	④	⑤
		분석/보고서 작성 기능	①	②	③	④	⑤
		사무자동화 지원 기능	①	②	③	④	⑤
		Tracking 기능	①	②	③	④	⑤
		Auto Billing 기능	①	②	③	④	⑤
		송장 기능	①	②	③	④	⑤
	2.2 활용성	3PL 물류 활용	①	②	③	④	⑤
		재고 데이터의 정확성	①	②	③	④	⑤
	2.3 통합성	자재관리시스템과의 연계	①	②	③	④	⑤
		생산관리시스템과의 연계	①	②	③	④	⑤
		판매관리시스템과의 연계	①	②	③	④	⑤
		원가관리시스템과의 연계	①	②	③	④	⑤
		거래처시스템과의 연계	①	②	③	④	⑤

(8) 서비스(Service)

영역	세부 영역	체크 항목	답변 결과				
1. 프로세스	1.1 표준성	서비스 프로세스 정립	①	②	③	④	⑤
	1.2 효율성	고객만족도 측정	①	②	③	④	⑤
		서비스 프로세스의 지속적 개선	①	②	③	④	⑤
		서비스 프로세스의 통계적 관리	①	②	③	④	⑤
		서비스 인력 교육	①	②	③	④	⑤
	1.3 통합성	서비스 요청 원인 분석	①	②	③	④	⑤
2. IT 인프라	2.1 기능성	고객정보 관리	①	②	③	④	⑤
		반품처리	①	②	③	④	⑤
		서비스 비용 청구	①	②	③	④	⑤
		서비스 인력 할당	①	②	③	④	⑤
		고객 서비스 데이터 조회	①	②	③	④	⑤
		대고객 온라인 서비스	①	②	③	④	⑤
	2.2 활용성	서비스 Front Office 통합	①	②	③	④	⑤
		서비스 프로세스 자동화	①	②	③	④	⑤
		서비스 지식 관리	①	②	③	④	⑤
	2.3 통합성	성과측정/보상	①	②	③	④	⑤
		재고관리시스템과의 연계	①	②	③	④	⑤
		주문처리시스템과의 연계	①	②	③	④	⑤
		회계시스템과의 연계	①	②	③	④	⑤
		품질관리시스템과의 연계	①	②	③	④	⑤
		고객정보 통합 관리	①	②	③	④	⑤
		고객접점 통합 수준	①	②	③	④	⑤

(9) 생산계획(Production Planning)

영역	세부 영역	체크 항목	답변 결과				
1. 프로세스	1.1 표준성	계획구간의 크기	①	②	③	④	⑤
		리드타임 계산	①	②	③	④	⑤
		자재소요량 계획 방법 및 주기	①	②	③	④	⑤
		BOM 관리	①	②	③	④	⑤
		라우팅 관리	①	②	③	④	⑤
		구입/보관/가공/판매 단위	①	②	③	④	⑤
		설계변경에 따른 생산계획의 변경절차	①	②	③	④	⑤
	1.2 효율성	기준생산계획과 계획 BOM	①	②	③	④	⑤
		기준생산계획 달성 정도	①	②	③	④	⑤

		원자재 재고관리 수준	①	②	③	④	⑤
		반제품 재고관리 수준	①	②	③	④	⑤
		변경관리(설계변경)	①	②	③	④	⑤
		변경관리(오더변경, 긴급오더)	①	②	③	④	⑤
		변경관리(생산능력의 일시적 부족)	①	②	③	④	⑤
		변경관리(원자재 품절)	①	②	③	④	⑤
	1.3 통합성	운영방법(공장/라인의 통합계획)	①	②	③	④	⑤
		운영방법(JIT)	①	②	③	④	⑤
		관련시스템과의 연계/통합(생산계획과 영업: ATP, CTP)	①	②	③	④	⑤
		기준정보(BOM 관리)	①	②	③	④	⑤
		기준정보(BOM 설계/ 생산부문의 연계)	①	②	③	④	⑤
2. IT 인프라	2.1 기능성	MRP 전개 방법	①	②	③	④	⑤
		주문정보 추적	①	②	③	④	⑤
		생산능력계획	①	②	③	④	⑤
		기준정보(BOM 관리)	①	②	③	④	⑤
		기준정보(라우팅 관리)	①	②	③	④	⑤
		변경관리(품목 변경)	①	②	③	④	⑤
		변경관리(BOM 변경)	①	②	③	④	⑤
		변경관리(라우팅 변경)	①	②	③	④	⑤
		변경관리(대체 품목)	①	②	③	④	⑤
	2.2 활용성	부하관리 기능	①	②	③	④	⑤
		부하조정 기능	①	②	③	④	⑤
		변경관리(What-if Simulation)	①	②	③	④	⑤
	2.3 통합성	관련시스템과의 연계/통합(재고예약)	①	②	③	④	⑤
		관련시스템과의 연계/통합(재고관리시스템)	①	②	③	④	⑤
		관련시스템과의 연계/통합(영업/수주시스템)	①	②	③	④	⑤
		관련시스템과의 연계/통합(일정계획시스템)	①	②	③	④	⑤
		관련시스템과의 연계/통합(구매관리시스템)	①	②	③	④	⑤
		Global Production Plan	①	②	③	④	⑤

(10) 품질관리(Quality Management)

영역	세부 영역	체크 항목	답변 결과				
1. 프로세스	1.1 표준성	설계 및 개발 계획	①	②	③	④	⑤
		설계 검증	①	②	③	④	⑤
		설계 변경	①	②	③	④	⑤
		협력업체 정보 관리	①	②	③	④	⑤
		협력업체 선정	①	②	③	④	⑤
		협력업체 품질 평가	①	②	③	④	⑤
		품질비용 분류	①	②	③	④	⑤
		품질예방비용 분류	①	②	③	④	⑤
		품질평가비용 분류	①	②	③	④	⑤
	1.2 효율성	설계시 고객요구 반영	①	②	③	④	⑤
		무검사 입고 비율	①	②	③	④	⑤
		공정 감시 및 관리	①	②	③	④	⑤
		품질관리 기법의 활용	①	②	③	④	⑤
		공정해석 기법	①	②	③	④	⑤
		공정중 불량률	①	②	③	④	⑤
		완제품 불량률	①	②	③	④	⑤
		부적합품의 평가 및 관리	①	②	③	④	⑤
		통계적 기법의 활용 여부	①	②	③	④	⑤
		품질 분석	①	②	③	④	⑤
		통계기법의 이해도	①	②	③	④	⑤
		지식의 공유	①	②	③	④	⑤
		통계전문가 확보	①	②	③	④	⑤
	1.3 통합성	설계시 유관부서간 정보공유	①	②	③	④	⑤
		유관부서간 업무 연계	①	②	③	④	⑤
		유관부서간 정보 처리	①	②	③	④	⑤
		통계기법의 활용 범위	①	②	③	④	⑤
2. IT 인프라	2.1 기능성	품질 데이터 수집 기능	①	②	③	④	⑤
		품질시스템의 분석 기능	①	②	③	④	⑤
	2.2 활용성	품질 데이터 관리 범위	①	②	③	④	⑤
	2.3 통합성	공정관리시스템과의 인터페이스	①	②	③	④	⑤
		응용프로그램과의 인터페이스	①	②	③	④	⑤
		Alarm	①	②	③	④	⑤
		유관시스템과의 연계/통합	①	②	③	④	⑤

(11) 경영관리

영역	세부 영역	체크 항목	답변 결과				
1. 프로세스 & IT 인프라	의사결정 정보 제공	경영관리에 필요한 계층별/부문별 의사결정 정보 제공	①	②	③	④	⑤
	실적원가관리	경영자원의 합리적 배분을 위한 정확한 원가 정보의 제공	①	②	③	④	⑤
	수익성분석	글로벌 제품, 고객, 전략사업단위와 관련된 수익성 정보의 제공을 통한 내부 관리와 의사결정 지원	①	②	③	④	⑤
	원가시뮬레이션	원가변동 factor의 변화를 사전에 예측하고 이를 기반으로 한 simulation을 활용하여 이익 극대화 및 Global 경쟁력 유지	①	②	③	④	⑤
	사업부책임회계	사업부 책임관리단위의 명확화 및 책임관리단위별 정확한 성과평가 정보 제공	①	②	③	④	⑤
	재무자원관리	Global 자금관리, Global risk 관리를 위한 재무자원 정보의 제공	①	②	③	④	⑤
	성과관리	전략과 연계된 가치 중심의 성과지표 도출 및 관리	①	②	③	④	⑤
	경영계획	중장기 경영전략과 연도별 경영계획의 일관된 관리	①	②	③	④	⑤
	해외법인관리	Global 경영정보를 통한 실시간 경영 및 Global 가치 중심 경영의 지원	①	②	③	④	⑤
	투자관리	전략을 통한 기업의 성장 및 운영을 위한 최적 자원배분의 지원	①	②	③	④	⑤
	내부통제	결산 프로세스에 대한 monitoring 및 내부통제절차에 대한 관리	①	②	③	④	⑤
	Data Warehouse	Global 정보를 취합하여 경영층, 관리층, 현업의 의사결정, 관리, 그리고 업무수행을 지원	①	②	③	④	⑤

(12) IT Infra

영역	세부 영역	체크 항목	답변 결과				
1. IT 인프라	1.1 N/W	접촉환경(라인 및 장비보유, 네트워크 연결수준 등)	①	②	③	④	⑤
		구성수준(대외 네트워크 예비선로 구성 및 Internet 및 Intranet용 웹서버 분리 운영 등)	①	②	③	④	⑤
		네트워크 성능(속도와 용량 보장 여부)	①	②	③	④	⑤
		장애 및 복구 정도(연평균 장애 발생 빈도 및 평균 복구시간 등)	①	②	③	④	⑤
	1.2 지원	운용 독립성(시스템의 개발,운용,테스트 등)	①	②	③	④	⑤
		지원도구 수준(개발도구 및 관리도구 등)	①	②	③	④	⑤
	1.3 H/W	Application Server 구성 및 성능	①	②	③	④	⑤
		연속성(장애 및 복구 정도, 무정지 시스템 등)	①	②	③	④	⑤
		DB관리 및 DBMS 성능	①	②	③	④	⑤
	1.4 S/W	Groupware 및 커뮤니케이션 환경	①	②	③	④	⑤
		인터넷 구성요소(User I/F, Web Server, WAS 등)	①	②	③	④	⑤
	1.5 Security	시스템별 보안대책(네트워크 차원, 하드웨어 플랫폼, DB 접근 차단방법 등)	①	②	③	④	⑤
		보안관리 체계 수준	①	②	③	④	⑤
		정보보호 기술 수준	①	②	③	④	⑤

(13) 정보시스템 만족도

영역	세부 영역	체크 항목	답변 결과				
1. IT 만족도	1.1 정보화 전략	정보화 전략에 대한 이해	①	②	③	④	⑤
		정보화 전략과 연계된 사업성과의 만족도	①	②	③	④	⑤
		정보화관련 투자의 실제 업무 효과	①	②	③	④	⑤
	1.2 지식공유	지식공유시스템의 update	①	②	③	④	⑤
		지식공유시스템의 사용 용이성	①	②	③	④	⑤
		지식공유시스템의 기능 구성	①	②	③	④	⑤
		지식공유시스템에 의한 필요 정보 획득	①	②	③	④	⑤
	1.3 적합성 및 적시성	정보시스템의 정확한 데이터 처리	①	②	③	④	⑤
		정보시스템의 충분한 필요 정보 제공	①	②	③	④	⑤
		필요 정보의 요약 및 가공 용이성	①	②	③	④	⑤
		입력 정보에 대한 체계적인 분류, 축적, 공유	①	②	③	④	⑤
	1.4 사용 용이성	정보시스템의 응답속도	①	②	③	④	⑤
		정보시스템의 체계적인 구성	①	②	③	④	⑤
		정보시스템 사용시 도움말 및 에러 메시지 등의 적절한 제공	①	②	③	④	⑤
		데이터 입력의 편의성	①	②	③	④	⑤
	1.5 업무 지원도	정보시스템에 의한 개인 업무 처리율	①	②	③	④	⑤
		정보시스템에 의한 업무 수행성과 향상 정도	①	②	③	④	⑤
		신규 업무의 추가/변경에 대한 관련 시스템의 신속한 반영	①	②	③	④	⑤
		유관 부서간 업무를 쉽게 처리할 수 있는 시스템간 연계 및 통합	①	②	③	④	⑤
	1.6 개발 유지보수	정보시스템의 개발 요청/유지 보수 관련 절차의 합리성	①	②	③	④	⑤
		개발/유지보수 요청처리에 대한 신속한 응답	①	②	③	④	⑤
		개발/유지 보수 요청에 대한 적절한 반영	①	②	③	④	⑤
		개발/유지보수 담당부서(IT)의 업무 이해도 및 기술력	①	②	③	④	⑤
	1.7 장애관리	장애 발생 및 복구 완료에 대한 안내 정보 제공	①	②	③	④	⑤
		장애 발생에 대비한 자료의 보존 및 복구	①	②	③	④	⑤
		장애발생시 신속한 복구 여부	①	②	③	④	⑤
	(종합만족도)	(종합만족도 수준)	①	②	③	④	⑤

2. 평가결과 예시

사례 1.

C사의 각 사업부별 업무 프로세스 및 정보화 수준을 평가하기 위해 주요 업무 프로세스, IT 인프라, IT 만족도 등 총 13개 영역으로 구분하여 표준성, 효율성, 통합성, 기능성, 활용성 측면에서 진단하였다.

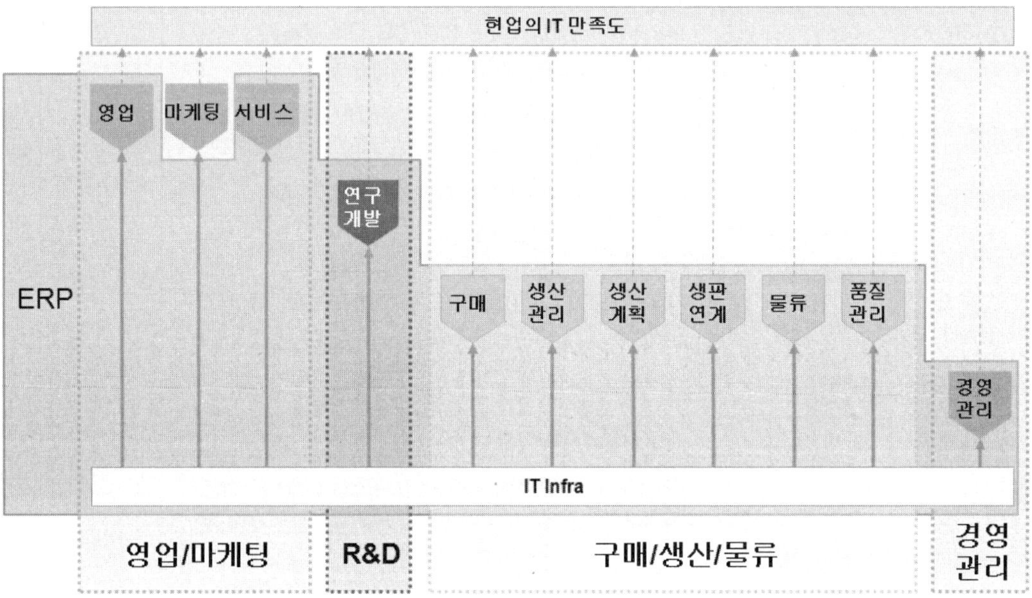

(1) 영역별 프로세스 수준 진단(연구개발)

프로젝트 관리, 문서관리, R&D 정보 공유, 그리고 품질관리 측면에서 연구개발 프로세스의 수준을 진단하였다. 총괄 차원의 연구개발 프로세스는 2.9점 수준으로 품질관리 부분이 가장 취약한 것으로 나타났으며, A 사업부와 C 사업부가 상대적으로 미흡한 것으로 진단되었다.

특히 A 사업부는 프로젝트 관리, 문서관리, R&D 정보 공유, 품질관리 등 전 부분에서 미흡한 것으로 나타났으며, 프로젝트 진척 및 진도관리 기능, 부서 및 팀간 지식공유, 평가관리시스템 기능 부분이 가장 취약한 것으로 나타났다.

B 사업부는 3.2점으로 보통 수준이나 평가관리시스템 기능과 포함/연계/통합 등의 품질관리 부분에서 취약한 것으로 나타났다.

(1 : 저조, 2 : 미흡, 3 : 보통, 4 : 양호, 5 : 우수)

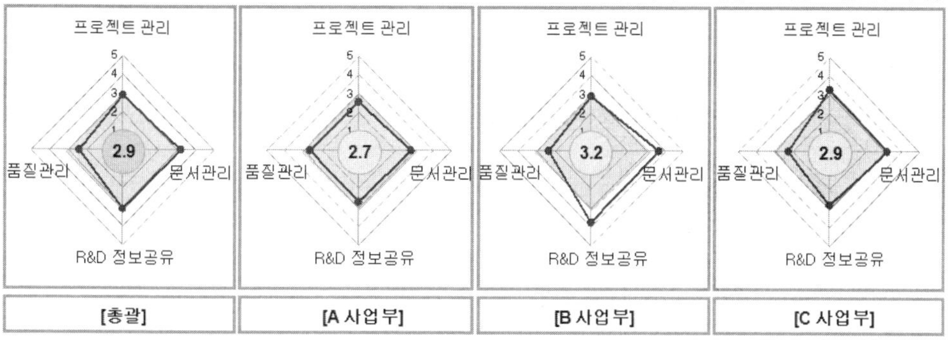

(2) IT 만족도

정보화 전략, 지식 공유, 적합성 및 적시성, 사용 용이성, 업무 지원도, 개발/유지보수, 장애관리 등의 측면에서 IT 만족도에 대한 수준을 진단한 결과, 총괄 차원의 IT 만족도는 3.4점 수준으로, 장애관리, 개발/유지보수, 업무 지원도 부분은 다소 양호한 것으로 나타났으며, 지식공유, 사용 용이성 부분에서는 상대적으로 미흡한 것으로 진단되었다.

A 사업부는 장애발생시 신속한 복구 여부, 장애 발생에 대비한 자료의 보존 및 복구 등의 장애관리 부분은 어느 정도 만족도를 느끼고 있으나, 지식공유시스템의 update 및 지식공유시스템의 기능 구성, 유관 부서간 업무를 쉽게 처리할 수 있는 시스템간 연계 및 통합부분에서는 만족도가 다소 낮은 것으로 나타났다.

B 사업부는 장애관리 부분과 시스템에 의한 개인 업무처리 등에 대해서 어느 정도 만족도를 느끼고 있으며, 특히 정보화 전략이 경쟁력 강화에 기여한다고 생각하고 있으나, 지식공유 부분과 종합정보시스템의 개발/유지보수에 관한 요구사항 절차는 다소 미흡한 것으로 여기고 있는 것으로 나타났다.

C 사업부는 지식공유 부분과 데이터 입력 편의성, 필요 정보의 요약 및 가공 용이성 등은 개선이 필요하다고 나타났다.

(3) 종합

주요 업무 프로세스, IT 만족도, IT Infra 등 총 13개 영역으로 구분하여 C사의 수준을 진단한 결과 전반적으로 3.1점 수준으로, A 사업부와 B 사업부에 비해 상대적으로 C 사업부가 다소 미흡한 수준으로 평가되었다.

(1 : 저조, 2 : 미흡, 3 : 보통, 4 : 양호, 5 : 우수)

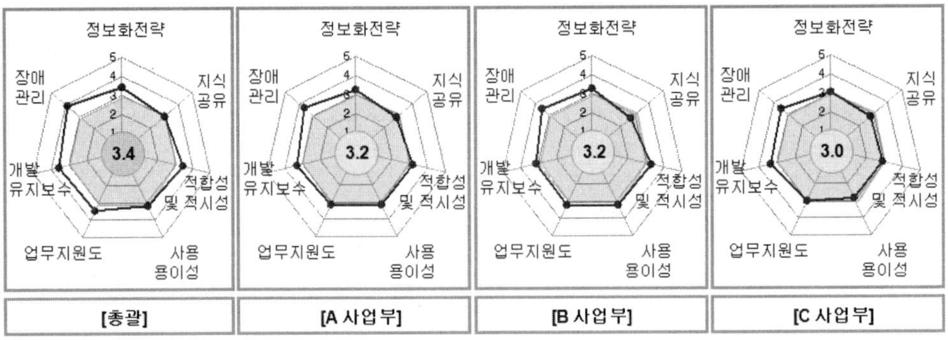

A 사업부는 설계품질관리, 품질관리기법 등 품질관리 부분은 양호한 수준이나 프로젝트 및 평가관리, 정보공유 등의 연구개발 부분과 거래처 관계관리 및 실적 정보 수집 및 분석 등의 영업 부분에서 다소 미흡한 것으로 나타났다.

B 사업부는 기준정보관리 및 구매 프로세스 등의 구매 부분과 설계품질관리, 제조/공정 품질관리 등의 품질관리 부분은 양호한 수준이나, 실적 정보수집 및 거래처 관계관리 등의 영업 부분과 체계적인 생산/판매계획 수립, 물류정보시스템의 구축 및 활용 등의 물류계획 수립 부분에서 다소 미흡한 것으로 나타났다.

C 사업부는 구매 프로세스 부분은 다소 양호하나 생산 및 판매 연계, 생산계획, 영업, 물류, 연구개발 부분에서 미흡한 수준인 것으로 나타났다.

(1 : 저조, 2 : 미흡, 3 : 보통, 4 : 양호, 5 : 우수)

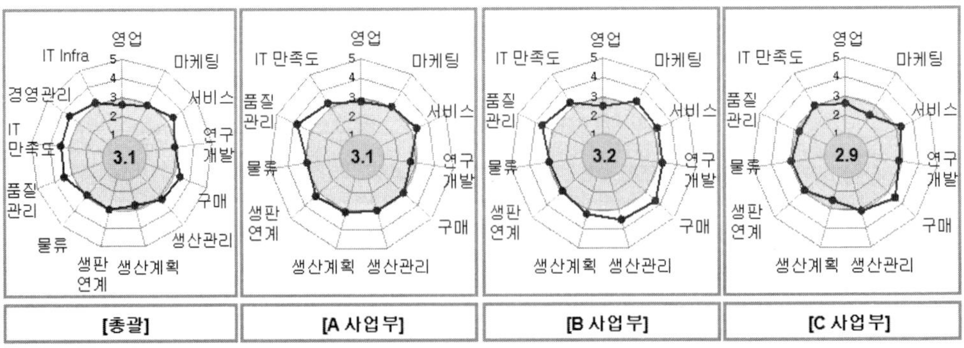

사례 2.

D사는 정보화 전략 수립의 필요성은 느끼고 있으나 전략 수립 및 공유를 위한 노력이 다소 미흡하고, 정보화 조직의 중앙 통제력 역시 미흡한 수준인 것으로 파악되었다.

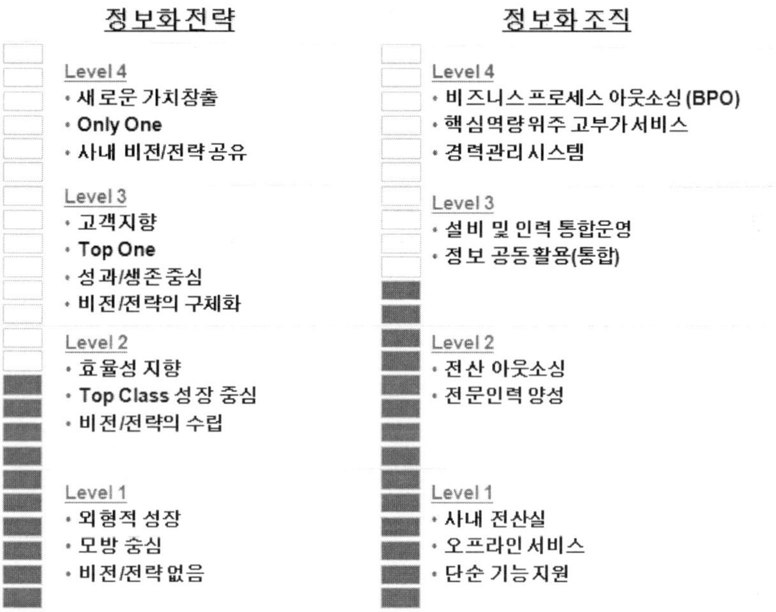

또한 D사는 본사-해외 법인간, 사업부간의 프로세스 표준화 및 정보 인프라 통합을 추진하려는 단계이나 체계적이고 지속적인 변화관리가 미흡한 수준이다.

부록 B. 정보화 수준 진단

1. KMS 평가 예시

(1) 평가리스트 예시

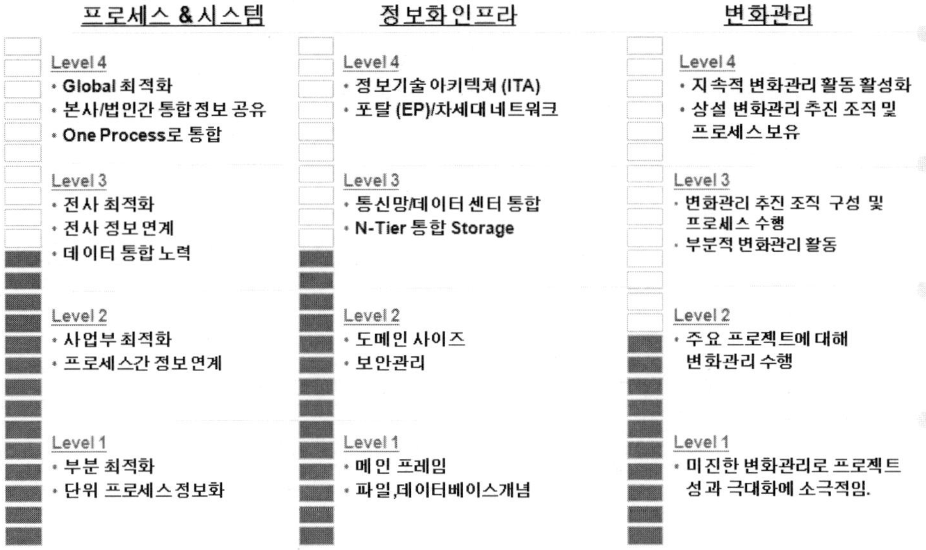

Knowledge Management 진단서

Knowledge Management			
회사명/부서:		*성명:*	
일자:		*직책/직위:*	
전화번호:		*E-mail address:*	
대상프로세스 :			
모든 평가항목에 답변하는 것이 중요합니다. 각 평가항목에 대한 답변을 확신할 수 없는 경우, 현 상황을 가장 잘 반영하는 답변에 표시하여 주십시오.			

Domain:	전략 및 내부역량	Mega-Capability:	KM 전략
Capability:	경영 전략과 KM의 연계	Sub-Capability:	경영 전략과 KM의 연계
1	**귀사의 경영 전략에 KM을 통한 업무 혁신과 경쟁력 제고를 위한 목표 및 실행 방안이 포함되어 있습니까?**	n/a	1,2,3,4,5,6,7
<평가 척도>	1점	경영 전략 또는 경영 방침 내 KM 관련한 내용이 없다	
	3점	경영 전략 또는 경영 방침 내 KM을 통한 업무 혁신에 대한 언급이 있다	
	5점	경영 전략 또는 경영 방침 내 KM을 통한 업무 혁신 및 경쟁력 제고에 대한 목표가 수립되어 있다	
	7점	경영 전략 또는 경영 방침 내 KM을 통한 업무 혁신 및 경쟁력 제고에 대한 목표와 실행 방안이 수립되어 있다 (예 : 조직의 핵심 지식 창출을 위한 프로젝트가 중장기 전략에 포함됨)	
<근거>			

Domain:	전략 및 내부역량	Mega-Capability:	KM 전략
Capability:	KM 전략 수립 및 이행	Sub-Capability:	KM 전략 수립 및 이행
2	**귀사의 KM Master Plan 수립 및 이행 수준은 어느 정도입니까?**	n/a	1,2,3,4,5,6,7
<평가 척도>	1점	전사, 사업부 단위 모두 KM Master Plan을 수립하지 않았다	
	3점	사업부 차원의 KM Master Plan은 수립되어 있다	
	5점	전사 차원의 KM Master Plan이 수립되었으나 도출된 실행 과제들이 일정 계획에 맞게 실행되지 않고 있다	
	7점	전사 차원의 KM Master Plan이 수립되어 있으며 도출된 실행 과제들이 일정 계획에 맞게 실행되고 있다	
<근거>			

Domain:	전략 및 내부역량	Mega-Capability:	KM 전략
Capability:	KM과 핵심 역량과의 연계	Sub-Capability:	KM과 핵심 역량과의 연계
3	**귀사의 KM은 핵심 역량의 강화와 연계되어 있습니까?**	n/a	1,2,3,4,5,6,7
<평가 척도>	1점	KM 목표 및 전략에서 핵심역량과 관련한 내용이 없다	
	3점	KM 목표 및 전략에서 핵심역량 강화를 통한 기업 성과 향상에 대한 언급이 있다	
	5점	KM 목표 및 전략에 핵심 역량 강화를 통한 기업 성과 향상에 대한 언급이 있으며 핵심 역량 강화를 위한 구체적인 실행 계획이 존재한다	
	7점	KM 목표 및 전략에 핵심 역량 강화를 통한 기업 성과 향상에 대한 언급이 있으며 핵심 역량 강화를 위한 구체적인 실행 계획이 존재하여 KM활동을 통한 핵심 역량의 강화를 지속적으로 모니터링 하고 있다	
<근거>			

Domain:	선략 및 내부역량	Mega-Capability:	KM 내부 역량
Capability:	KM 리더십	Sub-Capability:	KM 리더십
4	**귀사의 경영진은 전사적인 KM 요구 및 필요성에 대한 합의도출 및 KM 추진을 위해 어떤 노력을 하십니까?**	n/a	1,2,3,4,5,6,7
<썽가 척도>	1점	경영진이 KM에 대한 관심이 없거나 보고 및 이슈 관리 등에 전혀 참여하지 않는다	
	3점	경영진이 KM에 관련된 비정기적인 보고 및 이슈 관리 등에 제한적으로 참여한다	
	5점	경영진이 KM에 대한 관심과 의지를 바탕으로 KM에 관련된 정기적인 보고 및 이슈 관리를 하고 있으나 경영진의 관리 지표에는 KM관련한 평가항목이 포함되어 있지 않다	
	7점	경영진이 정기적으로 KM 관련 보고 및 이슈 관리를 하고 경영진의 관리 지표에 KM 평가항목이 포함되어 있으며, KM의 중요성을 사내외에 적극적으로 알리고 KM 비전 및 방향을 제시한다	
<근거>			

Domain:	전략 및 내부역량	Mega-Capability:	KM 내부 역량
Capability:	KM 전담 조직	Sub-Capability:	KM 전담 조직
5	**귀사의 KM 전담 조직의 역할과 책임은 정립되어 있습니까?**	n/a	1,2,3,4,5,6,7
<평가 척도>	1점	KM 전담 조직이 없다	
	3점	KM 추진을 위한 전사 차원의 별도 조직이 없으나 기능별/업무별 유사 조직이 역할을 대행하고 있다	
	5점	전사 차원의 KM 전담 조직은 존재하지만 이들의 역할 정의/업무 범위의 정의/운영 활동 프로세스가 정립되어 있지 않다	
	7점	전사 차원의 KM 전담 조직이 존재하고 이들의 역할 정의/업무 범위의 정의/운영 활동 프로세스가 정립되어 있어서 전사 비즈니스에 영향을 주며 KM 활성화의 선구적인 역할을 하고 있다	
<근거>			

Domain:	전략 및 내부역량	Mega-Capability:	KM 내부 역량
Capability:	지식 전문가 그룹	Sub-Capability:	지식 전문가 그룹
6	**귀사의 지식 전문가 그룹의 운영 체계의 수준은 어느 정도입니까?**	n/a	1,2,3,4,5,6,7
<평가 척도>	1점	지식 전문가 그룹 (예: 회계 업무 전문가, CRM 솔루션 전문가 등)이 존재하지 않는다	
	3점	지식 전문가 그룹이 존재하나 이들의 역할 및 책임/활동 프로세스가 정립되어 있지 않다	
	5점	지식 전문가 그룹이 존재하여 이들의 역할 및 책임/활동 프로세스가 사업부/팀 단위에서 정립되어 있으나 실제로 활동하고 있지 않다	
	7점	지식 전문가 그룹이 존재하여 이들의 역할 및 책임/활동 프로세스가 전사 차원에서 정립되어 있으며 실제로 활발하게 활동하고 있다	
<근거>			

Domain:	*전략 및 내부역량*	Mega-Capability:	*KM 내부 역량*
Capability:	*구성원의 KM 마인드*	Sub-Capability:	*구성원의 KM 마인드*
7	**귀사 구성원들의 KM에 대한 이해와 관심 및 KM을 실천하기 위한 마인드의 수준은 어느 정도입니까?**	n/a	1, 2, 3, 4, 5, 6, 7
<평가 척도>	1점	KM에 대한 이해의 부족와 관심이 부족하다	
	3점	KM에 대한 이해와 관심은 있으나 KM 실천을 위한 마인드의 부족으로 KM 프로세스에 적극적으로 참여하지 않는다	
	5점	KM에 대한 이해와 관심은 있으나 일부 조직과 개인이 KM 프로세스에 참여하고 있다	
	7점	KM이 회사의 경영목표 달성에 기여하거나 조직과 개인의 업무 효율성 증대 및 업무 혁신에 기여한다고 인지하여 전사 차원에서 적극적으로 KM 프로세스에 참여하고 있다	
<근거>			
Domain:	*전략 및 내부역량*	Mega-Capability:	*KM 내부 역량*
Capability:	*KM 문화 형성(홍보/교육/보상)*	Sub-Capability:	*KM 문화 형성(홍보/교육)*
8	**KM 문화 형성을 위한 홍보와 교육방안의 수준은 어느 정도입니까?**	n/a	1, 2, 3, 4, 5, 6, 7
<평가 척도>	1점	홍보 및 교육 방안이 수립되어 있지 않다	
	3점	홍보 및 교육 방안이 수립되어 있으나 소극적 비정기적으로 실행하고 있다 (예: KM 관련 제도가 변경될 때마다 온라인 전사 게시판을 통해 홍보함)	
	5점	홍보 및 교육 방안이 수립되어 있으며 비정기적/정기적으로 실행하고 있다 (예: 신입 및 경력 사원 교육 과정으로KM에 대한 교육 실시함)	
	7점	전사 차원의 홍보 및 교육 방안이 수립되어 적극적인 홍보를 시행하고 있으며 이행 결과의 평가를 바탕으로 새로운 문화 형성 방안을 수립하여 이행하고 있다 (예: 정기적으로 신입 및 경력 사원 교육 과정으로 KM에 대한 교육을 실행하고 비정기적으로 KM 관련 제도가 변경될 때마다 사내 세미나 및 정보공유회의 등을 실시함)	
<근거>			
Domain:	*전략 및 내부역량*	Mega-Capability:	*KM 내부 역량*
Capability:	*KM 문화 형성(홍보/교육/보상)*	Sub-Capability:	*KM 문화 형성(보상)*
9	**KM에 대한 보상 체계의 수준은 어느 정도입니까?**	n/a	1, 2, 3, 4, 5, 6, 7
<평가 척도>	1점	KM에 대한 보상 체계가 수립되어 있지 않다	
	3점	KM에 대한 일관성 있는 보상 체계가 없으나 필요한 시기에 이벤트를 통한 보상을 하고 있다	
	5점	KM에 대한 전사 차원의 보상 체계는 있으나 지식의 양에 대한 보상 (예: KM 관련 시스템의 사용 횟수/지식 등록수/다운로드 수 등)이 이루어지고 있다	
	7점	KM에 대한 전사 차원의 보상 체계가 있고 지식의 양 및 질에 대한 보상 (예: 우수 지식 생성/핵심 조직 지식 생성/우수 조언 행위 등)이 이루어지고 있으며 보상 체계가 KM 성과 지표 관리의 수준을 높이고 있다. (보상의 예 : 인센티브 제도, 명예 부여, 해외 연수 및 세미나 참가 기회 제공 등)	
<근거>			

Domain:	*전략 및 내부역량*	Mega-Capability:	*KM 내부 역량*
Capability:	*CoP (Community of Practice)*	Sub-Capability:	*CoP (Community of Practice)*
10	**귀사는 조직 구성원간에 업무 관련 지식을 생성/공유하는 CoP가 있습니까?**	n/a	1, 2, 3, 4, 5, 6, 7
<평가 척도>	1점	조직 구성원간에 업무 관련 지식을 생성/공유하는 CoP는 없으나 개인적 관심사를 공유하는 동호회 성격의 모임은 있다	
	3점	사업부나 팀을 중심으로 업무 관련 지식을 생성/공유하는 CoP가 있다	
	5점	전사적 차원에서 업무 관련 지식을 생성/공유하는 CoP가 있으나 조직적인 지원체계가 미흡하여 CoP 활동이 전사적으로 활성화 되어 있지 않다	
	7점	전사적 차원에서 업무 관련 지식을 생성/공유하는 CoP가 있으며 조직적인 지원체계가 공식적으로 확립되어 전사적으로 활성화되며 전사 우수 사례 등을 각종 도구를 통해 공유하여 업무 생산성을 향상시키고 있다	
<근거>			
Domain:	*프로세스 혁신*	Mega-Capability:	*KM 프로세스의 정립*
Capability:	*KM 프로세스의 정립 수준*	Sub-Capability:	*KM 프로세스의 정립 수준*
11	**귀사의 조직 내 지식의 생성, 축적/공유, 활용/평가 등의 KM 프로세스 정립 수준은 어느 정도입니까?**	n/a	1, 2, 3, 4, 5, 6, 7
<평가 척도>	1점	KM 프로세스에 대한 정의가 없다	
	3점	KM 프로세스에 대한 상위 수준의 정의(예. 생성, 축적/공유, 활용/평가)가 존재한다	
	5점	KM 프로세스에 대한 상위 수준의 정의와 상위 수준 프로세스별 세부 활동 프로세스가 정의되어 있으며 활동 주체 및 활동 절차에 대한 정의가 있다	
	7점	KM 프로세스에 대한 상위 수준의 정의와 상위 수준 프로세스별 세부 활동 프로세스가 정의되어 있으며 활동 주체 및 활동 절차가 정의되어 있고 세부 활동 프로세스간 연계가 정의되어 있으며 지속적으로 세부 활동 프로세스가 수정/보완 되고 있다	
<근거>			
Domain:	*프로세스 혁신*	Mega-Capability:	*KM 프로세스의 정립*
Capability:	*업무 프로세스와의 연계 체계 수립*	Sub-Capability:	*업무 프로세스와의 연계 체계 수립*
12	**귀사의 KM 프로세스와 업무 프로세스의 연계 수준은 어느 정도입니까?**	n/a	1, 2, 3, 4, 5, 6, 7
<평가 척도>	1점	자사의 핵심 업무 프로세스가 세부 활동 단위까지 정의되어 있지 않다	
	3점	자사의 핵심 업무 프로세스가 세부 활동 단위까지 정의되어 있으나 이와 관련된 KM 프로세스와 핵심 지식이 정의되어 있지 않다	
	5점	자사의 핵심 업무 프로세스가 세부 활동 단위까지 정의되어 있으며 이와 관련된 KM 프로세스와 핵심 지식이 명확하게 정의되어 있으나 업무 프로세스 간 지식 흐름이 정의되어 있지 않다	
	7점	전사 차원의 업무 프로세스가 세부 활동 단위까지 정의되어 있으며 이에 관련된 KM 프로세스와 핵심 지식이 명확히 정의되어 있으며 업무 프로세스 간 지식 흐름이 정의되어 있다	
<근거>			

Domain:	프로세스 혁신	Mega-Capability:	KM 프로세스 정렬
Capability:	지식 분류 체계	Sub-Capability:	지식 분류 체계
13	**귀사의 핵심 지식을 생성, 축적/공유, 활용/평가하기 위한 지식 분류 체계의 수준은 어느 정도입니까?**	n/a	1, 2, 3, 4, 5, 6, 7
<평가 척도>	1점	지식 분류 체계가 없다	
	3점	지식 분류 체계는 존재하지만 지식 분류 기준(예 : 핵심 역량/업무 프로세스 등)의 미비함으로 분류 체계의 논리성 및 효용성이 떨어진다	
	5점	비즈니스 니즈에 부합하는 핵심 지식을 생성, 축적/공유, 활용/평가할 수 있는 지식 분류 체계는 존재하지만 관리 프로세스 미비/관리 조직의 역할과 책임 부재로 업데이트가 거의 발생하지 않는다	
	7점	검증된 방법론을 통해서 비즈니스 니즈에 부합하는 핵심 지식을 생성, 축적/공유, 활용/평가할 수 있는 전사적인 지식 분류 체계를 갖추고 있으며 이에 대한 관리 프로세스/관리 조직의 역할 및 책임 체계화로 주기적인 업데이트가 되고 있다	
<근거>			

Domain:	프로세스 혁신	Mega-Capability:	지식 생성
Capability:	지식의 창출/발굴	Sub-Capability:	지식의 창출/발굴
14	**귀사의 지식의 원천에 대한 정의 및 창출/발굴 수준은 어느 정도입니까?**	n/a	1, 2, 3, 4, 5, 6, 7
<평가 척도>	1점	내/외부 지식의 원천에 대한 정의가 불명확하고 지식 생성이 거의 없다	
	3점	내/외부 지식의 원천에 대한 정의가 명확하지만 이들로부터 지식의 발굴 (예 : 자료 수집 등)이 미흡하다	
	5점	내/외부 지식의 원천에 대한 정의가 명확하고 업무에 필요한 지식이 개인을 통해 발굴되고 있으나 지식의 창출(예 : 업무 경험의 노하우 작성 등)은 미흡하다	
	7점	내/외부 지식의 원천에 대한 정의가 명확하고 업무에 필요한 지식을 개인뿐만 아니라 조직 차원에서 발굴하며 업무 노하우를 자사의 비즈니스 환경에 맞게 정제/가공하고 있다	
<근거>			

Domain:	프로세스 혁신	Mega-Capability:	지식 생성
Capability:	지식의 축적/공유	Sub-Capability:	지식의 축적/공유
15	**귀사의 조직 내 지식(업무지식, 노하우, 전문가정보 등)이 축적되어 이를 공유하는 수준은 어느 정도입니까?**	n/a	1, 2, 3, 4, 5, 6, 7
<평가 척도>	1점	특정 업무에 대한 관련 지식을 공유할 수 없고 조직 내의 경험자 및 전문가를 파악할 수 없다	
	3점	사업부/팀 단위의 제한적인 업무 지식과 노하우를 공유할 수 있으며 해당 사업부/팀 내의 전문가를 파악할 수 있으나 적시에 협업 및 관련 지식을 제공 받을 수 없다	
	5점	전사적으로 주요 업무 지식과 노하우를 공유할 수 있으며 관련된 전문가를 파악할 수 있으나 적시에 협업 및 관련 지식을 제공 받을 수 없다	
	7점	전사적으로 주요 업무 지식과 노하우를 공유할 수 있으며 관련된 전문가를 파악하여 적시에 협업할 수 있고 관련 지식을 제공 받을 수 있다	
<근거>			

Domain:	프로세스 혁신	Mega-Capability:	지식 생성
Capability:	지식의 축적/공유	Sub-Capability:	지식의 공유
16	**귀사의 조직 내부와 고객/파트너와의 지식 공유 프로세스 수준은 어느 정도입니까?**	n/a	1, 2, 3, 4, 5, 6, 7
<평가 척도>	1점	지식 공유 프로세스가 전혀 없다	
	3점	고객/파트너와의 지식 공유를 일부 사업부/팀에서 부분적으로 지원/관리하고 있다	
	5점	전사 차원에서 고객/파트너와의 지식 공유 프로세스가 정립되어 있고 관련 시스템의 제공 등을 통해 지원하고 있으나 활용도는 낮다	
	7점	전사 차원에서 고객/파트너와의 지식 공유 프로세스가 정립되어 있고 고객/파트너와의 시스템 연계가 되어 있어서 지식을 공유하고 협업(Collaboration) 할 수 있다	
<근거>			

Domain:	프로세스 혁신	Mega-Capability:	지식 활용
Capability:	지식의 사용/평가	Sub-Capability:	지식의 사용
17	**귀사의 생성/축적된 지식의 사용 수준은 어느 정도입니까?**	n/a	1, 2, 3, 4, 5, 6, 7
<평가 척도>	1점	생성/축적된 지식이 업무 수행 시 전혀 사용되지 않는다	
	3점	생성/축적된 지식이 업무 위주로 일부 팀이나 사업부에서만 사용된다	
	5점	생성/축적된 지식이 업무 수행 시 뿐만 아니라 개인의 학습을 위해 일부 팀이나 사업부에서만 사용된다	
	7점	생성/축적된 지식이 업무 수행 시 뿐만 아니라 개인의 학습을 위해 전사적으로 사용된다	
<근거>			

Domain:	프로세스 혁신	Mega-Capability:	지식 활용
Capability:	지식의 사용/평가	Sub-Capability:	지식의 평가
18	**귀사의 지식 품질 평가 체계의 수준은 어느 정도입니까?**	n/a	1, 2, 3, 4, 5, 6, 7
<평가 척도>	1점	지식 품질 평가 체계가 없다	
	3점	지식 품질 평가 체계를 바탕으로 사용자들이 지식 사용 후 지식 품질 평가를 수행하고 있다	
	5점	지식 품질 평가 체계를 바탕으로 사용자와 지식 전문가 그룹이 지식 품질 평가를 수행하고 있다	
	7점	지식 품질 평가 체계를 바탕으로 사용자와 지식 전문가 그룹이 지식 품질 평가를 수행할 뿐만 아니라 지식 평가 내용이 지식의 갱신 및 사용 가이드로 제공되고 있다	
<근거>			

Domain:	프로세스 혁신	Mega-Capability:	지식 활용
Capability:	지식의 폐기/보존	Sub-Capability:	지식의 폐기/보존
19	**귀사의 축적된 지식의 폐기 및 보존 프로세스의 수준은 어느 정도입니까?**	n/a	1,2,3,4,5,6,7
<평가 척도>	1점	지식 폐기 및 보존 프로세스가 없다	
	3점	지식 폐기 및 보존 프로세스는 수립되어 있으나 실제 수행되지 않는다.	
	5점	지식 폐기 및 보존 프로세스가 수립되어 있으나 사업부/팀 단위 차원에서 표준의 준수 없이 비정기적으로 이루어지고 있다	
	7점	지식 폐기 및 보존 프로세스가 수립되어 있고 전사적인 지식 품질 등급에 따라 정기적인 폐기가 이루어지고 있으며 전사 차원의 보존 절차에 따라 지식이 보존되고 있다	
<근거>			
Domain:	프로세스 혁신	Mega-Capability:	지식 활용
Capability:	지식 보안 관리	Sub-Capability:	지식 보안 관리
20	**귀사는 지식 활용 시 핵심 지식의 보안관리를 위해 어떤 노력을 하고 있습니까?**	n/a	1,2,3,4,5,6,7
<평가 척도>	1점	지식에 대한 보안 체계가 없이 전구성원이 일률적으로 모든 지식을 사용하고 있다	
	3점	지식에 대한 보안 체계가 존재하고 구성원들의 직급이나 역할에 따른 지식 사용 권한을 제한하고 있다	
	5점	지식에 대한 보안 체계가 존재하고 구성원들의 직급이나 역할에 따른 지식 사용 권한 제한/지식의 중요도에 따른 승인 관리 절차를 통해 지식 사용 권한을 관리하고 있다	
	7점	지식에 대한 보안 체계가 존재하고 구성원들의 직급이나 역할에 따른 지식 사용 권한 제한/지식의 중요도에 따른 승인 관리 절차를 통해 지식 사용 권한을 관리하고 있으며 지식의 보안 등급별로 사용 권한 (예 : 인쇄/저장/ 편집/사용 기간 등)을 차별화하고 지식의 사외 유출 방지를 위한 대책이 마련되어 있다	
<근거>			
Domain:	프로세스 혁신	Mega-Capability:	지식 활용 및 성과평가
Capability:	KM 프로세스의 평가지표 관리	Sub-Capability:	KM 프로세스의 평가지표 관리
21	**귀사의 전반적인 KM 프로세스의 평가 수준은 어느 정도입니까?**	n/a	1,2,3,4,5,6,7
<평가 척도>	1점	KM 프로세스가 없으며 또한 이를 측정할 수 있는 평가 지표가 없다	
	3점	KM 프로세스에 대한 평가 지표를 정의하였으나 IT 기반의 지표 (예 : 지식 등록건수, 다운로드 건수, 조회 건수 등)가 대부분이다	
	5점	KM 프로세스에 대한 평가지표를 IT 및 Non-IT적 요소(예 : CoP 모임건수, 세미나 건수 등)를 통합적으로 고려해 개인별, 부서별, 전사별로 평가결과를 공유한다	
	7점	KM 프로세스에 대한 평가지표를 IT 및 Non-IT적 요소를 통합적으로 고려하고 개인별, 부서별, 전사별로 평가결과를 공유하며, 이에 대한 피드백을 반영해 주기적으로 평가지표를 수정 보완해 가고 있다	
<근거>			

Domain:	프로세스 혁신	Mega-Capability:	지식 활용 및 성과평가
Capability:	기업 성과에의 기여도 평가	Sub-Capability:	기업 성과에의 기여도 평가
22	**귀사에서는 KM 성과 지표가 기업의 성과지표와 연계되어 이를 주기적으로 측정, 보고하며 그 결과를 다시 반영하는 성과관리 체계가 수립되어 있습니까?**	n/a	1,2,3,4,5,6,7
<평가 척도>	1점	KM 성과 지표가 정의되어 있지 않다	
	3점	KM 성과 지표는 정의되어 있으나 기업 성과 지표와의 연계성이 없다	
	5점	KM 성과 지표가 기업 성과 지표로부터 도출되었으며 이를 주기적으로 측정하지만 측정 결과를 반영하여 KM 성과 지표를 주기적으로 수정/보완하지 않는다	
	7점	KM 성과 지표가 기업 성과지표로부터 도출되었으며 이를 주기적으로 측정하여 그 결과가 다시 KM 성과 지표에 반영되어 KM 성과 지표에 대한 주기적인 수정 및 보완이 일어난다	
<근거>			
Domain:	IT 혁신 지원도	Mega-Capability:	시스템 용이성
Capability:	사용자 인터페이스	Sub-Capability:	사용자 인터페이스
23	**귀사의 KM을 지원하는 시스템의 사용자 인터페이스의 수준은 어느 정도입니까?**	n/a	1,2,3,4,5,6,7
<평가 척도>	1점	사용자를 고려하지 않은 인터페이스 구현으로 시스템의 조작이 매우 불편하다	
	3점	일관되지 못한 메뉴 배치/조작 방식으로 사용자의 시스템 사용에 다소 불편함이 있다	
	5점	일관된 메뉴 배치/조작 방식으로 사용자가 시스템을 쉽게 사용할 수 있도록 유도하고 있다	
	7점	사용자 인터페이스 표준에 따라 시스템이 구축되어 일관된 메뉴 배치/조작 방식으로 사용자가 시스템을 쉽게 사용할 수 있도록 하며 개인의 요구 사항에게 맞는 특성화된 메뉴를 사용할 수 있게 하였다	
<근거>			
Domain:	IT 혁신 지원도	Mega-Capability:	시스템 용이성
Capability:	자동전달	Sub-Capability:	자동전달
24	**귀사의 KM을 지원하는 시스템에서 사용자가 원하는 지식을 자동으로 전달해주는 수준은 어느 정도입니까?**	n/a	1,2,3,4,5,6,7
<평가 척도>	1점	개인맵 설정 기능이 없고 관련 지식을 자동 전달해주는 기능도 없다	
	3점	개인맵 설정 기능은 있으나 관련 지식의 자동 전달 받을 수 없다	
	5점	개인맵 설정 기능 구현으로 관련 지식을 자동 전달 받을 수 있다	
	7점	개인맵 설정 기능 구현으로 관련 지식을 자동 전달 받을 수 있을 뿐 아니라 다양한 매체 (예 : 모바일 기기 등)를 통해 지식을 획득할 수 있다	
<근거>			

Domain:	*IT 혁신 지원도*	Mega-Capability:	*시스템 용이성*
Capability:	*시스템 접근 및 인증*	Sub-Capability:	*시스템 접근 및 인증*
25	**귀사는 업무 수행 시 필요 지식을 획득하기 위한 시스템 접근 및 인증 수준은 어느 정도 입니까?**	n/a	1,2,3,4,5,6,7
<평가 척도>	1점	시스템 환경이 인트라넷으로 구축되어 사내에서만 접속할 수 있으며 각종 기간 시스템 접속 시 매번 다른 아이디와 패스워드를 입력해야 한다	
	3점	시스템 환경이 인트라넷으로 구축되어 사내에서만 접속할 수 있으며 단일 아이디와 패스워드 인증으로 각종 기간 시스템을 사용할 수 있는 SSO(Single Sign On)을 구현하였다	
	5점	시스템 환경이 인트라넷으로 구축되어 사내에서만 접속할 수 있으며 인증서 인증으로 각종 기간 시스템을 사용할 수 있는 SSO를 구현하여 보안을 강화하였다	
	7점	시스템 환경이 VPN(Virtual Private Network)을 활용하여 사내외 어디서든 접속할 수 있으며 각종 기간 시스템 접속 시 인증서 기반의 SSO를 구현하여 보안을 강화하였다	
<근거>			
Domain:	*IT 혁신 지원도*	Mega-Capability:	*시스템 통합성*
Capability:	*지식 저장소 통합 형태*	Sub-Capability:	*지식 저장소 통합 형태*
26	**귀사의 지식 저장소의 구축 수준은 어느 정도입니까?**	n/a	1,2,3,4,5,6,7
<평가 척도>	1점	단순한 파일 서버를 활용하여 지식을 저장하고 있다	
	3점	데이터베이스 구축을 통해 지식을 체계적으로 관리하고 있다	
	5점	EDMS(Enterprise Document Managnent System)를 활용하여 문서 속성 관리 및 저장소 관리의 통합을 구현하였다	
	7점	CMS(Content Management System)를 활용하여 다른 지식 저장소에 있는 다양한 유형의 지식들을 다양한 포맷으로 볼 수 있게 하였다	
<근거>			
Domain:	*IT 혁신 지원도*	Mega-Capability:	*시스템 통합성*
Capability:	*업무 시스템 통합*	Sub-Capability:	*업무 시스템 통합*
27	**귀사의 산재한 정보와 지식을 포함하는 업무 시스템의 통합 수준은 어느 정도입니까?**	n/a	1,2,3,4,5,6,7
<평가 척도>	1점	관련된 시스템들이 산재하여 통합 관리가 되고 있지 않다	
	3점	각 업무 시스템들에 대한 접근을 용이하게 하기 위해 시스템 링크 목록을 제공한다	
	5점	각 업무 시스템들에 대한 접근을 용이하게 하기 위해 업무 시스템간 부분적인 데이터 연계가 구현되었으며 포탈이 구축되어 있다	
	7점	EAI(Enterprise Application Integration) 기반의 업무 시스템 통합을 실현하였으며 개인화를 강화한 포탈을 구축하였다	
<근거>			

Domain:	*IT 혁신 지원도*	Mega-Capability:	*시스템 통합성*
Capability:	*정보연계성*	Sub-Capability:	*정보연계성*
28	**업무 시스템에서 생성된 지식이 지식 저장소에 자동으로 연계되고 있습니까?**	n/a	1,2,3,4,5,6,7
<평가 척도>	1점	연계가 필요한 업무 시스템 및 지식이 정의되어 있지 않다	
	3점	연계가 필요한 업무 시스템 및 지식이 정의되어 있으나 시스템상으로 연계 되지 못하여 지식 저장소에 수작업으로 등록하고 있다	
	5점	연계가 필요한 업무 시스템 및 지식이 정의되어 있으나 일부 지식만 시스템상으로 자동 연계되어 있다	
	7점	연계가 필요한 업무 시스템 및 지식이 정의되어 있고 정의된 모든 지식이 시스템상으로 자동으로 연계되어 있다	
<근거>			
Domain:	*IT 혁신 지원도*	Mega-Capability:	*시스템 기능성*
Capability:	*검색 지원*	Sub-Capability:	*검색 지원*
29	**귀사의 KM을 지원하는 시스템을 통해 비즈니스에 필요한 지식을 쉽게 찾을 수 있습니까?**	n/a	1,2,3,4,5,6,7
<평가 척도>	1점	사내 지식에 대해 주제어를 통한 단순 검색 기능이 지원된다 (예 : DB 검색)	
	3점	사내 지식에 대해 검색을 위한 색인이 구축되어 있으나 전문 검색(Full Text Retrieval)은 지원되지 않는다	
	5점	사내 지식에 대해 검색을 위한 색인이 구축되어 전문 검색까지 지원하지만 검색 결과가 주제별로 그룹화되지 않는다	
	7점	사내/외 지식에 대해 통합 검색/전문 검색/다중맵 검색/동의어 검색을 할 수 있으며 검색 결과가 주제별로 그룹화되어 제공된다	
<근거>			
Domain:	*IT 혁신 지원도*	Mega-Capability:	*시스템 기능성*
Capability:	*협업 지원*	Sub-Capability:	*협업 지원*
30	**귀사는 조직들간의 협업(Collaboration)을 지원하기 위해 시스템 상에서 어떤 기능들을 제공하고 있습니까?**	n/a	1,2,3,4,5,6,7
<평가 척도>	1점	협업 지원 기능이 전혀 없다	
	3점	Q&A 기능, Help Desk, 설문 공간, 게시판 등을 제공한다	
	5점	실시간 협업 지원 기능을 제공한다 (예 : 음성/문자 채팅, 화면 공유, 전자 칠판, 화상 회의, 공동 작업 공간 제공 등)	
	7점	조직 내부 구성원 뿐 아니라 고객 및 파트너와의 실시간 협업 체계를 제공한다	
<근거>			

Domain:	*IT 혁신 지원도*		Mega-Capability:	*시스템 기능성*
Capability:	*분석 지원*		Sub-Capability:	*분석 지원*
31	**귀사의 KM을 지원하는 시스템의 분석 지원 기능의 수준은 어느 정도입니까?**		n/a	1, 2, 3, 4, 5, 6, 7
<평가 척도>	1점	분석 기능을 전혀 제공하지 않는다		
	3점	지식 사용 내역/시스템 접속 로그 등을 관리하고는 있지만 분석을 위해서 활용하지 않는다		
	5점	지식 사용 내역/시스템 접속 로그 등을 분석하여 시각적으로 보기 쉽게 제공한다 (예 : 그래프, 표 등)		
	7점	지식 사용 내역/시스템 접속 로그 등을 분석하여 구성원별 역할과 업무 및 지식 활용 패턴에 적합한 지식들을 추천해 준다		
<근거>				

(2) 평가 결과 예시

❑ KMS 설문 분석 결과

No	Domain		Mega-Capability		Capability		Sub-Capability	
	항목	결과	항목	결과	항목	결과	항목	결과
1	전략 및 내부역량	3.83	KM 전략	4.00	경영 전략과 KM의 연계	4.00	경영 전략과 KM의 연계	4.00
2					KM 전략 수립 및 이행	4.00	KM 전략 수립 및 이행	4.00
3					KM과 핵심 역량과의 연계	4.00	KM과 핵심 역량과의 연계	4.00
4			KM 내부 역량	3.75	KM 리더십	3.75	KM 리더십	3.75
5					KM 전담 조직	3.75	KM 전담 조직	3.75
6					지식 전문가 그룹	4.00	지식 전문가 그룹	4.00
7					구성원의 KM 마인드	3.75	구성원의 KM 마인드	3.75
8					KM 문화 형성 (홍보/교육/보상)	3.75	KM 문화 형성 (홍보/교육)	3.75
9							KM 문화 형성 (보상)	3.75
10					CoP(Community of Pracitce)	3.50	CoP(Community of Pracitce)	3.50
11	프로세스 혁신	3.63	KM 프로세스의 정립	3.67	KM 프로세스의 정립 수준	3.75	KM 프로세스의 정립 수준	3.75
12					업무 프로세스와의 연계 체계 수립	3.75	업무 프로세스와의 연계 체계 수립	3.75
13					지식 분류 체계	3.50	지식 분류 체계	3.50
14			지식 생성	3.50	지식의 창출/발굴	3.50	지식의 창출/발굴	3.50
15					지식의 축적/공유	3.50	지식의 축적	3.50
16							지식의 공유	3.50
17			지식 활용	3.38	지식의 사용/평가	3.50	지식의 사용	3.50
18							지식의 평가	3.50
19					지식의 폐기/보존	3.25	지식의 폐기/보존	3.25
20					지식 보안 관리	3.25	지식 보안 관리	3.25
21			지식 성과 평가	4.25	KM 프로세스의 평가지표 관리	3.50	KM 프로세스의 평가지표 관리	3.50
22					기업 성과에의 기여도 평가	5.00	기업 성과에의 기여도 평가	5.00
23	IT 혁신 지원도	4.86	시스템 용이성	4.92	사용자 인터페이스	5.00	사용자 인터페이스	5.00
24					자동전달	5.00	자동전달	5.00
25					시스템 접근 및 인증	4.75	시스템 접근 및 인증	4.75
26			시스템 통합성	4.92	지식 저장소 통합 형태	5.00	지식 저장소 통합 형태	5.00
27					업무 시스템 통합	5.00	업무 시스템 통합	5.00
28					정보연계성	4.75	정보연계성	4.75
29			시스템 기능성	4.75	검색 지원	4.75	검색 지원	4.75
30					협업 지원	4.75	협업 지원	4.75
31					분석 지원	4.75	분석 지원	4.75

❑ Domain별 수준과 목표

항목	수준	목표
전략 및 내부역량	3.83	7.00
프로세스 혁신	3.63	7.00
IT의 혁신지원도	4.86	7.00

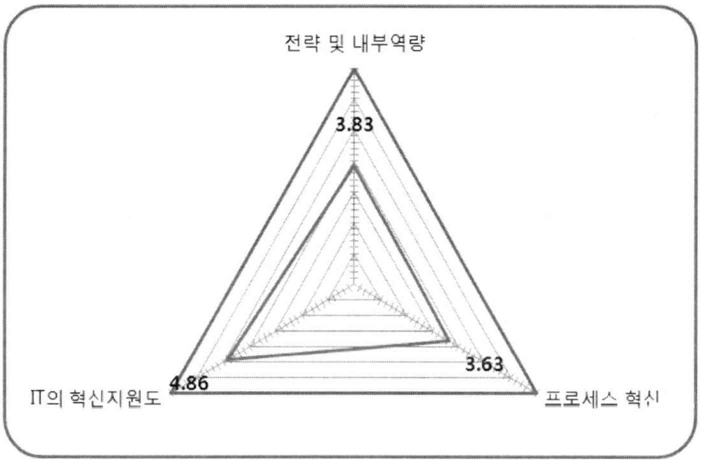

❑ Mega-Capability별 수준과 목표

Domain	항목	수준	목표
전략 및 내부역량	KM 전략	4.00	7.00
	KM 내부 역량	3.75	7.00
프로세스 혁신	KM 프로세스의 정립	3.67	7.00
	지식 생성	3.50	7.00
	지식 활용	3.38	7.00
	지식 성과 평가	4.25	7.00
IT 혁신 지원도	시스템 용이성	4.92	7.00
	시스템 통합성	4.92	7.00
	시스템 기능성	4.75	7.00

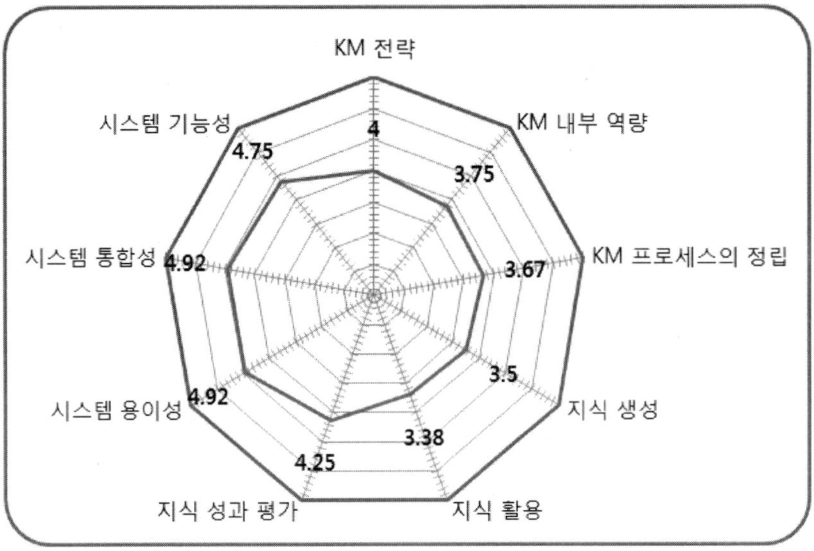

❑ Capability별 수준과 목표

Domain	Mega-Capability	Capability 항목	수준	목표
전략 및 내부역량	KM 전략	경영 전략과 KM의 연계	4.00	7.00
		KM 전략 수립 및 이행	4.00	7.00
		KM과 핵심 역량과의 연계	4.00	7.00
	KM 내부 역량	KM 리더십	3.75	7.00
		KM 전담 조직	3.75	7.00
		지식 전문가 그룹	4.00	7.00
		구성원의 KM 마인드	3.75	7.00
		KM 문화 형성 (홍보/교육/보상)	3.75	7.00
		CoP (Community of Practice)	3.50	7.00
프로세스 혁신	KM 프로세스의 정립	KM 프로세스의 정립 수준	3.75	7.00
		업무 프로세스와의 연계 체계 수립	3.75	7.00
		지식 분류 체계	3.50	7.00
	지식 생성	지식의 창출/발굴	3.50	7.00
		지식의 축적/공유	3.50	7.00
	지식 활용	지식의 사용/평가	3.50	7.00
		지식의 폐기/보존	3.25	7.00
		지식 보안 관리	3.25	7.00
	지식 성과 평가	KM 프로세스의 평가지표 관리	3.50	7.00
		기업 성과에의 기여도 평가	5.00	7.00
IT 혁신 지원도	시스템 용이성	사용자 인터페이스	5.00	7.00
		자동전달	5.00	7.00
		시스템 접근 및 인증	4.75	7.00
	시스템 통합성	지식 저장소 통합 형태	5.00	7.00
		업무 시스템 통합	5.00	7.00
		정보연계성	4.75	7.00
	시스템 기능성	검색 지원	4.75	7.00
		협업 지원	4.75	7.00
		분석 지원	4.75	7.00

전략 및 내부역량

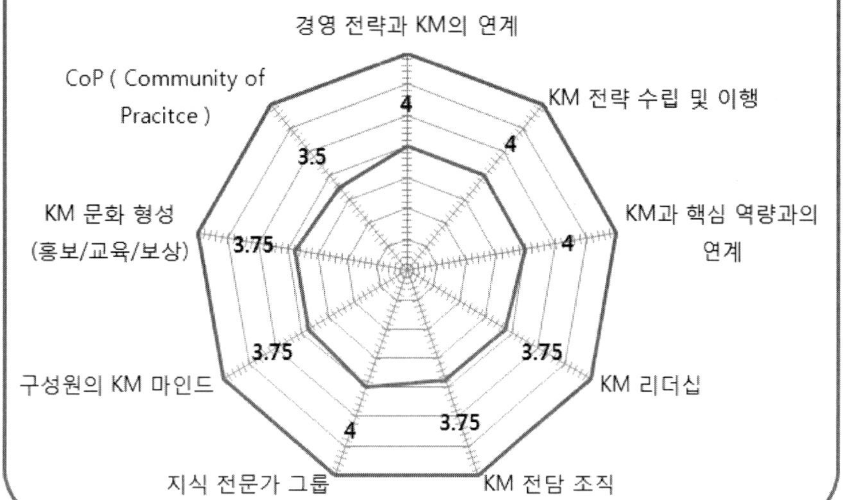

프로세스 혁신

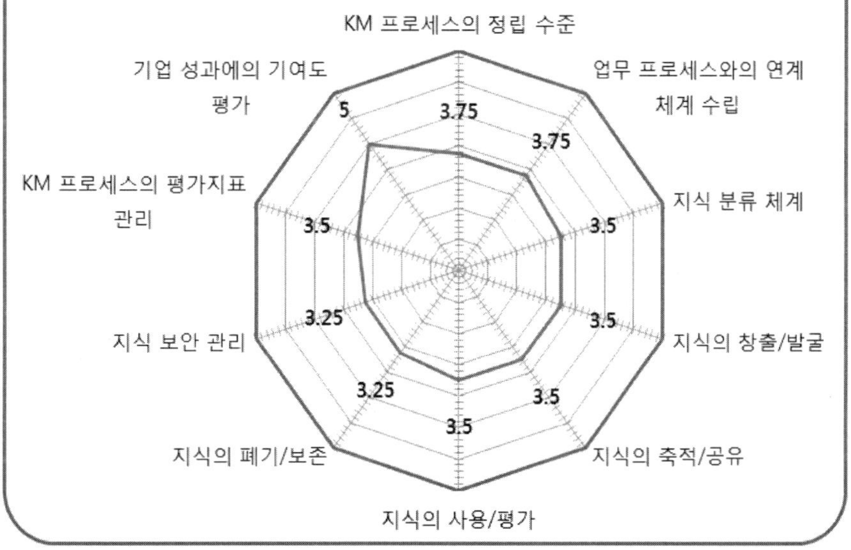

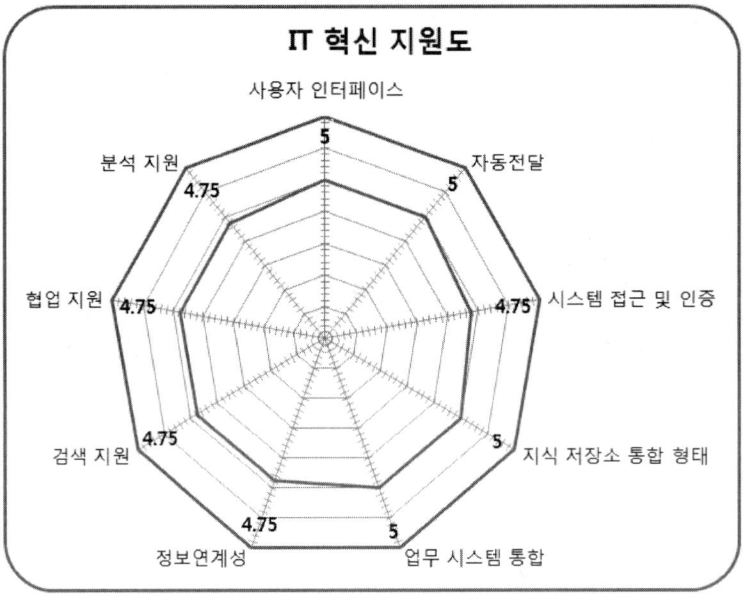

2. 정보시스템 평가 예시

(1) 평가항목 예시

❑ 정보시스템 사용자 만족도 분석 개요

구분		내용
목적		현 정보시스템에 대한 사용자 관점의 만족 수준과 요구 사항을 측정하고자 함
조사방법		정보시스템 관련 설문을 배포하여 작성된 응답을 분석 함
대상자		정보시스템을 이용하고 있는 총 26개 부서를 대상으로 함
평가요소	데이터 정확성	정보시스템에서 제공되는 각종 데이터의 정확성에 대한 평가요소
	적시성	업무에 바로 적용 가능한 데이터가 제공되는지에 대한 평가요소
	사용자 편의성	정보시스템의 사용자 편의성에 대한 평가요소
	응답시간	업무 처리시 정보시스템의 처리 및 응답 시간에 대한 평가요소
	유연성	단가 및 일정 변경 시 정보시스템을 활용하여 업무를 유연하게 수행할 수 있는지에 대한 평가요소
	신뢰성	정보시스템이 얼마나 장애 없이 신뢰성 있게 작동하는지에 대한 평가요소
	정보 접근성	업무수행에 필요한 정보에 얼마나 쉽게 접근할 수 있는지에 대한 평가요소
	보안성	정보시스템의 보안성에 대한 평가요소
	사용안내 지원정도	정보시스템에 대한 사용 안내서(매뉴얼),온라인 도움말 등이 충분히 지원되고 있는지에 대한 평가요소
	사용자 지원	정보시스템 사용상의 문제 발생시 신속히 해결되는지에 대한 평가요소

(2) 평가결과

□사용자 만족도 평가 분석

구분	평균	재무회계/인사	사업수주	사업관리	공사관리	사후관리	품질/안전관리
사용자만족도	4.0	4.1	3.9	3.6	3.8	4.6	4.6

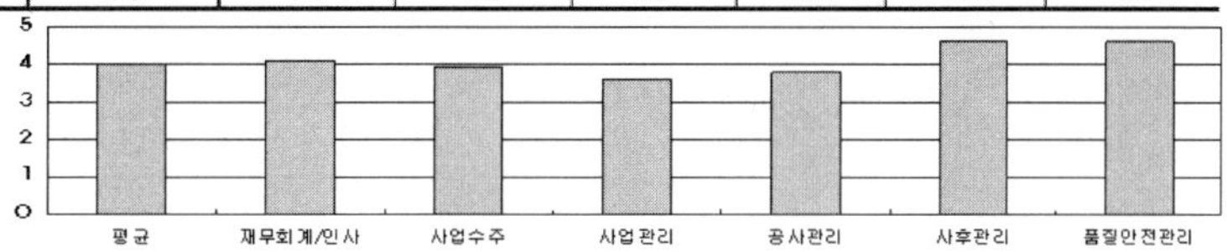

사업관리, 공사관리, 사업수주 부문의 정보시스템에 대한 만족도가 상대적으로 낮게 나타났다.

구분	사용안내 지원정도	사용자 편의성	유연성	데이터 정확성	정보 접근성	보안성	적시성	사용자 지원	신뢰성	응답속도
사용자만족도	3.6	3.6	3.4	4.0	3.8	4.1	3.8	4.5	4.5	3.7

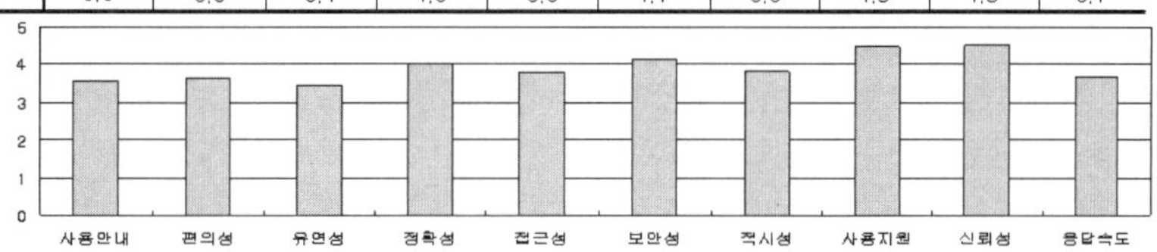

사용자 만족도 측정을 위한 10가지 평가 요소 중 특히 유연성에 대한 만족도가 가장 낮게 나타났으며 사용자 지원 및 신뢰성이 대체로 높은 평가를 받았다.

□Major Process 단위의 사용자 만족도

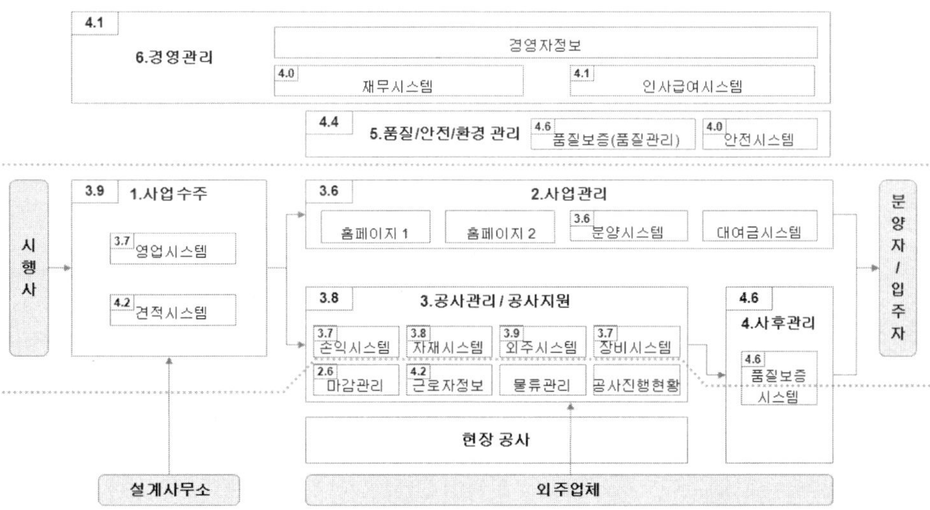

부록 C. 벤치마킹

(1) 벤치마킹 항목 예시

전략, 업무 프로세스, 조직, 그리고 정보시스템과 관련된 34개의 check point를 중심으로 6개 기업을 벤치마킹하고 그 결과를 5점 척도에 의해 최종적으로 평가하여 G사와 벤치마킹 대상업체들을 비교 분석 하였다.

6개 분야, 18개 항목, 34개 질문	
1. 영업관리	1.1.영업정보관리
	1.2.수주정보 관리
	1.3.PQ관리
	1.4.사업성분석
2. 공사관리	2.1.설계/견적
	2.2.실행예산
	2.3.기성 및 원가관리
	2.4.준공/정산관리
	2.5.자료관리
3. 예산/원가/실적 관리	3.1.경영(손익)예측 관리
	3.2.표준원가
	3.3.프로젝트 별 지표관리
4. 고객관리	4.1.고객관리
5. 사업	5.1.사업개요
6. 정보화	6.1.정보화 마인드
	6.2.정보화 투자계획
	6.3.정보시스템 구성

A사	B사	C사	D사	E사	F사
G사					

Category		Category 상세 설명	평가 방법
S	Strategy	해당항목을 수행하기 위한 전략을 가지고 있으며 규정이 정해져 있는가?	●: 완성 ◐: 부분적 완성 ○: 미완성
P	Process	특정 업무를 수행하기 위한 정형화된 프로세스를 가지고 있는가?	
O	Organization	특정 업무를 주관하는 부서가 명확히 정해져 있으며 조직적인 지원이 가능한가?	
T	Technology/ System	특정 업무의 프로세스를 지원하기 위한 시스템이 구축되어 있고, 제대로 활용되고 있는가?	

5점 척도에 의한 종합적 평가 및 비교분석

(2) 벤치마킹 결과 예시

1. 영업관리	2.공사관리	3.예산/원가/실적관리	4.품질/고객관리	5.사업	6.정보화

2.1. 설계/견적	2.2. 실행예산	2.3. 기성 및 원가관리	2.4. 준공/정산관리	2.5. 자료관리

2.2.3. 다음항목중 코드 표준화가 되어있는 것은 어떤 것들입니까?
A. 공구/공종　B. 표준일위대가　C. 원가코드(자재/노무/외주/장비/경비)　D. 표준내역코드　E. 기타

조사대상업체	상세 설명	평가 결과 S	P	O	T		비 고
A사	•모두 되어 있음 •D는 표준내역코드로 되어 있고 numbering도 되어 있음	○	●	○	◐	4	
B사	•건축,설비,Plant는 모두 표준화되어 있음 •토목은 B가 좀 안되어 있음. 도급내역 그대로	○	●	○	○	3	**평가Category** **S**:Strategy **P**:Process **O**:Organization **T**:Technology/ System
C사	•A,B,C,D •회차 관리 되고 있음	○	●	○	○	3	
D사	•A, C, D(철강 부분만) •건축 토목을 중심으로 표준공종을 설정하여 확대하고 있음 •일위대가는 건축쪽에서 일부 수작업으로 관리됨. 전사적으로 표준화되어 관리되고 있지는 못함 •원가관리에 활용되는 Cost Code는 표준화가 되어 있음	○	◐	○	○	2	**평가결과치** ●: 완성 ◐: 부분적 완성 ○: 미완성 -: 해당없음
E사	•A, C, D	○	◐	○	○	2	
G사	**• 시스템 별로는 코드화하여 사용하나 시스템간 연관성은 없음**	○	○	○	○	1	
F사	•D : 건축에서 일부 사용 •실무상은 표준화되어 있음. 시스템화는 안되어 있음. 부분적 표준화라 할 수 있음	○	◐	○	○	2	

부록 D. 주요 IT 용어

2PC: Two Phase Commit
ABC: Activity Based Costing
ACL: Access Control List
ALM: Asset Liability Management
APS: Advanced Planning & Scheduling
B/S: Balance Sheet
B2Bi: Business to Business Integration
BAM: Business Activity Monitoring
BCM: Business Continuity Management
BCP: Business Continuity Planning
BCR: Bar-Cord Reader
BI: Business Intelligence
BIA: Business Impact Analysis
BOM: Bills of Materials
BPF: Business Process Fusion
BPI: Business Performance Indicator
BPM: Business Process Management
BPR: Business Process Reengineering
BSC: Balanced Score Card
CAD: Computer Aided Design
CaR: Capital at Risk
CM: Contract Management
CMS: Campaign Management System
CMS: Content Management Service
CPI: Continuous Process Improvement
CPM: Corporate Performance Management
CRD: Collaborative Research & Development
CRM: Customer Relationship Management
DMS: Document Management System
DRM: Digital Right Management
DW : Data Warehouse
D/B: Dashboard
EA: Enterprise Architecture
EAI: Enterprise Application Integration
EaR: Earning at Risk
EDW: Enterprise Data Warehouse
EL: Expected Loss
ENS: Enterprise Nervous System
EP: Enterprise Portal
ERM: Enterprise Risk Management
ERP: Enterprise Resource Planning
ESM: Enterprise Security Management
EWS: Early Warning System
F/W: FireWall
FTP: Fund Transfer Price
GPRS: General Packet Radio Service
GPS: Global Positioning System
GVS: Global Value Shaper
IDS: Intrusion Detection System
ISP: Information Strategic Planning
KM: Knowledge Management
KMS: Knowledge Management System
KPI: Key Performance Index
LAN: Local Area Network
LBS: Location Based Service
MEMS: Microelectromechanical System
MES: Management Equipment System
MRO: Maintenance Repair and Operation
M/W: Middleware
NGN: Next Generation Network
OEM: Original Equipment Manufacturing
OTP: One Time Password

PDA: Personal Digital Assistant

PDM: Product Data Management

PKI: Public Key Infrastructure

PLM: Product Lifecycle Management

PRD: Prompt R&D

PRM: Partner Relationship Management

Pub/Sub: Publish and Subscribe

QoS: Quality of Service

R&D: Research and Development

RAPM: Risk Adjusted Performance Management

RFID: Radio Frequency Identification

RFP: Request for Proposal

RFQ: Request for Question

RM : Risk Management

RPO: Recovery Point Object

RTE: REAL-Time Enterprise

RTI: Real Time Infrastructure

RTO: Recovery Time Object

SCE: Supply Chain Execution

SCEM: Supply Chain Event Management

SCM: Supply Chain Management

SCP: Supply Chain Planning

SDK: Software Development Kits

SEM: Strategic Enterprise Management

SFA: Sales Force Automation

SIMS: Standard Integration Management System

SMS: System Management System

SOA: Service Oriented Architecture

SOAP: Simple Object Access Protocol

SOBA: Service Oriented Based Architecture

SOI: Service-Oriented Integration

SRM: Supplier Relationship Management

SSO: Single Sign On

TDM: Time Division Modulation

UDDI: Universal Description, Discovery and Integration

UL: Unexpected Loss

VaR: Value at Risk

VOC: Voice of Customer

VoIP: Voice over Internet Protocol

VPN: Virtual Private Network

WAN: Wide Area Network

WBS: Work Breakdown Structure

WS: Web Service

WSDL: Web Service Definition Language

WSFL: Web Service Flow Language

XML: eXtended Markup Language

ZLE: Zero Latency Enterprise

찾아보기